Grandeur et décadence de la planification stratégique

Henry MINTZBERG

Grandeur et décadence de la planification stratégique

Traduction de l'américain par Pierre Romelaer

DUNOD

L'édition originale de cet ouvrage a été publiée aux États-Unis par The Free Press, A Division of Macmillan, sous le titre The Rise and Fall of Strategic Planning.

ISBN 2 10 008261 2

AVANT-PROPOS
À LA RÉEDITION EN LANGUE FRANÇAISE

Parmi les pays occidentaux, la France est celui qui a connu l'histoire d'amour la plus durable avec la planification stratégique. Ceci n'est pas vraiment une surprise venant de la patrie de Descartes.

J'admets volontiers qu'il est quasiment impossible d'avancer sans planifier ; la planification stratégique relève cependant d'une autre logique.

Cette expression suggère que les stratégies peuvent être bâties grâce à un processus systématique et formalisé. De ceci, il n'y a guère de preuve avérée ; en revanche, il est aisé de recenser une liste impressionnante d'échecs. La planification relève de l'analyse, alors que la stratégie exige la synthèse.

En conséquence, nous pouvons – et devons – effectivement nourrir le proccessus stratégique de données d'analyse systématiques, parmi d'autres inputs. Et fréquemment, nous devons traduire ces stratégies sous forme de plans formalisés – ce à quoi la soi-disant planification stratégique se réduit souvent : la programmation de stratégies conçues et mises au point par d'autres moyens. Mais en aucun cas, celle-ci ne permet de bâtir des stratégies. Vision et apprentissage sont, dans ce but, de bien meilleurs leviers que la planification.

Je suis très heureux que cet ouvrage soit réédité en France. J'ai passé beaucoup de temps dans ce pays – en Provence, dans les Alpes, le Périgord et au Sud de Fontainebleau. J'écris d'ailleurs ce texte à Carqueiranne, dans le Var, en regardant la mer. Décidément, j'adore ce pays ! Mais pas sa planification stratégique.

Henry Mintzberg
Mars 2004

Ce livre n'est pas dédié à nos visions
– puissent-elles, pour la plupart,
s'évanouir aussi rapidement qu'elles ont grandi –
mais aux merveilles de la réalité.

Table des matières

Note au lecteur

Je serais enchanté de savoir que tout le monde a tout lu ; et décontenancé de découvrir le contraire. Je soupçonne cependant que la plupart d'entre vous liront quelque chose. Aussi, laissez-moi vous aider à trouver dans ce livre le plus possible de ce qui est directement pertinent pour vous.

Cet ouvrage consiste essentiellement en chapitres assez longs. Je sais que j'aurais dû faire seize chapitres au lieu de six : nous éprouvons tous un sentiment d'accomplissement lorsque nous avons fini un chapitre, et ce livre aurait donc pu procurer beaucoup plus de satisfaction. Mais, franchement, cela ne l'aurait en aucune manière rendu plus court, ni meilleur, et il n'y avait pas d'autre façon logique de le découper – il n'y a pas ici de planificateurs en trente minutes, ni de managers-minute. Le livre présente six thèmes de base ; les cinq premiers chapitres forment une construction progressive : une introduction aux concepts, une présentation de ce qu'a été la planification stratégique, des données empiriques sur sa performance et deux ensembles de critiques du processus (l'un sur ses « pièges » les plus flagrants, l'autre sur ses « erreurs » plus profondes) ; et le sixième chapitre indique ce que les planificateurs pourraient faire de tout ce qui précède.

Vous trouverez le véritable cœur de l'argument dans le chapitre sur les erreurs ; il contient un certain nombre de points importants qui vont en fait bien au-delà de la pratique de la planification. Si vous avez pris la peine d'acheter ce livre, ou même si vous l'avez emprunté, je vous invite à lire ce chapitre plus ou moins complètement. Il y a quelques sections qui peuvent être laissées de côté, comme « la prévision comme magie » et « Prévision et "turbulence" » (mais il me semble qu'elles sont toutes les deux vraiment amusantes), « Scénarios au lieu de prévisions », « Planification contingente au lieu de planification déterministe », et « La myopie de "la myopie du marketing" » (très amusante aussi).

Mais, s'il vous plaît, quoi que vous lisiez d'autre, ne sautez ni l'introduction du livre ni le chapitre 1. Ce ne sont pas des parties très longues et elles doivent être regardées avec soin. Sinon, vous vous demanderez pendant toute votre lecture ce que diable je veux dire par planification, par stratégie ou par l'école du positionnement, entre autres.

En dehors de ces deux passages vous pouvez effectuer votre sélection d'après vos propres besoins.

Le chapitre 2 passe en revue la structure et les modèles de base du processus connu sous le nom de planification stratégique, tel qu'il est décrit dans la littérature. Si vous les connaissez, vous pouvez laisser de côté, ou au moins parcourir rapidement, la majeure partie de ce chapitre. Mais je vous invite de façon pressante à lire la petite sous-section intitulée « Un détail manquant », et à regarder la section suivante intitulée « Mettre en ordre les quatre hiérarchies », qui présente ces processus d'une façon différente. Lisez tout particulièrement l'introduction de cette section, et la sous-section finale intitulée « La "Grande Faille" de la planification ». Vous pouvez aussi envisager de lire la section suivante qui présente les « Formes de "planification stratégique" » en utilisant les quatre hiérarchies.

Le chapitre 3 présente quelques données empiriques sur la planification, suivies par la réaction des planificateurs aux problèmes que ces données soulèvent. Les « Données d'enquêtes sur la question "la planification est-elle payante ?" » concluent qu'elle ne l'est pas nécessairement. Ceci peut vous intéresser si vous souhaitez savoir comment des universitaires s'emberlificotent parfois. Les « Données anecdotiques » sont une partie brève et amusante à lire, mais à partir de ce moment-là vous saurez à quoi je veux en venir. Les « Données d'études approfondies » décrivent justement ce que j'ai en tête, et devraient être d'un plus grand intérêt, tout particulièrement « Quelques données sur le processus d'élaboration des budgets d'investissement », qui contient des points importants. La dernière section, sur « La réponse des planificateurs », montre de quelle manière certains d'entre eux peuvent être tout aussi mauvais que des universitaires. (Voir tout particulièrement les sous-sections intitulées « Planifier les comportements de nature politique » et « Calculer la culture ».) La plus grande partie de ceci est facile à lire et légère – sauf, bien entendu, si vous en êtes la cible.

Le chapitre 4 traite des « pièges » classiques de la planification. (Il faudra que vous lisiez la dernière sous-section du chapitre 3 sur « Le piège : "c'est leur faute, pas la nôtre" » pour comprendre ceci.) Il montre comment on peut retourner contre eux-mêmes certains des arguments favoris des planificateurs et démontrer comment la planification peut décourager l'implication, empêcher tout changement important, et encourager l'activité de nature politique. Même si l'on saute ce chapitre, on peut comprendre le suivant, mais je pense qu'il comporte un certain nombre de points qui méritent qu'on les examine soigneusement. Ce chapitre est en quelque sorte un portefeuille de problèmes que pose la planification, vous pouvez donc en faire une lecture sélective. Les sous-sections que je préfère incluent « L'implication au sommet », « L'implication plus bas dans la hiérarchie », « L'implication contre le calcul », « La planification flexible : quand on veut tout à la fois », « Les biais de l'objectivité », « L'obsession du contrôle », « Notre époque est turbulente » (ne manquez pas celui-ci !), et « L'illusion du contrôle ».

Le chapitre 6 a été écrit spécialement pour les planificateurs et pour les individus qui travaillent en étroite collaboration avec eux. Il présente une nouvelle conception des rôles de la planification, des plans, et des planificateurs, résumée dans la brève section intitulée « Un plan pour les planificateurs ». Je voudrais aussi vous inviter à lire celle qui suit « Un planificateur pour chacun des deux côtés du cerveau ». Ceci mis à part, l'introduction sur « Coupler l'analyse et l'intuition » est brève, et elle établit les fondements de ce qui suit. La discussion sur les différents rôles, tout à fait détaillée, est surtout intéressante pour les praticiens, et peut être parcourue rapidement par les autres lecteurs (avec l'aide des diagrammes). La sous-section sur « Le contrôle stratégique » présente une perspective différente de ce processus, et ce que nous proposons comme « Le premier rôle des planificateurs : découvreurs de stratégies » est original. Je crois que la discussion sur « Le troisième rôle des planificateurs : catalyseurs » devrait être lue, dans la mesure où elle comporte des nuances quelques peu différentes par rapport à la discussion habituelle sur ce sujet. Il me semble également que les sous-sections sur « Le rôle de la formalisation » et « Les deux côtés de la formalisation » sont d'une importance particulière. Dans la dernière section sur « Les planificateurs dans leur contexte », lisez la courte introduction sur « Les formes d'organisations ». Vous pouvez alors poursuivre votre lecture en fonction de votre propre contexte (ou de vos propres contextes). Quoiqu'il en soit, ne planifiez pas de façon excessive. Lisez seulement !

Introduction

L'école de la planification dans son contexte

J'étais dans un lit bien chaud,
et soudain je fais partie d'un plan.

Woody Allen dans *Ombres et Brouillard*

Ceci est une sorte d'historique de ce que l'on appelle la planification stratégique. Nous retraçons, à travers la littérature, l'histoire de ce concept, depuis ses origines aux alentours de 1965, en passant par son ascension jusqu'à une position éminente, pour terminer par sa chute. Ce faisant nous cherchons à enrichir notre connaissance de la planification, de la stratégie, et de la relation qui existe entre les deux. Nous souhaitons aussi comprendre plusieurs phénomènes : sur un plan restreint, comment la littérature de gestion peut parfois se laisser autant emporter ; sur un plan plus global, quelle est la place appropriée pour l'analyse dans les organisations ; et de façon plus pratique, quels rôles utiles peuvent jouer les planificateurs, les plans, aussi bien que la planification dans les organisations d'aujourd'hui. L'histoire de la grandeur et de la décadence de la planification stratégique, en d'autres termes, est pour nous un enseignement, non seulement sur la technique formelle elle-même, mais aussi sur la manière dont les organisations fonctionnent et sur le comportement des managers vis-à-vis de ce fonctionnement. Il nous apprend aussi beaucoup sur la façon dont nous-mêmes, en tant qu'êtres humains, pensons et parfois arrêtons de penser.

Ce livre a commencé comme partie d'un travail plus important. En 1968, j'ai entrepris d'écrire un texte intitulé *La théorie de la politique générale d'entreprise* pour rassembler et intégrer la littérature de recherche concernant les processus de direction générale. Il devait comporter entre autres un chapitre sur chacun des sujets suivants : le travail du manager, la structure de l'organisation, le pouvoir dans les organisations et la formation de la stratégie. Mais après que chacun des trois premiers chapitres fût devenu un livre en lui-même (Mintzberg, 1973, 1979, 1983), on pouvait supposer que le chapitre restant devienne aussi un livre. Mais tel n'a pas été le cas. Sous forme de premier jet, il s'est avéré trop long pour être un seul livre et il a donc été séparé en deux parties, l'une intitulée *Formation de la stratégie : écoles de pensée*, et l'autre *Formation de la stratégie : vers une théorie générale*. La rédaction du premier livre a bien débuté, jusqu'à ce que j'arrive au troisième chapitre, consacré à « l'école de la planification ». Celui-ci aussi est devenu plutôt long. D'où la présente publication, un livre dans un livre dans un livre dans un livre.

Placer ce livre dans son contexte peut aider à expliquer sur quoi il est focalisé, un thème que certains lecteurs peuvent trouver étroit, particulièrement en ce qui concerne sa vision de la planification. Mais bien que je restreigne ici les bornes de la planification, je crois que la définition limitée que j'attribue au processus est appropriée. Un problème, comme nous le verrons, est survenu à cause de la réticence des partisans de la planification à limiter le concept de quelque manière que ce soit. De fait, si l'on considère ce livre sous un autre angle, on peut dire qu'il essaye d'avoir une perspective assez large, en tentant de s'attaquer à la question la plus fondamentale de toutes : la place de l'analyse, non seulement dans nos organisations, mais aussi dans la structure cognitive que nous avons en tant qu'êtres humains. Confondre l'analyse avec la « rationalité » (en la qualifiant de « systématique », « objective », « logique », et autres termes flatteurs) a restreint notre vision du monde, parfois avec des conséquences désastreuses. L'étroitesse dont je préfère être accusé ici est celle dont je fais preuve lorsque je cherche à pousser les processus analytiques, qui amoindrissent nos capacités de synthèse, pour les renvoyer du côté de la cognition humaine (l'hémisphère gauche du cerveau ?) qui est leur domaine.

En guise de préambule je dirais un mot des dix écoles de pensée sur la formation de la stratégie (voir Tableau 1, voir aussi Mintzberg, 1990b). Trois d'entre elles sont prescriptives : elles cherchent à expliquer les façons « correctes » d'élaborer la stratégie. J'appelle la première « l'école de la conception » ; elle considère l'élaboration de la stratégie comme un processus informel de conception, typiquement situé dans l'esprit conscient du leader. Le modèle de l'école de la conception, parfois appelé FFOM (par référence à la comparaison entre d'un côté les forces et faiblesses internes et de l'autre les opportunités et les menaces externes), sous-tend aussi le second, celui de « l'école de la planification » ; cette dernière accepte les prémisses du premier modèle, à deux exceptions près (dont nous discuterons au chapitre 1) : celle disant que le processus est informel et celle disant que le PDG est l'acteur clé. Ces différences peuvent paraître subtiles, mais nous verrons qu'elles sont fondamentales. Le troisième modèle, que j'appelle « l'école du positionnement », se focalise plus sur le contenu des stratégies (différentiation, diversification, etc.) que sur les processus par lesquels on doit les élaborer (on suppose généralement, souvent de façon implicite, que ce sont ceux de l'école de la planification). En d'autres termes, l'école du positionnement extrapole simplement les messages de l'école de la planification dans le domaine du contenu réel de la stratégie. Dans la mesure où je garderai mes commentaires sur cette école de pensée pour un volume suivant, je demande au lecteur de bien vouloir pardonner le faible nombre des références qui sont faites ici aux vaches à lait du *Boston Consulting Group* (BCG), aux homélies du PIMS sur les parts de marché, etc., et aux idées plus substantielles de Michael Porter. Je reviendrai sur ces références en temps voulu.

TABLEAU 1

Les écoles de pensée sur la formation de la stratégie

(Tiré de Mintzberg, 1990b)

École	Vision du Processus
Conception Planification Positionnement	Conceptuelle Formelle Analytique
Cognitive Entrepreneuriale Apprentissage Politique Culturelle Environnement Configuration	Mentale Visionnaire Émergente Liée au Pouvoir Idéologique Passive Épisodique

Je ne m'étendrai pas plus longuement ici sur les sept autres écoles de pensée sur la formation de la stratégie, qui sont de nature plus descriptive que prescriptive, car je pourrais alors révéler un thème qui sous-tend les conclusions de ce livre (c'est à dire – fermez les yeux – qu'il doit y avoir à côté de la planification d'autres façons d'élaborer la stratégie). Mais laissez moi juste les présenter brièvement : « l'école cognitive » considère ce qui arrive dans la tête d'une personne qui essaye de s'occuper de stratégie ; « l'école entrepreneuriale » décrit l'élaboration de la stratégie comme le processus visionnaire d'un leader fort ; « l'école de l'apprentissage » trouve que la stratégie émerge au cours d'un processus d'apprentissage collectif ; « l'école politique » se focalise sur le conflit et sur l'exploitation du pouvoir dans le processus ; « l'école culturelle » considère la dimension collective et coopérative du processus ; « l'école de l'environnement » voit la création de la stratégie comme une réponse passive à des forces externes ; et « l'école de la configuration » cherche à placer toutes les autres écoles de pensée dans les contextes d'épisodes spécifiques du processus. Ce livre fera référence de façon occasionnelle à certaines de ces écoles de pensée, en particulier à leurs concepts de culture et d'activité de nature politique. Il comparera l'élaboration de la stratégie à un processus de planification, à un processus de vision, et spécialement à un processus d'apprentissage. Dans cette histoire de la grandeur et de la décadence du processus appelé planification stratégique, raconté à travers les écrits qui s'y rapportent, nous cherchons à savoir quelles leçons peuvent être tirées de ces expériences.

Il est possible que le milieu des années quatre-vingt-dix soit la bonne époque pour publier un tel livre. Il aurait pu être écarté avant 1973, quand la planification ne pouvait faire aucun mal, et il aurait pu après cette date être submergé par la vague anti-planification qui a continué pendant plus d'une décennie. Compte tenu de la mauvaise presse que la planification a eue, peut-être est-on maintenant plus enclin à la considérer de façon plus raisonnable, ni comme une panacée, ni comme bonne à jeter, mais comme un processus qui a des avantages particuliers dans des contextes particuliers. Je crois, en d'autres termes, qu'il ne faut pas jeter le bébé avec l'eau du bain, et que nous sommes prêts à extraire le bébé de la planification de toute l'eau du bain de la planification stratégique. Il n'est pas plus sensé de licencier tous les planificateurs dans un grand bain de sang, que d'espérer que leurs systèmes élaboreront la stratégie pour tous les autres membres de l'entreprise. Il est temps de se stabiliser sur un ensemble de rôles équilibrés pour la planification, les plans, et les planificateurs dans les organisations.

Un point pour terminer : dans une bonne partie de ce livre, le ton est empreint d'un certain cynisme. Le lecteur me pardonnera peut-être en ayant à l'esprit qu'il ne doit voir que le résultat final de mon travail. J'ai dû, en ce qui me concerne, ingurgiter d'énormes quantités de littérature affreusement banale. Au milieu de ce travail, j'ai entendu à la radio canadienne une information sur l'ouverture d'une mine dont les propriétaires espéraient extraire trois grammes d'or pour une tonne de minerai. Ma réaction a été : si seulement j'avais pu faire aussi bien avec toute cette littérature ! J'ai effectivement trouvé un peu d'or, ce qui m'a permis de terminer ce livre sur une note positive. On peut réellement coupler les capacités et les inclinations des planificateurs avec l'autorité et la flexibilité des managers de façon à être sûr d'avoir un processus d'élaboration de la stratégie prenant en compte les informations, intégrateur, et capable de répondre aux changements qui interviennent dans l'environnement de l'organisation.

1

Planification et stratégie

Quelle est la relation entre planification et stratégie ? La stratégie est-elle simplement un processus de planification, comme les partisans de la planification l'ont suggéré avec tant d'insistance ? Ou à l'autre extrême la planification stratégique est-elle simplement une expression autocontradictoire, comme le conservatisme progressiste ? En d'autres termes, la stratégie doit-elle toujours être planifiée, doit-elle ne jamais être planifiée, ou doit-elle simplement être planifiée de temps en temps ? Ou la relation entre planification et stratégie emprunte-t-elle d'autres chemins ?

Pratiquement aucun des écrits sur la planification et la stratégie ne répond complètement à ces questions. Le présent ouvrage a pour ambition de le faire. Nous commençons dans ce chapitre par traiter un certain nombre de questions de base. D'abord nous demandons : « Après tout, qu'est-ce que la planification ? ». Après avoir passé en revue un ensemble de réponses répandues, nous arrivons par paliers à une définition qui nous est propre. Ensuite nous demandons « Pourquoi planifier ? », et nous présentons les réponses que les planificateurs ont apporté à cette question – les notres viendront plus tard. Enfin nous demandons « Qu'est-ce que la stratégie ? » et nous répondons à cette question en insistant sur le besoin qu'il y a de donner plusieurs définitions du terme « stratégie » – ce que la planification ne fait pas. Ensuite, après avoir brièvement considéré la planification, les plans et les planificateurs, nous concluons ce chapitre introductif en exposant le plan du reste de l'ouvrage.

Qu'est-ce que la planification ?

Il peut paraître étrange de poser une telle question en cette fin du XXe siècle, si l'on considère la popularité que la planification a depuis longtemps, aussi bien dans les pays de l'Europe communiste que dans les entreprises nord-américaines. La planification, qui était essentiellement une activité de type budgétaire dans les années cinquante, s'est ensuite répandue rapidement jusqu'à devenir une méthode de travail solidement ancrée dans la plupart des grandes entreprises vers le milieu des années soixante (Gilmore, 1970:16 ; Chamberlain, 1968:151). À partir de cette époque, la planification s'est muée progressivement en une planification stratégique qui, en moins de dix ans, est devenue une véritable obsession pour l'ensemble des entreprises américaines, ainsi que pour le gouvernement américain sous la forme du PPBS ou « Planning-Programming-Budgeting System ».

En fait, cependant, le concept est beaucoup plus ancien. L'ouvrage *L'art de la guerre* (1963:146) de Sun Tsu, écrit il y a environ 2 400 ans, fait même référence à un « directeur de la planification stratégique » – bien que l'un de mes étudiants chinois considère que ce titre est une traduction trop approximative du chinois. Il n'y a par contre aucun doute sur la présence de la planification dans les entreprises françaises au siècle dernier : Henri Fayol, lorsqu'il décrit ses expériences comme dirigeant d'une entreprise minière, note l'existence de « prévisions à dix ans... révisées tous les cinq ans » (1949:47). Malgré toute cette attention portée à la planification, il n'en reste pas moins que la question « Qu'est-ce que la planification ? » n'a jamais reçu de réponse satisfaisante. De fait, elle n'a jamais été sérieusement traitée dans la littérature concernant la planification.

En 1967, dans ce qui est, aujourd'hui encore, l'un des rares articles écrit de façon assez rigoureuse sur le sujet, Loasby note que « le terme "planification" est actuellement utilisé dans tellement de sens différents qu'il y a quelque danger de confusion » (1967:300). À peu près à la même époque se réunit à Bellagio, en Italie, l'un des plus impressionnants aréopages de spécialistes de la planification. Cette conférence se tint sous les auspices de l'OCDE (Jantsch, 1969). Dans ses « réflexions » sur la conférence, Jay Forrester indique que « les efforts pour définir les termes [planification et prévision à long terme] n'ont pas abouti » (1969a:503). À ce jour, les efforts de définition de ces termes ont toujours échoué.

Aaron Wildavsky, un spécialiste de sciences politiques bien connu pour ses critiques de la planification, a fini par conclure qu'en essayant d'être tout à la fois, la planification n'était plus rien du tout :

> La planification se développe dans un nombre tellement important de directions différentes que les planificateurs ne peuvent plus en distinguer la forme. Le planificateur peut être un économiste, un spécialiste de sciences politiques, un sociologue, un architecte ou un scientifique. Pourtant l'essence de son propre métier – la planification – lui échappe. Il trouve la planification partout en général et nulle part en particulier. Pourquoi la planification est-elle si difficile à définir ? (1973:127)

Parce que, pourrait-on lui répondre, ses partisans ont été plus préoccupés à promouvoir des idéaux vagues qu'à établir des positions viables, et plus intéressés par ce que la planification pourrait être que par ce que la planification est en réalité devenue. Par conséquent, la planification a manqué d'une définition claire de sa propre place dans les organisations et dans l'État. Nous croyons que la planification s'est néanmoins taillé une niche viable dans les organisations à travers ses propres succès et ses propres échecs. Ce dont nous avons besoin, en définitive, ce n'est pas de créer une place pour la planification, mais plutôt de reconnaître celle qu'elle occupe déjà en réalité.

Ce livre a pour ambition de décrire la place de la planification par rapport à la stratégie, c'est-à-dire de développer une définition *opérationnelle* de ce qu'est la planification dans le contexte de l'élaboration et de la mise en œuvre de la stratégie. Mais notre hypothèse de départ n'est pas que la planification est l'ensemble des activités des personnes qu'on appelle les planificateurs ou que la planification est l'ensemble des processus qui aboutissent à l'élaboration de plans formalisés. Ceux que l'on appelle planificateurs ont parfois des activités étranges, et les stratégies résultent parfois de processus tout aussi étranges. Nous avons besoin de définir le terme avec soin si nous voulons éviter qu'il ne soit finalement éliminé de la littérature de gestion parce qu'il est désespérément contaminé. Nous commençons ici en considérant les définitions *formelles* de la planification ; le reste de l'ouvrage traite de la définition opérationnelle.

1. Planifier, pour certains auteurs, c'est penser le futur, c'est-à-dire simplement tenir compte du futur. Telle est mot à mot la définition de Bolan (1974:15). Dans des termes plus poétiques, Sawyer écrit que « la planification, c'est de l'action disposée en avance » (1983:1).

Le problème avec cette définition, c'est qu'elle est sans limites. Quelle activité de l'organisation ne prend pas le futur en considération, même s'il s'agit d'activité à court terme ou d'activité réactive ? Newman reconnaissait le problème dès 1951 quand il citait Dennison : « Pour pouvoir faire un travail, pratiquement quel qu'il soit, il faut planifier, ne serait-ce que de façon informelle et quelques minutes avant d'effectuer ce travail » (1951:56). Avec cette définition, on parlera de planification aussi bien lorsqu'il s'agit de commander un sandwich pour le déjeuner que lorsqu'il s'agit de créer une division dans une entreprise pour inonder un marché avec des sandwichs. De fait, Fayol avait compris, dès 1916, le caractère extrêmement large de cette définition :

> La maxime « gérer c'est regarder vers l'avenir » donne une bonne idée de l'importance qu'il faut attacher à la planification dans le monde des affaires. Il est vrai que si la prévision n'est pas tout dans la gestion, c'en est au moins une partie essentielle. (1949:43)

Mais si ceci est vrai – si, comme Dror l'exprime de façon plus brutale « la planification, en un mot, c'est la gestion » (1971:105) – alors pourquoi utiliser le mot « planification » lorsque le mot « gestion » convient tout aussi bien ?

2. Planifier, pour d'autres auteurs, c'est contrôler le futur, pas seulement penser le futur mais agir sur lui ou, comme Weick (1979) le dit si bien, créer le futur. « Planifier c'est concevoir un futur désiré et les moyens qui permettront de le réaliser », écrit Ackoff (1970:1). D'autres expriment la même idée quand ils définissent le but de la planification comme étant de « créer un changement contrôlé dans l'environnement » (Ozbekhan, 1969:152), ou de « créer des systèmes sociaux » (Forrester, 1969b:237). Dans cette veine, John Kenneth Galbraith dans son ouvrage *The New Industrial State* soutient que les grandes entreprises s'engagent dans la planification pour « remplacer le marché », pour « exercer un contrôle sur ce qui est vendu... [et] sur ce qui est fourni » (1976:24).

Les deux définitions que nous venons de donner sont, d'une certaine façon, les deux faces de la même pièce. La seconde souffre également de généralité excessive. En associant la planification avec l'exercice d'une libre volonté, elle rend la planification synonyme de la gestion et perd toute signification distincte.

> Dans la mesure où pratiquement toutes les actions qui ont des conséquences futures sont des actions planifiées, la planification est tout, et on peut à peine dire que la non-planification existe. L'absence de planification existe

> seulement quand des personnes n'ont aucun objectif, quand leurs actions sont aléatoires et non dirigées vers des buts. Si tout le monde planifie – en fait presque tout le monde – il n'est pas possible de distinguer les actions planifiées des actions non planifiées. (Wildavsky, 1973:130)

En réalité, nous avons besoin d'une définition de la planification qui nous dise, non pas que nous avons besoin de penser le futur, ou même que nous avons besoin de le contrôler, mais qui nous dise *comment* ces actions doivent être conduites. En d'autres termes, la planification doit être définie par les processus qu'elle représente. Allant dans ce sens, quelques auteurs ont proposé, quelquefois par inadvertance, que :

3. Planifier c'est décider. Dès 1949, Goetz écrivait que « planifier, au fond, c'est choisir » (dans Steiner, 1979:346), et en 1958, Koontz définissait la planification comme « la détermination consciente d'actions définies pour atteindre des objectifs. La planification, donc, c'est la décision » (1958:48). De la même façon Snyder et Glueck, sans identifier planification et prise de décision, définissaient la planification comme « les activités qui ont pour préoccupation spécifique de déterminer à l'avance quelles actions et quelles ressources physiques et humaines sont nécessaires pour atteindre un but. Elles incluent l'identification des alternatives, l'analyse de chacune d'entre elles, et la sélection des meilleures » (1980:73). Parallèlement, dans certains écrits sur la planification dans le secteur public, le terme planification a été utilisé comme pratiquement synonyme de prise de décision et de gestion de projet (voir par exemple les divers écrits de Nutt de 1982 à 1984). D'autres auteurs ont cherché à nuancer cette définition : Drucker, par exemple, en discutant du « caractère futur des décisions présentes » (1959:239), et Ozbekhan, en décrivant les « processus de décisions orientés vers le futur » (1969:151).

Mais ces nuances sont de faible portée, à moins que quelqu'un puisse trouver un processus de décision qui ne soit pas orienté vers le futur[1]. Si l'on suppose que décider c'est s'engager à agir (voir Mintzberg, Raisinghani et Théorêt, 1976), alors toute décision tient compte du futur, qu'il s'agisse de décider de mettre un produit sur le marché dans dix ans ou d'expédier un produit dans dix minutes. Ce que Rice reconnait lorsqu'il soutient que « *toute* décision est prise après une

[1] De telles nuances sont fournies par Dror, qui décrit la planification comme « un moyen pour améliorer les décisions » (1971:105), et Ansoff et Brandenburg, qui caractérisent la planification comme « un processus pour définir des lignes directrices et des contraintes formelles s'appliquant aux comportement de la firme » (1967b:320).

réflexion préalable », et que tout décideur a « une raison pour prendre sa décision », ce qui revient à dire qu'il a un « plan » (1983:60)[2].

Ainsi, cette troisième définition de la planification est en réalité identique à la première et, parce que l'engagement à agir est l'exercice de la libre volonté, elle est aussi identique à la seconde. La planification devient synonyme de tout ce que les managers font, « une partie du processus intellectuel que le stratège emploie pour prendre sa décision », même si elle est « informelle, non structurée » (Cooper, 1975:229). En fait, pour appuyer leur affirmation selon laquelle les managers planifient, Snyder et Glueck utilisent l'exemple d'un proviseur qui fait face dans un conseil d'administration à l'un des membres de celui-ci qui essaie de perturber la réunion et de jeter le discrédit sur son action. Mais si planifier c'est réagir à de telles pressions à court terme, qu'est-ce que planifier n'est pas ? D'ailleurs, ces auteurs citent George (1972) :

> *Planifier*, bien sûr, n'est pas une action reconnaissable que l'on peut séparer des autres... Tout acte d'un manager, qu'il s'agisse d'un acte mental ou physique, est inexorablement entremêlé à la planification. Planifier est une partie de chaque action managériale tout autant que respirer est une partie de la vie humaine. (1980:75, italique dans l'original)

Mais si ce qui précède est vrai, pourquoi décrire ce que les organisations font quand elles planifient, plus que décrire ce que les individus font quand ils respirent ? Pourquoi utiliser le terme planifier lorsque les mots décider ou gérer conviennent parfaitement ? Comme le note Sayles, la planification (sans doute si l'on prend l'une quelconque de ces premières définitions) et la décision « sont inextricablement liées dans la trame même des interactions du manager, et l'on ne peut les séparer que d'une façon abstraite et erronée » (1964:2087)[3].

[2] Rice, cependant, poursuit son propos en identifiant planification et prise de décision, tout comme les autres auteurs cités plus haut. « Quand on a identifié l'existence de décisions stratégiques, il est possible d'en déduire qu'il y a eu planification stratégique, même si cette planification stratégique n'a pas été extensive, formalisée, ou exacte » (1983:60).

[3] Correspondant à la confusion entre planification et prise de décision, on trouve la confusion entre les plans et les décisions. Quand elle avait huit ans, ma fille Susie dit un jour « J'ai un plan : tous les soirs, quand j'aurai le temps, j'enlèverai la glace qui s'est formée sur la vitre » ; que voulait-elle dire ? Un an plus tard, quand je lui demandai ce qu'était un plan, elle répondit : « Un plan, c'est quand on a quelque chose qui est prêt ». Sa sœur Lisa, à l'age de sept ans, était plus claire : « Un plan, c'est quelque chose qu'on va faire. » En d'autres termes, c'est un engagement à agir, une décision. Susie et Lisa ne faisaient là qu'exprimer une idée populairement répandue. J'espère que ce n'était pas en entendant leur père qu'elles avaient eu cette idée !

Considérons maintenant quelques définitions plus circonscrites de la planification en tant que processus.

4. Un plan est un ensemble intégré de décisions. Pour Schwendiman, c'est une « structure de décision intégrée » (1973:32). Pour Van Gunsteren, planifier c'est « intégrer un ensemble d'activités en un tout qui a un sens » (1976:2) : « Planifier c'est s'organiser un peu plus... C'est prendre un engagement réalisable autour duquel des actions déjà effectuées s'organiseront » (2-3).

La définition que nous venons de donner peut paraître proche de celle qui précède. Mais pour la raison suivante elle est fondamentalement différente, et permet donc d'identifier une position pour la planification : elle se préoccupe moins de la prise de décision que de l'effort conscient qui est fait pour intégrer différentes décisions. Considérons par exemple les termes utilisés par Ackoff :

> La planification est nécessaire quand l'état futur que nous désirons atteindre exige un ensemble de décisions interdépendantes ; c'est-à-dire un système de décisions... La principale complexité dans la planification vient du caractère interrelié des décisions plutôt que des décisions elles-mêmes... (1970:2,3)

Cette vision de la planification nous amène enfin dans le domaine de l'élaboration de la stratégie, dans la mesure où le processus stratégique traite lui aussi des interrelations entre les décisions (les décisions importantes) dans une organisation. Mais ce processus stratégique se déroule dans le temps, et donc la coordination entre les décisions devient difficile. Si l'on considère la planification comme la prise de décision intégrée, alors il en résulte une exigence particulièrement forte : les décisions doivent être considérées « par lots ». Il est nécessaire périodiquement de les associer dans un processus unique, fortement couplé, de façon à ce que toutes les décisions puissent être prises – ou au moins approuvées – à un même moment. Comme le note Ozbekhan, par conséquent, « un plan est une contrainte d'action hiérarchiquement organisée dans laquelle différentes sortes de décisions sont ordonnées de façon fonctionnelle » (1969:153).

C'est cette exigence qui permet d'expliquer pourquoi la planification est parfois identifiée à la prise de décision. Si différentes décisions doivent être prises par lots, elles peuvent finir par ressembler à une décision unique. C'est pourquoi les auteurs sur la planification ont eu tendance à confondre la prise de décision et l'élaboration de la stratégie en supposant que cette dernière implique nécessairement le choix d'un seul ensemble d'actions, c'est-à-dire le choix d'une stratégie intégrée à un moment donné.

Mais comme nous le verrons plus loin, il y a d'autres façons d'élaborer la stratégie, et en particulier des méthodes plus dynamiques pour le faire *au fil du temps*. Le processus par lequel des décisions sont intégrées à un moment donné n'est plus alors identique à la stratégie, mais il est simplement l'élaboration de la stratégie *par une approche planificatrice*, à laquelle il se réduit *par lui-même*. Ce qu'est la planification devient donc plus clair. Pas encore assez clair cependant. Les leaders visionnaires intègrent aussi leurs décisions ; dans leur cas il s'agit d'une intégration informelle ou, si vous préférez, intuitive. Si ce comportement était appelé planification, on serait amené à donner à ce terme une acception élargie au delà de ce qui est raisonnable – et d'usage courant. De fait, comme nous le verrons, quelques-uns des auteurs les plus importants dans ce domaine *opposent* le processus de planification à l'intuition managériale. Nous avons donc besoin de quelque chose de plus pour identifier ce qu'est la planification.

Selon nous, ce qu'il faut en plus pour comprendre la planification, la clé pour comprendre le terme, c'est le concept de formalisation.

5. La planification est une procédure formalisée qui a pour but de produire un résultat articulé, sous la forme d'un système intégré de décisions. Ce qui pour nous est l'essence de la planification, ce qui permet le mieux d'identifier la littérature sur la planification et de distinguer la pratique de la planification des autres processus de gestion, c'est l'importance de la formalisation : l'opération qui consiste à rendre systématique le phénomène auquel la planification doit s'appliquer. C'est ainsi que Bryson définit la planification stratégique comme un « effort discipliné », en fait « tout simplement un ensemble de concepts, de procédures et de tests » (1988:512) ; et que, dans certaines contributions de recherche, le terme planification stratégique a été remplacé par PSF avec un F pour formalisée (voir, par exemple, Pearce *et alii*, 1987).

Dans ce contexte, « formaliser » signifie faire trois choses : a. décomposer, b. articuler, et tout particulièrement c. rationaliser les processus par lesquels les décisions sont prises et intégrées dans les organisations.

On trouve cette insistance sur la *rationalité* formelle dans toute la littérature sur la planification. Denning oppose le côté « systématique » au côté « aléatoire » (1973:26-27), et Steiner soutient que « lorsqu'ils établissent les objectifs et spécifient les moyens de les atteindre, les plans devraient être, et peuvent être, le plus possible objectifs, factuels, logiques, et réalistes » (1969:20). De façon similaire, Dror soutient que dans le secteur public « la planification est aujourd'hui le moyen le plus structuré et le plus professionnel pour élaborer une politique générale » compte tenu de « l'attention qu'elle accorde à la cohérence interne » et compte tenu de ses « efforts pour apporter une rationalité structurée » (1971:93).

Une rationalité formelle comme celle qui vient d'être décrite est, bien entendu, fondée sur l'analyse et non sur la synthèse. Par dessus tout, la planification est caractérisée par une décomposition analytique, par la réduction d'états et de processus en leurs composantes. Le processus est donc formellement réductionniste par nature. Ce fait peut paraître curieux étant donné que la planification a pour objectif d'*intégrer* les décisions. Mais la performance de la planification a elle aussi été curieuse, et pour cette même raison, comme nous le verrons plus loin. Ce que nous voulons faire ici en tout cas c'est caractériser la planification par la nature du processus qu'elle met en œuvre, et non par les résultats qu'elle souhaite obtenir. En fait, la clé, même si elle est implicite, est que *l'analyse produira la synthèse* : la décomposition du processus stratégique en une série d'étapes articulées, dont chacune doit être mise en œuvre tour à tour comme elle est spécifiée, produira des stratégies intégrées. Si l'on examine le fond des choses, on a ici, et ce n'est pas un hasard, la très ancienne hypothèse de la « machine » : l'hypothèse qui est à la base de la conception de la chaîne de montage, elle-même une sorte de machine dont les étapes sont des actions humaines. Si chaque partie est produite par la machine en respectant les spécifications et si les différentes parties sont assemblées dans l'ordre prescrit, un produit intégré apparaîtra à la fin de la chaîne de montage. En fait, comme nous le verrons, cette analogie est à la base des réflexions les plus importantes dans le domaine de la planification, et s'est révélée complètement fausse. Les stratégies organisationnelles ne peuvent pas être créées par la même logique que celle utilisée pour assembler des automobiles.

À côté de la rationalité et de la décomposition, l'articulation entre les éléments est la troisième composante clé de la formalisation. Le produit de la planification – les plans eux-mêmes – après avoir été soigneusement décomposé en stratégies et en sous-stratégies, en programmes, en budgets, et en objectifs, doit être représenté de façon claire et explicite, par des mots et de préférence par des nombres écrits sur des feuilles de papier. Ainsi Zan, dans un article au raisonnement soigneux intitulé « Que reste-t-il à la planification formelle ? » conclut que « la caractéristique commune » aux différents systèmes de planification, c'est « le processus par lequel les choses sont explicitées » aussi bien en ce qui concerne les processus qu'en ce qui concerne leurs conséquences (1987:193). George Steiner, qui est probablement l'auteur le plus prolifique sur la planification d'entreprise, note que le terme planification vient du latin *planum*, « ce qui signifie surface plate » (1969:5). Laissant de côté les pouvoirs prophétiques qu'auraient pu avoir les Romains vis-à-vis de travaux qui devaient être réalisés deux mille ans plus tard, Steiner continue en notant que le mot « a commencé à être utilisé en anglais au XVIIe siècle, principalement pour faire référence à des formes, par exemple des cartes ou des plans, qui étaient dessinés sur des surfaces plates » (1969:5-6). Ainsi, le terme a depuis longtemps été associé à des documents formels.

Nous paraissons donc avoir une définition plus opérationnelle de la planification, puisque le mot peut être identifié à deux phénomènes observables dans les organisations : l'utilisation de procédures formalisées et l'existence de résultats articulés, en particulier en ce qui concerne les systèmes intégrés de décisions.

Il peut sembler à certains que cette définition est indûment restrictive. Nous pensons qu'il n'en est rien. Nous avons suggéré dans l'introduction de ce livre que la planification est l'une des approches possibles pour l'élaboration et la mise en œuvre de la stratégie. Il est certain que cette approche n'inclut pas l'ensemble du processus. Les théoriciens de la planification peuvent avoir essayé d'utiliser une définition plus large du terme, mais la réalité de la planification, c'est-à-dire sa pratique réelle, sans même parler de ses réalisations tangibles, nous donne de la planification une image tout à fait différente. La thèse que nous présentons ici et que nous pensons avoir démontrée dans le reste de l'ouvrage, est la suivante : la définition que nous venons de donner de la planification est, à cause des comportements des planificateurs eux-mêmes, la plus proche de celle qui correspond à la réalité, à la réalité que la planification a créée pour elle-même et qu'elle a, de fait, choisi pour elle-même, même s'il s'agit d'une définition implicite. En d'autres termes, dans cet ouvrage la planification est définie par ce qu'elle *est* (et on peut noter entre parenthèses qu'à la différence de Wildavsky, nous pensons que la planification c'est quelque chose !).

Pour certaines personnes, quand des dirigeants d'entreprise se retirent sur la montagne pour discuter stratégie, il s'agit de planification. Pour d'autres, l'adaptation à des pressions extérieures effectuée d'une façon informelle au fil du temps est aussi de la planification. En principe il n'y a aucun problème à poser l'une et l'autre des deux définitions. En pratique cependant, cette double définition crée toutes sortes de confusions. Par exemple, les planificateurs peuvent très bien ne pas comprendre pourquoi les dirigeants d'entreprise, dans leur retraite, n'ont pas structuré leur discussion de façon plus systématique. Mais s'ils avaient appelé leurs discussions « pensée stratégique », le problème ne serait pas apparu. Et ce parce que le terme planification, implicitement ou explicitement, est de toute façon associé à la formalisation, et que, par conséquent, son usage suppose qu'il y ait décomposition, articulation, et rationalisation. Pour le lecteur qui ne serait pas encore persuadé par l'usage que nous faisons de ce terme, nous suggérons que dans la suite, à chaque fois que nous écrivons « planification », il lise « planification formelle ». Au bout d'un certain temps, nous pensons que ce lecteur non encore convaincu finira par supprimer l'adjectif parce qu'il tombera d'accord avec notre position – plutôt que par lassitude.

Bien entendu, la formalisation est un terme de nature relative et non de nature absolue. Et bien entendu également, les planificateurs ont un ensemble d'activités dont certaines sont plus formelles et d'autres moins formelles. Mais en tant que processus, nous soutenons ici que la planification, sur le continuum des comportements organisationnels, est plutôt située du côté de l'extrémité formelle (ceci sera spécifié dans le dernier chapitre). On ne doit donc pas considérer que la planification est identique à la décision, à l'élaboration de la stratégie ou à la gestion ; on ne doit pas non plus considérer la planification comme la meilleure des méthodes à utiliser pour conduire l'une de ces trois activités ; on doit simplement considérer la planification comme l'effort effectué pour formaliser certaines parties de ces trois activités à travers la décomposition, l'articulation et la rationalisation.

Pourquoi planifier (d'après les planificateurs) ?

Si l'on adopte la définition de la planification que nous venons de donner, la question devient alors : pourquoi conduire cette activité ? En un mot, pourquoi formaliser ? Et, parallèlement, pourquoi décomposer, pourquoi articuler, et pourquoi rationaliser ? L'ensemble de cet ouvrage est consacré d'une façon ou d'une autre à ces questions ; mais, au point où nous en sommes, il nous paraît approprié de présenter la façon dont les planificateurs eux-mêmes y ont répondu.

Nous répondrons à ces questions sous la forme des « impératifs de la planification » car c'est sous cette forme que les réponses ont tendance à être fournies dans la majeure partie de la littérature qui traite de planification. Pour beaucoup de ses auteurs, la planification n'est pas simplement restée *une* approche pour la conduite et le management des organisations, mais elle est devenue *la seule* approche concevable, à la limite une sorte de religion qu'il fallait répandre avec la ferveur de missionnaires. Comme le disait une personne qui avait été responsable de la planification dans l'entreprise General Electric : « Si vous me demandez est-ce que toutes les parties de GE font l'objet d'une planification stratégique ? Je dois vous répondre non. » Cette remarque prend un relief particulier quand on sait que GE était l'entreprise américaine connue pour être la plus orientée vers la planification. La même personne concluait : « Quelques UAS (unités d'activité stratégiques) n'ont pas de bonne stratégie ! » (Rothschild dans Cohen, 1982:8). Pour citer l'expression que nous avons héritée de Frederick Taylor, celui-là même qui a développé les premières pratiques de « gestion scientifique » et qui a pendant plus d'un demi-siècle poussé toujours plus à une rationalisation accrue du management, la planification s'est elle-même ornée du titre de « one best way » – la meilleure façon de faire.

1. Les organisations doivent planifier pour coordonner leurs activités. Les termes « coordonner », « intégrer » et « global » sont utilisés de manière très fréquente dans le vocabulaire de la planification. L'un des arguments majeurs en faveur de la planification, comme nous l'avons suggéré dans la troisième définition présentée plus haut, est que les décisions qui sont prises de façon formelle dans le cadre d'un processus unique donnent à l'organisation une certaine assurance de voir ses efforts coordonnés de façon correcte.

Quand les différentes activités de l'organisation ne sont pas coordonnées (quand les vendeurs ont vendu mais que l'usine ne peut pas produire, ou quand l'immeuble de bureaux construit hier est trop petit aujourd'hui) on attribue souvent le problème à un manque de planification, ou à un manque d'efficacité dans la planification. En décomposant la stratégie, ou ses conséquences, en des intentions attribuables à chacune des parties de l'organisation, on s'assure que le travail d'ensemble sera fait, du moins si chacun des départements met en œuvre son plan. Nous retrouvons la vieille hypothèse de la machine.

De plus, l'articulation des plans crée un mécanisme de communication qui encourage la coordination entre les différentes parties de l'organisation. Sawyer, par exemple, affirme qu'il est nécessaire (à travers la planification) « de faire sortir le processus de gestion de l'organisation de l'esprit individuel du ou des dirigeants de façon à le placer dans un forum réunissant l'ensemble du groupe des managers » (1983:5), où il pourra être partagé et faire l'objet de discussions qui peut-être, comme Zan le suggère, aideront à créer un consensus (1987:192). Quelques auteurs en fait, ont soutenu que la planification a de la valeur en elle-même et par elle-même (« c'est le processus qui compte ») à cause de sa capacité à accroître la communication dans l'organisation, par exemple « en enrichissant la compréhension commune [qu'ont les individus] des objectifs et des domaines d'activité de l'entreprise » (Hax et Majluf, 1984:66). Fayol a même prétendu que « Le Plan... crée l'unité, et la confiance mutuelle », et qu'il « amène à... un élargissement de la vision » (1949:xi).

Il y a peu de doutes sur le fait que les plans et la planification peuvent servir comme mécanismes importants pour relier des activités disparates. Mais c'est une autre chose de dire qu'il s'agit là d'un impératif, ou de considérer comme vraie l'hypothèse sous-jacente identifiée par Weick : « Les organisations sont des arrangements rationnels de personnes et de propositions qui sont reliés par des plans » (1969:109). La coordination peut aussi être effectuée par d'autres méthodes. Par exemple par la communication informelle entre différents acteurs (que l'on appelle « l'ajustement mutuel »), par le partage de normes et de croyances communes intégrées dans une même culture, ou encore par le contrôle direct d'un leader unique (voir Mintzberg, 1979a:2-7). Et même quand les plans jouent leur rôle de coordination, on n'a pas le droit de supposer que c'est la planification (en tant que procédure formalisée) qui a créé ces plans. On peut répondre à l'assertion selon laquelle le processus de planification améliore de façon naturelle la communication, que toutes les réunions, quel que soit leur objet, ont cet effet !

2. **Les organisations doivent planifier pour s'assurer que le futur est pris en considération.** « La première raison que nous avons de regarder le futur d'une façon systématique est la nécessité qu'il y a de comprendre les conséquences futures des décisions présentes » et aussi « les conséquences présentes des événements futurs » (Loasby, 1967:301). Ce que fait la planification de façon spécifique dans ce domaine, c'est introduire « une *discipline* de la pensée à long terme dans les organisations » (Hax et Majluf, 1984:66, italique ajouté).

Pour paraphraser Starr (1971:315), il y a trois façons principales de tenir compte du futur :

1. se préparer à l'inévitable ;
2. se saisir de l'indésirable ;
3. contrôler ce qui est contrôlable.

Il est clair qu'aucun manager qui se respecte n'omettrait d'accomplir l'un de ces trois actes. Il y a de bonnes raisons de prendre le futur en considération. Mais faut-il pour autant le faire de façon systématique, formelle, c'est-à-dire par le moyen de la planification ? Dans de nombreux cas, sans doute, la réponse est oui. Mais faut-il toujours procéder ainsi ? Il est possible de tenir compte du futur d'autres façons, par exemple de manière informelle, comme c'est le cas lorsqu'un individu utilise son intuition, ou même son instinct. L'écureuil qui stocke des noix pour l'hiver prend certainement le futur en considération. En fait il accomplit chacune des actions de la liste que nous avons présentée ci-dessus, parce que l'hiver est inévitable, que la faim est indésirable, et que les noisettes sont contrôlables ! Faut-il pour autant conclure que les écureuils sont des animaux plus sophistiqués que nous ne l'avions imaginé, ou que la planification est moins sophistiquée que nous ne l'avions pensé ?

Une réponse évidente à cette question (que l'on trouve de façon tout à fait courante dans la littérature) est que les managers (à la différence des écureuils peut-être) ont tellement de choses en tête qu'ils risquent d'oublier le futur à long terme. La planification peut être au moins « un moyen pour faire en sorte que certains sujets soient mis sur l'agenda » (Loasby, 1967:303). Comme March et Simon l'ont soutenu dans leur « Loi de Gresham de la planification » : « La routine quotidienne élimine la planification » (1958:185), ou, pour dire les choses autrement, les tâches hautement programmées ont tendance à prendre l'ascendant sur celles qui sont très peu programmées. La planification devient alors un moyen pour programmer le non-programmé : pour reprendre les termes d'un planificateur de la General Electric, elle « programme le temps du dirigeant » (Hekhuis, 1979:242). Mais ceci ne résout pas le problème : est-ce que l'utilisation de moyens formels pour la prise en compte du futur, ou la formalisation des méthodes qui sont utilisées pour traiter cette question, rend l'entreprise sûre de voir le futur pris en considération de façon correcte ?

3. Les organisations doivent planifier pour être « rationnelles ». L'une des toutes premières raisons mises en avant pour s'engager dans la planification est qu'il s'agit là tout simplement d'une forme supérieure de gestion : la prise de décision formalisée est meilleure que la prise de décision non formalisée. Dans les termes utilisés par Schwendiman, elle « force à une pensée plus profonde » (1973:64). « Il est rare que la pensée stratégique apparaisse de façon spontanée », soutient Michael Porter dans l'hebdomadaire *The Economist* (1987:17). Même si l'on met de côté le fait qu'aucune preuve n'a été apportée à l'appui de cette affirmation étonnante, on peut se demander dans quelle mesure il existe une preuve montrant que la planification stratégique encourage la pensée stratégique. Porter continue en disant : « Sans lignes directrices, peu de managers savaient ce qu'est la pensée stratégique » (17). Prétend-il par ce fait qu'avec des lignes directrices ils savaient subitement ce qu'elle était ? Était-ce facile ? Les managers avaient-ils réellement besoin des planificateurs pour leur dire ce qu'était la pensée stratégique ? Cette position, encore une fois, est tout à fait bien comprise par Wildavsky :

> La planification n'est pas réellement défendue pour ce qu'elle est mais pour ce qu'elle symbolise. La planification, identifiée à la raison, est conçue comme étant la méthode par laquelle l'intelligence est appliquée aux problèmes sociaux. Les efforts des planificateurs sont supposés être meilleurs que ceux d'autres personnes parce qu'ils ont pour produit des propositions de politiques générales qui sont systématiques, efficientes, coordonnées, cohérentes et rationnelles. Ce sont des termes tels que ceux-ci qui cherchent à donner l'idée de la supériorité de la planification. La vertu de la planification est qu'elle incarne des normes universelles de choix rationnels. (1973:141)

La littérature a beaucoup insisté sur tous les gains obtenus par la formalisation du comportement, même si elle a rarement apporté des preuves à l'appui de cette affirmation. Mais elle ne s'est presque jamais posé la question de savoir ce qui pouvait être perdu dans le processus. Le commentaire de Charles Hitch est typique de cette position. Il cherchait à justifier l'un des plus grands efforts de planification (et l'un des plus grands échecs de planification) de tous les temps : la mise en œuvre qu'il a conduite du PPBS dans l'armée américaine puis dans le reste du gouvernement dans les années soixante. L'argument développé par Hitch (1965:56) était que les managers ne sont pas seulement surchargés de travail, mais qu'ils sont aussi surchargés d'information, et que par conséquent ils ne peuvent pas prendre des décisions de façon efficace sans l'aide de l'analyse formelle et systématique.

Mais « l'analyse systématique » est-elle capable d'atteindre ce but ? Dans quelle mesure l'analyse systématique n'aide pas l'intuition mais la bloque ? Et même s'il était vrai, comme l'ont prétendu (d'ailleurs sans apporter de preuves) deux auteurs célèbres dans le domaine (Lorange et Vancil, 1977:x), que la planification met l'accent « sur les bonnes questions », peut-on être sûr qu'elle le fait de la bonne façon ? A-t-on en fait aucune preuve que la planification, que Yavitz et Newman (1982:109) ont qualifié de « mécanisme pour diriger l'attention et rythmer l'activité », encourage réellement la pensée à long terme ? Et par dessus tout, est-ce que l'on améliore la pensée non programmée en la programmant ? La littérature sur la planification a constamment tendance à supposer que les réponses à ces questions sont toutes positives. Les données empiriques que nous allons citer plus loin dans cet ouvrage (voir chapitre 3), celles concernant l'échec que Hitch a connu avec le PPBS, entre autres, nous amènerons à mettre en doute cet optimisme.

4. Les organisations doivent planifier pour contrôler. L'utilisation de la planification à des fins de contrôle est un sujet délicat dans la littérature, parce que la planification est aussi supposée motiver, encourager la participation, et faciliter le consensus. Et pourtant l'aspect contrôle de la planification n'est jamais très loin de la surface. Il est même souvent juste à la surface. De fait, les deux termes sont parfois utilisés ensemble ou même de façon interchangeable, comme dans l'expression « les systèmes de planification et de contrôle ». Ainsi, parmi les « responsabilités essentielles » des planificateurs, Schwendiman cite :

1. Les planificateurs doivent être responsables de la planification du « système », et veiller à ce que les étapes soient mises en œuvre dans l'ordre prescrit.
2. Les planificateurs doivent assurer la qualité, l'exactitude, et le caractère complet de la planification conduite par les autres personnes.
3. Les planificateurs doivent être responsables de la coordination de l'ensemble de l'effort de planification, et doivent intégrer les différentes parties du plan (1973:50).

Il faut noter ici que ce n'est pas seulement le travail de la hiérarchie qui est contrôlé ; si la planification formalise le processus stratégique, elle contrôle également une partie du travail de la direction générale. Mais le contrôle dans la planification ne s'arrête pas là. La planification se donne aussi pour but de contrôler le futur de l'organisation et, par conséquent, l'environnement même de l'organisation. « Si le marché n'est pas fiable », comme le note John Kenneth Galbraith, l'entreprise « ne peut pas planifier ». Par conséquent, « Une grande partie de ce que l'entreprise considère comme étant son effort de planification consiste à minimiser ou à éliminer les influences du marché » (1967:26). De fait, la planification contrôle même les planificateurs, dont les éventuelles tendances intuitives sont éliminées au profit des procédures rationnelles. Et, quand Zan écrit que la planification est « un moyen pour réduire la complexité externe en des "formes gérables" » (1987:192), il se réfère au contrôle *conceptuel* : il s'agit de rendre le monde suffisamment simple pour qu'il soit compréhensible. C'est ainsi que Lorange dans un article intitulé « Les rôles du PDG dans les processus de planification et de contrôle stratégiques », note que si le PDG « n'a en général pas la possibilité de procéder lui-même à la mise en œuvre, il lui faut être suffisamment impliqué dans celle-ci de façon à en contrôler les processus » (1980b:1), ce qu'il doit bien entendu faire en utilisant la planification. « Il pourrait en fait même conclure qu'il s'agit là... de la seule méthode disponible pour gérer une organisation de grande taille et de grande complexité » (2). Peut-être Lorange aurait-il du l'appeler « contrôle *à distance* » !

Défense de la planification proposée par Jelinek

Dans son ouvrage *Institutionalizing Innovation*, Mariann Jelinek présente l'un des rares ensembles d'arguments soigneusement raisonnés en faveur de la planification stratégique. S'attaquant directement au problème, Jelinek essaie de développer une défense de la formalisation en soi. Elle fonde son argumentation sur le développement historique des sciences de gestion, ou plus précisément de la gestion scientifique, pour utiliser le terme forgé au début du siècle par Frederick Taylor.

Comme Jelinek le remarque, la contribution de Taylor par ses expériences célèbres sur l'étude formalisée et l'introduction de routines dans le travail manuel n'a pas seulement amélioré de façon extrêmement importante les procédures ; elle a aussi été le point de départ d'une véritable révolution dans la façon dont le travail était organisé : « La codification des tâches routinières ». Taylor « a été le premier à rendre possible sur une grande échelle la coordination des détails : de la pensée en matière de planification et de politique générale, au-delà des détails de la tâche elle-même » (1979:136). Cette contribution a abouti à une division fondamentale du travail avec, d'un côté, la réalisation de la tâche et, de l'autre, sa coordination. Ceci a permis à la gestion de « s'abstraire », c'est-à-dire de s'éloigner des opérations quotidiennes, de façon à ce qu'elle puisse « se concentrer sur les exceptions » (137).

Jelinek remarque ensuite que les efforts de Taylor ont été étendus à la fonction administrative par Alexander Hamilton Church dans le domaine de la comptabilité analytique, « donnant ainsi les moyens d'abstraire le management en rendant possibles la description et le suivi de la performance » (138). Le travail fut ensuite élargi aux niveaux les plus élevés de la gestion par l'introduction de la structure de type divisionnalisée, initialement dans les entreprises Du Pont puis General Motors. Cette innovation a formalisé la séparation entre la gestion d'une entreprise et le développement de la stratégie d'entreprise.

> [Ceci] rendit possible pour la première fois la coordination concertée... et l'élaboration d'une réelle politique générale pour de telles organisations. Il ne sera pas possible que la planification et la politique générale existent tant que les managers sont surchargés par les détails liés à la réalisation de la tâche... (138-139)

Ce qui conduit Jelinek au point central de sa thèse : la révolution que Taylor avait initiée dans l'usine était en train de s'étendre aux niveaux les plus élevés de la hiérarchie, et *le processus ne serait pas fondamentalement différent*. Le moteur de cette nouvelle révolution (l'équivalent des méthodes d'analyse du travail initiées par Taylor, bien que conduites à un niveau plus élevé d'abstraction) était l'ensemble des systèmes formels de planification stratégique et de contrôle : « C'est à travers les systèmes administratifs que la planification et la politique générale sont rendues possibles, parce que les systèmes *incorporent* la connaissance des tâches... » (139). De tels systèmes « créent une forme de pensée commune, avec une attention explicitement dirigée vers la *structure* plutôt que vers le contenu spécifique » ; ils « généralisent le savoir bien au-delà de la situation de découverte initiale » ; ils « généralisent les intuitions qu'ils codifient, et les rendent susceptibles de changements et d'amélioration ». Ainsi « la véritable gestion par exception et l'établissement de véritables directions de politique générale sont maintenant possibles, et ce uniquement parce que les managers ne sont plus totalement immergés dans les détails de la tâche elle-même » (139, italique dans l'original).

Le livre de Jelinek traite d'un système appelé OST (objectifs, stratégies et tactiques) développé dans l'entreprise Texas Instruments au début des années soixante, système qui constitue selon elle un autre pas en avant dans le développement des sciences de gestion, ce pas étant « relatif à un niveau supérieur de logique » :

> Plutôt que de coordonner de multiples tâches routinières, l'OST est focalisée sur la génération de nouvelles tâches qui éventuellement deviendront elles-mêmes routinières... En tant que système, l'OST généralise une procédure permettant l'acquisition de nouveaux savoirs pertinents, créant une forme commune de pensée *en ce qui concerne l'innovation*... L'OST spécifie comment réaliser le travail, en effectuer un suivi, et l'évaluer. (141)

Cette citation de Jelinek illustre quelques-unes des hypothèses centrales qui sous-tendent la pratique de la planification stratégique : la gestion de la stratégie peut être très nettement séparée de la gestion des opérations, et le processus de formation de la stratégie peut lui-même être programmé (pour utiliser les termes de Jelinek « institutionnalisé ») par l'utilisation de systèmes formels. En fait, selon elle, seule cette institutionnalisation permet la séparation en question. Ce que Taylor avait réalisé dans l'usine, les systèmes de planification pouvaient maintenant le réaliser par extrapolation pour la direction générale. À cause de ces pouvoirs de formalisation, la planification devenait le moyen de créer aussi bien que d'opérationaliser la stratégie. En d'autres termes, la planification stratégique *est* la formation de la stratégie, du moins dans le cadre des meilleures pratiques. D'où une tendance répandue à utiliser les deux termes de façon interchangeable.

L'argument de Jelinek est un argument fondamental, peut-être le plus audacieux que l'on trouve dans la littérature et certainement l'un des plus sophistiqués. Il expose les hypothèses de base qui, si elles sont vraies, établissent le socle qui justifie la planification, et qui, si elles sont fausses, remettent en question quelques-uns de ses efforts les plus importants. Il nous faudra donc revenir aux arguments de Jelinek plus loin dans notre discussion (ainsi qu'aux conceptions qu'elle a développées plus tard). Au point où nous en sommes, il nous paraît nécessaire, en posant une dernière question, d'examiner dans quelle mesure la planification stratégique et la formation de la stratégie sont synonymes, au moins dans le cadre des meilleures pratiques.

Et qu'est-ce que la stratégie ?

Si vous demandez à un planificateur ou à une autre personne ce qu'est la stratégie, vous vous entendrez certainement répondre que **a. la la stratégie est un plan,** ou quelque chose d'équivalent : une direction, une trajectoire ou un guide pour l'action orienté vers le futur, un chemin qui permet d'aller d'ici à là-bas, etc. Demandez alors à cette personne de décrire la stratégie que son organisation ou une organisation concurrente a dans la réalité poursuivi au cours des cinq dernières années, et vous verrez que la plupart des personnes seront tout à fait à l'aise pour répondre à cette question, sans voir que ceci est une violation caractérisée de leur propre définition du terme.

Il s'avère que le terme « stratégie » est l'un de ces mots que, d'une façon inévitable, nous définissons d'une façon et nous utilisons d'une autre façon. **b. La stratégie est aussi une forme,** c'est-à-dire une cohérence entre comportements au cours du temps. Une entreprise qui d'une façon constante commercialise les produits les plus chers dans son propre secteur poursuit ce que l'on appelle ordinairement une stratégie de haut de gamme, tout comme une personne qui accepte toujours les postes les plus difficiles peut être décrite comme poursuivant une stratégie à hauts risques. En fait les deux définitions paraissent être valides : les organisations développent des plans pour le futur et elles voient émerger des structures de leurs actions passées. Nous pouvons appeler la première partie la stratégie *intentionnelle* et l'autre la stratégie *réalisée*. La question importante devient alors : faut-il nécessairement que les stratégies réalisées soient intentionnelles ?

Il existe une façon simple de répondre à cette question : demandez à ces personnes qui vous ont volontiers décrit leurs stratégies (réalisées) au cours des cinq dernières années ce qu'étaient leurs stratégies délibérées cinq années auparavant. Quelques-unes prétendront peut-être que leurs intentions ont été parfaitement réalisées. Vous pouvez mettre en doute leur honnêteté. Quelques-unes prétendront que leurs réalisations n'avaient rien à voir avec leurs intentions. Vous pouvez alors suspecter leur comportement. La plupart, selon nous, vous donneront une réponse située entre ces deux extrêmes. Car, après tout, la réalisation parfaite implique une capacité de prévision brillante, sans oublier une certaine inflexibilité ; alors que l'absence de réalisation implique une absence d'esprit. Le monde réel comporte inévitablement une partie de réflexions et d'anticipation, aussi bien que quelques adaptations en route.

Comme le montre la Figure 1-1, les intentions qui ont été complètement réalisées peuvent s'appeler les stratégies *délibérées*. Celles qui n'ont pas été réalisées peuvent s'appeler les stratégies *non réalisées*. La littérature concernant la planification reconnaît l'existence de ces deux possibilités avec une préférence évidente pour la première. Ce qu'elle ne reconnaît pas est la troisième possibilité, celle que nous avons appelée la stratégie *émergente* : lorsque la forme qui apparaît n'a pas été expressément voulue. Des actions ont été entreprises, une à la fois, qui

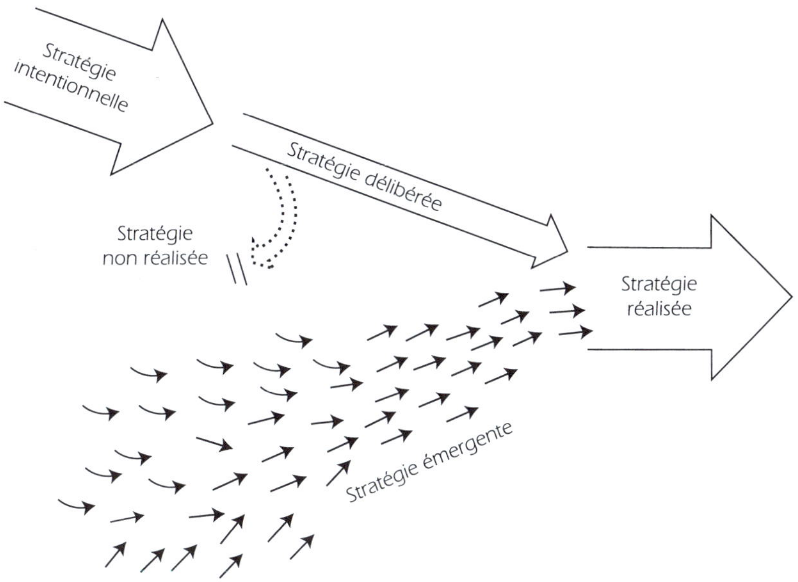

FIGURE 1-1
Les différentes formes de stratégie

ont progressivement convergé au fil du temps en une sorte de cohérence ou de forme. Par exemple, plutôt que de poursuivre une stratégie (comprenez un plan) de diversification, une entreprise peut simplement prendre des décisions de diversification, une à la fois, ce qui revient à tester le marché. D'abord elle achète un hôtel dans le centre-ville, puis un restaurant, puis un hôtel à la campagne, puis un autre hôtel dans le centre-ville avec restaurant, puis un autre, etc. jusqu'à ce que la stratégie (comprenez la forme) de diversification dans le domaine des hôtels urbains avec restaurant émerge.

Comme nous l'avons noté plus haut il n'y a que très peu de stratégies purement délibérées ou purement émergentes, si même il en existe. Le premier cas suggère qu'il n'y a pas eu apprentissage, le second suggère qu'il n'y a pas eu contrôle. Toutes les stratégies du monde réel exigent le mélange de ces deux types d'une façon ou d'une autre, pour maintenir un certain contrôle sans arrêter le processus d'apprentissage. Les organisations, par exemple, poursuivent souvent ce que l'on peut appeler des stratégies *en ombrelle* : les grandes directions sont voulues mais il est permis aux détails d'émerger en leur sein. Ainsi les stratégies émergentes ne sont pas nécessairement mauvaises et les stratégies délibérées ne sont pas nécessairement bonnes ; les stratégies efficaces mêlent ces caractéristiques d'une façon qui reflète les conditions du moment, en particulier la capacité de prédire aussi bien que le besoin de réagir à des événements imprévus.

Pourtant la littérature sur la planification, cet ouvrage de Jelinek compris, considère que les stratégies efficaces sont des processus purement délibérés, à l'exclusion de pratiquement tout élément émergent. De temps à autre on voit apparaître la mention de la planification flexible mais, comme en ce qui concerne les vierges-mères, la contradiction évidente est rarement directement traitée, excepté bien entendu par ceux qui identifient la planification à l'immaculée conception.

Dans une enquête effectuée auprès de consultants, Walter Kiechel du magazine *Fortune* indique que selon eux 10 % des stratégies sont mises en œuvre avec succès ; Tom Peters indique que ce nombre est « sauvagement exagéré » ! (dans Kiechel, 1984:8). Souvent, quand une stratégie échoue, ceux qui sont au sommet de la hiérarchie blâment la mise en œuvre effectuée aux niveaux inférieurs de l'organisation : « Si seulement vous pouviez, espèces d'idiots, apprécier le caractère brillant de la stratégie que nous avons formulée... » En fait, les idiots situés plus bas dans la hiérarchie pourraient bien répondre : « Si vous êtes si intelligents, pourquoi n'avez-vous pas tenu compte du fait que nous sommes des idiots ? » En d'autres termes, tout échec dans la mise en œuvre est par définition également un échec dans la formulation. S'il doit y avoir une séparation entre les deux, de telle sorte que l'un pense avant que l'autre agisse, alors il est clair que la capacité à agir doit être prise en compte dans le processus de pensée.

Mais jusqu'à quel niveau d'intelligence peut aller le penseur ? En d'autres termes, le problème réel ne serait-il pas moins dans les lacunes de la mise en œuvre ou les faiblesses de la formulation que dans le principe qui consiste à forcer une séparation artificielle entre les deux ? Si ceux qui formulent la stratégie sont plus proches de la mise en œuvre (ce qui est typiquement le cas pour des entrepreneurs), ou si ceux qui font la mise en œuvre avaient une influence plus forte sur la formulation (ce qui est la signification même du terme « *intra*preneurs »), alors il y aurait peut-être plus de succès dans l'élaboration et la mise en œuvre de la stratégie. La stratégie délibérée repose sur cette séparation artificielle, pas la stratégie émergente. En fait, dans le cas de la stratégie émergente, le terme formulation doit être remplacé par le terme *formation* de la stratégie, parce que les stratégies peuvent se former sans avoir été formulées. C'est la raison pour laquelle nous utiliserons le terme formation de la stratégie dans le reste de cet ouvrage, non pas parce que les stratégies doivent être purement émergentes, mais simplement pour permettre qu'elles le soient, ou d'une façon plus réaliste pour permettre qu'elles le soient partiellement, ce qui est inévitable.

Il existe une autre conséquence importante du concept de stratégie émergente, qui est aussi passée sous silence dans une grande partie de la littérature sur la planification. Il n'est pas nécessaire que les stratégies aient toutes pour origine un centre. Ce qui est implicite dans le concept de stratégie délibérée est la croyance selon laquelle la stratégie arrive en bloc d'un endroit central qui est la direction générale (ou le département de la planification). Dans les métaphores populaires, la tête pense et le corps agit ou l'architecte conçoit (sur papier) de telle sorte que les ouvriers puissent construire avec des briques et du mortier. Mais dans le cas de la stratégie émergente, parce que des stratégies importantes peuvent avoir pour origine de petites idées (initiatives), et peuvent avoir pour origine des endroits étranges de l'organisation, ou apparaître à des moments tout à fait inattendus, presque tout le monde dans l'organisation peut s'avérer être un stratège. Tout ce dont il a besoin, c'est d'une bonne idée et de la liberté et des ressources nécessaires pour la poursuivre. De fait, même la généralisation d'une initiative stratégique dans toute l'organisation (pour qu'elle devienne une stratégie d'ensemble) n'a pas besoin d'être contrôlée de façon centrale, ou même d'être planifiée de façon centrale par un processus formel selon un échéancier formel. Par exemple, un vendeur peut avoir l'idée de vendre un produit existant à quelques clients nouveaux. À mesure que d'autres vendeurs réalisent ce que cette personne est en train de faire, ils commencent à l'imiter, et un beau jour, des mois plus tard, la direction découvre que l'entreprise a pénétré un nouveau marché. Cette nouvelle forme n'a certainement pas été planifiée. Plus exactement, pour introduire une distinction que nous utiliserons de façon importante dans cet ouvrage, elle a été *apprise* au terme d'un processus collectif. Mais est-ce mauvais ? Parfois oui, parfois non, tout comme pour les comportements qui ont été planifiés avec soin.

Dernière conséquence du concept de stratégie émergente : dans la littérature sur la planification, il existe une longue tradition héritée de l'art militaire qui consiste à distinguer entre les stratégies et les tactiques. Il s'agit d'une distinction pertinente pour une littérature qui apprécie de décomposer les choses en éléments et de déterminer leur importance relative *a priori*. Les stratégies concernent ce qui est important, les tactiques sont relatives aux simples détails. Mais le concept même de stratégie émergente montre que l'on ne peut jamais être sûr à l'avance de ce qui relève de l'un ou de l'autre. En d'autres termes, de simples détails peuvent éventuellement se révéler être stratégiques. Après tout, comme le dit la vieille comptine, la guerre peut très bien être perdue parce qu'il manque un clou au fer d'un cheval. Il faut donc ne pas se précipiter et considérer qu'une chose est intrinsèquement tactique ou stratégique. (L'entreprise dont nous avons parlé plus haut dans notre exemple sur la diversification peut très bien avoir acheté son premier hôtel par inadvertance.) Pour citer Richard Rumelt, « La tactique d'une personne est la stratégie d'une autre : ce qui est stratégique dépend du point de vue où l'on se place » (Rumelt, 1979a:197). Cela dépend aussi du moment où l'on se place, dans la mesure où ce qui paraissait hier être tactique peut demain, s'avérer être stratégique. C'est pourquoi le terme tactique ne sera pas utilisé dans cet ouvrage, alors que le terme stratégique sera utilisé comme adjectif pour qualifier quelque chose de relativement important, aussi bien en ce qui concerne les formes qui apparaissent après que les actions aient été conduites que pour qualifier les intentions qui précèdent ces actions.

Nous n'avons pas encore examiné toutes les définitions des stratégies : à côté du plan et de la forme, nous devons encore ajouter au moins deux qualificatifs possibles. Il y a quelques années, McDonald a introduit sur le marché un nouveau produit appelé Egg McMuffin : le petit déjeûner américain dans un petit pain. Le but de l'opération était d'encourager la fréquentation du restaurant le matin. Si vous demandez à un groupe de managers dans quelle mesure l'Egg McMuffin a été un changement stratégique pour McDonald, vous aurez inévitablement deux réponses : « Oui bien entendu ; ce mouvement les a amenés sur le marché du petit déjeûner », et « Allez, n'exagérez pas, c'est toujours le même truc – la méthode McDonald – c'est seulement un emballage différent. » Selon nous, ces managers sont moins en désaccord sur le caractère stratégique du changement que sur la définition de ce qu'est une stratégie.

Pour quelques personnes, en particulier Porter (1980, 1985) et ses successeurs, **c. une stratégie est une position,** c'est-à-dire une détermination de produits particuliers dans des marchés particuliers. Pour d'autres, cependant, **d. une stratégie est une perspective,** c'est-à-dire une façon qu'a l'organisation de faire les choses ; pour utiliser l'expression forgée par Peter Drucker, le concept qu'elle a de l'activité. En tant que position, la stratégie regarde vers le bas, vers le « x » qui marque l'endroit où le produit rencontre le consommateur, et elle regarde vers l'extérieur, vers les marchés externes. En tant que perspective, la stratégie regarde plutôt vers le dedans, à l'intérieur de l'organisation et à l'intérieur de ce qui se passe dans la tête des stratèges collectifs, mais elle regarde aussi vers le haut, vers la vision d'ensemble de l'entreprise (La forêt que l'on aperçoit au-dessus des arbres, ou est-ce les nuages que l'on voit ? !). Comme nous le verrons, la tendance de la littérature sur la planification a été orientée vers la position plutôt que vers la perspective. Quoi que l'on puisse prétendre, dès que l'on entre dans le côté pratique de la formalisation des choses, la stratégie se réduit inévitablement à un ensemble de positions. Tous les « x » dont nous parlions plus haut peuvent être aisément notés, identifiés et articulés, alors que la perspective ne se prête pas aussi aisément à un travail de décomposition.

Ici encore nous avons besoin des deux définitions. L'introduction de l'Egg McMuffin par McDonald a été un succès parce que la nouvelle position était cohérente avec la perspective existante. Les dirigeants de McDonald paraissaient bien comprendre (même si ce n'était pas nécessairement en ces termes) que l'on ne prend pas la perspective à la légère (Qui veut de mon McDuckling à l'orange ?). Il peut être facile de changer de position à l'intérieur d'une même perspective ; mais changer de perspective, même en maintenant sa position, n'est pas facile. (Demandez par exemple aux producteurs suisses de montres de vous raconter l'introduction de la technologie du quartz.) La Figure 1-2 en est une illustration. Il est clair que les organisations doivent prendre en compte à la fois leurs positions et leur perspective dans la formation de la stratégie. Une littérature qui privilégie l'un des deux aspects aux détriments de l'autre nuit à ce processus[4].

Mais c'est exactement ce que fait la littérature sur la planification, dans la mesure où elle privilégie le plan par rapport à la forme. Notre conclusion est que la « planification stratégique » ne peut pas être

[4] Aux quatre caractéristiques de la stratégie que nous venons de voir, on peut ici en ajouter une cinquième : *La stratégie comme plan de bataille*, une manœuvre spécifique mise au point pour combattre un opposant ou un concurrent, comme dans le livre de Schelling *The Strategy of Conflict* (1980) ; voir aussi les chapitres de Porter sur « Les signaux de marché » et « Les mouvements concurrentiels » dans son ouvrage *Competitive Strategy* (1980).

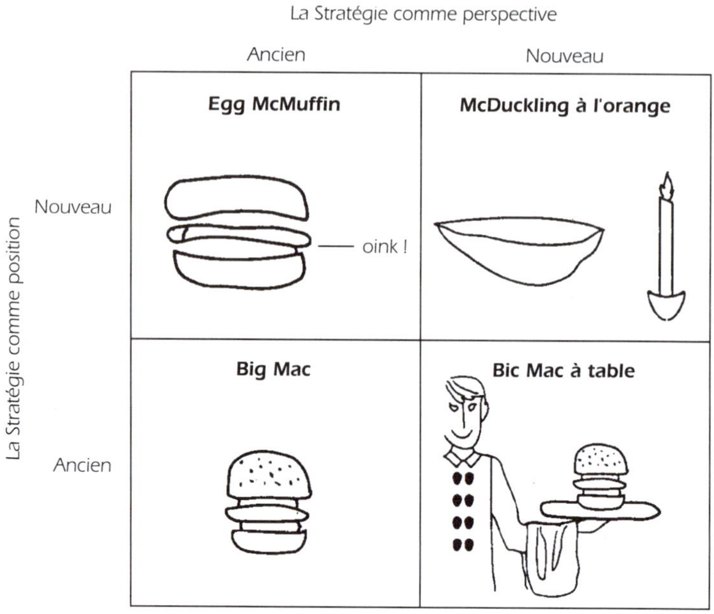

FIGURE 1-2
La stratégie comme perspective et la stratégie comme position

synonyme de la formation de la stratégie, qui, elle, comprend ces deux aspects, et ne peut certainement pas être synonyme d'efficacité dans ce processus. La conséquence de tout ceci est que la planification peut avoir avec la formulation et la mise en œuvre de la stratégie moins de relations qu'il n'est souvent prétendu, et également que les planificateurs peuvent avoir plus de travail à faire qu'ils ne le réalisent parfois !

Les planificateurs, les plans et la planification

Beaucoup d'auteurs sur la planification d'entreprise ont discuté de l'importance de la direction générale dans la formation de la stratégie, le fait que le PDG est le premier des planificateurs. Mais la plupart de ce qui est écrit par ailleurs révèle un point de vue tout à fait différent. Si l'intuition est réellement aléatoire et non fiable, comme cette littérature le prétend si souvent, alors le rôle des managers doit être encadré ; si par ailleurs, comme on l'a souvent prétendu aussi, les managers sont réellement trop surchargés de travail pour pouvoir planifier, alors ils ne peuvent pas jouer le rôle clé dans le processus de planification ; s'il est vrai que la formation de la stratégie devrait avoir recours à des systèmes formels, alors il est possible que les managers n'y aient pas leur place ; et si la stratégie doit réellement être séparée des opérations par le recours à des systèmes comme OST et PPBS, alors la planification doit peut-être aussi être séparée de la gestion.

Dans un rapport ancien publié par *The Boston Consulting Group* intitulé « L'impact de la planification stratégique sur le comportement des dirigeants », Robert Mainer établit une distinction entre « le travail de *planification*... et le travail de *gestion* d'une entreprise » :

> Le nœud du problème est le suivant : les types de comportements requis pour effectuer le travail de planification sont souvent différents de, et en conflit avec, les processus et le contenu du travail de gestion qui existent en général dans les organisations... D'une façon substantielle, la planification est une nouvelle sorte d'activité de gestion. (1965:1)

Voici donc qu'arrive le planificateur. Le rôle de cet acteur dans le processus de formation de la stratégie a rarement été explicité et n'a pratiquement jamais été étudié de façon systématique. Les seuls éléments qui apparaissent dans la littérature concernent le fait que le planificateur est un individu, ou un membre d'un département spécialisé, qui n'a pas de responsabilités opérationnelles en soi mais qui a quelques missions vagues qui sont reliées à la planification : il peut la faire, l'encourager, ou simplement coordonner la planification effectuée par d'autres. Bien entendu, dans la mesure où le pouvoir formel réside entre les mains des responsables opérationnels, les auteurs relèguent d'habitude avec prudence les planificateurs dans un rôle secondaire de support :

> [Un] principe fondamental de la théorie de la planification est que « la planification est toujours faite par les opérationnels ». Le personnel de planification a un rôle de support vis-à-vis des managers opérationnels et a en général pour mission de faire en sorte que le « système » de planification fonctionne. (Schwendiman, 1973:43)

Mais le point de vue réel de cette littérature doit être cherché ailleurs : chez les planificateurs eux-mêmes. Ainsi, Steiner soutient que « si une organisation a un génie intuitif à sa tête, il n'y a aucun besoin de planification formelle ». Par conséquent, on pourrait en déduire que les organisations qui sont dirigées par des gens ordinaires doivent planifier. Ceci n'est pas tout à fait vrai. « Même parmi les entreprises qui n'ont pas le bonheur d'être dirigées par un génie, il s'en est trouvé qui ont réussi sans planification formelle. Par exemple une entreprise peut avoir de la chance » (1979:44). Par contre, le message de Steiner est clair pour les entreprises qui ne bénéficient ni d'un génie ni de la bonne configuration des étoiles.

Parfois, des auteurs deviennent même plus audacieux. Leontiades, par exemple, remet en cause « la prescription selon laquelle les planificateurs existent seulement pour aider les managers à planifier », et il identifie des situations dans lesquelles « il se peut que les responsables opérationnels jouent un rôle secondaire dans l'atteinte des objectifs d'ensemble de l'entreprise » (1979-80:22,25-26). Mais on peut presque entendre ses collègues faire pression sur le professeur Leontiades pour éviter qu'il ne parle trop. Même dans les années quatre-vingt-dix, le directeur de la planification d'une des plus grandes entreprises américaines (Bell & Howell) indique que les personnels chargés de la planification stratégique « *ont la responsabilité* de définir les lignes directrices pour l'entreprise » (Marquardt, 1980:8, italique ajouté)[5].

Parmi les auteurs, c'est peut-être Leontiades et Marquardt qui sont les plus honnêtes. Car si la planification a pour but de programmer la formation de la stratégie, et si cette programmation doit être accomplie par des systèmes formels, alors il est certain que la conception et le fonctionnement de ces systèmes doivent être assurés par des personnes qui ont le temps aussi bien que les compétences nécessaires pour ce faire. Et bien entendu il s'agit des planificateurs. Ainsi, quand cette littérature entre dans les détails, les rôles respectifs des managers et des planificateurs deviennent plus clairs. Considérez par exemple les conseils de Pennington aux planificateurs : ils incluent « Impliquez les acteurs dans la planification » et « Impliquez la direction générale dans quelques points clés, mais seulement dans des points clés » (1972:3). En pratique, dans son exemple tiré du fonctionnement d'une grande entreprise sidérurgique, « l'implication forte » du PDG était limitée à

[5] Il y a encore un meilleur exemple, celui de l'article de Keane sur « le facilitateur externe de la planification stratégique ». Le président « a chargé un consultant en planification stratégique » de développer un plan. Le consultant a lancé une importante étude de clientèle, interviewé toutes les personnes pertinentes, conduit une étude de l'environnement, organisé et animé une série de sessions de planification stratégique avec les cadres dirigeants de l'entreprise. « Tous ces efforts ont progressivement abouti au premier plan stratégique de l'entreprise, *entièrement composé par le consultant externe* ». Keane continue en se vantant de ce que « dans le processus le consultant a rempli à un certain degré la plupart des rôles décrits dans cet article » (1985:155, italique ajouté). Un beau « facilitateur » !

« seulement quatre points du processus de planification, avec un jour consacré à chacun » : en octobre le PDG « étudie » les prévisions (à la suite de quoi les plans de l'entreprise sont préparés par d'autres) ; en février le PDG « participe » à une conférence de planification qui examine les écarts entre les réalisations et les objectifs, en juin le PDG « passe en revue » la version actualisée du plan à cinq ans et « donne sa bénédiction » ; et en septembre le PDG « étudie et approuve (parfois avec modifications) les plans annuels » (5). Lucy disait un jour à Charlie Brown qu'une grande œuvre d'art ne peut pas être faite en seulement une demi-heure : elle exige au moins quarante-cinq minutes. Quatre jours par an consacrés par le PDG au futur de l'entreprise ! N'est-ce pas là la conséquence naturelle du processus d'institutionnalisation de Jelinek ?

Jusqu'ici dans cette introduction, nous avons discuté de la planification et présenté les planificateurs. Comme nous l'avons noté plus haut, nous utilisons le terme *planification* pour désigner les procédures formalisées mises en œuvre dans le but de produire des résultats articulés sous la forme de systèmes intégrés de décision. Pour ce qui est des *planificateurs,* nous considérerons qu'il s'agit des personnes qui portent ce titre (ou un titre similaire), mais qui n'ont pas de responsabilités opérationnelles, et qui ont donc du temps disponible pour se préoccuper du futur de l'organisation qui les emploie (bien que beaucoup d'entre eux finissent par faire fonctionner des systèmes de planification qui n'ont pas toujours ce rôle). D'autres termes qui reviennent souvent dans notre discussion sont plan et planifier. Nous utiliserons *plan* pour désigner une expression explicite des intentions (écrites sur une surface plane !), que la littérature sur la planification considère d'habitude comme étant spécifiques, élaborées, et documentées (Chamberlain, 1968:63). Nous utiliserons le verbe *planifier,* cependant, pour signifier simplement prendre en compte le futur, qu'il s'agisse d'une prise en compte formelle *ou* informelle.

Une hypothèse essentielle de la littérature sur la planification, pour résumer notre argument, est que ces termes vont nécessairement ensemble : **la formation de la stratégie est un processus de planification, que les planificateurs conçoivent ou auquel ils apportent leur soutien, qui a pour objectif de planifier pour produire des plans.** Ainsi, pour citer Steiner, qui lui-même citait J.O. McKinsey en 1932 : « Un plan... est "une évidence tangible de la pensée des managers". Il est le résultat de la planification » (Steiner, 1969:8). Mais Sawyer relève une exception remarquable et bienvenue dans sa monographie sur la planification : « Les systèmes formels sont seulement un moyen pour atteindre une fin : ils ne sont pas la cause de l'activité de planification, et ils peuvent même empêcher cette activité lorsqu'ils insistent plus sur la forme que sur la substance » (1983:145).

Par contraste, nous supposerons ici que chacun de ces termes peut être indépendant des autres : une organisation peut planifier (prendre le futur en considération) sans s'engager dans une planification (une procédure formelle) même si elle produit des plans (des intentions explicites) ; parallèlement, une organisation peut s'engager dans la planification (une procédure formalisée) mais pourtant ne pas planifier (prendre le futur en considération) ; et les planificateurs peuvent faire tout ou partie de ces choses, parfois aucune d'entre elles, et cependant, comme nous le verrons en conclusion, apporter une contribution à l'organisation.

Un plan pour ce livre

Si cette tentative pour préciser les termes de base a introduit de la confusion dans l'esprit du lecteur, alors tant mieux ! De fait, même si le résultat est modeste, nous sommes fiers de ce qui a été réalisé. C'était notre plan[6].

Les spécialistes de psychologie sociale nous ont appris que pour changer une personne, il faut d'abord procéder au dégel de ses croyances de base. Dans la mesure où tout le monde sait ce qu'est la planification, comment elle doit être conduite, et dans la mesure où tout le monde sait qu'elle est évidemment une bonne chose (« Comme la maternité, a écrit un jour Wildavsky, tout le monde est pour parce que c'est une chose tellement vertueuse » [1973:149]), nous avons dans cette introduction effectué un effort dans la direction du dégel. Le reste de l'ouvrage sera dirigé vers les deux étapes qui sont supposées suivre : le « changement » des croyances, et « le regel » autour de nouvelles croyances.

[6] Lorange, par contre, a été forcé de conclure son analyse de la littérature des études empiriques sur la planification par le commentaire suivant :

> Après avoir examiné un corps considérable de littérature pour préparer cet article, nous restons sur l'impression inconfortable qu'il est difficile de faire tenir ensemble les pièces et les morceaux. Il paraît y avoir un manque important de consensus dans la littérature vis-à-vis de questions aussi centrales que : quels sont les éléments critiques dans la nature des systèmes de planification ? que constituent les domaines pertinents de recherche empirique ? etc. (1970:240)

Le chapitre 2 sera consacré à une description du modèle de base de la planification stratégique tel qu'il est proposé dans la littérature, avec quelques-unes de ses variantes les plus connues. Après avoir passé en revue les différentes étapes, y compris un détail manquant (la source des stratégies elles-mêmes), nous considérerons ce modèle et ses variantes sous l'angle de quatre hiérarchies : les objectifs, les budgets, les stratégies, et les programmes.

Le chapitre 3 présente les preuves (enquêtes, anecdotes, études intensives) qui indiquent dans quelle mesure ce modèle fonctionne dans la réalité. Ces preuves ne sont pas très encourageantes. Les réponses que les planificateurs y apportent et que nous présentons ensuite ne sont pas plus encourageantes. La plus grande partie de cette réponse ressemble à ce que les psychologues appellent « la fuite » : les planificateurs reviennent à la foi, espèrent dans le salut, proposent des raffinements, ou reviennent « à la base ». Mais la réaction la plus populaire a été de « les » blâmer, en général en parlant des « pièges » de la planification : les managers qui ne soutiennent pas la planification comme ils le devraient, ou les organisations dont le climat ne convient pas à la planification. Dans le chapitre 4 nous considérons ces pièges plus en détail et nous nous lançons dans notre critique sérieuse de l'école de la planification. Nous retournons les pièges contre eux-mêmes, en présentant quelques « pièges caractéristiques de la planification » : elle peut empêcher l'implication, décourager les changements majeurs, et encourager les comportements de type politique dans les organisations. Une « obsession du contrôle » est décrite comme étant à la racine de ces difficultés.

Dans la mesure où « un expert est une personne qui a suffisamment de connaissances sur un sujet pour pouvoir éviter les nombreux pièges qu'il rencontrera sur la route le conduisant à la grande erreur », nous entreprenons dans le chapitre 5 de passer en revue les erreurs fondamentales de la planification : ce que nous pensons être les raisons réelles pour lesquelles la planification stratégique est un échec. Nous discutons de l'erreur de la prédétermination (prédire le futur), du détachement (entre la stratégie et les opérations et entre les managers et les choses qu'ils sont supposés gérer), et enfin, de la formalisation, qui toutes reviennent à l'erreur fondamentale : l'analyse pourrait produire la synthèse. Telle sera l'essence de notre critique.

À ce point de l'ouvrage, nous abandonnons le ton négatif de notre discussion. Le chapitre 6 se donne pour mission d'établir la position de la planification aussi bien que celle des plans et des planificateurs. Nous considérons d'abord les rôles effectifs de la planification, en examinant de façon plus approfondie sa signification et son utilisation appropriée. Puis nous considérons les rôles dont nous pensons qu'ils devraient effectivement être remplis par les plans et les planificateurs, y compris des rôles tout à fait indépendants de la planification elle-même. En conclusion, nous suggérons que différents types de planificateurs peuvent exister pour chacun des deux côtés du cerveau. Cet ouvrage se termine par une discussion du contexte de la planification : quelles circonstances et quels types d'organisations paraissent favoriser les différents rôles de la planification, des plans, et des planificateurs.

Tel est notre plan pour cet ouvrage, nous l'avons planifié de cette façon, sans l'aide de la planification ou des planificateurs.

2

Modèles du processus de planification stratégique

La littérature sur la planification, commençant peut-être en 1962, sinon avant, avec un article de la *Harvard Business Review* de Gilmore et Brandenburg intitulé « Anatomie de la planification d'entreprise », a présenté des centaines de modèles d'un processus par lequel la stratégie devrait supposément être développée et opérationalisée de façon formelle. En fait cependant, quelques exceptions spécifiques mises à part (notamment le modèle d'élaboration des budgets d'investissements et son équivalent gouvernemental, le PPBS), ces modèles sont construits sur un seul cadre de référence conceptuel, ou modèle de base, et diffèrent moins dans leurs éléments fondamentaux qu'à des niveaux de détail. Ces modèles sont allés du simple approfondissement de ce cadre de référence à une spécification hautement détaillée de ses étapes, utilisant toutes sortes de check-lists, de tableaux, de diagrammes, et de techniques.

Nous débuterons notre discussion avec ce modèle de base, puis nous en présenterons deux versions populaires. Ceci fait, nous décomposerons la planification stratégique de deux façons différentes, d'abord en suivant les étapes de base délimitées par ses propres auteurs, puis en suivant notre propre ensemble de quatre hiérarchies distinctes qui paraît le sous-tendre : les objectifs, les budgets, les stratégies et les programmes. Cette dernière décomposition nous permettra à la fin de ce chapitre de reconstruire des formes variées et distinctes de la planification stratégique.

Le modèle de base de la planification

Le modèle central de l'école de la planification

Un ensemble unique de concepts sous-tend virtuellement toutes les propositions faites pour formaliser le processus de formation de la stratégie. Il est parfois appelé le modèle FFOM (pour forces et faiblesses, opportunités et menaces), et surtout connu par les écrits des spécialistes de politique générale de Harvard (particulièrement Kenneth Andrews dans ses propres livres [1971, 1980] et dans des manuels écrits avec ses divers collègues [Learned *et alii*, 1965, Christensen *et alii*, 1982, 1987, etc.]). On peut trouver des traces de ses idées de base en remontant au moins jusqu'à *Leadership in Administration* (1957), le petit livre de Philip Selznick qui a eu tant d'influence.

Nous préférons l'appeler le modèle de l'école de la conception (voir Mintzberg, 1990), parce qu'il est construit sur la croyance selon laquelle la formation de la stratégie est un processus de conception : l'utilisation d'un petit nombre d'idées de base pour concevoir la stratégie. Parmi celles-ci, la plus essentielle est celle de congruence, « fit » en anglais, entre les facteurs externes et les facteurs organisationnels.

Notre version du modèle, similaire à celle des autres auteurs, est décrite dans la Figure 2-1 : la stratégie est créée à l'intersection d'une appréciation externe des menaces et des opportunités auxquelles une organisation fait face dans son environnement, considérée en termes de facteurs clés de succès, et d'une appréciation interne des forces et des faiblesses de l'organisation elle-même, distillée en un ensemble de compétences distinctives. Les opportunités externes sont exploitées par les forces internes, alors que les menaces sont évitées et les faiblesses circonvenues. Sont prises en considération, à la fois dans les stratégies et dans l'évaluation qu'on en fait ensuite pour choisir la meilleure, les valeurs des leaders aussi bien que l'éthique de la société et d'autres aspects de ce que l'on appelle la responsabilité sociale. Et quand une stratégie a été choisie, elle est mise en œuvre.

C'est essentiellement ce qu'il y a dans le modèle : une simple « idée qui informe » comme le soutenait Andrews qui n'aimait même pas l'appeler un modèle (dans Christensen *et alii*, 1982:12, bien que lui et ses collègues soutenaient que son utilisation n'était pas naturelle mais devait être apprise de façon formelle, de préférence dans le cadre d'études de cas effectuées en classe [6]).

Les prémisses de l'école de la conception

Un certain nombre de prémisses sous-tendent ce que nous préférons néanmoins qualifier de modèle, telles qu'elles ont été promulguées par les membres de ce que nous appelons l'école de la conception en gestion stratégique : ceux qui sont restés avec ce modèle dans sa forme la plus simple, plutôt que de l'élaborer dans l'esprit de l'école de la planification. Nous faisons ci-dessous la liste de ces prémisses avec les références correspondantes, toutes tirées de la version de 1982 du manuel de Harvard (Christensen *et alii*, qui contient le texte d'Andrews), sauf notations indiquant qu'il s'agit d'autres sources.

1. La formation de la stratégie doit être un processus de pensée contrôlé et conscient (6,94,185,543). On ne prête pas ici autant d'attention à l'action qu'à la raison : les stratégies sont élaborées par un processus de pensée humaine étroitement contrôlé. Il est supposé que l'action suit, une fois les stratégies formulées. Ainsi les stratégies ne doivent être développées ni de façon intuitive, ni de façon émergente ; au lieu de cela, elle doivent être aussi « délibérées que possible » (Andrews,1981:24). Andrews a également écrit qu'il faut changer « le savoir-faire intuitif » en « savoir-faire conscient » (105-106), et il fait la nuance entre « le but » et « l'improvisation », ainsi qu'entre « le progrès planifié » et « la dérive » (20). Il écarte la stratégie émergente en la qualifiant à un moment « d'érosion » (544) et à un autre d'« opportunisme » conçu comme « l'ennemi conceptuel de la stratégie » (829).

2. La responsabilité du processus doit rester entre les mains du PDG : cette personne est LE stratège (3,19, 545). (Hayes a fait référence à ceci comme étant la « mentalité du commandement et du contrôle » [1985:117]). La métaphore favorite de cette littérature a été celle de « l'architecte », dans la mesure où le PDG est vu comme le concepteur dont les plans sont utilisés par tous les autres pour continuer (19). Dans le processus, les autres membres de l'organisation sont donc relégués à des rôles subordonnés, comme le sont les acteurs externes (à l'exception des membres du conseil d'administration qui conseillent le PDG). D'où l'insistance sur la responsabilité sociale : c'est le leader qui prend en compte les besoins de la société, et non la société qui exerce son influence sur l'organisation, au moins dans le cas où le leader est de façon volontaire socialement responsable.

3. Le modèle de formation de la stratégie doit rester simple et informel (12,14). Les partisans stricts de cette école de pensée s'élèvent contre toute élaboration du modèle. En fin de compte, il s'agit d'un « acte de jugement » (108).

4. Les stratégies doivent être originales : les meilleures résultent d'un processus de conception créatif (107,186,187). Les stratégies sont construites sur des compétences *distinctives* (maintenant appelées compétences *centrales* [en anglais « core competencies »]), ce qui conduit Hofer et Schendel à faire référence à cette approche sous l'appellation de « philosophie situationnelle » (1978:203).

5. Les stratégies doivent sortir du processus de conception complètement développées. La formulation se termine avec la délimitation et le choix d'une stratégie particulière. Ainsi Andrews fait-il de façon répétée référence au « choix » d'une stratégie, et à la formation de la stratégie comme à un processus de « décision » (voir, par exemple, xiv). Le résultat était, en un certains sens, biblique. L'apparition, tout d'un coup, d'une grande stratégie complètement formée. D'où notre caractérisation du processus comme d'un processus de conception !

6. Les stratégies doivent être explicites et, si possible, articulées, ce qui signifie qu'elles doivent rester simples (105-106,554,835). De cette façon elles peuvent être « testées ou contestées » (105). Ainsi, « La simplicité est l'essence du grand art ; la conception d'une stratégie apporte la simplicité à des organisations complexes » (554). Ou, pour citer un planificateur de la General Electric, « Une bonne stratégie peut être expliquée en deux pages. Et si elle ne le peut pas, c'est une mauvaise stratégie » (Michael Carpenter, cité dans Allio, 1985:20).

7. Finalement, une fois que ces stratégies originales, complètement développées, explicites et simples sont complètement formulées, elles doivent être mises en œuvre. Par exemple, la structure doit suivre la stratégie (543,551), sans doute pour être reconsidérée et renouvelée à chaque fois qu'une nouvelle stratégie est formulée. Et l'on fait entrer en jeu pour la mise en œuvre tout un ensemble de mécanismes administratifs (des budgets, des plannings, des mécanismes d'incitation, etc.).

Les prémisses de la littérature sur la planification

La littérature sur la planification s'est développée en conjonction avec la littérature de l'école de la conception : de fait le plus connu des premiers livres de cette littérature (Ansoff, 1965) a été publié la même année que le manuel original de Harvard. Comme nous l'avons déjà noté, le modèle de base de la Figure 2-1 a aussi servi comme modèle de

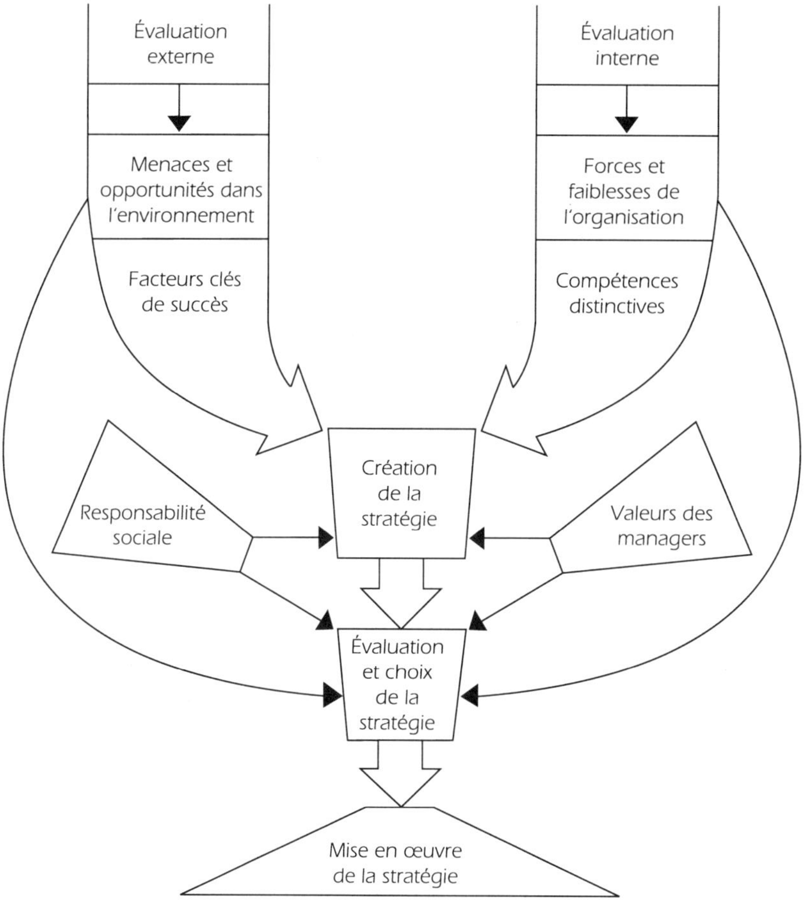

FIGURE 2-1
Le cœur du modèle de formation de la stratégie d'après l'école de la conception

base pour l'école de la planification, la seule différence réelle étant peut-être une insistance sur la définition d'objectifs formels à la place de l'incorporation implicite des valeurs de la direction. Beaucoup des prémisses étaient même communes, notamment la description de la formation de la stratégie comme un processus délibéré et cérébral qui produit des stratégies complètement développées, qui sont ensuite articulées et formellement mises en œuvre. Mais il y avait aussi des différences dans les prémisses, d'abord sur le fait de maintenir le processus simple et informel, ensuite sur le PDG comme unique stratège, enfin sur le caractère nécessairement original des stratégies.

Là où les deux littératures divergeaient de la façon la plus décisive, c'était sur la prémisse concernant le fait de maintenir le processus simple et informel. Comme nous l'avons déjà noté, la planification est caractérisée par dessus tout par des efforts pour formaliser le processus. Ainsi, alors que pour l'école de la conception il s'agissait d'un cadre de référence conceptuel lâche, dont les éléments étaient délimités sur papier mais pas clairement séparés dans la pratique (sauf pour la mise en œuvre)[1], la littérature sur la planification y voyait une procédure hautement formalisée, décomposée en une séquence élaborée d'étapes soutenues par des techniques, à la limite exécutée de façon presque mécanique. Le modèle bien connu d'Ansoff (reproduit dans la Figure 2-2), contient cinquante-sept encadrés. Ainsi, un an après l'apparition des deux livres initiaux, Learned, le leader parmi les auteurs du manuel de Harvard, écrivait avec son collègue Sproat :

> Une... nette différence entre Ansoff et le groupe de Harvard peut être trouvée dans la tentative que fait le premier de transformer – dans toute la mesure du possible – le processus de décision stratégique en une routine. Il fait ceci en fournissant des check-lists assez détaillées de facteurs que le stratège doit considérer, plus des pointeurs pour attribuer des poids relatifs à ces facteurs et pour établir entre eux des priorités, plus de nombreux ordinogrammes de décision et de nombreuses règles de choix. (1966:95-96)

Cette divergence entre les deux littératures, bien qu'elles partagent le même modèle de base, est peut-être illustrée le mieux par les efforts effectués par Andrews dans ses écrits pour prendre ses distances avec l'école de la planification : son texte, soutient-il, n'est pas « un mode d'emploi sous forme de check-lists pour les planificateurs d'entreprise. En fait, il ignore virtuellement les mécanismes de planification en s'appuyant sur l'argument selon lequel, détachés de la stratégie, ceux-ci manquent leur cible » (dans Christensen *et alii*, 1982:10).

L'hypothèse selon laquelle le PDG est l'architecte de la stratégie n'était pas réellement éliminée. Elle était plutôt mise sur le côté. Comme nous l'avons déjà noté, bien que dans ce domaine politesse ait été rendue au PDG, une bonne partie de la littérature amenait le planificateur sur le devant de la scène et même au centre, parfois comme un conseiller avec une influence plus que passive, parfois comme le concepteur du système d'élaboration de la stratégie, ou des

[1] Voir Mintzberg (1990:179-180) pour une discussion sur les dénégations d'Andrews et sur notre réponse.

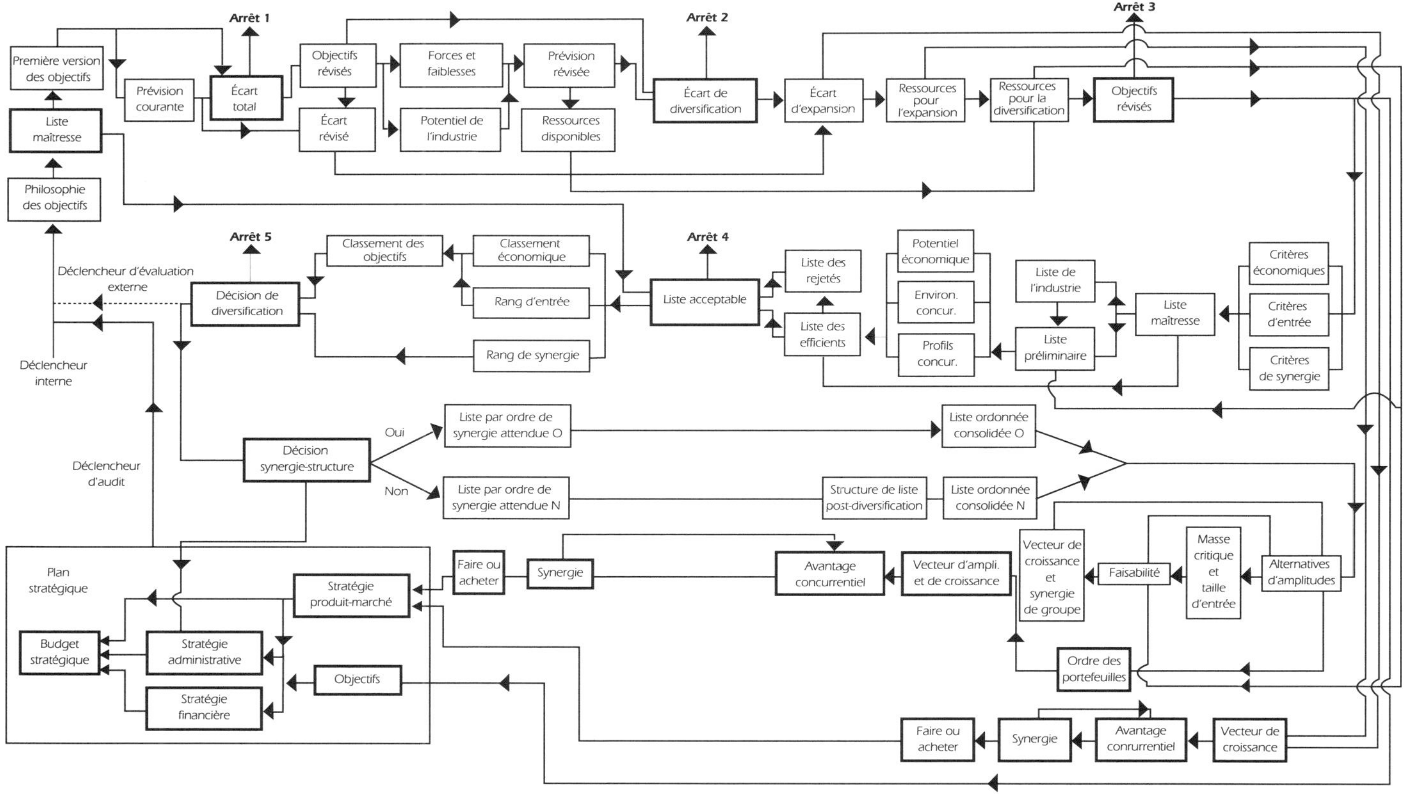

FIGURE 2-2

La planification stratégique : le modèle d'Ansoff

(Tiré d'Ansoff, 1965:202-203)

NB : Les éléments encadrés en gras représentent des points de décision stratégies elles-mêmes (ce qui pouvait reléguer le PDG-architecte dans le rôle de l'approbation plutôt que dans le rôle de conception des stratégies), et parfois comme l'officier de police qui veille à ce que tous les autres planifient, c'est-à-dire appliquent les procédures de planification qui ont été conçues.

Finalement, bien que la prémisse, selon laquelle il fallait que les stratégies soient toujours originales, ait rarement été traitée directement, la nature même de ce processus, fondé sur la formalisation, sape souvent la créativité et favorise donc l'apparition de stratégies qui sont moins originales et plus génériques[2]. Nous pouvons donc résumer comme suit les pré- misses de l'école de la planification :

1. La formation de la stratégie doit être un processus contrôlé et conscient aussi bien que formalisé et détaillé, décomposé en étapes distinctes, chacune d'elles étant délimitée par des check-lists et soutenue par des techniques.

2. La responsabilité pour l'ensemble du processus est, en principe, entre les mains du PDG ; la responsabilité pour son exécution est, en pratique, entre les mains des fonctionnels de la planification.

3. Les stratégies sortent de ce processus pleinement développées, typiquement sous la forme de positions génériques qui doivent être expliquées de façon à pouvoir être mises en œuvre par une attention détaillée vis-à-vis d'objectifs, de budgets, de programmes et de plans opérationnels de diverses sortes.

Le lecteur qui cherche des modèles d'un tel processus trouvera un choix énorme. Nous n'avons nullement l'intention de présenter ici un nombre significatif de tels modèles. Nous commencerons simplement en en présentant deux. Le premier est apparu dans les premiers temps de cette littérature. Significatif par son impact, il est un exemple primordial d'élaboration détaillée. Le second est apparu plus tard, il était des plus populaires quand la littérature sur la planification stratégique était au sommet de sa popularité, et il est un bon exemple d'une élaboration moins détaillée.

[2] Bien entendu, ici encore nous séparons la littérature de l'école du positionnement de celle de l'école de la planification, la première étant issue de la seconde. Mais la focalisation de la première sur le contenu de la stratégie ne change pas notre conclusion : en fait, le terme stratégie générique est l'un des termes les plus populaires de la littérature du positionnement (voir par exemple Porter, 1980, 1985).

Le modèle initial d'Ansoff

En 1965, la publication du livre, *Corporate Strategy* par Igor Ansoff fut un événement majeur dans le monde de la gestion. Aussitôt paru, le livre a représenté une sorte de crescendo dans le développement de la théorie de la planification stratégique, offrant un degré d'élaboration rarement tenté depuis, au moins sous une forme publiée. Curieusement, Ansoff ne s'est pas consacré au processus de planification stratégique en général ; il a plutôt focalisé son modèle sur la question plus étroite de l'expansion et de la diversification de l'entreprise, ce qui reflète le climat de croissance des années soixante, et il l'a placé dans le contexte de la stratégie produit-marché.

> Le produit final des décisions stratégiques est extrêmement simple ; une combinaison de produits et de marchés est sélectionnée pour l'entreprise. On arrive à cette combinaison par une addition de produits-marchés nouveaux, de désinvestissement de quelques-uns qui sont anciens, et d'une expansion à partir de la position présente. (1965:12)

La vision qu'Ansoff a développée de la stratégie, caractéristique de la littérature sur la planification en général, était celle de la stratégie comme position (et bien entendu comme plan) mais pas comme perspective : « La stratégie est vue comme un "opérateur" qui est conçu pour transformer l'entreprise en partant de la position présente pour arriver à la position décrite par les objectifs, sous les contraintes des capacités et du potentiel » (205).

Ansoff a sous-titré son livre « Une approche analytique de la politique générale pour la croissance et l'expansion » bien que, dans un article publié l'année précédente, il ait fait référence à l'approche comme étant « quasi analytique ». Par contraste avec « l'effort initial [qui] a pris la forme de check-lists pour les ingrédients importants du problème stratégique », son effort « donne [à ces] éléments une relation logique, structure l'analyse interne de chacun d'entre eux, et fournit une méthodologie d'ensemble » (1964:74).

La Figure 2-2 donne une certaine idée de la complexité du modèle d'Ansoff ; il s'agit d'une reproduction de son propre résumé des différents diagrammes présentés tout au long de son livre[3]. Ansoff caractérisait son modèle comme « une cascade de décisions partant de

[3] Notez que la « schématisation simplifiée de ce diagramme » (28) par Ansoff dans la Figure 2-1 de la page 57 de son propre livre, est très similaire à notre version du modèle central de l'école de la conception (Figure 2-1 du présent ouvrage).

celles qui sont les plus agrégées et procédant jusqu'aux plus spécifiques » (1965:201). Comme il le notait plus haut dans son livre, « Cela donne l'apparence de résoudre le problème plusieurs fois à la suite, mais avec des résultats immensément plus précis » (24). La première étape consiste à décider dans quelle mesure il faut ou non diversifier l'entreprise, la seconde consiste à choisir un spectre large de produit-marché, et la troisième à affiner ce spectre. Ansoff reliait cette séquence à son diagramme résumé de la façon suivante :

> Le flux décisionnel procède des premières décisions préliminaires de diversification (étape 1) par trois étapes préliminaires successives basées sur une information toujours plus grande (étapes 2, 3 et 4), jusqu'à l'étape finale de décision (étape 5). À la suite de quoi, une décision majeure est prise sur la stratégie organisationnelle de la firme (la décision synergie-structure) suivie par des décisions successives sur quatre composantes de la stratégie (spectre produit-marché, vecteur de croissance, synergie, avantage concurrentiel) et culminant dans la décision de faire ou d'acheter. (201)

Bien que nous ne puissions pas ici passer en revue l'ensemble du processus, qui devient par endroits incroyablement détaillé, nous désirons cependant décrire son essence. Deux concepts sont centraux pour la comprendre. Le premier est l'analyse de l'écart.

> La procédure à l'intérieur de chacune des étapes de la cascade est similaire. 1. On établit un ensemble d'objectifs. 2. On estime la différence (« l'écart ») entre la position courante de l'entreprise et les objectifs. 3. On propose une ou plusieurs trajectoires d'action (stratégie). 4. On teste ces trajectoires d'action pour ce qui concerne leur « propriétés de réduction d'écart ». Une trajectoire d'action est acceptée si elle réduit les écarts de façon substantielle, sinon d'autres alternatives sont essayées. (25-26)

Le second concept est celui de synergie, un concept qui est devenu par la suite si populaire en gestion qu'il constitue probablement la contribution la plus remarquable du livre[4]. Le *Random House Dictionary* définit la synergie comme « une action combinée ou coopérative », comme celle qui existe entre les nerfs dans un corps vivant, ou entre les corps chimiques. Ansoff a utilisé ce terme pour aider à expliquer le concept fondamental d'adaptation (« fit » en anglais) dans la conception d'une stratégie organisationnelle. Il l'a d'abord appelée l'effet « 2 + 2 = 5 » pour représenter le fait que l'entreprise recherche une

[4] Le terme synergie est en réalité mentionné dans l'article de 1962 écrit par Gilmore et Brandenburg, mais ces auteurs remercient Ansoff de le leur avoir indiqué.

position produit-marché permettant d'obtenir une performance combinée qui est plus grande que la somme de ses parties » (75). Plus tard, Ansoff a élargi sa définition du concept pour inclure « tout mécanisme qui a un effet tel que les ressources de l'entreprise procurent en retour une rétribution plus grande que la somme de ses parties » (79). (Hofer et Schendel ont utilisé le terme plus concis « d'effets conjoints » [1978:25].) Bien entendu, comme le note Ansoff, la synergie peut aussi être négative (c'est ce que Loasby a appelé « l'allergie » [1967:301]).

Par essence, synergie sert d'appellation (ou de mesure) attirante pour le concept le plus fondamental du modèle de l'école de la conception, celui d'adaptation ou de congruence, le fait de relier entre elles les composantes pour acquérir un avantage concurrentiel. Dans les termes d'Ansoff, la « mesure de la synergie » est dans une large mesure similaire à ce qui est fréquemment appelé « évaluation des forces et des faiblesses » (76).

Ansoff a développé son modèle en plusieurs étapes. D'abord, il a accordé beaucoup d'attention au développement d'un « système pratique d'objectifs » et à la construction de « profils de capacité ». Viennent ensuite l'évaluation interne et l'évaluation externe. Cette dernière consiste en « un passage en revue des opportunités situées en dehors de l'ensemble produit-marché actuel de l'entreprise » (140). Elle inclut le développement d'un profil de capacité de l'entreprise dans chacune des industries possibles, de façon à évaluer la synergie potentielle. Ansoff donne des check-lists détaillées dans toute cette section (par exemple page 146 une liste de vingt-neuf items pour effectuer « l'analyse industrielle ») et le texte devient terriblement compliqué. Et finalement on construit des « portefeuilles alternatifs de produits-marchés ». Ansoff appelle l'ensemble de ces éléments « le plan stratégique » comme on peut le voir en bas à gauche de la Figure 2-2.

Il y a dans *Corporate Strategy* beaucoup plus de choses que ce que nous avons présenté ici : le texte est émaillé d'une bonne dose de sagesse (par exemple « il est important de ne pas confondre une compétence abondante avec une compétence remarquable » (194), et la discussion du « concept de stratégie » lui-même, dans un chapitre qui porte ce titre, demeure parmi les meilleures qui soient dans la littérature de gestion. Ce chapitre, et d'autres, développent aussi quelques notions intéressantes de stratégie de type générique (voir, par exemple, p. 109 et 132) bien avant que ce concept soit répandu dans la littérature (avec la publication en 1980 de l'ouvrage *Competitive Strategy* de Porter), bien que celles-ci n'aient pas réellement été développées comme thèmes centraux dans le modèle d'Ansoff, mis à part la différence entre les stratégie d'expansion et les stratégies de diversification.

La première contribution du livre d'Ansoff est bien entendu le modèle lui-même, qui, selon les termes de la jaquette originale, réussissait à développer une vision analytique incomparable par rapport à celle développée dans tout autre livre, une vision qui « fournit un cadre conceptuel et méthodologique d'ensemble pour résoudre le problème stratégique total de l'entreprise ». La première partie, sur l'étendue du domaine produit-marché, peut encore être vraie aujourd'hui. (Il faut noter que le livre a été réédité en 1988 sous le titre *The New Corporate Strategy* ; nous ferons référence à cette édition plus tard dans notre discussion.) La question qui reste posée est celle de savoir si oui ou non cela a jamais marché, si Ansoff a vraiment résolu aucun « problème stratégique », sans parler du « problème stratégique total ». Sa contribution est-elle un modèle viable pour l'élaboration de la stratégie ou simplement (ce qui ne veut pas du tout dire seulement) un certain nombre d'idées intéressantes, une bonne dose de sagesse, et un vocabulaire intéressant ?

Le modèle principal de Steiner

Si l'on ne regarde que le nombre de pages écrites sur la planification au sens strict, George Steiner a été plus prolifique qu'Igor Ansoff, et probablement plus que quiconque dans ce domaine. Son ouvrage principal, *Top Management Planning*, publié en 1969, comporte juste un peu moins de 800 pages, et il a été précédé et suivi par plusieurs autres. Pourtant le modèle que Steiner a présenté est moins développé que celui d'Ansoff, et pratiquement sous quelqu'angle qu'on le considère, il est plus conventionnel et moins sophistiqué. En un sens, Steiner a moins été un défricheur qu'un auteur qui a répandu des visions généralement acceptées de la planification. De fait, son livre de 1979 *Strategic Planning* est sous-titré : « Ce que chaque manager doit savoir ». Nous résumons brièvement ici le modèle de Steiner tel qu'il est présenté dans son ouvrage de 1969, car il représente l'essence du principal courant de pensée dans le domaine au cours des années soixante-dix.

Après quatre chapitres d'introduction (sur la nature de la planification, l'introduction au modèle, l'introduction de la planification globale, et le rôle de la direction générale dans la planification), Steiner consacre sept chapitres au « processus de développement des plans » en couvrant des sujets comme l'organisation de la planification, les buts de l'entreprise (deux chapitres), l'évaluation de l'environnement, la nature des stratégies, des politiques générales, et des procédures, et enfin comment passer de la planification à l'action. Une troisième partie du livre est consacrée aux « outils pour une planification plus rationnelle », qui comprennent des outils quantitatifs et des systèmes d'information de gestion ; une quatrième partie est consacrée à la planification dans un certain nombre de domaines fonctionnels, qui comprennent le marketing, la finance et la diversification.

Le modèle autour duquel Steiner construit sa discussion est reproduit dans la Figure 2-3[5]. Bien que ce modèle ressemble beaucoup a celui de l'école de la conception, à l'exception d'une décomposition des étapes qui suivent la mise en œuvre, il en diffère de façon marquée en ce qui concerne trois des hypothèses faites sur la stratégie : sur son caractère global, sur le séquencement étroit de ses étapes, et le détail de leur exécution. (Ce qui est peut-être mieux détaillé par la table des matières de Steiner, intitulée « Table des matières analytique » qui s'étend sur dix pages !) Pour citer des extraits de son introduction au modèle :

> Les sujets qui peuvent être couverts par la planification stratégique comprennent tous les types d'activités dont une entreprise peut se préoccuper. Parmi ceux-ci, on trouve les profits, les investissements, l'organisation, la politique de prix, les relations sociales, la production, le marketing, la finance, le personnel, les relations publiques, la publicité, les capacités technologiques, l'amélioration des produits, la recherche et le développement, les questions juridiques, la sélection et la formation des managers, les activités de nature politique, etc. (34)
>
> La programmation à moyen terme est le processus par lequel des plans détaillés, coordonnés et globaux, sont élaborés pour des fonctions sélectionnées d'une entreprise de façon à déployer les ressources permettant d'atteindre les objectifs en suivant les politiques et les stratégies définies au cours du processus de planification stratégique. Tous les programmes et les plans à moyen terme d'une entreprise couvrent la même période de temps, habituellement cinq ans. Quelle que soit la période couverte, les plans sont élaborés de façon considérablement détaillée pour chaque année de la période de planification. (35)

[5] Sa version de 1979 pour ce modèle (17) a changé les appellations de quelques-uns des encadrés. Par exemple « buts » et « valeurs » sont devenus « attentes des principales parties prenantes externes » et « internes », et « la planification stratégique » et « les plans » sont devenus « les maître-stratégies » et « les stratégies-programmes » ; également en 1979, « le plan pour la planification » a été ajouté tout au début du modèle.

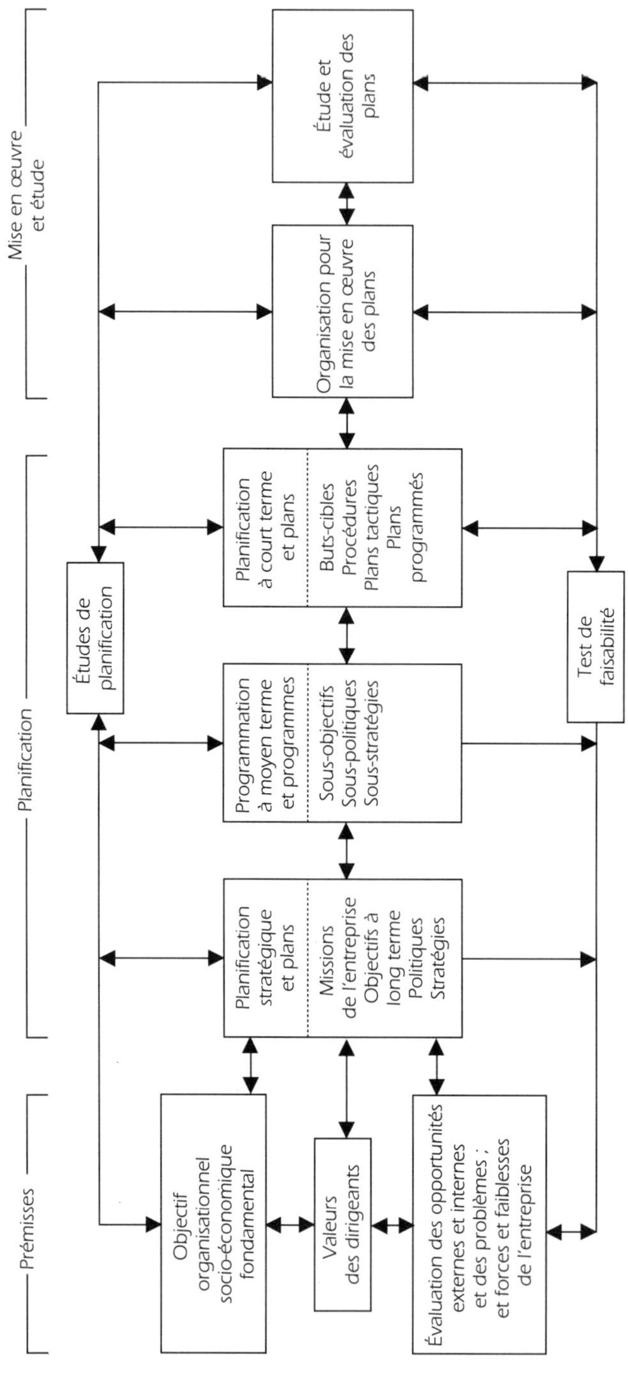

FIGURE 2-3
La planification stratégique : le modèle de Steiner
(Tiré de Steiner, 1969:33)

> Les budgets et les plans détaillés pour le court terme incluent des questions comme les objectifs à court terme pour les vendeurs, les budgets pour l'achat de matériel, les plans de publicité à court terme, la reconstitution des stocks, et la planification des emplois. (35)

Le schéma de Steiner pour la planification dans une très grande entreprise dissipe tous les doutes que l'on pourrait avoir sur l'appartenance du modèle de Steiner à l'école de la planification (1969:50-52) : il comprend plus de 130 encadrés. On ne s'étonne pas de voir un planificateur japonais, à qui on venait juste de montrer le processus de planification stratégique global assisté par ordinateur d'une entreprise américaine, commenter : « Mon Dieu, ça à l'air aussi compliqué que la construction d'une usine chimique ! » (Cité dans Ohmae, 1982:224).

Décomposer le modèle de base

Chaque encadré de ces diagrammes, et chaque sigle, était habituellement accompagné d'explications considérablement détaillées, qui atteignaient parfois des longueurs extrêmes. Au minimum, des check-lists étaient fournies, parfois avec des séquences clairement spécifiées, et il y avait un accord absolument complet sur le fait que les différentes étapes devaient être précisément délimitées puis reliées en des séquences clairement prescrites.

Ci-dessous nous passons brièvement en revue les principaux stades du modèle de base[6]. Nous les appelons stades parce que de façon typique chacun d'entre eux rassemble un grand nombre « d'étapes ».

Le stade de définition des objectifs

Les auteurs de la planification ont expliqué, et à chaque fois que c'était possible quantifié, les buts de l'organisation. Les buts étaient habituellement appelés objectifs lorsqu'ils avaient une forme numérique. La distinction entre les buts et les stratégies fait aussi l'objet d'une attention importante. Cette distinction peut sans doute être faite seulement s'il existe un point raisonnablement clair où les buts se terminent et où les stratégies commencent. On pourrait penser qu'un tel point est facile à identifier. Mais quand des auteurs aussi éminents

[6] La version originale du présent ouvrage discute avec plus de détail des différents stades du modèle de base ; voir pages 49 à 62 de l'édition américaine

qu'Ansoff (1965) incluent « l'expansion des lignes de produit » et « la fusion » dans la liste des objectifs alors que Lorange (1980) utilisait le mot objectif pour signifier stratégies, on se demande ce que signifient les termes utilisés. Il arrive parfois qu'une distinction claire aux extrémités n'est plus opératoire dans la grande marge située entre les deux, comme c'est le cas pour la distinction entre les stratégies et les tactiques.

Le stade d'audit externe

Une fois que les objectifs ont été définis, les deux stades suivants consistent, comme dans le modèle de l'école de la conception, à évaluer les conditions externes et internes de l'organisation. Dans l'esprit de l'approche formalisée et systématique de la planification, nous appellerons ces stades des audits.

Un élément majeur de l'audit de l'environnement externe de l'organisation est l'ensemble des prévisions qui sont effectuées sur les conditions futures. Nous en discuterons plus longuement au chapitre 5.

La plupart des modèles de planification présentent des check-lists de facteurs à prendre en considération dans l'audit externe, souvent rangées en catégories – économique, sociale, politique et technologique... De plus, toute une littérature s'est développée dans les années quatre-vingt autour de ce que l'on appelle généralement l'analyse industrielle et l'analyse concurrentielle, stimulée en particulier par le livre *Competitive Strategy* publié en 1980 par Porter. Malgré tous ces efforts, cependant, une étude effectuée par Engledow et Lenz (1986) sur de grandes entreprises considérées comme des leaders dans ce domaine a trouvé qu'elles avaient « des difficultés à faire l'analyse de l'environnement, à s'adapter au processus de planification, et à évaluer les contributions de ce processus » (82) ; dans une suite à cette étude (1985), les mêmes chercheurs ont trouvé que l'attention accordée à la pratique formelle diminuait.

Le stade d'audit interne

Pour rester dans l'esprit de l'approche de la planification, l'étude des forces et des faiblesses a été une fois encore soumise à une décomposition détaillée bien qu'ici l'utilisation de la technique a généralement été remplacée par des check-lists plus simples. Jelinek et Amar ont appelé cette démarche « la stratégie d'entreprise par listes de blanchisseur » (1983:1).

Le cadre de référence présenté par Ansoff (1965) pour le « profil de compétence » paraît avoir créé un standard pour la plus grande partie des travaux qui ont suivi dans ce domaine.

L'audit interne a à peine avancé depuis le livre d'Ansoff, et, dans la mesure où cet audit en reste à un stade où il n'est pas beaucoup plus qu'un jugement soutenu par une check-list, il n'est pas très différent des déclarations générales contenues dans le modèle central de l'école de la conception.

Le stade d'évaluation de la stratégie

Dans ce stade ultérieur – l'évaluation des stratégies – la littérature a compensé ce qu'elle avait perdu dans le stade précédent. Les techniques abondent simplement parce que le processus d'évaluation se prête naturellement à l'élaboration et à la qualification. La plupart de ces techniques sont orientées vers l'analyse financière, comme si seules les conséquences monétaires de la stratégie avaient de l'importance. Plus loin nous soutiendrons que cette obsession de quantification financière peut avoir exactement l'effet opposé, et que mettre la charrue financière avant les bœufs de la stratégie peut en fait induire une diminution de la performance réelle de l'entreprise.

Une autre approche de l'évaluation des stratégies a suscité quelque intérêt : la tentative faite pour utiliser des simulations informatiques globales de l'entreprise pour tester les conséquences des stratégies proposées (voir, par exemple, Gershefsky [1969], W. Hall [1972/1973] et Shim et McGlade [1984]). Mais les partisans de ces simulations paraissent être plus intéressés à les développer qu'à les mettre en application.

Il faut garder à l'esprit le fait que derrière le stade d'évaluation de la stratégie se trouve une hypothèse implicite : ce qui est essentiel n'est pas le développement ou l'évolution des stratégies, mais leur délimitation à un instant *t*. Et ce n'est pas une stratégie qui est délimitée, mais plusieurs, de sorte qu'elles puissent être évaluées et que l'une d'entre elles puisse être choisie définitivement.

Le stade d'opérationnalisation de la stratégie

C'est ici que la plupart des modèles deviennent très détaillés (celui d'Ansoff étant une exception notable), presque comme si le processus de planification passait soudainement, avec la formulation de la stratégie, par le goulot d'un tunnel aérodynamique pour s'accélérer et ressortir dans les espaces apparemment ouverts de la mise en œuvre. En fait, la réalité de l'élaboration de la stratégie sembler imposer exactement le contraire : la formulation devrait être le processus ouvert, divergent (dans lequel l'imagination peut fleurir dans la création de nouvelles stratégies), alors que la mise en œuvre devrait être le processus fermé et convergent (dans lequel ces stratégies données sont sujettes aux contraintes de l'opérationnalisation). Mais à cause du besoin de formalisation qu'a la planification, c'est la formulation qui devient contrainte, alors que la mise en œuvre donne la liberté de décomposer, d'élaborer, et de rationaliser, en descendant une hiérarchie toujours plus large. La conséquence est que, dans le cadre de la planification, la formulation a perdu son potentiel créatif alors que la mise en œuvre a fourni de grands pouvoirs de contrôle.

L'opérationnalisation des stratégies donne naissance à tout un ensemble de hiérarchies, dont on pense qu'elles existent à différents niveaux et avec des perspectives temporelles différentes. Les plans à long terme, globaux, ou « stratégiques » sont situés au sommet, avec un horizon de plusieurs années (habituellement cinq ans), les plans à moyen terme suivent, avec un horizon de deux ou trois ans, et les plans opérationnels ou à court terme sont situés en bas, portant sur la prochaine année. Découper ceci en tranches de façon verticale produit, d'abord, une hiérarchie d'objectifs, dans laquelle les buts de base qui doivent être atteints par l'organisation dans son ensemble sont décomposés en cibles spécifiques, puis découpés en une hiérarchie de sous-objectifs. Les conséquences de tout ceci sont traduites à leur tour en toute une hiérarchie de budgets, qui imposent des contraintes financières (ou des incitations motivantes, selon la façon dont on voit les choses) sur chaque unité de l'organisation.

Pendant ce temps, les stratégies elles-mêmes sont détaillées en toute une hiérarchie de sous-stratégies : les stratégies de groupe considèrent dans son ensemble le portefeuille d'activité de l'entreprise diversifiée (c'est-à-dire son ensemble de positions dans différents secteurs), les stratégies d'activité décrivent les positions produit-marché de chaque activité individuelle (ou UAS [unité d'activité stratégique][7] pour utiliser le terme inventé pour la planification de la General Electric du début des années soixante-dix [Hamermesh, 1986:188]), et les stratégies

[7] Les UAS peuvent correspondre ou ne pas correspondre à des divisions formelles de l'entreprise ; certaines divisions comprennent une variété d'UAS.

fonctionnelles définissent les approches du marketing, de la production, de la recherche, etc. Les conséquences de toutes ces sous-stratégies (en tant que positions, pas en tant que perspectives) sont à leur tour traduites en une autre hiérarchie, celle des programmes d'action : pour introduire des produits nouveaux particuliers, lancer des campagnes de publicité spécifiques, construire de nouvelles usines, etc., chacune de ces activités ayant un planning spécifique.

Finalement l'ensemble des travaux (les objectifs, les budgets, les stratégies, les programmes) est rassemblé en toute une collection de plans opérationnels, soigneusement intégrés, qu'on appelle parfois le « maître-plan ». Il est inutile de dire que ceci pouvait devenir affreusement compliqué, comme le suggère la Figure 2-4, qui montre le « système de plans » du Stanford Research Institute, qui a fait l'objet d'une large diffusion.

Ordonnancer l'ensemble du processus

Non seulement toutes les étapes du processus de planification étaient soigneusement programmées, mais tel était aussi le cas pour le planning selon lequel elles étaient supposées être réalisées. Sans oublier les résultats eux-mêmes, les plans, qui étaient supposés imposer un planning à tous les programmes et une période de temps à tous les budgets. Dans son livre de 1979, Steiner ajoutait tout au début de son modèle d'ensemble une étape initiale appelée le « plan pour planifier » : si la planification est bonne, elle doit aussi être bonne pour les planificateurs. La Figure 2-5 montre le planning de la planification annuelle utilisé par la General Electric (aux alentours de 1980) qui commençait le 3 janvier et finissait le 6 décembre. Un autre planificateur de la General Electric décrivait le processus à peu près à la même époque de la façon suivante :

1. Janvier : Au niveau du groupe, un examen de l'environnement identifie les questions concernant le groupe dans son ensemble, comme l'impact d'une inflation à deux chiffres ou d'une crise de l'énergie. Les UAS reçoivent des lignes directrices du groupe leur indiquant les priorités et les buts majeurs de l'entreprise.

2. Février-juin : Chaque unité d'activité stratégique actualise son plan à cinq ans. Un souci majeur est l'amélioration de sa position concurrentielle à long terme. De plus, elle détermine sa réponse aux lignes directrices élaborées par le groupe.

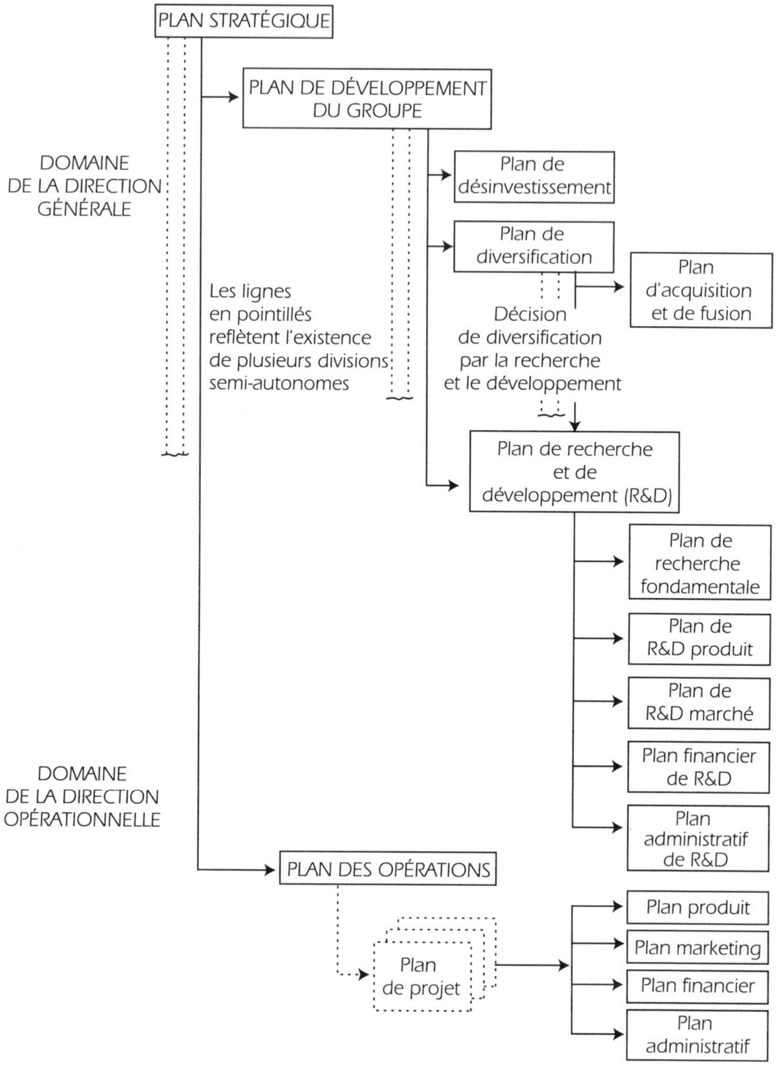

FIGURE 2-4

Le « Système de plans » proposé par le Stanford Research Institute
(D'après Stewart, 1963:i)

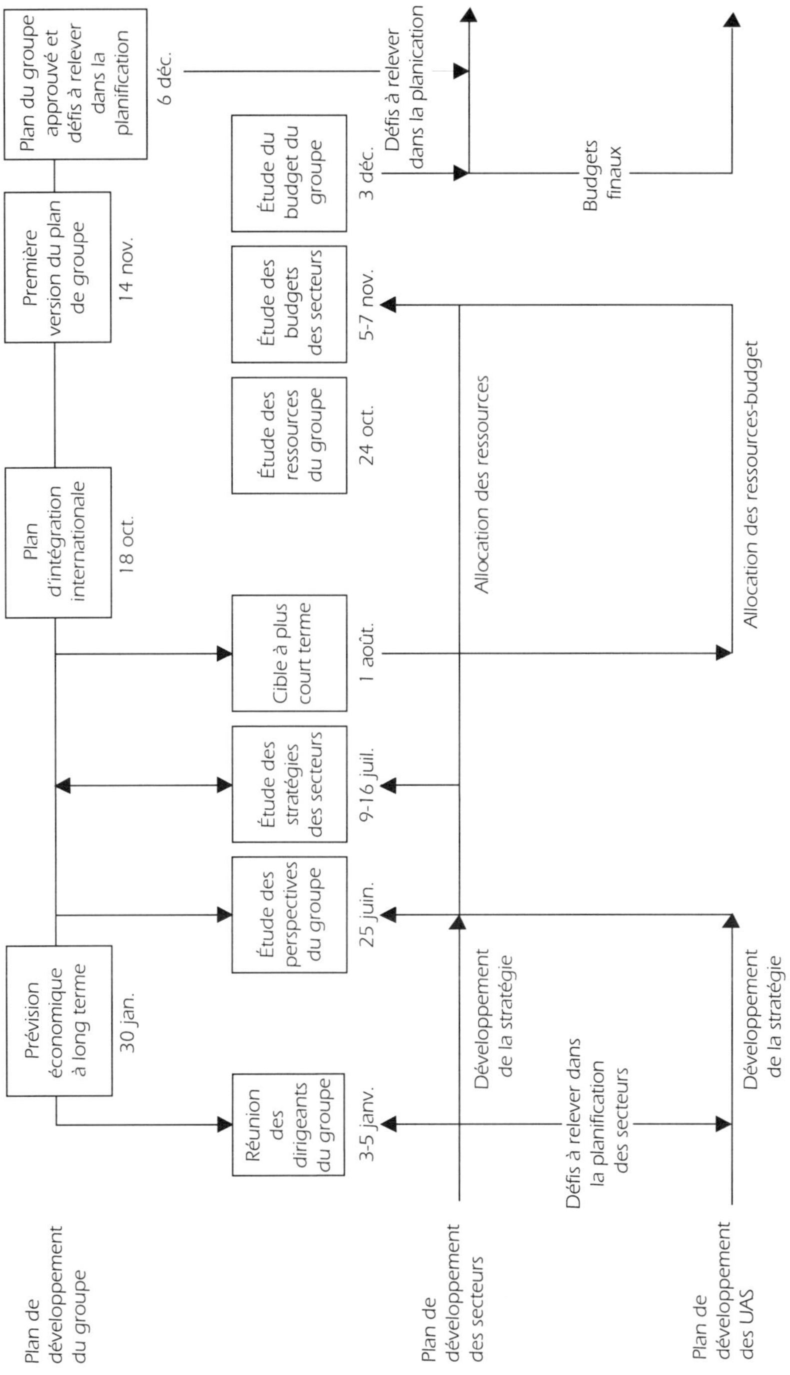

FIGURE 2-5
Le cycle annuel de planification à la General Electric
(D'après Rothschild, 1980:13)

3. Juillet-septembre : Le comité de direction du groupe, composé du PDG, des vice-présidents, et de hauts responsables fonctionnels passe en revue les plans des UAS. Ils jugent de la qualité des plans, évaluent les risques, et décident des priorités dans l'allocation des ressources. La direction du groupe se concentre sur les objectifs et sur les exigences en matière de ressources, en minimisant son implication dans les stratégies spécifiques des UAS pour atteindre ces objectifs.

4. Octobre-décembre : Chaque UAS développe des programmes opérationnels et des budgets détaillés pour l'année suivante.

5. Décembre : Les budgets des UAS reçoivent l'approbation finale au niveau du groupe ; ils fournissent la base permettant de mesurer les opérations pour l'année suivante (Hekhuis, 1979:242-243).

Ce que ceci suggère (moins bien que quelques diagrammes et descriptions qui spécifient tous les éléments minutieusement) c'est la nature complètement verrouillée d'un tel planning, conçu pour programmer les dates auxquelles des choses spécifiques se produiront. « Au plus tard au milieu du mois de juin », écrivaient Lorange et Vancil à propos de la planification dans une grande multinationale diversifiée, « la direction générale a préparé une déclaration explicite de la stratégie et des buts du groupe » (1977:31). On peut presque voir les dirigeants assis autour d'une table à 23 heures le 14 juin, travaillant frénétiquement pour compléter leur stratégie. Bien que Lorange soutenait que le modèle de la planification « spécifie une séquence logique d'étapes qui devraient être parcourues de façon à ce que le processus prenne vie à l'intérieur d'une entreprise » (1980:54-55), on est conduit à se demander si au contraire il n'y a pas beaucoup de vie qui est détruite.

Un détail manquant

L'ensemble de cet exercice de planification, comme nous l'avons vu, était programmé de façon très détaillée : la délimitation des étapes, l'application de check-lists et de techniques à chacune d'entre elles, l'ordonnancement de l'ensemble, la prise en compte de tous les éléments possibles. À l'exception d'un détail mineur : la formation de la stratégie elle-même. D'une certaine façon, l'objet même de l'ensemble de l'exercice est perdu au cours du travail. On n'a jamais dit nulle part comment créer une stratégie. Comment collecter de l'information, oui.

Comment évaluer la stratégie, oui. Comment la mettre en œuvre, c'est certain. Mais pas comment la créer. Chacun des auteurs a littéralement contourné cette étape. Quand Malmlow, dans un article publié en 1972 dans le journal *Long Range Planning*, met dans son diagramme de la planification des encadrés intitulés « Examinez les inputs » et « Ajoutez des intuitions », il présente seulement le pire des exemples d'un problème symptomatique de toute cette littérature : supposer qu'un phénomène a été compris, qu'une action se produira, simplement parce qu'il a été écrit dans un encadré sur une feuille de papier. Toute cette décomposition et jamais aucune intégration ! Malgré tous les discours d'Ansoff sur la synergie, le Humpty Dumpty de la planification gît en morceaux sur sa surface plane[8]. Bien entendu, il aurait fallu traiter cela dans le cadre d'une étape appelée la formulation de la stratégie. Mais les auteurs ont oublié de spécifier cette étape : pas de décomposition, pas d'articulation, pas de rationalisation, et même pas de description !

En réalité, tous ces efforts n'ont pas fait avancer d'un iota notre compréhension de la façon dont la stratégie est réellement faite, ou devrait être faite. S'ils ont servi à quoi que ce soit, c'est peut-être essentiellement à amener quelques individus pleins de talent à éviter d'affronter les problèmes épineux de la création de la stratégie. Ainsi Steiner, après avoir tant écrit sur la formalisation, admettait dans son texte de 1979 que, « bien que pas mal de progrès aient été accomplis dans le développement d'outils analytiques pour identifier et évaluer les stratégies, le processus est encore pour l'essentiel un art » (178). On en revenait, semble-t-il, au modèle de l'école de la conception ![9]

Mais si le processus demeure un art, alors où intervient la planification ? Si la formalisation est l'essence de la planification, et si la création de stratégie ne peut pas être formalisée, alors que faisait « la planification stratégique » pendant toutes ces années ? Fallait-il la reléguer à la définition des objectifs au début du processus et à l'opérationnalisation des stratégies (quel que soit l'endroit d'où celles-ci venaient) à la fin, là où la formalisation est possible ?

[8] Humpty Dumpty est un personnage de Lewis Caroll dans *De l'Autre Côté du Miroir*.

[9] Ce modèle lui-même n'offrait pas plus d'aide. Comme le disait Bryson, « La principale faiblesse du modèle de Harvard est qu'il n'offre pas de conseils spécifiques sur la façon de développer des stratégies, sauf à noter que les stratégies efficaces capitalisent sur les forces, prennent avantage des opportunités, et surmontent ou minimisent les faiblesses et les menaces » (1988:31).

Mettre en ordre les quatre hiérarchies : objectifs, budgets, stratégies, programmes

Ce détail manquant mis à part, tout le bel ordre du modèle de la planification introduit une bonne dose de confusion dans l'ensemble du processus. En particulier, le système présente toute une série de composantes, dont les interrelations n'ont jamais été établies clairement dans la pratique. Les objectifs, les budgets, les stratégies, et les programmes, ne se combinent pas de façon aussi simple qu'il est supposé dans le modèle de base. À propos de la mise en œuvre, Ansoff nous dit que :

> L'étape suivante consiste à convertir les niveaux planifiés en programmes d'actions coordonnées pour les différentes unités de l'entreprise. Ces programmes spécifient les plannings des actions, les buts et les quotas, les points de contrôle, et les jalons. Les programmes d'action sont ensuite traduits en budgets de ressources : les effectifs, les matières premières, l'argent et l'espace dont on a besoin pour réaliser les programmes. Les programmes d'action et les budgets de ressources forment la base pour la mesure de l'efficacité dans la réalisation des budgets de profits. (1967:6-7)

Mais d'une certaine façon personne ne s'est jamais attaqué à la question de savoir comment toute cette traduction était supposée être faite. La pratique, par conséquent, a souvent conduit à des résultats différents, d'où toutes sortes de plaintes sur la rareté des succès dans la mise en œuvre (Souvenons-nous du commentaire de Peters à propos du taux de 10 % de succès dans la mise en œuvre de la stratégie, qu'il estimait être « sauvagement exagéré »). Une autre conséquence a été la popularité de modèles moins ambitieux et moins globaux, comme le modèle d'élaboration des budgets d'investissement, qui se sont avérés plus pratiques à appliquer. Pour partie, ces problèmes reflètent sans doute la sous-spécification du modèle de base : toutes les relations qui sont demeurées non résolues ou ambiguës. Mais de façon plus significative, nous croyons que ceci est le reflet d'hypothèses erronées contenues dans le modèle lui-même.

D'après le modèle global, les organisations commencent avec des objectifs qui sont supposés émaner du sommet (comme un reflet des valeurs de base de la direction générale) et s'écouler en descendant le long de la hiérarchie sous la forme de cette cascade déductive. Si par contre les objectifs sont une partie de ce système jadis à la mode appelé DPO (direction par objectifs), alors ils sont aussi sensés s'écouler le long de la hiérarchie en remontant de façon cumulative, et dans ce cas il n'est plus aisé de savoir d'où viennent les valeurs globales. Dans tous les cas, les objectifs sont supposés stimuler le développement de stratégies (comme chez Ansoff avec l'analyse des écarts), bien que Steiner paraît maintenir que les objectifs peuvent aussi être issus des stratégies : « Le processus de planification peut commencer avec les stratégies. Une fois que des stratégies crédibles sont formulées, il est facile de déterminer les objectifs qui seront atteints si les stratégies sont correctement mises en œuvre » (1979 :173)[10]. Ensuite doit venir une cascade de stratégies, qui devrait donner naissance à une autre cascade de programmes. Cependant, dans le modèle d'élaboration des budgets d'investissement, qui est plus souvent mis en pratique et plus utilisé que la planification stratégique conventionnelle, l'hypothèse est que l'initiative des programmes vient d'en bas et remonte la hiérarchie pour obtenir son approbation, et dans ce cas il n'est pas facile de savoir où interviennent les stratégies. On considère qu'il existe une troisième cascade, celle des budgets, qui sort des objectifs de façon routinière, tout à fait indépendante des stratégies (en laissant de côté le problème venant du fait que les budgets, comme les objectifs, sont souvent négociés d'une façon ascendante). Pourtant les budgets sont supposés refléter également les changements de stratégies, sans doute sur une base *ad hoc* – car c'est la façon dont les stratégies elles-mêmes changent. En fait la relation entre les budgets routiniers et les stratégies *ad hoc* semble ne jamais avoir été traitée de façon substantielle.

Mais alors que se passe-t-il réellement dans ce processus ? Les planificateurs qui ont vécu à l'intérieur de systèmes de planification spécifiques dans des situations spécifiques peuvent connaître la réponse pour leur cas particulier. En d'autres termes, ils peuvent avoir développé des façons de faire pour leur propre organisation, effectué leurs propres compromis. Mais y a-t-il quelqu'un qui connaisse la réponse dans le cas général ? Y a-t-il réellement dans ce cas un quelconque savoir conceptuel ? Ou bien la littérature sur la planification a-t-elle seulement confondu l'hypothèse avec la pratique ?

Essayons un autre angle d'attaque, dans un effort pour tenter de résoudre une partie de ce problème. Les objectifs, les budgets, les stratégies, et les programmes paraissent être des phénomènes très différents, qui ne sont pas liés les uns aux autres de façon aussi pratique

[10] Il existe une autre alternative qui introduit encore plus de confusion : celle selon laquelle « par le moyen de l'analyse des opportunités, des menaces, des forces et des faiblesses de l'entreprise, les managers et le personnel identifieront des stratégies alternatives et des objectifs alternatifs à partir desquels des objectifs fermes seront éventuellement établis pour l'entreprise » (172).

que la littérature de la planification l'a suggéré. De façon plus probable, les liens sont soit formellement absents soit beaucoup plus complexes que ce qui a été dit. Il paraît tout à fait raisonnable de conclure que des stratégies particulières déclenchent parfois des programmes *ad hoc*, ou que des objectifs aident à déterminer des budgets. Mais il n'est pas raisonnable de conclure que ces hiérarchies sont de façon pratique emboîtées les unes dans les autres, par exemple que la hiérarchie des budgets émane de celle des stratégies (ou vice et versa). Comment les programmes, qui sont essentiellement *ad hoc*, en viennent-ils à être incorporés dans les budgets, qui sont essentiellement routiniers, est une question beaucoup moins claire ; il n'est pas plus aisé de savoir comment les objectifs stimulent la création des stratégies. De plus, comme nous l'avons mentionné plus haut, le flux prescrit dans le modèle de base paraît être contredit par des systèmes tels que la DPO ou le modèle d'élaboration des budgets d'investissement, dont les flux peuvent avoir des directions tout à fait opposées. Aucune de ces contradictions n'est encore résolue.

Pour effectuer une percée au travers de cette confusion nous ressentons le besoin de nous engager dans une décomposition de notre cru. Nous découperons les choses en tranches verticales, pour ainsi dire, en séparant complètement les quatre hiérarchies des objectifs, des budgets, des stratégies, et des programmes, de façon à considérer avec un œil neuf ce que certains de ces liens pourraient être dans la pratique. Nous utilisons le terme « pourraient » parce qu'ici nous ne pouvons que spéculer ; toute avancée ultérieure exigera une recherche empirique très soigneuse. La Figure 2-6 montre ces quatre hiérarchies ainsi délimitées, à différents niveaux de gestion (le groupe, l'activité, la fonction, et le niveau opérationnel), mais n'importe quelle hiérarchie d'unités structurelles pourrait être substituée à ces quatre niveaux. Le long de la partie basse de la figure sont représentées les actions entreprises par l'organisation, le but de tout cet effort.

La Figure 2-7 superpose à la précédente le modèle de la planification complètement développé *en théorie*. (Voir Lorange (1980:55-58) pour un exemple de processus spécifié étape par étape grossièrement cohérent avec celui-ci). Le point de départ est la délimitation des objectifs d'ensemble de l'entreprise (1), qui d'une part donne naissance à tout un système de sous-objectifs (1a-1c), et qui d'autre part déclenche le développement d'une cascade descendante de stratégies (2a-2c), qui conduit à son tour à une hiérarchie de programmes d'investissement et de programmes opérationnels (3a-3c), qui déterminent les actions de

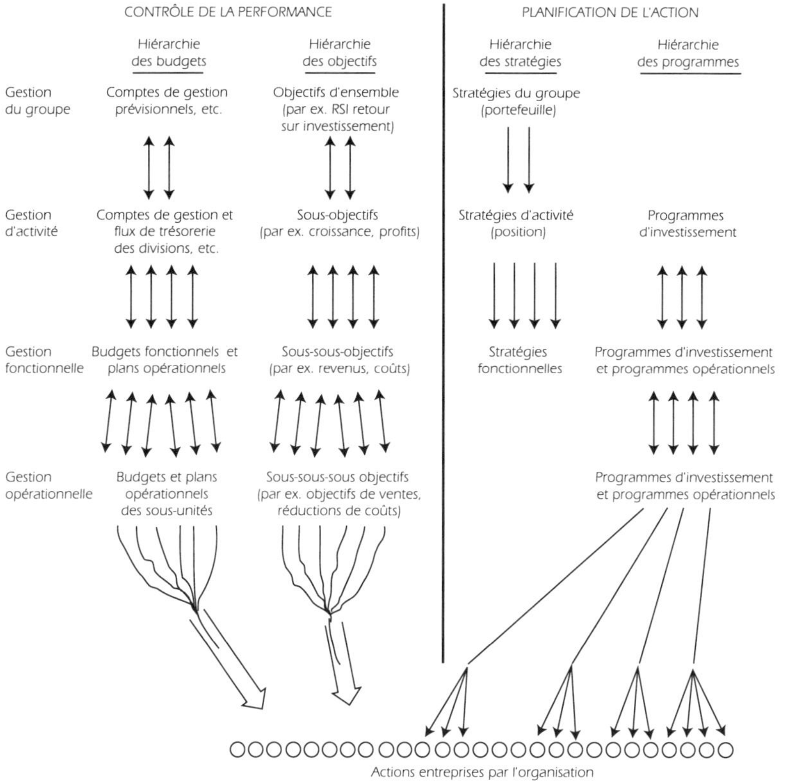

FIGURE 2-6
Les quatre hiérarchies de la planification

l'organisation. Pendant ce temps, les objectifs et les sous-objectifs sont injectés dans le processus budgétaire à différents niveaux (4a-4d), ainsi que les conséquences des divers programmes, dont les effets sur les budgets doivent être pris en considération. C'est, à peu de chose près, de cette façon que les éléments du système d'ensemble sont supposés être reliés les uns aux autres[11]. Regardons maintenant plus en détail chacune de ces composantes avant de discuter cette question plus avant. Nous passons en revue chacune des quatre hiérarchies, puis nous considérons leurs interrelations.

[11] Comme nous en discuterons plus loin, l'exercice du PPBS dans le gouvernement américain au cours des années soixante s'est développé d'une façon tout à fait similaire, à deux exceptions près : il avait une allure plus ascendante, et il était même plus ambitieux en ce sens qu'il était supposé être global.

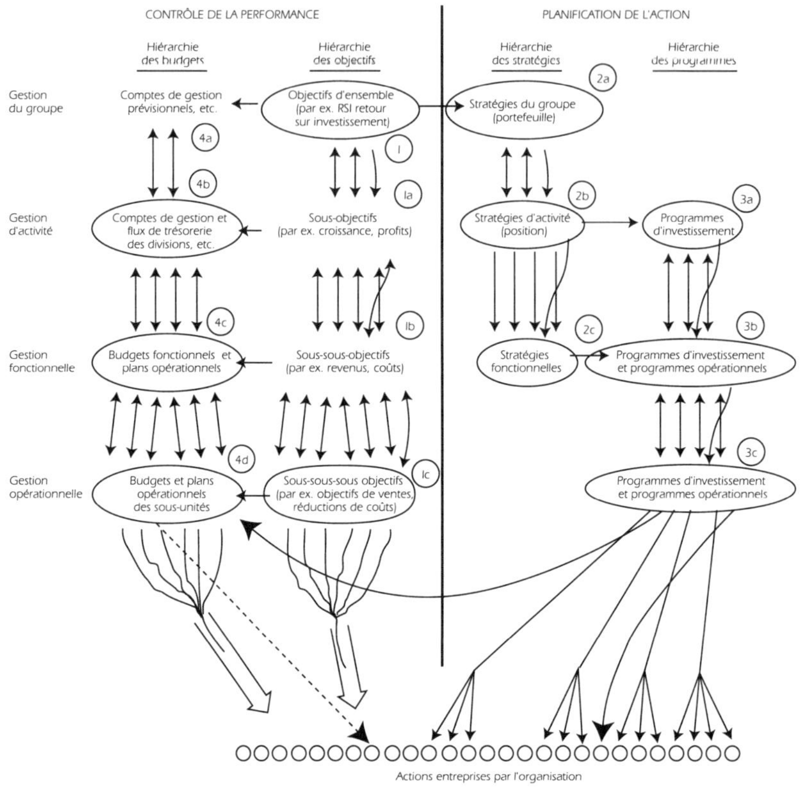

FIGURE 2-7
Le modèle de la planification complètement développé

La hiérarchie des objectifs

En ce qui concerne les objectifs, la planification stratégique paraît faire l'hypothèse suivante : ils sont décidés par la direction générale pour l'ensemble de l'organisation, ils déclenchent à leur tour le processus de formulation de la stratégie, et descendent eux-mêmes en cascade le long de la hiérarchie structurelle comme des moyens de motivation et de contrôle, c'est-à-dire pour fournir des incitations aussi bien que des moyens d'évaluer la performance. Mais si les objectifs existent réellement pour motiver, alors, d'après les spécialistes des sciences du comportement, les individus doivent être impliqués dans l'établissement de leurs propres objectifs. Ainsi, au lieu de descendre en cascade, les objectifs doivent être élaborés dans différents endroits de l'organisation, puis on doit les agréger en les faisant remonter. Mais si tel est le cas, comment peuvent-ils être reliés aux stratégies ? Les uns s'agrègent en remontant et les autres descendent en cascade, mais comment peuvent-ils se rencontrer ? Pour citer Eigerman, « Dans un système qui est purement ascendant, l'intégration de la stratégie à travers les unités est réalisée avec une agrafeuse » (1988:41) !

Ainsi, mises à part quelques impressions très générales dans la littérature, le lien entre l'établissement des objectifs et la création de la stratégie demeure non spécifié. C'est une chose que de décrire la stratégie comme étant pilotée par les valeurs en un sens général, comme le fait le modèle de l'école de la conception, mais c'est une toute autre chose que d'établir un lien avec des cibles formelles et quantitatives.

La hiérarchie des budgets

Les budgets ne sont pas si différents des objectifs, en ce sens qu'ils sont des ensembles intégrés de cibles (essentiellement financières), décomposés selon les unités de la hiérarchie. (Nous pourrions aussi inclure les plans opérationnels de diverses sortes, concernant les finances, le personnel, le matériel, et les autres ressources, aussi bien que les flux de trésorerie et les comptes de gestion prévisionnels.) Tout comme les objectifs, les budgets peuvent descendre en cascade le long de la hiérarchie structurelle, s'agréger en remontant, ou s'écouler dans les deux sens au travers d'un processus de négociation. De la même façon, les budgets sont conçus essentiellement pour le contrôle (mais peut-être moins pour la motivation), et ils ont tendance à être appliqués à chaque sous-unité de l'organisation. Et de façon similaire, ils ont tendance à être développés sur une base régulière (par exemple annuellement) même s'ils font l'objet d'un passage en revue à des intervalles plus fréquents (par exemple mensuellement ou trimestriellement).

Peu de personnes nieraient que les budgets sont des éléments cruciaux de presque toutes les organisations : ils sont inévitablement des outils essentiels pour l'allocation des ressources et le contrôle. Comme Siegel l'a noté dans le contexte du gouvernement :

> Le budget est de loin la plus importante des déclarations de politique générale de tout gouvernement. La colonne des dépenses du budget nous dit « qui obtient quoi » en termes de fonds publics, et la colonne des recettes du budget nous dit « qui paie pour le coût ». Il y a peu d'activités

> gouvernementales ou de programmes gouvernementaux qui n'exigent pas une dépense de fonds, et aucun fonds public ne peut être dépensé sans autorisation budgétaire... Les budgets déterminent quelles politiques générales et quels programmes seront augmentés, diminués, retardés, commencés ou renouvelés. Le budget est au cœur de la politique générale publique. (1977:45)

Mais la question qui reste ouverte en réaction à cette dernière déclaration est : comment et sous quelle forme ? Est-ce que les budgets font la stratégie, expriment la stratégie, répondent à la stratégie, ou même existent indépendamment de celle-ci ? Peu d'auteurs ont examiné cette question au-delà des éléments évidents associés au processus budgétaire : les frictions et les manœuvres politiques, les différents jeux qui sont joués pour augmenter les budgets, la tendance à l'extrapolation automatique des budgets d'une année à l'autre. Une exception est celle de Wildavsky, qui dans son ouvrage *The Politics of the Budgetary Process* a présenté une des études les plus sophistiquées du processus budgétaire dans le secteur public. Wildavsky entame sa discussion avec quelques points de vue sur ce qu'un budget est en réalité : une prédiction, un plan, un contrat, un précédent. Ses commentaires valent la peine qu'on les cite longuement :

> Ceux qui font un budget veulent sans doute qu'il y ait une connexion directe entre ce qui est écrit dans le budget et les événements futurs. Ainsi nous pourrions concevoir un budget comme un comportement piloté par une intention, comme une prédiction... Le budget... devient un lien qui assure le couplage entre les ressources financières et le comportement humain pour réaliser les objectifs de la politique générale...
>
> Un budget [peut aussi] être caractérisé comme étant une succession de buts comportant chacun une étiquette de prix. Dans la mesure où les fonds sont limités et doivent être divisés d'une façon ou d'une autre, le budget devient un mécanisme pour effectuer des choix entre différentes dépenses. Lorsque les choix sont coordonnés de façon à atteindre les buts désirés, un budget peut être appelé un plan...
>
> Vu sous un autre angle, un budget peut être considéré comme un contrat. Le congrès et le président promettent de fournir des fonds sous des conditions spécifiées, et les administrations expriment leur accord pour les dépenser en respectant les façons de faire sur lesquelles un accord a été obtenu...
>
> Une fois sa mise en œuvre commencée, un budget devient un précédent ; le fait qu'une chose ait été réalisée une fois accroît très fortement la probabilité qu'elle sera encore faite d'autres fois. Dans la mesure où ce sont

> seulement les écarts substantiels par rapport au budget de l'année précédente qui sont examinés avec une attention soutenue, un item qui demeure inchangé sera probablement reconduit l'année suivante de façon quasi automatique...
>
> Il devrait être maintenant apparent que les objectifs des budgets sont aussi variés que les objectifs des individus. (1974:1-4)

Toutes ces définitions paraissent réellement avoir un élément en commun : elles suggèrent que les budgets sont des expressions de la politique générale publique, en d'autres termes les produits du processus de formation de la stratégie. Comme Wildavsky l'a exprimé, « le budget enregistre le résultat de [la] lutte » pour le contrôle de la politique nationale. « Si quelqu'un demande "qui obtient ce que le gouvernement a à donner ?", alors les réponses à un moment précis sont enregistrées dans le budget » (4). Mais les budgets peuvent aussi être des entrées du processus de formation de la stratégie : les stratégies qui peuvent être formulées (ou, plus précisément, celles qui ne peuvent pas être formulées) sont influencées de façon significative par les budgets qui ont été alloués, en particulier lorsque ces derniers sont serrés. Mais d'une façon ou de l'autre, comment la traduction entre les stratégies et les budgets est-elle faite ?

Shank *et alii* (1973:91) ont discuté de trois formes de liens entre le cycle de la planification et le cycle budgétaire, c'est-à-dire « entre la formulation de la stratégie et l'explication quantifiée de cette stratégie » : un lien de contenu (entre les données des plans et les données des budgets, à propos desquelles ces auteurs ont noté le problème qui vient des différences de format entre les deux documents), un lien organisationnel (entre les unités qui sont responsables pour les deux, et particulièrement le rôle du contrôleur de gestion, qui est responsable des budgets, vis-à-vis du rôle du planificateur), et le lien temporel (concernant l'ordonnancement entre les deux, en particulier lequel est réalisé le premier). Les auteurs comparent ensuite la liaison faible (planification d'abord) avec la liaison forte (budget d'abord, planification peu après). La liaison forte « peut saper l'activité stratégique » en induisant une attention excessive portée au contrôle et à la réduction des coûts (Jelinek et Schoonhoven,1990:221), alors que la liaison faible peut donner la liberté permettant la formation d'une stratégie créative, mais laisse sans réponse la question de savoir comment relier les deux, plutôt que la question de savoir avec quelle force les deux doivent être reliés.

La hiérarchie des stratégies

Comme nous l'avons noté plus haut, la hiérarchie de la stratégie est décrite de façon conventionnelle comme s'écoulant des stratégies du groupe (les intentions concernant le portefeuille d'activités), aux stratégies d'activités (les positions désirées sur des produits-marchés spécifiques), aux stratégies fonctionnelles (les intentions concernant le marketing, la production, les sources d'approvisionnement, etc.). L'hypothèse apparente dans le modèle de la planification stratégique est que tout ceci est remis en question à chaque exercice, d'habitude de façon annuelle, selon un planning bien défini qui commence avec les stratégies de groupe au sommet et qui se développe en descendant. Il n'y a cependant aucune raison de croire que les stratégies devraient changer, peuvent changer, ou dans la réalité changent selon un planning régulier, sans même parler d'un planning annuel. De fait, toutes les données empiriques (dont quelques-unes sont examinées dans le chapitre suivant), apportent des preuves qui vont dans le sens contraire : le changement stratégique réel est *ad hoc* et irrégulier, avec des stratégies qui demeurent souvent stables pendant de longues périodes de temps, puis changent tout d'un coup totalement. Tout le monde peut être complètement prêt pour cette réunion du 14 juin pour finaliser les stratégies. Mais cela peut inclure le principal concurrent, qui simplement déclenche son action le 15 juin. Que se passe-t-il alors ? L'entreprise devrait-elle attendre jusqu'au 14 juin suivant pour répondre ?

Il n'y a pas non plus de donnée empirique prouvant l'existence d'une cascade déductive de stratégies s'écoulant de façon harmonieuse. Il est facile de diviser et d'additionner les budgets de façon arithmétique, mais ce n'est pas vrai pour les stratégies. Comment pourraient-elles être ainsi divisées ou additionnées quand même la littérature sur la planification n'a pas réussi à distinguer les objectifs des stratégies ? Les stratégies ne sont pas des entités définies avec précision que l'on peut empiler comme des caisses dans un entrepôt. Elles sont des conceptions uniques qui existent seulement dans les esprits des individus. Ainsi des qualificatifs comme « de groupe », « d'activités », et « fonctionnelles », peuvent avoir belle apparence sur papier, mais dans la réalité ils sont loin d'être clairs, et il en est de même des distinctions entre stratégies et tactiques, qui en fait en sont le reflet. De façon similaire, les budgets se superposent naturellement à la hiérarchie structurelle, pas les stratégies. Personne n'a jamais expliqué la relation entre les stratégies de groupes et les stratégies d'activités, ou entre les stratégies d'activités et les stratégies fonctionnelles. Et quand on considère le processus d'un point de vue émergent, il y a même des problèmes plus importants qui surgissent, car des initiatives prises plus bas dans la hiérarchie peuvent être la cause de changements stratégiques à un niveau plus élevé, des changements qui ne correspondent pas à des intentions, et qui par conséquent ne sont pas planifiés.

La hiérarchie des programmes

Le terme « programmes » paraît très clair : il s'agit de groupements *ad hoc* d'activités, par exemple, pour acquérir une entreprise étrangère, pour mettre sur le marché un nouveau produit, réaliser l'expansion d'une usine ou recruter son personnel, habituellement avec une spécification des dates et des durées appelée planning ou ordonnancement. Même les relations hiérarchiques peuvent paraître claires : par exemple le programme d'expansion d'une usine (localisé au niveau du département de production), qui conduit au programme de recrutement (localisé au niveau du directeur d'usine). Certains programmes sont considérés comme ayant la nature d'investissement (le premier des deux), d'autres une nature opérationnelle (le second).

L'initiative des programmes peut bien entendu se situer à n'importe quel niveau de la hiérarchie (par exemple pour remplacer un équipement de maintenance dans l'atelier de l'usine), bien que les programmes entraînant des dépenses très importantes en capital doivent habituellement être approuvés à des niveaux très élevés de la hiérarchie. L'existence d'un flux remontant la hiérarchie est par conséquent commune pour ce qui concerne les programmes, et, lorsqu'on soumet ces derniers à des formats et à des plannings communs de comptes rendus (qui incluent leur examen simultané à certaines époques de l'année) ils deviennent une partie du système formel connu sous le nom de modèle d'élaboration des budgets d'investissement. Cette forme d'activité budgétaire, qui traite de projets *ad hoc,* ne doit cependant pas être confondue avec le processus budgétaire régulier effectué au niveau des sous-unités et dont nous avons discuté plus haut. (Le système appelé budget-base-zéro paraît combiner les deux : pour chaque unité budgétaire, on se demande à intervalles réguliers s'il faut qu'elle continue d'exister comme s'il s'agissait d'un projet d'investissement, par exemple dans le cas d'un gouvernement qui est supposé décider chaque année dans quelle mesure il souhaite continuer à avoir des forces de police.)

Dans la planification stratégique conventionnelle, qui par nature est descendante, les stratégies intentionnelles sont simplement converties en programmes (les programmes d'investissement et les programmes opérationnels qui sont requis pour leur mise en œuvre), comme quand la stratégie d'expansion dans l'activité automobile déclenche un programme par lequel on fera l'acquisition de concurrents de façon à obtenir leurs usines. Mais où finit l'activité stratégique et où commence l'activité de programmation ? Que se passe-t-il si l'entreprise, parce qu'elle a été forcée d'acquérir une entreprise particulière de façon à obtenir une usine particulièrement désirable, découvre qu'elle a aussi acheté un élevage de porc, et si plus tard, quand son activité économique se détériore, constate que l'élevage de porcs a des résultats merveilleux et la sauve ? Le programme n'a-t-il pas été la cause d'un changement dans la stratégie ? Ou faudrait-il que nous appelions l'objectif « expansion », et l'élevage de porcs « stratégie » ? Grossman et Lindhe ont insisté sur le fait que « Les décisions concernant les budgets d'investissements devraient être prises dans le contexte de la stratégie à long terme d'une organisation » (1984:105). Mais pourquoi ? Parce que ceci rend les choses plus nettes pour les planificateurs ? Même si quelque chose d'inattendu dans le projet peut conduire à une meilleure stratégie ? Faut-il que tout soit toujours aussi délibéré ? Et que se passe-t-il si le PDG est entiché de l'élevage de porcs et qu'il a réellement acheté cette entreprise pour satisfaire son secret désir ? Les stratégies et les objectifs devraient-ils changer de place ?

La question que nous soulevons n'est pas celle de l'endroit où passe la ligne de démarcation ; c'est d'abord celle de la façon selon laquelle de telles lignes de démarcation peuvent être tracées. Ou, plus précisément, pourquoi faut-il impérativement tracer de telles lignes ? La théorie de la planification, en essayant de tracer des lignes arbitraires partout, a souvent rendu les questions plus confuses qu'elle ne les a clarifiées. Si la stratégie veut dire être plus malin que les concurrents et les dépasser, ou simplement positionner l'organisation dans une niche sûre, alors il s'agit d'un phénomène créatif qui dépend plus de la façon dont on redessine les lignes que de la façon dont on les respecte.

Et qu'en est-il de la relation entre le processus d'élaboration des budgets d'investissements et la stratégie ? Duffy soutenait que « la phase de programmation... établit un pont entre la phase de planification et la phase budgétaire » (1989:167). Mais Camillus (1981) soutient que le lien entre les stratégies et les programmes eux-mêmes est parmi les plus faibles qui soient dans la littérature. Les projets d'investissement sont-ils développés en ayant à l'esprit des stratégies existantes ? Si tel est le cas, comment ces stratégies arrivent-elles tout d'abord à l'esprit ? Et que se passe-t-il si elles n'y parviennent pas ? Que se passe-t-il si un projet est développé d'une façon tout à fait indépendante des stratégies existantes ? Comment est-il relié aux stratégies ? De fait, que se passe-t-il quand les programmes pilotent les stratégies, comme dans notre exemple sur l'élevage de porcs ?

Dans une petite monographie pleine d'inspiration sur le modèle d'élaboration des budgets d'investissement, Marsh *et alii* (1988) demandaient : « Qu'est-ce qui vient d'abord, la stratégie ou les projets ? ». Quoi que prétende la littérature, ils ont trouvé que la question est « loin d'être évidente ». Ce qu'ils appelaient décisions d'investissements stratégiques « est un processus long et complexe d'apprentissage et d'exploration, dans lequel on se soucie de façon intensive de détails opérationnels. Ces détails déterminent dans quelle mesure la stratégie est appropriée et dans quelle mesure il est possible de la mettre en œuvre » (15). Ainsi ils n'ont trouvé « que des liens très ténus entre... les "stratégies de groupe" et les trois projets divisionnels sur lesquels ils ont effectué une recherche suivie » ; de fait, dans un cas, les deux « paraissaient être largement incompatibles » (17). Ils concluaient « qu'il est presque impossible de répondre » à la question qu'ils posaient, la seule chose « claire [étant] que le projet n'était le produit d'aucun processus *formel* de planification » (20, italique dans l'original). Ils ont même suggéré que le terme d'accommodation stratégique pourrait être plus approprié.

Et, si l'on regarde par l'autre bout, comment la hiérarchie des programmes est-elle reliée à celle des budgets ? La planification conventionnelle suggère que la première est incorporée dans la seconde, que les plans *ad hoc* pour des activités spécifiques trouvent leur chemin et s'intègrent dans les plans routiniers pour des unités globales. Mais personne n'a jamais expliqué comment.

La « grande faille » de la planification

Pour tenter de résumer notre discussion, quand nous nous penchons sur la relation nette qui existe entre ces quatre hiérarchies, nous découvrons toutes sortes d'errements et de confusions. En particulier, nous paraissons avoir dans la planification deux ensembles isolés d'activités séparés par ce qu'on pourrait appeler la « grande faille » de la planification. Dans la Figure 2-6, l'un de ces éléments est appelé le contrôle de la performance, et l'autre la planification de l'action (nous en avons discuté précédemment dans Mintzberg, 1979a : chapitre 9).

Sur le côté gauche on trouve la hiérarchie des budgets et la hiérarchie des objectifs. Elles sont de nature routinière, et font l'objet d'un travail conduit sur une base régulière, relevant d'une approche quantitative et pour une large part de la préoccupation des comptables. Elles sont facilement calquées sur la structure existante, et reliées à la motivation et au contrôle, d'où l'expression « contrôle de la performance ». À chaque période, chaque unité de l'organisation se trouve elle-même recevant ou négociant un budget et un ensemble d'objectifs dont le but est de déclencher un certain niveau de performance par rapport auquel ses résultats peuvent être mesurés. Notons qu'il s'agit ici d'un contrôle *a posteriori*. En d'autres termes, les objectifs et les budgets ne se préoccupent pas de la prédétermination d'actions spécifiques, mais de la performance d'ensemble, c'est-à-dire des conséquences cumulées de nombreuses actions. Ils sont donc peu liés à la formulation de la stratégie par elle-même. Le contrôle de la performance constitue plutôt un moyen indirect pour influencer les actions entreprises dans une organisation. Les plans opérationnels, les objectifs opérationnels, et les budgets opérationnels délimitent seulement les résultats généraux attendus de séries complètes d'actions par des unités particulières : par exemple, que tout ce qui est fait par la division d'élevage de porcs au cours de l'année à venir produira un profit d'un million de dollars. D'où le fait que les lignes larges qui descendent à partir du côté gauche de la Figure 2-6 s'arrêtent avant d'atteindre les actions représentées en bas de cette figure.

Sur le côté droit, on trouve la hiérarchie des stratégies et la hiérarchie des programmes. Prises ensemble, on les appelle la planification de l'action car l'intention est une spécification *a priori* du comportement : les stratégies sont supposées déclencher des programmes qui eux-mêmes sont supposés prescrire l'exécution d'actions tangibles (comme dans le cas d'une stratégie d'expansion intentionnelle qui se manifeste dans un programme d'acquisition conduisant à ajouter des usines particulières). D'où le fait que nous ayons les lignes directes de la hiérarchie des programmes aux actions spécifiques en bas de la Figure 2-6, et donc Newman *et alii* y ont fait référence sous le nom de « plans qui ne servent qu'une seule fois » par opposition aux « plans permanents » qui concernent les performances (1982:56). Par contraste avec les objectifs et les budgets, les stratégies et les programmes ont tendance à être, si ce n'est « non quantitatifs », alors au moins « moins quantitatifs », et plus du ressort des managers opérationnels, soutenus peut-être par les planificateurs. Les liens ici sont beaucoup moins spécifiés.

Mais, si direct que soit le lien entre les programmes et les actions, il n'y a en général aucune connexion directe entre les programmes et les unités structurelles de la hiérarchie. Une unité particulière peut bien entendu être chargée d'un programme particulier, mais ce n'est pas nécessairement le cas. De fait, forcer cette correspondance peut s'avérer artificiel : des programmes d'action tangibles ont leurs propres besoins, qui sont souvent tout à fait indépendants de la façon dont l'organisation est structurée (ce qui est également vrai des stratégies d'activités ou des stratégies fonctionnelles particulières). Ainsi, la planification de l'action ne se décalque pas de façon pratique sur la hiérarchie structurelle (comme les planificateurs l'ont découvert lors de leurs efforts pour appliquer le concept d'UAS dans l'entreprise et le concept de PPBS dans le gouvernement).

Lewis a fait une distinction similaire à la nôtre en établissant un contraste entre « la planification incitative » et « la planification directive ». Il a trouvé que la première, dans laquelle la planification influence le comportement de façon indirecte (comme dans le contrôle de la performance), est plus courante dans la planification gouvernementale de l'économie en Europe de l'Ouest, où le budget « est le premier instrument de la planification ». La seconde, dans laquelle des ordres spécifiques s'écoulent depuis le sommet jusqu'en bas de la hiérarchie (comme dans la planification de l'action), était plus courante dans la planification de l'économie des États d'Europe de l'Est sous régime communiste :

> L'Union soviétique est une économie « de commande ». Ce qui signifie que si le plan spécifie que x millions de tonnes de clous doivent être produites en 1968, un ordre part du gouvernement pour atteindre chaque usine fabriquant des clous en lui disant de combien de tonnes de clous est son quota, combien de salariés il faut qu'elle ait, à qui il faudra acheter l'acier, et à qui il faudra vendre les clous. (1969:iv)

Il paraît assez facile de maintenir les deux côtés séparés en concentrant le contrôle dans l'un ou dans l'autre. Les problèmes réels surgissent lorsque des efforts sont effectués pour combiner les deux.

Considérez cette citation de Novick (qui, paraît utiliser le terme « plan » pour signifier ce que nous appelons plan d'action) :

> Dans la littérature sur le processus budgétaire d'entreprise, il est tout à fait courant de dire : « le budget est l'expression financière d'un plan... » Néanmoins, nous connaissons tous des budgets qui ont été développés sans plan (en particulier sans plan à long terme). En fait, il est probablement équitable de dire que dans la plupart des budgets dans lesquels il y a une telle planification, il s'agit d'une projection du *statu quo* avec des ajouts effectués sur la base de l'expérience la plus récente. Si l'on regarde l'autre face de la même pièce, nous connaissons tous des plans qui n'ont jamais été traduits en budgets. (1968:208)

On voit donc arriver la grande faille de la planification : comment passer des contrôles de la performance qui sont situés d'un côté aux plans d'action qui sont de l'autre côté, ou vice versa ; comment relier les objectifs et/ou les budgets généraux aux stratégies et/ou aux programmes tangibles.

Lorange, dans un article écrit avec Murphy, reconnaît le « problème » qui vient de « l'hypothèse selon laquelle le budget est vraiment relié au plan stratégique de façon adéquate ». Beaucoup de budgets ne sont « pas les reflets explicites des stratégies » mais plutôt de simples « actualisations en pourcentage » annuelles (1983:126). Pour les théoriciens de la planification, il s'agissait d'une situation qu'il fallait rectifier. Mais ils ont rarement expliqué comment. Comme le note Gray : « Le conflit entre les plans stratégiques et les budgets est le domaine de dissonance le plus habituellement perçu » (1986:95). « La plupart des PDG rêvent d'avoir » des budgets qui leur montreront les conséquences de leurs stratégies, mais « les mêmes PDG se voient répondre que de tels budgets ne sont pas possibles sans perturber tout le système comptable » (96).

Dans un article de 1981, Camillus a cherché à fournir un « cadre de référence conceptuel intégré » pour « définir les étapes dans la transition qui va de la stratégie à l'action » (1981:257,253). Mais son produit en est juste resté à cela : une délimitation des étapes sous la forme d'encadrés qui sont chacun une boîte noire (de « stratégie d'activité » à « planification de l'action » à « processus budgétaire » à « action de la direction générale »), avec peu d'intuition sur le fonctionnement pratique des liens. De fait, l'article de Camillus fournit une longue bibliographie (76 références) dont une grande partie était insérée dans une matrice croisant ces quatre étapes avec les « dimensions de liaison » de « structures », de « processus », et de « contenus ».

Mais presque tout cela est, comme son propre article, conceptuel plutôt qu'empirique, c'est-à-dire fondé sur des croyances sur la planification plutôt que sur sa pratique. Camillus n'est jamais réellement allé au-delà de déclarations indiquant à son lecteur que « les liens de structure et de contenu entre la planification de l'action et le processus budgétaire » sont parmi « les plus faibles... de la littérature pertinente » (255).

Comme le remarquent Piercy et Thomas : « un certain nombre d'études suggèrent que l'intégration inefficace (entre la planification d'entreprise et le processus budgétaire) est une source d'échecs de la planification... et l'on peut soutenir que les plans du groupe peuvent s'éloigner du centre de décision à cause de la faiblesse d'un lien budgétaire » (1984:51). « À l'autre extrême » on trouve le point de vue selon lequel les deux « exigent un traitement séparé » (53). Mais en général « on ne trouve ni dans la littérature sur la planification d'entreprise ni dans celle sur le processus budgétaire une attention substantielle explicite accordée à l'intégration entre les deux systèmes » (54). Ces auteurs identifient diverses différences conceptuelles entre les deux : l'un a la nature d'un jugement à long terme de nature politique orienté vers les buts ; il n'est pas incrémental, et il repose sur des données globales ; l'autre est une évaluation quantitative à court terme rationnelle ; il est focalisé sur l'activité, incrémental, et il repose sur des données plus précises. Les auteurs considèrent ensuite les efforts effectués pour réduire la faille, en général « des efforts effectués pour faire passer ce qui équivaut à un cadre budgétaire dans une planification de groupe » (57), comme dans la mise en pratique du PPBS pour le Gouvernement. Parmi les « mécanismes d'intégration » qu'ils ont trouvés dans un exemple, ils citent : « l'utilisation des budgets de programme, le modèle financier, et de façon implicite les transferts de personnel entre l'unité de planification du groupe et des fonctions opérationnelles ou d'autres positions fonctionnelles » (61). Ils les qualifient « d'intégration complète réalisée "selon les prescriptions du manuel" » (66). Et ils concluent en demandant « d'autres investigations » (66).

En général cependant, le niveau dans la littérature est resté égal à celui de Bryson, qui dans son livre de 1988 indique que « des efforts spéciaux seront nécessaires pour s'assurer que les connections importantes sont établies et que les incompatibilités sont réduites », mais que ceci « ne devrait pas gêner indûment le processus » (65). Mais pourquoi pas ? Parce qu'il le dit ? Bien que les liens de chaque côté de notre grande faille paraissent clairs (par exemple entre les objectifs et les budgets) les passerelles entre les deux côtés sont plus souvent supposées exister qu'elles ne sont spécifiées. Considérons quelques-unes d'entre elles dans le contexte des différentes sortes de planification.

Formes de planification stratégique

Nous pouvons maintenant utiliser les quatre hiérarchies pour tracer la carte des différents ensembles de procédures auxquels on a donné le nom de planification stratégique.

A. La planification stratégique conventionnelle

On ne devrait pas normalement représenter la planification stratégique conventionnelle dans les termes de notre Figure 2-6 car les différentes hiérarchies seraient considérées comme entretenant les unes avec les autres une relation de hiérarchie, par exemple les programmes étant subordonnés aux stratégies. La Figure 2-8 montre leurs interrelations de façon plus conventionnelle, avec les objectifs au-dessus des stratégies (les deux prises ensemble étant qualifiées de formulation) et celles-ci au-dessus des programmes, pilotant à elles trois les budgets (ces deux derniers sont de façon conventionnelle intitulés « mise en œuvre », bien que la mise en œuvre réelle, c'est-à-dire l'engagement dans des actions physiques réelles, paraît ne jamais figurer du tout dans la discussion du processus !). Il est cependant instructif de superposer la vision conventionnelle à notre diagramme des quatre hiérarchies, ce que nous faisons dans la Figure 2-9.

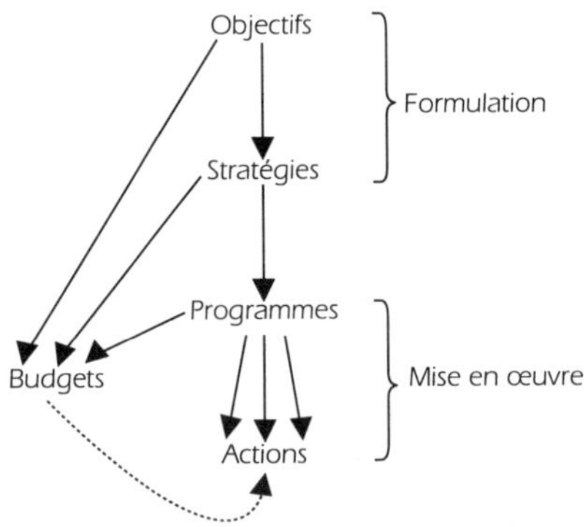

FIGURE 2-8
La planification stratégique conventionnelle

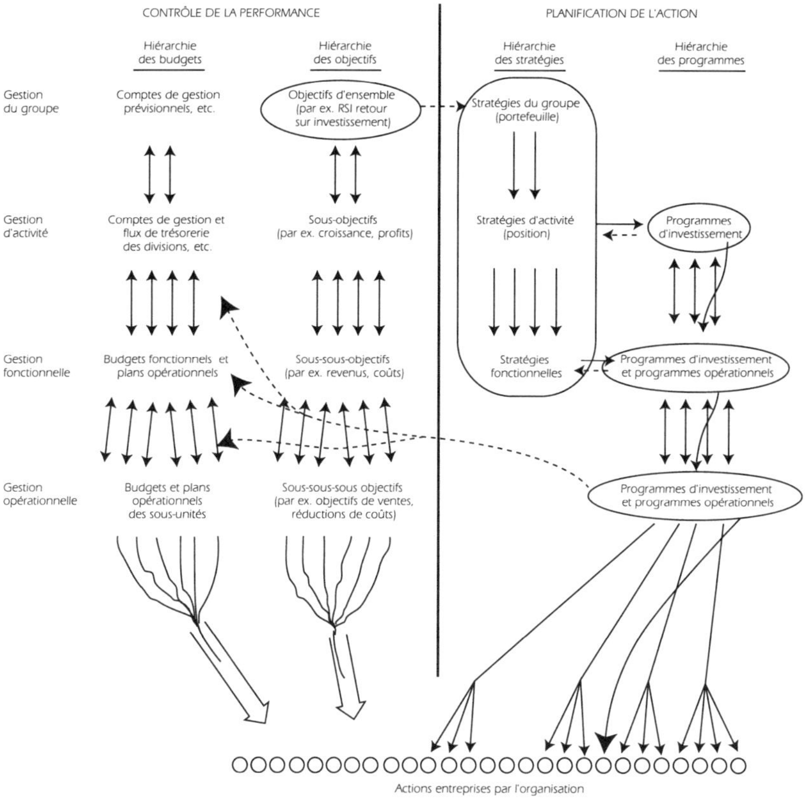

FIGURE 2-9
La « planification stratégique » conventionnelle

Nous commençons avec les objectifs d'ensemble qui sont joints à la hiérarchie de la stratégie car on suppose que l'un pilote l'autre. Mais on utilise une ligne en pointillés pour signifier que ce lien est indirect et qu'en fait on ne le comprend pas bien. Ensuite, plutôt que de montrer une cascade hiérarchique de stratégies, nous encerclons l'ensemble de la hiérarchie des stratégies pour suggérer que son fonctionnement interne constitue une « boîte noire » mystérieuse de formation de la stratégie à l'intérieur de laquelle il est difficile de pénétrer et qu'il est difficile de comprendre de façon formelle. On montre ensuite les stratégies intentionnelles (quelle que soit la façon dont elles sont formulées) qui déclenchent des programmes, et ces derniers qui sont progressivement plus détaillés en descendant cette hiérarchie conduisant éventuellement à des actions organisationnelles (tout ceci est par conséquent en lignes pleines). Mais puisque les programmes peuvent aussi déclencher des stratégies, nous incluons également une ligne en pointillés en sens inverse. Finalement, les conséquences de ces changements programmatiques *ad hoc* doivent être incorporées dans une procédure de budgétisation financière, d'une certaine façon et à un certain endroit. Mais comme nous ne savons ni comment ni où, nous indiquons également ce lien avec une ligne en pointillés.

B. La planification stratégique comme un jeu des nombres

Pendant ce temps, en revenant du côté du contrôle de la performance, une autre procédure de planification se développe, qui paraît en fait être plus courante même si par erreur on lui donne parfois le même nom de planification stratégique. La raison pour laquelle elle est plus courante, c'est qu'elle est beaucoup plus facile à réaliser ; la raison pour laquelle on lui donne le même nom peut refléter une tendance à prendre ses désirs pour des réalités (l'espoir que les objectifs produiront des stratégies de façon magique, parfois même l'hypothèse selon laquelle les objectifs *sont* des stratégies), soit une façon de prendre ses désirs pour de l'action (passer par les étapes de quelque chose qu'on appelle la planification stratégique est équivalent à créer des stratégies).

Dans tous les cas, le processus est celui que nous avons décrit sur le côté gauche du diagramme, et qui est représenté sur la Figure 2-10 : le développement d'une hiérarchie d'objectifs et d'une hiérarchie de budgets (chacune d'entre elles pouvant être descendante, ascendante, ou négociée), avec les objectifs à chaque niveau qui sont injectés lorsqu'on détermine le budget. Cette sorte de contrôle de la performance est certainement plus facile à comprendre et plus facile à faire que la planification stratégique conventionnelle de la Figure 2-9 ; de fait il n'est pas rare de voir des organisations qui essayent de faire fonctionner l'ensemble du processus et qui finissent avec seulement celui-ci. En d'autres termes, ce que l'on appelle des exercices de planification stratégique se réduit souvent à un processus de génération de nombres, pas de génération d'idées : des objectifs et des budgets certainement, mais pas de stratégies. Du point de vue de la formation de la stratégie, par conséquent, cela constitue un jeu des nombres, une

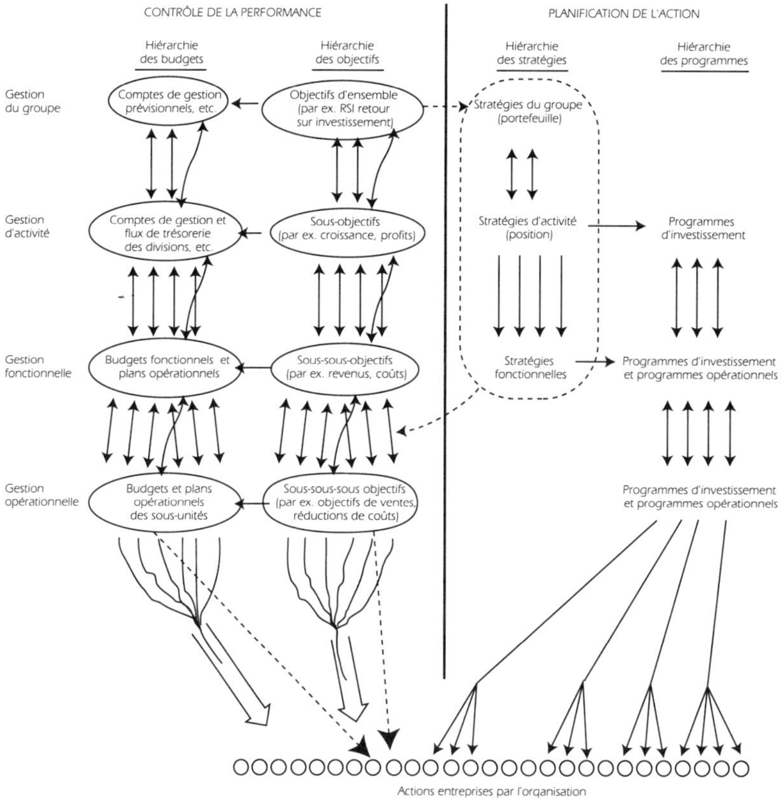

FIGURE 2-10
La planification comme un « jeu des nombres »

appellation qui est quelquefois utilisée dans les organisations elles-mêmes[12].

Gray a trouvé que ce jeu était encore très courant au milieu des années quatre-vingt : « Approximativement sept sur dix des entreprises de notre échantillon ne conduisent pas la formulation de la stratégie bien au-delà de déclarations générales concernant des impulsions, comme la pénétration du marché, l'efficience interne, et des buts généraux comme l'excellence » (1986:94). Il a trouvé que ces stratégies

[12] NdT le terme « numbers game » est effectivement une expression qu'il n'est pas rare d'entendre dans les entreprises nord-américaines. Nous l'avons traduit par « jeu des nombres » faute de trouver un équivalent français aussi idiomatique.

« à moitié finies » ou « financières » étaient souvent développées sans considération de questions stratégiques comme « les réactions concurrentielles et autres problèmes situés sous des nombres... La stratégie financière n'est pas coordonnée avec les autres stratégies, mais elle en prend le contrôle en tant qu'arbitre final de l'allocation des ressources du groupe » (95). Les observations de Gray étaient cohérentes avec celles effectuées auparavant par Franklin *et alii*, selon lesquelles 55 % des « planificateurs s'identifient le plus fortement » avec une approche qui ressemble beaucoup à celle-ci, avec seulement 59 % d'entre eux qui optent pour quelque chose qui ressemble à ce que nous avons appelé la planification stratégique conventionnelle, et 10 % qui s'identifient avec l'approche centrale de l'école de la conception (qu'ils appellent l'approche de Harvard). (Certaines des personnes qui ont répondu au questionnaire ont choisi plus d'une approche de la planification d'entreprise, et certains n'en n'ont choisi aucune.) Ces auteurs ont aussi trouvé que « 70 % des planificateurs d'entreprise mentionnaient qu'ils avaient dans leurs plans des états financiers *pro forma* d'une sorte ou d'une autre. 60 % des plans d'entreprises incluaient des budgets et des plans spécifiques pour des domaines comme le personnel, les usines et équipements, la recherche et développement, etc. » (1981:16). Mais aucune mention concernant le fait de savoir combien de ces plans contenaient des stratégies !

Bien entendu, quand on le prend pour ce qu'il est (un système de contrôle de la performance) il ne s'agit pas du tout d'un jeu mais peut-être d'un moyen valable pour motiver les salariés et pour réguler leur comportement. Ainsi on trouve les commentaires d'Allaire et Firsirotu sur ce qu'ils appellent « la planification pilotée par les nombres » : « Quoi qu'on mette d'autre dans le plan, l'essence de la planification ici est réduite à la préparation et au suivi d'un ensemble de nombres qui peut être lié à une rétribution financière » (1990:18). Il s'agit d'un jeu seulement quand on le confond avec la formation de la stratégie, c'est-à-dire quand des organisations prétendent qu'un rite annuel consistant à produire des ramettes de papier couvertes de nombres satisfait le besoin qu'elles ont de s'engager dans la pensée stratégique, et quand de plus elles croient que créer des contrôles c'est établir une direction (et pas seulement maintenir une direction). Pour citer une monographie précédente des mêmes auteurs : de tels « plans stratégiques... ne sont rien d'autre que des euphémismes de plans opérationnels dans lesquels on met les mots stratégie et stratégique toutes les deux phrases pour obtenir un effet de dramatisation »

(1988:63). Le fait que le jeu des nombres est quelque chose de différent de la pensée stratégique (en utilisant nos définitions, le fait que s'engager dans « la planification » n'est pas nécessairement « planifier ») a été remarqué par Tilles dans les premières productions de toute cette littérature :

> Beaucoup trop d'entreprises réfléchissent peu au futur, et le font principalement en termes d'argent. La planification financière n'a rien de mauvais. La plupart des entreprises devraient en faire plus. Mais c'est une erreur fondamentale que de confondre faire un plan financier et réfléchir au type d'entreprise en lequel vous voulez que la vôtre se transforme. C'est comme si l'on disait : « Quand j'aurai quarante ans je serai riche. » (1963:112)

Le jeu des nombres peut, en fait, gêner la pensée stratégique en focalisant l'attention sur des extrapolations à partir du *statu quo* à un point tel que l'on ne pense même jamais à un changement sérieux de stratégie. Gardons à l'esprit le fait que le contrôle de la performance, à la différence de la planification de l'action, se superpose naturellement à la structure organisationnelle existante ; ce qui rend difficile la prise en considération de changements qui reconfigurent cette structure, comme c'est généralement le cas pour des évolutions importantes de la stratégie. Ainsi le jeu des nombres équivaut habituellement à un exercice qui consiste à répéter ce que tout le monde sait déjà, et à produire un ensemble de cibles et de standards dans le cadre de stratégies existantes (il ignore même quels changements de stratégies peuvent être en train de se produire de façon émergente). Dans un livre ancien qui délimitait différentes formes de « systèmes de planification et de contrôle », Anthony a été l'un des rares à le reconnaître :

> En réalité, le processus de planification à long terme ressemble plus au processus de contrôle de gestion qu'il ne ressemble au processus de planification stratégique. Un plan à cinq ans est habituellement une projection des coûts et des revenus qui sont anticipés dans le cadre de politiques et de programmes déjà approuvés, plutôt qu'un outil permettant de considérer de nouvelles politiques et de nouveaux programmes, et d'en décider. Le plan à cinq ans reflète des décisions stratégiques qui sont déjà arrêtées ; il n'est pas l'essence du processus par lequel de nouvelles décisions sont prises. (1965:57-58)

De fait, une bonne part de soi-disant planification stratégique au cours des années soixante-dix s'est avérée être juste ceci : un rituel de formation de la stratégie superposé à un « moulinage de nombres » qui en réalité gênait le changement stratégique. Rogers l'a appelée « la prévision et la budgétisation strictement financières » même si elle impliquait la nécessité de remplir « des formulaires souvent longs et complexes » (par exemple vingt pages pour chaque responsable de division dans l'entreprise Motorola). Il fait à ce propos le commentaire suivant :

> Souvent le travail de paperasse dissimulait le fait que la planification financière était prédominante. Les feuilles à remplir pouvaient bien inclure des prévisions de marché, des analyses concurrentielles, et des plans détaillés pour tous les domaines fonctionnels, chacun de ces éléments étant complexe, mais le responsable de division expérimenté savait « ce qui intéressait réellement le siège ». (1975:59)

C. Le processus d'élaboration des budgets d'investissement comme contrôle *ad hoc*

Notre troisième forme de planification financière est située dans notre diagramme sur le côté planification de l'action, mais, comme il est plutôt ascendant que descendant et comme, en fin de compte, il court-circuite complètement le processus mystérieux de formation de la stratégie, il est capable de fonctionner en gros comme il est spécifié. Il s'agit du processus d'élaboration des budgets d'investissement, un système conçu pour s'occuper de l'approbation des investissements majeurs. (Pour une étude de son utilisation dans le monde des affaires, fondée sur des enquêtes de 1970, 1975 et 1980, voir Klammer et Walker, 1984).

Comme indiqué dans la Figure 2-11, un nouveau projet (comme la création d'une nouvelle installation ou l'achat d'une nouvelle machine) est conçu par un « sponsor » situé assez bas dans la hiérarchie, la plupart du temps et de loin dans un département fonctionnel, d'après Yavitz et Newman (1982:189). Le sponsor procède à une évaluation des coûts et des bénéfices qui interviendront tout au long de la vie du projet, normalement en termes quantitatifs, de façon idéale sous la forme de flux de trésorerie actualisés, de telle sorte que sa performance d'ensemble puisse être estimée (par exemple sous la forme du retour sur investissement). Le programme est alors proposé à un ou plusieurs des niveaux successivement supérieurs de la hiérarchie, où il est supposé être comparé avec d'autres projets et financé si sa performance relative est suffisamment forte pour qu'il mérite de recevoir tout ce qui peut bien rester dans le budget d'investissement.

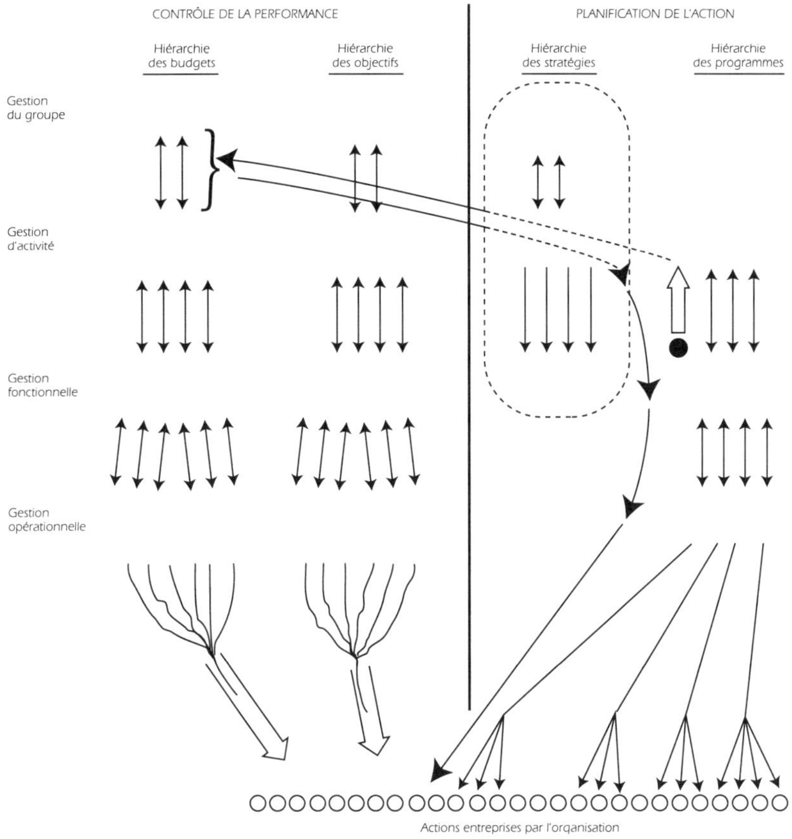

FIGURE 2-11
Le processus d'élaboration des budgets d'investissement comme contrôle ad hoc

Le fait que des projets sont engendrés et évalués de cette façon et remontent la hiérarchie pour faire l'objet d'un passage en revue paraît être vrai ; mais pas le fait que leur évaluation est objective (leur évaluation faite au milieu de toutes sortes d'incertitudes futures, par leurs sponsors qui ont eux-mêmes un parti pris) ou que l'évaluation est un processus simple et direct (compte tenu de tout l'effort politique investi pour pousser les projets aussi loin, voir par exemple Bower, 1970b). De plus, bien que le modèle d'élaboration des budgets d'investissement ait été associé à l'élaboration de la stratégie (Berg, par exemple a intitulé l'article qu'il a écrit en 1965 pour la *Harvard Business Review* sur le sujet : « La planification stratégique dans les conglomérats »), les liens entre les deux processus sont loin d'être clairs. Comment l'élaboration de la stratégie influence-t-elle la génération et la sélection des projets ? Comment les projets influencent-ils la formation des stratégies ? Ou même dans quel sens l'influence devrait-elle s'exercer ? Rien de tout cela n'a jamais été spécifié avec précision.

Ainsi nous montrons dans la Figure 2-11 la procédure d'élaboration des budgets d'investissement qui démarre à l'intérieur de la hiérarchie des programmes et court-circuite la boîte noire de la formation de la stratégie pour se diriger vers la hiérarchie des budgets, où la contrainte monétaire est imposée sur les programmes proposés avant que les programmes qui ont réussi ne reviennent pour être mis en œuvre en descendant le long de la hiérarchie des programmes. De fait, le modèle d'élaboration des budgets d'investissement paraît être essentiellement un moyen pour contrôler les dépenses d'investissement, et de façon spécifique pour passer en revue l'impact financier des projets individuels. Pour citer la phrase initiale de l'étude bien connue que Bower a faite sur le processus, il s'agit d'un « problème d'allocation efficiente de ressources » (1970b:1). Même l'ensemble des décisions concernant les différents projets n'est pas intégré de quelque façon que ce soit, sauf pour s'assurer que pris ensemble ils ne violent pas les contraintes de capital. (On en revient à l'intégration par l'agrafeuse dont parlait Eigerman). Pour citer Yavitz et Newman, « le modèle suppose que les projets remontent comme des bulles des niveaux inférieurs, et que la sélection peut être fondée sur l'estimation du taux de retour sur investissement avec peu ou pas d'attention accordée à la stratégie à long terme » (1982:189).

Plus loin nous examinerons une partie des données empiriques concernant la relation entre l'élaboration des budgets d'investissement et la formation de la stratégie, ainsi que la relation qu'elle a avec le PPBS qui lui est associé dans le cadre gouvernemental. Ce dernier, une tentative plus ambitieuse pour relier la formation de la stratégie avec une sorte de budgétisation des investissements aussi bien qu'avec le processus budgétaire régulier – probablement dans l'ensemble le plus grand des efforts qui aient été faits pour appliquer le modèle de la planification de façon complètement développée, mais avec des éléments ascendants –, a régressé et s'est réduit à un jeu des nombres et à un exercice d'élaboration des budgets d'investissement ; il a échoué en tant que processus de formation de la stratégie.

Pour résumer cette discussion, ce qui reste de la planification stratégique, c'est en fait un ensemble de trois approches indépendantes, une sorte de portefeuille de techniques de planification. D'un côté on a un jeu des nombres qui a pour but la motivation et le contrôle mais pas la formation de la stratégie. D'un autre côté, on trouve l'élaboration des budgets d'investissement, une technique de portefeuille pour contrôler les dépenses d'investissement au travers d'un processus de décision, mais qui n'est pas un processus d'élaboration de la stratégie. Et entre les deux on trouve un processus qui paraît concerner l'élaboration de la stratégie, mais plus par son nom que par son contenu, dans la mesure où pour une large part il demeure non spécifié. La boîte noire de la création de la stratégie n'a jamais été ouverte, pas plus que les liens qu'elle entretient avec les autres hiérarchies.

Notre discussion suggère que l'approche de la planification, qui par nature met l'accent sur la décomposition, a conduit à la décomposition de ses propres efforts en ces trois approches indépendantes. Quelques auteurs dans le domaine de la planification (par exemple Gluck *et alii* [1980] et Ansoff [1967, 1984:258]) ont soutenu que ces approches construites au fil du temps les unes sur les autres ont émergé en un système intégré. D'abord est venu le jeu des nombres, puis les techniques de prévision, puis l'introduction des méthodes de formulation de la stratégie, etc., pour aboutir finalement à un système global de planification comprenant tous ces éléments (voir, par exemple, Lorange, 1980:55-58). Mais en dehors de manuels de planification, universitaires ou internes aux entreprises, il est difficile de trouver des données empiriques systématiques montrant que quoi que ce soit de tout ceci s'est jamais produit dans la réalité. Nous n'avons, en d'autres termes, jusqu'ici rien trouvé pour relier directement la planification à la formation de la stratégie. Pour étudier cette question plus en profondeur, nous nous tournons maintenant vers un examen des données empiriques concernant la performance de la planification elle-même.

3

Données empiriques sur la planification

Quelle a été la performance de la planification elle-même ? Dans ce chapitre nous présentons trois types de données empiriques sur ce sujet : certaines sont des données d'enquêtes, d'autres des anecdotes, d'autres encore viennent d'études cliniques intensives. Puis nous examinons quelques données sur la façon dont les planificateurs ont réagi à ces données empiriques.

Les planificateurs ont été remarquablement réticents à étudier leurs propres efforts, c'est-à-dire non seulement ce qu'ils font dans la réalité mais, et c'est plus important, ce que eux-mêmes et leurs processus de planification réussissent à accomplir, l'impact qu'ils ont sur le fonctionnement et sur l'efficacité de leurs organisations. Les planificateurs ont été tellement occupés à mobiliser tous les autres pour réunir des données et être objectifs qu'ils ont rarement trouvé le temps de procéder de même pour leur propre activité. Starbuck, par exemple, n'a pu trouver aucune étude qui « mesure les conséquences qu'il y avait à adhérer aux plans à long terme ou à en dévier » (1985:371). Et Lorange, qui en 1979, à la fin de deux décennies de planification, a cherché « à examiner toute la littérature de recherche empirique sur les processus formels de planification à long terme des entreprises » (1979:226), n'a pas pu citer dans sa bibliographie plus de trente études empiriques ; et elles étaient pratiquement toutes des études par questionnaire comportant des questions du type « Est-ce que la planification est rentable ? » (Quelques-unes d'entre elles étaient des études expérimentales conduites dans le cadre de laboratoires de psychosociologie qui simulaient des processus de planification.) On peut utilement comparer ce nombre très faible de références à la longueur de la bibliographie de l'ouvrage de Steiner, *Top Management Planning* : cette bibliographie comprend trente-huit pages, et encore ne s'agit-il là que de l'édition de 1969 !

Néanmoins nous avons fait une ample moisson de données anecdotiques sur les performances de la planification dans quelques cas spécifiques, particulièrement à partir du début des années quatre-vingt, quand le milieu professionnel de la planification est devenu l'objet d'attaques sévères. Et, ici et là, en général enterrées dans quelque coin obscur de la littérature de gestion (mais pas de la littérature sur la planification), on trouve une étude approfondie sur ce que la planification a réellement réussi, ou n'a pas réussi, à faire dans un cas particulier – ou un petit nombre de cas particuliers. Nous examinons ces données tour à tour.

Données empiriques sur la question « La planification est-elle rentable ? »

Si la planification produit des profits plus élevés, qui pourrait la critiquer ? En conséquence, à partir de la fin des années soixante, un certain nombre de chercheurs universitaires se sont mis à déployer des efforts pour prouver que la planification est payante. Pour la plupart, ces études comportaient des biais flagrants[1].

L'approche était simple. Vous mesuriez la performance, ce qui est assez facile, au moins si vous vous restreigniez à des mesures conventionnelles d'indicateurs de performances économiques à court terme pour l'entreprise (ou mieux encore, si vous obteniez de la part des personnes que vous interrogiez leur évaluation subjective de la performance relative de leurs entreprises, comme cela a été fait dans

[1] Je me souviens d'avoir assisté à une conférence de l'*Academy of Management* dans laquelle le chercheur expliquait qu'il avait traité les données d'une certaine façon et que la relation désirée n'était pas apparue ; qu'il avait ensuite essayé une autre façon puis une autre et une autre encore, toujours sans aucun succès (selon ses propres termes). Puis le chercheur conclut publiquement sa présentation en disant que sa méthodologie devait être responsable de cet état de choses, sans jamais envisager la possibilité que son hypothèse initiale puisse être fausse.

quelques études). Puis vous mesuriez la planification, ce qui paraissait également facile : vous vous contentiez d'envoyer un questionnaire au directeur du département de la planification de l'entreprise (ou au PDG, qui de toute façon le donnerait probablement aux planificateurs, à moins qu'il ne le jette directement), demandant à la personne répondant au questionnaire de vous indiquer sur des échelles allant de 1 à 7, ou l'équivalent, quelle était l'intensité de la planification à l'intérieur de l'entreprise[2]. Ensuite il suffisait de déverser l'ensemble des réponses dans un ordinateur, d'attendre un peu et de lire les coefficients de corrélation. Il n'était même pas nécessaire de quitter votre bureau à l'université[3]. Et par conséquent vous n'aviez pas à faire face à toutes les distorsions qui sont inhérentes à de telles recherches.

La première des questions qu'il faut se poser sur des recherches de ce type est celle de la fiabilité des réponses. Il n'est pas difficile d'obtenir des réponses sur des échelles à sept points. Mais dans quelle mesure les planificateurs sont-ils objectifs dans leur évaluation de la planification ? Pour citer une des critiques faites par Starbuck à ces recherches : « Pratiquement toutes ces études ont recueilli leurs données par des questionnaires postés qui pouvaient être remplis rapidement ("en quelques minutes", pour citer l'une de ces études) et ces questionnaires étaient remplis par des personnes autodésignées qui avaient peu de raisons de répondre de façon fiable, et qui pouvaient très bien ne pas connaître ce dont ils parlaient. » (1985:370). Starbuck a aussi recueilli des données sur les taux de réponse de ces questionnaires postés ; ils sont assez bas, généralement de l'ordre de 20 %, mais n'atteignent parfois que 7 %. Dans une de ces études, Welch explique que son utilisation de questionnaires postés est meilleure « pour acquérir de l'information factuelle que pour examiner en détail le processus de planification » (1984:144). Parmi « l'information factuelle » qu'il recueillait, on trouve des réponses à des questions du type : Dans quelle mesure l'entreprise a-t-elle « identifié et analysé des options straté-

[2] Dans une étude effectuée par questionnaire en 1972 sur un sujet un peu différent (Les pièges de la planification), George Steiner a envoyé les questionnaires à 600 entreprises « de façon à obtenir des réponses de la part d'un groupe représentatif de PDG, de directeurs de divisions et de directeurs d'unités de sièges sociaux ». Sur les 215 réponses, « *de façon inattendue*... la plupart des entreprises (75 %) ont décidé que le directeur de la planification serait le seul à remplir le questionnaire » (1979:287-288, italique ajouté).

[3] Dans une étude qui est une exception notable, Grinyer et Norburn (1974) ont complété leur questionnaire posté par des entretiens. Mais leur étude ne contient pas les biais des recherches effectuées par beaucoup d'autres.

giques alternatives ? », et dans quelle mesure l'entreprise a-t-elle « planifié des actions en conséquence ? » !

En second lieu il y a le problème relatif à la mesure de la planification (Foster, 1986). Comme Pearce *et alii* l'ont noté dans leur examen de dix-huit de ces études, « Bien que le terme de *planification stratégique formelle* ait été utilisé d'une façon très fréquente dans ces travaux, dans un seul de ces dix-huit articles les auteurs en ont donné une définition conceptuelle » (1987:659)[4].

De fait, Armstrong, qui a lui aussi analysé quelques-unes de ces études, indique : « En fait, j'ai été incapable, dans la plupart de ces études, de trouver la moindre description du processus de planification » (1982:204)[5]. Même si on laisse ces aspects de côté, on peut se poser les questions suivantes : est-ce que produire des documents que l'on appelle des plans, ou prétendre utiliser tout un arsenal de procédures et de techniques, ou même avoir un département qui s'appelle le département de la planification et des salariés que l'on appelle des planificateurs indique réellement que l'organisation a internalisé « la planification » (quelle que soit la définition raisonnable que l'on donne de ce terme) ? Comme le dit Wildavsky : « Essayer de planifier ne ressemble pas plus à la planification que le désir d'être sage ne peut s'appeler la sagesse ou que le désir d'être riche n'autorise un homme à se prétendre opulent » (1973:129). Même Lorange critique le traitement qui est réservé à la planification formelle dans ces études ; elle est traitée « comme un phénomène très général », et « peu d'efforts » sont effectués « pour distinguer de quelle sorte de planification formelle on s'occupe » (1979:230).

Dans leur étude sur le processus d'élaboration des budgets d'investissement, dont ils ont étudié le fonctionnement de façon approfondie sur trois cas, Marsh *et alii* soutiennent que « chacun de ces trois cas serait apparu [dans des études effectuées par questionnaire] comme "utilisant" des techniques de [flux de trésorerie actualisés], et tous trois

[4] L'article en question était, encore une fois, celui de Grinyer et Norburn (1974).

[5] Armstrong ajoute que l'une de ces études, effectuée par Leontiades et Tezel, traite ce manque de définition comme un avantage. Ces auteurs demandent aux dirigeants d'entreprise d'évaluer l'importance de la planification, mais ils ne leur donnent ni ne leur demandent de définition de ce terme. Ils prétendent qu'« il s'agit là d'un avantage de notre approche... en ce qu'il élimine la nécessité de porter un jugement externe sur la qualité de la planification formelle » (1980:204). Mais compte tenu de l'ambiguïté du mot lui-même (comme nous l'avons noté tout au début de notre discussion), il s'agit là d'une affirmation tout à fait étonnante.

auraient été situés à l'extrémité de l'échelle contenant les entreprises ayant le comportement le plus sophistiqué » ; et pourtant « il y avait des différences très importantes entre les systèmes formels et la réalité » (1988:27). Le mieux qu'on puisse dire à propos des recherches de type équivalent effectuées sur la planification en général est qu'elles ne sont même pas allées assez loin pour révéler l'existence de tels problèmes !

Le troisième problème, et peut-être le plus important, est celui de la relation de cause à effet. Les études ont établi des corrélations, non des relations de cause à effet. Une corrélation positive entre la planification et la performance n'autorise personne à dire que la planification paie. La relation de cause à effet peut aller dans le sens inverse : seules les organisations riches peuvent se permettre de planifier ou tout au moins peuvent se permettre de payer des planificateurs. Starbuck (1985:370-371) évoque dans ce domaine une autre possibilité : les entreprises qui ont naturellement les comportements les plus efficaces, qui ont naturellement les meilleurs résultats mettent l'accent sur leurs activités de planification (dans la mesure où elles ont atteint leurs objectifs ou les ont même dépassés) alors que celles qui ont des résultats faibles deviennent peu sûres d'elles-mêmes et donc diminuent l'importance qu'elles accordent à la planification. De plus la planification et la performance peuvent être indépendantes l'une de l'autre, chacune d'entre elles étant influencée par une troisième force (par exemple des managers talentueux qui améliorent la performance par d'autres moyens, mais qui savent aussi qu'il vaut mieux avoir une planification, ne serait-ce que pour impressionner les analystes boursiers). De plus, l'hypothèse selon laquelle un nombre situé en bas de bilan a une relation identifiable et par conséquent mesurable avec un processus qu'une organisation utilise (un processus parmi plusieurs centaines) paraît vraiment être étonnamment naïve, si ce n'est extraordinairement arrogante.

Malgré tous ces problèmes, les études en question n'ont même pas pu établir ce qu'elles voulaient prouver. Quelques-unes d'entre elles ont validé la relation et d'autres ne l'ont pas fait. Les résultats d'ensemble ont été « non concluants » pour citer Bresser et Bishop (1983:588) « incohérents et souvent contradictoires » pour citer Pearce *et alii* (1987:671). (Chacune de ces deux références est celle d'un article qui a analysé plusieurs des recherches concernant les liens entre la planification et la performance financière ; l'article de Pearce *et alii* est intitulé : « Le lien ténu entre la planification stratégique formelle et la performance financière » ; on peut également citer la revue de la littérature effectuée par Shrader, Taylor, et Dalton en 1984 qui aboutit aux mêmes conclusions.) Ou, pour reprendre les conclusions de Lorange, « un problème demeure : celui qui consiste à savoir quels types d'activités de planification formelle ont effectivement été avantageux » (1979:230)[6].

Alors que le présent ouvrage était presque en fin de rédaction, Boyd a publié une étude longue et détaillée que l'on peut appeler « une méta-analyse » de l'ensemble de ces études. Il a trouvé en tout quarante-neuf articles de journaux et chapitres d'ouvrages, quelques études de type « revue de la littérature », quelques articles reprenant certains des éléments précédents, et certaines études pour lesquelles les auteurs ont répondu, quand il leur demandait les données sur la base desquelles les études avaient été effectuées, qu'elles étaient « indisponibles » (1991:356). Restreignant à 29 le nombre des études empiriques qu'il pouvait utiliser, ce qui représentait en tout un échantillon de 2 496 organisations, Boyd a trouvé « que l'effet d'ensemble de la planification sur la performance... était très faible » (362). Cependant, en répartissant les indicateurs de performance en 9 types différents, il a pu montrer que les corrélations étaient « modestes » (353). Mais « l'existence de problèmes très importants concernant les mesures suggère que ces découvertes *sous*-estiment la *véritable* relation qui existe entre planification et performance » (353, italique ajouté). De plus, « alors même que l'effet moyen est faible, beaucoup d'entreprises indiquent qu'elles ont retiré des bénéfices quantifiables et substantiels de leur participation au processus de planification stratégique » (369). Autant pour l'objectivité scientifique ! Boyd conclut son propos par un appel à « des mesures plus rigoureuses », « plus de contrôles », et « des analyses séparées » (369). Bonne idée !

L'avenir nous amènera sans aucun doute plus de données empiriques qui nous permettront d'avoir sur cette question une compréhension plus détaillée, sinon plus approfondie. Ce que Pearce *et alii* ont appelé en 1987, après dix-sept ans de recherches, « une question problématique et non résolue » demeure à ce jour problématique et non résolue. À tout le moins, nous avons trouvé que la planification n'est pas la meilleure de toutes les méthodes, « the one best way » ; nous avons également établi qu'il est certain que la planification n'est pas payante en général, et qu'au mieux elle peut être appropriée dans

[6] L'édition américaine du livre comporte la discussion de vingt-trois autres articles de recherche sur la question « la planification est-elle rentable ? »

certains contextes, comme les entreprises les plus grandes, les entreprises de production de masse, etc.

Anecdotes sur la planification

Comme tout bon scientifique devrait le faire, on peut s'attendre à ce que nous recueillions des données quantitatives de façon systématique. L'évidence anecdotique est supposée être imprécise, biaisée, et superficielle. Cependant nous venons de voir que les données quantitatives ont les mêmes caractéristiques : elles ont décidément le ventre mou. Le recueil systématique de données à propos de processus mal définis ne donne pas réellement une bonne idée de ce qui se passe sur le terrain.

Tournons nous donc vers quelques données de type anecdotique, certes pas en pensant résoudre la moindre question que pose la planification, mais plutôt pour développer à un certain niveau notre compréhension de certaines d'entre elles. Le choix que nous avons fait des anecdotes peut être révélateur de notre propre parti pris, dans la mesure où nous les avons sélectionnées de façon à mettre en lumière les problèmes de la planification. Mais il semble aussi que plus une anecdote sur la planification paraissant dans la presse de grande diffusion est spécifique, plus elle a une probabilité forte d'être à connotation négative : les louanges ont tendance à avoir la forme de commentaires généraux, et les critiques à être pointées vers des exemples précis.

Certaines des données que nous citons remontent aux premières années de la planification stratégique, démarrant comme un filet d'eau, croissant progressivement comme un flot important vers le milieu des années soixante-dix, et devenant dans les années quatre-vingt une véritable inondation. Les anecdotes reproduites ci-dessous racontent cette histoire.

■ 1970 : Sur la première page de ce qui allait devenir l'un des ouvrages les plus lus sur la planification, un des technocrates les plus talentueux des États-Unis écrit : « Récemment j'ai demandé à trois dirigeants d'entreprise quelles décisions ils avaient prises dans l'année écoulée qu'ils n'auraient pas prises si ce n'était à cause de leurs plans d'entreprise. Tous ont eu des difficultés à identifier une seule décision de cette nature. Dans la mesure où chacun de leurs plans était marqué du sceau "secret" ou "confidentiel", je leur ai demandé comment leurs concurrents, s'ils entraient en possession de leurs plans, pourraient en tirer parti. Chacun d'entre eux me répondit avec embarras que leurs concurrents ne pourraient pas tirer parti de leurs plans. Cependant ces dirigeants d'entreprise étaient des partisans convaincus de la planification d'entreprise. » (Ackoff, 1970:1). L'auteur de cet ouvrage était lui aussi un partisan acharné de la planification d'entreprise ; et il fit suivre ce commentaire non pas d'une étude des causes de ce phénomène, mais de 144 pages sur les gloires et les procédures de la planification d'entreprise.

■ 1972 : Un partisan bien connu de la planification, après avoir visité un ensemble très varié d'entreprises européennes et américaines entre 1967 et 1972, conclut dans l'un des meilleurs journaux professionnels consacré à la planification : « La plupart des entreprises trouvent que la planification formelle n'a pas été la panacée ou la solution qui avait été originellement envisagée. Le succès dans la planification ne vient pas facilement... non seulement aux États-Unis et en Europe, mais aussi au Japon, dans les entreprises du bloc communiste, et même dans les entreprises des pays en développement qui ont embrassé, souvent avec un grand enthousiasme » le concept de la planification d'entreprise organisée (Ringbakk, 1970:10). Le même journal a néanmoins continué à embrasser le concept souvent avec un grand enthousiasme.

■ 1972 : Le vice-président d'une entreprise américaine, écrivant dans le même journal la même année, s'exprime de façon plus abrupte : « En pratique la planification a été un échec à la fois retentissant et dispendieux » (Pennington, 1972:2).

■ 1973 : Un universitaire timide qui, à la fin des années soixante, s'était, en serrant les dents, aventuré en dehors de l'univers protecteur de l'université pour observer ce que faisaient réellement les véritables managers vivant dans les entreprises américaines, revient pour raconter son histoire : « À de rares exceptions près, les activités managériales que j'ai observées dans mon étude ont trait à des éléments spécifiques plutôt qu'à des questions générales. Pendant les heures de travail, il est rare de voir un dirigeant d'entreprise participer à une discussion abstraite ou effectuer de la planification générale... Il est clair que la vision classique du manager comme planificateur n'est pas en accord avec la réalité. Si le manager fait de la planification, ce n'est certainement pas en fermant sa porte, en tirant sur sa pipe, et en se plongeant dans de profondes pensées » (Mintzberg, 1972:37).

■ 1972 : Un autre universitaire s'aventure en dehors de son université pour découvrir dans quelle mesure les dirigeants d'entreprise trouvent utiles les modèles informatiques de planification. Sa conclusion, en bref, est « non ». Dans de nombreux cas les efforts de développement des modèles ont été réduits ou stoppés ; bien des efforts qui ont abouti n'ont pas été mis en œuvre ; et la plupart de ceux qui ont été mis en œuvre n'ont pas influencé de façon significative le processus réel d'élaboration de la stratégie utilisée dans l'entreprise (Hall, 1972-73:33).

■ 1977 : Igor Ansoff, un universitaire renommé dans son domaine et qui a passé beaucoup de temps à travailler avec des praticiens, prend la parole plus de dix ans après la parution de son livre qui a fait date : « Bien que la planification stratégique existe depuis plus de vingt ans, la majorité des entreprises s'engagent aujourd'hui dans l'activité beaucoup moins menaçante et perturbatrice de planification à long terme extrapolative » (1977:20).

■ 1977 : Pour revenir quelques années plus tard à ce journal majeur consacré à la planification, deux universitaires, après avoir noté qu'« il y a peu d'axiomes qui soient plus acceptés dans la littérature sur le management sans aucune question que celui qui établit la nécessité d'une saine planification stratégique », un point sur lequel « les universitaires et les chercheurs sont... pratiquement tous unanimes » (« pratiquement tous », comme d'habitude, incluant beaucoup de preuves du contraire), trouvent, comme Ansoff, qu'aucune des cinq entreprises américaines d'importance « majeure » qu'ils ont étudiées, n'est « engagée dans une véritable planification stratégique » (Saunders et Tuggle, 1977:1).

■ 1978 : Un professeur français qui a enquêté dans plusieurs entreprises après la crise de l'énergie de 1973 – certaines d'entre elles ayant en conséquence réduit leur horizon de planification ou complètement abandonné la planification – cite le dirigeant d'une entreprise de 7 000 personnes : « Ceux qui disent qu'ils font des plans et que ces plans marchent sont des menteurs. Le terme planification est un terme imbécile. Tout peut changer demain. » Un autre dirigeant d'entreprise dit : « La crise nous a montré que la planification à long terme est inutile » (Horowitz, 1978:49).

■ 1980 : Non seulement les entreprises paraissent pratiquer la planification stratégique de façon autre que prescrite, mais certaines d'entre elles paraissent accomplir des efforts importants pour éviter toute planification. Un groupe de consultants a noté que des responsables opérationnels allaient même jusqu'à, ce qui est inouï, abandonner une partie de leur autorité formelle de façon à ne pas avoir à faire de plans. « Des directeurs de division ont été surpris tentant d'échapper au poids d'une planification annuelle "inutile" en proposant d'intégrer les activités qu'ils avaient sous leur responsabilité à d'autres UAS (unités d'activités stratégiques), au moins pour ce qui concerne la planification » (Glueck, Kaufman, et Walleck, 1980:159).

■ 1985 : Javidan demande aux dirigeants de quinze entreprises à quel point ils sont satisfaits des performances des personnels de leur département de planification. « Pas vraiment » est en bref la réponse qu'il obtient (1985:89). Aucun ne les considère comme ayant « très bien réussi », la moitié des dirigeants interrogés les considère comme ayant « assez peu réussi ». (Les responsables de planification interrogés sont quelque peu plus positifs [903].) La plupart des personnes répondant au questionnaire considèrent que la planification a un « effet négatif » sur les décisions stratégiques de la firme et sur le caractère innovateur de sa gestion (91).

■ 1985 : Robert Hayes, professeur à la *Harvard Business School*, présente « un thème récurrent dans les explications données par [d'innombrables responsables opérationnels] pour expliquer les difficultés concurrentielles de leur entreprise » : « Encore et toujours ils indiquent que beaucoup de ces difficultés [en particulier dans leurs organisations de production] proviennent des processus de planification stratégique de leur entreprise. Leurs plaintes cependant ne concernent pas le mauvais fonctionnement de la planification stratégique mais les effets nocifs de son bon fonctionnement » ! (1985:111).

■ 1987 : Dans un article de l'hebdomadaire *The Economist*, Michael Porter fait le commentaire suivant : « La critique de la planification stratégique a été bien méritée. La planification stratégique dans la plupart des entreprises n'a pas contribué à la pensée stratégique. » Sa solution : « La planification stratégique a besoin d'être repensée » (en utilisant de la planification ?)

■ 1988 : Walter Schaffir, directeur de programme à la conférence sur la planification stratégique du *Conference Board* indique que la planification stratégique a été « formalisée et systématisée, critiquée, réformée, mal comprise, excessivement vendue (et excessivement achetée), à nouveau redéfinie, mal appliquée, abandonnée,... et revitalisée ». Il prétend qu'elle est « vivante et en bonne santé dans le monde des entreprises » et note que « la planification stratégique a pourtant reçu mauvaise presse en quelques lieux et souvent à juste titre » ; enfin il qualifie la planification stratégique « d'exercice routinier, ennuyeux... sans réelle signification » (1988:xiii).

L'expérience PEPS de la General Electric

En 1984, Lauenstein note que « dans leur rapport annuel, des entreprises comme International Harvester et AM International s'enorgueillissaient de leur système de planification stratégique peu avant d'être frappées par le désastre » (1984:89). En fait le phénomène s'est révélé être des plus ordinaires. Dans un article de 1975, Ansoff notait déjà que :

> Dans le milieu des années soixante, la direction de l'un des plus grands conglomérats mondiaux montrait avec fierté ses systèmes de planification et de contrôle. Une semaine après cet exposé public, la même direction dut avouer à sa grande honte deux surprises d'une taille de plusieurs millions de dollars chacune : un très large dépassement dans sa division des fournitures de bureau, et un autre dans sa division de construction navale. (1975:21)

Ansoff soutient néanmoins dans un ouvrage publié ultérieurement que « l'histoire des systèmes de gestion est une succession d'inventions » : quelques-unes ont « échoué », d'autres ont « réussi », mais en général elles constituent une progression vers une meilleure pratique. « Par exemple, l'entreprise qui est actuellement leader dans la pratique de la planification stratégique, l'American General Electric Company, a essayé et échoué par deux fois avant d'établir le processus actuel, processus réussi qui est intégré à la direction générale de l'entreprise » (1984:188).

La date de la publication d'Ansoff était mal choisie, dans la mesure où ce « processus réussi » venait de s'effondrer et cette fois avec une grande publicité.

En 1984, alors que les critiques de la planification prennent de l'intensité, l'hebdomadaire *Business Week* referme la discussion avec un article de fond qui porte une attaque de première force contre la planification : « Après plus d'une décennie d'influence quasi dictatoriale sur le futur des entreprises américaines, le règne du planificateur stratégique pourrait bien toucher à sa fin. » « Peu des stratégies supposément brillantes élaborées par les planificateurs ont été mises en œuvre avec succès. » Le PDG de la General Motors, après trois « essais infructueux » pour établir un système de planification au siège social, fut cité disant : « Nous rassemblions ces plans, nous les posions sur l'étagère, et nous quittions la pièce pour faire ce que nous aurions fait de toute façon. Il nous fallut un peu de temps pour réaliser que celà ne nous conduisait nulle part ». Pour *Business Week*, cette agitation n'était rien moins qu'une « bataille sanglante entre les planificateurs et les managers » (62) ; « Le résultat final est le suivant : les planificateurs stratégiques perturbent la capacité qu'a l'entreprise d'évaluer le monde extérieur et de créer des stratégies qui lui permettent d'obtenir un avantage concurrentiel durable » (64).

Une organisation est particulièrement citée dans l'article de *Business Week* car elle avait connu la planification pratiquement depuis le début : les comptables de la General Electric Company nous approuveraient sans doute si nous qualifiions l'expérience qu'a eu GE de la planification avec le label PEPS (premier entré, premier sorti)[7].

Pour les partisans de la planification, la General Electric a toujours été une firme exemplaire (voir, par exemple, Blass, 1983:6-7, et Ansoff). Un nombre impressionnant des concepts et des techniques qui ont été par la suite largement acceptés ont vu le jour dans le département de planification de cette entreprise : le concept d'unité d'activité stratégique (UAS), le projet PIMS (Profit Impact of Marketing Strategies), la matrice 3 par 3 sur le degré d'attractivité des activités et les forces de l'entreprise, etc. Les planificateurs de la GE ont été parmi les plus prolifiques (par exemple Wilson, 1974 ; Allen, 1977 ; Rothschild, 1976, 1979, 1980 ; voir aussi les interviews accordées par les planificateurs de GE : Rothschild interviewé par Cohen [1982] et Carpenter, interviewé par Allio [1985]). Pour citer un article du quotidien *Washington Post* sur la planification, « GE a littéralement écrit le livre sur le sujet » (Potts, 1984).

La planification à GE a reçu sa grande impulsion de Reginald Jones, PDG de 1972 à 1981. Dans un article de 1979, il fait remonter les origines de « l'ère de la planification stratégique à la General Electric » à une recentralisation du pouvoir consécutive à la débâcle rencontrée par l'entreprise lors de sa sortie de l'industrie informatique. Comme le raconte Hamermesh, la baisse des profits à la fin des années soixante, plus des menaces pesant sur la notation « sacrée » AAA[8] de ses obligations, ont encouragé l'entreprise à « commencer à chercher de nouvelles formes de planification stratégique » (1986:183).

[7] En anglais : FIFO, ou « first in-first out ». Le terme qualifie une méthode de comptabilisation des stocks.

[8] La notation des obligations est une évaluation de leur qualité ; elle est établie par des entreprises du type Standard and Poors ; la notation AAA est la meilleure qui puisse exister.

Hamermesh décrit le développement de la planification effectué sous l'autorité de Jones avec un luxe considérable de détails ; il note par exemple qu'en 1980 il y avait environ 200 planificateurs de haut niveau dans l'entreprise (193), et qu'il était exigé de chacun d'eux de participer à des séminaires de planification stratégique spéciaux aux côtés des directeurs généraux d'unités d'activités stratégiques (séminaires au cours desquels ils recevaient des jeux de transparents leur permettant de transmettre le message à leurs propres subordonnés). Hamermesh décrit GE comme une organisation qui est à la recherche continuelle de la bonne formule permettant à des cadres dirigeants disposant d'un temps limité de comprendre une entreprise complexe et diversifiée. Par exemple, Jones était très stimulé par le concept de « secteurs » introduits en 1977 (les secteurs sont des ensembles d'unités d'activités stratégiques ; il y en avait à l'origine 6 pour les 43 UAS introduits en 1977. « Je pouvais regarder six plans, chacun d'entre eux de la taille d'un livre, et les comprendre suffisamment bien pour poser les bonnes questions » (202).

Dans la réalité, le fonctionnement de la planification à la General Electric ressemble à un ensemble d'essais, d'erreurs, et de tribulations, plutôt qu'au genre de système parfaitement huilé décrit dans la littérature. Le battage publicitaire effectué autour du système de planification de cette entreprise a continué dans les années soixante-dix. Ainsi quand le vice-président chargé de la planification de GE a visité le département de la Défense pour s'enquérir des résultats d'une étude comparative qui avait été faite sur des systèmes de planification, on lui répondit qu'« il avait probablement hérité du système de planification stratégique le plus efficace au monde et que le numéro deux était loin derrière lui » (Hamermesh, 181).

Il y avait cependant un problème. Comme l'écrit Walter Kiechel, du mensuel *Fortune*, alors que « la planification stratégique était l'évangile » à la General Electric, « la valeur de ses actions est restée au même niveau médiocre et moribond pendant toutes les années soixante-dix, avec une décroissance progressive du ratio prix/bénéfice » (1984:8).

Ceci permet de comprendre qu'à son arrivée dans l'entreprise comme PDG au début des années quatre-vingt Jack Welch (un type de manager très différent) démantela le système. Toujours selon cet article paru en 1984 dans *Business Week*, Welch « tailla dans les effectifs du groupe de planification au siège social, le faisant décroître de 57 à 33, et élimina en masse les planificateurs des secteurs opérationnels, des groupes et des divisions de General Electric » (62).

Un bon exemple nous est fourni par le Major Appliances Business Group. D'après *Business Week*, son vice-président disait qu'il avait « progressivement pris les rênes du groupe, et retiré le contrôle qu'avait sur le groupe une "bureaucratie isolée" de planificateurs ». Toujours d'après l'article, les expériences qu'a connues ce groupe « sont une excellente étude de cas montrant à quel point la planification stratégique peut être perturbatrice » (64). Les planificateurs du groupe, qui étaient cinquante à la fin des années soixante-dix – nombre d'entre eux étant d'anciens consultants – ont progressivement développé une « résistance naturelle » qui s'est progressivement transformée en une hostilité totale vis-à-vis des responsables opérationnels. Parmi les problèmes « il y avait l'obsession des planificateurs de prévoir l'imprévisible (par exemple le prix du pétrole) et ensuite de réagir de façon brutale quand les événements qui se produisaient n'étaient pas conformes à leurs attentes » (65). Un autre problème était celui de la confiance accordée « aux données pour juger des choses, mais pas à la perception instinctive du marché », ce qui amena à quelques mauvaises hypothèses sur la base desquelles quelques mauvaises stratégies furent élaborées. Certains commentaires parlent d'eux-mêmes : « La direction générale, qui elle aussi manquait de contacts avec le marché, n'a pas vu que les données des planificateurs ne racontaient pas la véritable histoire » (65). Ainsi, plus le processus de planification est devenu « bureaucratique », plus « les managers ont commencé à confondre la stratégie avec la planification et la mise en œuvre du plan ». *Business Week* indique qu'en 1984 il ne restait plus aucun planificateur travaillant auprès du vice-président du Major Appliances Group ![9]

[9] Compte tenu de ce changement, il est intéressant de remonter deux années auparavant à une interview accordée par le planificateur Rothschild à la revue *Planning Review* ; l'article relatant cet entretien est intitulé d'une façon inopportune « Pour GE, la planification est couronnée de succès » (Cohen, 1982). L'interviewer paraît ne pas être conscient que la hache est sur le point de tomber ; ses questions reflètent une attitude très positive à propos de la planification à GE : « tout le monde pense de façon stratégique et le processus de planification fonctionne » (8). Mais on peut commencer à deviner ce qui était sur le point de se produire à l'époque à travers quelques-unes des réponses de Rothschild, par exemple sa réponse à la question « Où GE se dirige-t-elle maintenant ? » :

> Le défi dans mon travail c'est d'aider Jack Welch à trouver autre chose. J'apprécie de relever les défis, et j'apprécie les personnes qui discutent ce que je fais. Et d'ailleurs, il se trouve que c'est quelque chose que notre nouveau PDG apprécie également. Le nouveau leitmotiv utilisé ici est maintenant « la gestion de la controverse ». Je dirais pour ma part que c'est là où nous en sommes et que c'est dans cette direction que nous allons. (11)

(Suite p. 117.)

Ce coup de colère du vice-président du groupe à l'encontre de la planification n'est pas un exemple inhabituel. Nous avons nous-mêmes fréquemment été en contact avec des organisations utilisant des processus de planification formalisée, et nous n'avons jamais rencontré un seul cadre opérationnel de niveau intermédiaire qui nous déclare qu'il apprécie réellement le processus ! Et, de plus, nous avons rencontré de très nombreux cadres de niveau intermédiaire qui haïssaient chacun des aspects de ce processus et qui l'auraient volontiers appelé, comme Eckhert dans Bryson (1988:66), une « sorte de gestion perverse et abrutissante ».

Quelques études plus approfondies

Les enquêtes que nous avons évoquées plus haut traitent de la planification « à distance », d'une façon détachée, et donc ne permettent pas de révéler quoi que ce soit à propos de son fonctionnement réel dans le contexte précis où elle agit. Les données de type anecdotique, même si elles racontent une histoire, n'entrent pas réellement dans le détail du problème. Il est clair cependant que toutes ces données montrent l'urgence et la nécessité d'études effectuées en profondeur sur le processus de planification lui-même. Après toutes ces années passées à chronométrer les ouvriers dans les usines, on peut se demander s'il n'était pas temps de soumettre ces planificateurs bien payés au même traitement, pour découvrir ce qu'ils font et ce que leur action permet réellement d'obtenir. « Analystes, étudiez-vous vous-mêmes » implore Wildavsky (1979:10).

Mais d'autres commentaires effectués par Rothschild peuvent aider à comprendre pourquoi les responsables opérationnels de GE se sont finalement révoltés. En réponse à la question de savoir pourquoi le système de GE fonctionne par contraste avec les « exemples nombreux de systèmes de planification qui se détruisent eux-mêmes, ou, ce qui est peut-être pire, n'apportent aucune valeur ajoutée à l'entreprise », Rothschild répond entre autre : « Je peux vous assurer que quelqu'un qui ne met pas en œuvre la stratégie peut avoir de gros ennuis », et plus tard, « Quand un manager ne respecte pas le plan, nous le disons au PDG » (10). Plus loin, en réponse à la question : « Qu'est-ce que les managers des unités d'activités stratégiques ont à dire [à propos de l'intégration de la planification] ? », Rothschild cite une étude indiquant que 85 % d'entre eux déclarent qu'ils continueraient de faire de la planification stratégique même si l'entreprise cessait d'en faire ; une étude de même nature conduite trois années plus tard amena ce pourcentage à 90 %. « Donc oui, notre planification stratégique est réellement une partie de la culture de l'entreprise » (11). Un autre exemple de la confiance accordée « aux données, et pas à la perception instinctive des marchés » !)

Hélas ! peu d'entre eux se sont étudiés, en tout cas d'assez près. Lorange avait demandé « que l'on conçoive des recherches cliniques qui mettent l'accent sur une évaluation en profondeur des besoins en planification et des capacités de planification spécifiques pour une entreprise donnée » (1979:230) ; mais sa demande ne fut jamais suivie dans les milieux de la planification, que ce soit par lui-même ou par quelqu'un d'autre. De l'extérieur cependant un certain nombre de chercheurs se sont mis à étudier le processus pour savoir ce qui se passait réellement, et ils ont parfois eu des surprises. Nous présentons ci-dessous quelques-unes de ces études.

L'étude de Sarrazin sur la planification exemplaire

Deux études très intéressantes ont été réalisées en France sous la forme de thèses dont le contenu a été peu diffusé. Les Français ont longtemps été épris de la planification formelle, peut-être à cause des traditions cartésiennes qui mettent l'accent sur la rationalité et l'ordre. Jacques Sarrazin (1975, 1977-1978), qui était alors un jeune chercheur à l'École polytechnique, le véritable centre de ce type de pensée, entreprit d'étudier le processus de planification dans l'équivalent français de la General Electric, l'entreprise la plus renommée pour sa planification. C'est peu de dire qu'il eut des surprises. En bref sa conclusion est que la planification était dans cette entreprise un processus inefficace pour la prise de décisions stratégiques, mais qu'elle était utilisée comme un outil, peut-être un outil de contrôle qui permettrait de centraliser le pouvoir dans l'organisation.

Sarrazin a trouvé que le processus de planification n'intégrait pas les résultats d'études stratégiques spécifiques ; ces études n'étaient tout simplement pas prêtes à temps. « L'entreprise ne peut pas se permettre d'attendre chaque année le mois de février pour traiter de ses problèmes (1975:79). Et donc « un nombre très faible de décisions critiques pour l'organisation étaient prises pendant le cycle de planification » (78). Le processus ne permettait pas non plus une « réelle intégration » (56) : il était tout simplement incapable de faire face à toutes les complexités. « Les complexités de l'environnement rendent presque impossible, dans le cas des entreprises les plus grandes, de définir le plan comme un processus de décision qui couvre toutes leurs activités futures » ; il y avait tout simplement trop de données pertinentes et trop peu d'entre elles étaient disponibles pour la planification. Au mieux le plan fournissait « une intégration après les faits » (137), ou « une sanction officielle pour des actions qui avaient déjà fait l'objet d'une décision, et qui au moment de la planification faisaient à peine l'objet d'une évaluation et d'éventuelles révisions » (1977-78:48). Il servait moins à éviter les incohérences à venir qu'à découvrir celles qui s'étaient déjà produites (1975:137)[10].

Réussir l'intégration est délicat car l'organisation ne consiste pas en « un seul centre de décision » comme il est supposé dans le modèle classique de la planification (1977-78:48), mais elle comporte de multiples centres de décision et des logiques d'action diverses : les managers « tiennent plus compte de la vision personnelle qu'ils ont de la stratégie de l'entreprise qu'ils ne tiennent compte de la stratégie telle qu'elle est envisagée par les dirigeants de l'entreprise » (50). Ainsi, au lieu d'intégrer les efforts des différentes personnes, la planification amplifie le conflit qui existe entre eux.

Pourquoi alors les organisations se sont-elles engagées dans le processus de planification ? D'abord, il « formalise un certain nombre de décisions prises ailleurs » ; vu sous cet angle le plan permet « à certaines choses d'être écrites noir sur blanc » et d'obtenir que des managers prennent des engagements vis-à-vis de certains principes d'action (1975:146). En second lieu la planification donne le moyen de rassembler des informations d'une façon systématique à propos des activités de l'organisation. En troisième lieu, la planification, en montrant l'existence de certains écarts, aide l'entreprise à décider d'entreprendre certaines études stratégiques. Enfin, la planification était utilisée par la direction générale comme un instrument pour essayer de regagner le contrôle de sa propre organisation :

> Les dirigeants essaient d'utiliser le processus de planification existant pour regagner le contrôle de la décision stratégique qui a été perdu à cause de la multiplicité des centres réels de décision, et également pour obtenir un minimum de cohérence entre ces décisions et la stratégie de l'entreprise. (1977-78:56)

Selon Sarrazin, « cela expliquerait peut-être que les entreprises françaises les plus grandes maintiennent souvent des procédures de planification malgré leur coût et leur échec évident ». (56).

[10] À la lumière de notre discussion des budgets et des stratégies, il est intéressant de noter le commentaire de Sarrazin : « Dans la réalité il apparaît que la synthèse entre plan et budget est difficile », selon cet auteur essentiellement parce que l'élaboration des budgets est une procédure séparée de la planification, qu'elle fonctionne en général déjà avec ses propres besoins quand la planification stratégique est introduite, et qu'elle n'est pas modifiée pour en tenir compte (1977-78:52).

Les études de Gomer sur la planification en période de crise

La seconde thèse a été écrite en France par un Suédois, Hakan Gomer (1973, 1974, voir aussi 1976), qui était particulièrement intéressé par le rôle des systèmes de planification en réponse à la crise de l'énergie de 1973, la croissance très forte du prix du pétrole due à la création de l'OPEP. Gomer a étudié trois entreprises importantes de son pays : une dans le domaine de l'assurance, une seconde qui s'était diversifiée à partir d'une activité industrielle, et une troisième active dans la fabrication d'équipements de production pour les mines et autres industries ; toutes ces entreprises avaient des activités de planification qui « étaient le reflet du modèle général de planification » (1976:10).

Pour l'essentiel, Gomer conclut que « la planification formelle a apporté un soutien à *l'évaluation* dans les activités de résolution de problèmes liées à la crise, mais qu'elle n'a pas fourni à l'entreprise de "signaux d'alerte", et qu'elle n'a pas rendu l'entreprise plus sensible aux changements de l'environnement » (1). En d'autres termes, « les planificateurs n'ont pas contribué à la phase de *reconnaissance* des problèmes dans le processus de réponse organisationnelle », phase dont les dirigeants ont assumé la responsabilité (8). Au lieu de cela, la planification est apparue dans cette étude comme un « système-retard » (1), plus préoccupée de traiter les données *émanant du* processus stratégique que de fournir des données pouvant *entrer dans* ce processus. Gomer a trouvé que les planificateurs étaient utilisés pour estimer l'impact de la crise sur les standards de performances, pour effectuer des études particulières, pour réaliser la synthèse des estimations faites par différents managers, pour suggérer des mesures émergentes, et pour évaluer les budgets des divisions. Au niveau divisionnel, les plans et les budgets servaient aussi de modèles, par exemple pour estimer l'impact de la croissance des prix sur la performance.

Dans cette mesure, alors même que les *planificateurs* apportaient une aide réelle à l'entreprise dans le traitement de la crise, la *planification*, sous sa définition conventionnelle, n'apportait aucune aide. Elle « paraissait avoir peu d'utilité en tant que méthode de résolution de problèmes, et être plus reliée à la mise en œuvre des mesures » (16). En fait Gomer évalue « la contribution d'ensemble » de la planification comme étant « de relativement peu d'importance », après avoir noté que « les composantes (du système formel de planification) et sujets voisins n'ont représenté que huit minutes de l'ensemble des entretiens, au cours de plus de douze heures d'entretiens non directif avec des responsables opérationnels à propos de la réponse de l'organisation à la crise » (16).

Les découvertes de Quinn sur la planification en régime « d'incrémentalisme logique »

Sarrazin et Gomer ont étudié directement la planification ; d'autres se sont plus focalisés sur le processus de formation de la stratégie et ont également découvert que la planification est visiblement absente. L'un d'entre eux est James Brian Quinn. L'étude qu'il a faite sur ce processus dans un certain nombre de grandes entreprises, pour l'essentiel américaines, l'a amené dans son livre de 1980 à développer le concept « d'incrémentalisme logique » : un processus d'évolution graduelle de la stratégie piloté par une réflexion consciente de la direction. À propos de la planification, Quinn conclut :

> Mes données suggèrent que, quand des grandes organisations bien gérées effectuent des changements significatifs dans leur stratégie, l'approche qu'elles utilisent ressemble souvent très peu aux systèmes rationnels et analytiques qui sont si souvent décrit dans la littérature sur la planification. (1980:14)

Plus directement, « les systèmes de planification formelle ont rarement abouti à la formulation d'une stratégie d'ensemble pour l'entreprise » (38).

Tout comme Gomer, Quinn a trouvé que « le processus annuel de planification lui-même était rarement, et pratiquement jamais dans son étude, à l'origine de l'identification de nouveaux problèmes ou de changements radicaux de direction vers des domaines nouveaux de produits-marchés. Ces nouveaux problèmes et ces réorientations surgissaient dans l'entreprise à la suite d'événements imprévus, d'études spéciales, ou de conceptions mises en œuvre « d'autres façons, bien qu'il soit arrivé que des planificateurs individuels aient pu identifier des problèmes potentiels et les soumettre à l'attention de la direction générale » (40). En fait, Quinn conclut que « les pratiques de la planification formelle en général contribuaient elles-mêmes à institutionnaliser une forme d'incrémentalisme » (40), et ce « de façon tout à fait appropriée » d'après Quinn lui-même (41).

Quinn a proposé deux raisons pour lesquelles la planification peut avoir tendance à être incrémentale. D'abord la plus grande partie du processus de planification était conduite de façon ascendante par des responsables qui agissaient en réponse aux besoins étroits de leurs propres produits, de leurs propres services et de leurs propres processus à l'intérieur d'un cadre d'hypothèses stable. En second lieu, les plans étaient « correctement conçus » par la plupart des managers de façon à être flexibles, « et seulement comme des cadres destinés à fournir des lignes directrices et à apporter de la cohérence à des décisions futures effectuées de façon incrémentale au cours des cycles opérationnels de plus court terme » (40-41).

En fait, cependant, alors que les plans étaient élaborés par les responsables pour être flexibles, la planification formelle elle-même s'avérait être inflexible :

> La surveillance de l'environnement devint fréquemment une activité routinière dont l'objectif essentiel était de justifier les plans déjà en cours, et les plans contingents élaborés pour faire face à l'imprévu devenaient des programmes bien ficelés (et stockés sur l'étagère) élaborés pour répondre de façon précise à des stimulus qui n'arrivaient jamais exactement comme on s'y attendait... Même les plans de recherche et développement montraient toutes les personnes engagées un an à l'avance, supposant par là (souvent de façon prévisible) que rien de nouveau n'arriverait entre temps qui puisse requérir un changement. (122)

Trop souvent, la planification formelle produit « pour l'essentiel des déclarations verbeuses et informes sur des principes, ou des plans budgétaires détaillés », ce qui « gêne l'apparition des impulsions et des structures d'engagements mutuels coordonnées entre les différentes divisions qui sont l'essence de la stratégie », et « met l'accent de façon excessive sur des méthodologies d'analyse financière ; celles-ci empêchent le développement d'alternatives stratégiques qui aient un sens, encouragent des attitudes et des comportements de court terme, éliminent les innovations majeures potentielles, dirigent de façon inadéquate le processus d'allocation des ressources, et sapent de façon active les stratégies délibérées de l'entreprise » ; et, finalement, « transforment les départements de planification en des agences bureaucratiques qui moulinent leurs plans annuels plutôt que de servir comme groupe de catalyseurs intervenant de façon appropriée dans le processus incrémental qui détermine la stratégie » (154). Voilà certainement une liste de dysfonctionnements impressionnante de la part d'un auteur qui se considère lui-même comme étant un sympathisant du processus de planification !

Pourtant, Quinn trouve pour la planification un rôle similaire à celui qui était suggéré par Sarrazin et Gomer. Elle « fournit un mécanisme par lequel des décisions stratégiques prises antérieurement sont confirmées » ; en d'autres termes, la planification aide à codifier aussi bien qu'à formaliser et à calibrer « des buts sur lesquels il y a un accord collectif, des structures d'engagement, et des séquences d'action » (41, 38). Dans la sphère de la décision, la planification servait aussi à « fournir un moyen systématique pour évaluer et pour ajuster de façon fine les budgets annuels », « constituait une base servant à protéger les investissements et les engagements de long terme », et « aidait à mettre en œuvre les changements stratégiques une fois qu'ils étaient décidés ». Dans le « domaine du processus », la planification créait un réseau d'information « aidant les responsables opérationnels à élargir leurs perspectives et à réduire l'incertitude qu'ils avaient à propos du futur », et qui enfin « stimulait l'apparition "d'études spéciales" » (38-39).

Les recherches de McGill sur « le dépistage des stratégies »

Les études que nous avons nous-mêmes conduites à l'université McGill, dans lesquelles nous avons étudié les stratégies de plusieurs organisations pour découvrir comment elles étaient formées et modifiées, renforcent un certain nombre de conclusions que nous avons vues plus haut. En général, nous avons trouvé que le processus stratégique est complexe, interactif, et évolutionniste, et que le terme qui le décrit le mieux est celui « d'apprentissage adaptatif ». Nous avons trouvé que le changement stratégique était inégal et imprévisible, que les stratégies essentielles demeuraient souvent stables pendant de longues périodes, parfois plusieurs décennies, et pouvaient subir soudainement des évolutions massives. Il s'agissait souvent d'une façon marquée d'un processus émergent, tout particulièrement quand l'organisation faisait face à des changements imprévisibles dans son environnement, et toutes sortes de personnes pouvaient alors être impliquées de façon significative dans la création de nouvelles stratégies. De fait, dans les organisations que nous avons étudiées, les stratégies apparaissaient de toutes sortes de façons étranges. Nombre des plus importantes paraissaient émerger de « la base » (tout comme les mauvaises herbes qui peuvent apparaître dans un jardin, et finir par porter des fruits utiles) ; c'est cette image qui s'impose plutôt que celle d'un processus descendant, de type « culture en serre » (Mintzberg et McHugh, 1985).

La métaphore appropriée pour décrire ce processus n'est pas du tout celle de l'architecture, que l'on utilise dans l'école de la conception, ni celle du « bateau à maintenir sur sa trajectoire » utilisée dans l'école de la planification ; la métaphore appropriée est plutôt celle de l'artisanat. Pour citer un article résumant cette recherche, et que nous avons intitulé « La méthode artisanale en stratégie » :

> Imaginez une personne qui veut planifier sa stratégie. Ce qui vient spontanément à l'esprit c'est l'image d'une pensée bien ordonnée : un dirigeant, ou un groupe de dirigeants, prend place dans un bureau et formule un plan d'action que tout le monde dans l'organisation mettra en œuvre en respectant le planning. Le mot clé est rationalité : contrôle rationnel, analyse systématique des concurrents et des marchés, des forces et des faiblesses de l'entreprise, combinaison de ces analyses pour produire des stratégies claires, explicites, pleinement développées.
>
> Imaginez maintenant quelqu'un qui veut élaborer sa stratégie de façon artisanale. Une image totalement différente apparaîtra naturellement, aussi différente de la planification que l'artisanat peut l'être de la mécanisation. L'artisanat évoque les compétences fondées sur la tradition, l'implication, la perfection obtenue à partir de la maîtrise du détail. Ce qui vient à l'esprit est moins lié à la pensée et à la rationalité qu'à l'implication, à un sentiment d'intimité et d'harmonie avec les matériaux disponibles, le tout développé à travers une implication et une expérience de longue durée. La formulation et la mise en œuvre se fondent en un processus fluide d'apprentissage à travers lequel apparaissent des stratégies créatives.
>
> Ma thèse est simple : cette image de la méthode artisanale est plus représentative du processus par lequel sont créées des stratégies efficaces. L'image de la planification, qui a été longtemps populaire dans la littérature, déforme ces processus et par conséquent offre un guide trompeur aux organisations qui l'adoptent sans réserve. (Mintzberg, 1987:66)

Les études de McGill n'ont pas eu pour objectif de faire des recherches directement sur le processus de planification. Au lieu de cela, notre impression était que pour découvrir le rôle de la planification dans le processus stratégique, il fallait étudier directement ce processus et en déduire à quels endroits la planification intervenait et n'intervenait pas, tout comme Gomer l'avait fait dans son étude. Ces résultats apparaissent dans deux de nos études en particulier, ainsi que dans une troisième associée à ces deux autres.

Dans notre étude de Steinberg Inc. (Mintzberg et Waters, 1982), une importante chaîne de supermarchés, nous avons trouvé que la planification formelle a été introduite pour satisfaire des besoins externes à l'organisation. Quand l'entreprise a souhaité s'adresser au marché des capitaux pour la première fois, il lui a été tout simplement nécessaire de produire des plans. Son fondateur et PDG ne pouvait pas écrire sur son prospectus : « Regardez, je suis Sam Steinberg, et j'ai connu cette réussite incroyable. Alors s'il vous plaît donnez-moi cinq millions de vos dollars. » Au lieu de cela, il devait plutôt montrer des plans aux marchés financiers. Mais ces plans n'étaient en aucune façon le reflet d'un processus formel ayant pour but d'élaborer une stratégie ; l'entreprise avait déjà cette stratégie incorporée dans la vision du leader (développer une chaîne de supermarchés de grande taille au Québec, essentiellement par le biais de la construction de centres commerciaux). Tout ce que fit le plan fut d'articuler la stratégie : de l'expliquer, de la justifier, de la détailler (le nombre de magasins à construire, l'échéancier de leur construction, etc.). Notre conclusion par conséquent est que la planification a moins créé la stratégie qu'elle n'a programmé une stratégie déjà existante :

> Les entreprises font de la planification lorsqu'elles ont déjà une stratégie délibérée. Elles ne font pas de planification pour obtenir une stratégie délibérée. En d'autres termes, on ne planifie pas une stratégie mais ses conséquences. La planification donne un certain ordre à une vision, et y met de l'ordre dans le but de la rendre compatible avec une structure formalisée et avec des attentes de l'environnement. On peut dire que la planification opérationnalise la stratégie. (498)

Mais les conséquences de cela ne sont pas minces : « Le résultat inévitable de la programmation de la vision de l'entrepreneur est l'apparition d'un certain nombre de contraintes qui viennent peser sur cette vision » :

> Lorsqu'il garde pour lui sa propre vision, l'entrepreneur a la possibilité de l'adapter comme il le souhaite à un environnement changeant. Lorsqu'il est forcé de l'articuler et de la programmer, il perd cette flexibilité. Le danger, en dernier ressort, est de voir... la procédure remplacer la vision, de telle sorte que le processus stratégique ressorte plus de l'extrapolation que de l'invention... En l'absence d'une vision, la planification ne fait qu'extrapoler le *statu quo*, et conduit au mieux à des changements de nature marginale des pratiques existantes. (498)

Une autre de ces études concerne Air Canada (Mintzberg, Brunet et Waters, 1986), une entreprise qui a construit une culture très forte de planification, au moins dans les domaines opérationnel et administratif.

Ce développement reflète le besoin pressant d'une coordination précise : pour l'exploitation des avions, au niveau du personnel, des horaires des différentes lignes, des équipages, etc., ainsi que des dépenses en capital, entre l'arrivée des nouveaux équipements et le développement de nouvelles lignes. Ce développement est aussi lié à des préoccupations de sécurité, à l'importance de l'investissement que représentent les nouveaux avions, et aux délais très importants qui sont nécessaires pour ajouter de nouvelles lignes. Ces besoins avaient pour conséquence des structures d'action qui étaient remarquablement ordonnées et stables.

Dans l'entreprise Air Canada, le rythme des acquisitions (et des mises à disposition) d'avions a varié au fil du temps. Avant 1950, les arrivées d'avions se sont plutôt faites en bloc ; après 1950, date à partir de laquelle les procédures de planification détaillée étaient pleinement opérationnelles, l'arrivée des avions est devenue régulière et systématique ; on constate même que les DC8 et des 747 sont tous deux arrivés à un rythme plus lent et plus régulier que les autres avions, probablement à cause du coût plus important qu'ils représentent.

Mais Air Canada offrait une autre caractéristique intéressante : après que la planification fût devenue dominante, les stratégies ont à peine changé (jusqu'à la fin de la période que nous avons étudiée, en 1976). Nous concluons que les deux facteurs sont reliés : la planification stratégique, aussi bien que les forces qui l'encouragent, n'ont pas abouti à l'élaboration d'une stratégie. Elles l'ont même fortement découragée, empêchant la pensée stratégique et le changement stratégique. « Plus une organisation s'appuie sur une spécification détaillée systématique et routinière de ses procédures existantes, moins les personnes sont encouragées à penser au-delà de ces procédures à de nouvelles orientations... » (36). Il était supposé que la stratégie était incorporée au plan, en tant que perspective, et même en tant que position, et non remise en question par le plan[11].

[11] Dans l'étude qu'ils ont effectuée sur une autre compagnie aérienne, Air France, Hafsi et Thomas ont abouti à des conclusions qui au moins à un endroit renforcent celles que nous avons formulées à propos d'Air Canada, et qui étayent également les conclusions auxquelles nous avons abouti à propos de la planification en tant que programmation dans la chaîne de supermarchés Steinberg : « Il était évident que la planification était un outil hautement technique non relié à la stratégie. Ce qui était important était de prévoir l'évolution du trafic, des coûts, etc., et de conduire l'entreprise d'une façon ordonnée dans le cadre des instructions précises provenant de la bureaucratie » (1985:16). La même impression est donnée par la description que Guiriek et Thyreau (1984) font du rôle de communication que la planification jouait à Air France.

Un excellent exemple de ceci est fourni par la décomposition de l'organisation en cinq secteurs opérationnels pour les besoins de la planification. Cette décomposition commença en 1955 et continua au moins jusque 1976. Parmi ces cinq secteurs, appelés dans l'entreprise les « cinq petites compagnies aériennes » il en existait un appelé les « petites » routes du sud (elles allaient des villes canadiennes aux îles des Caraïbes, etc.). Notez ici l'effet de l'appellation : les routes du sud sont petites, ce qui implique une stratégie stable, ou à tout le moins encourage la stabilisation de la stratégie. De fait, la planification imposait (ou au moins utilisait) des catégories qui figeaient la stratégie existante et la verrouillaient dans sa position. Comme nous concluons dans notre rapport :

> La planification formelle et les forces qui l'encouragent peuvent très bien décourager l'état mental qui est nécessaire pour concevoir de nouvelles stratégies : un état d'ouverture et de flexibilité qui encourage les leaders à prendre du recul par rapport à la réalité opérationnelle et à remettre en question des croyances établies. En bref, la gestion stratégique formelle peut très bien s'avérer être incompatible avec une réelle pensée stratégique. (40)

Ce phénomène fut cependant la source d'un avantage inattendu. L'entreprise connut à une certaine époque une réorganisation massive et perturbatrice qui paralysa la direction générale pendant une période de temps importante ; dans ces circonstances, la routine imposée par le système de planification maintint sa continuité. Comme nous le dit un des responsables de la planification : « Pendant la crise McKinsey, les plans détaillés, fidèlement mis en œuvre par les opérationnels, sauvèrent l'entreprise. Pendant un certain temps les managers ne savaient plus de quel côté se tourner, mais les avions continuaient à voler » (28).

Reliée à ces recherches de McGill, on peut citer une thèse de MBA écrite par Claude Dubé sur le comportement stratégique des forces armées canadiennes après la Seconde Guerre mondiale. Ce qu'il a découvert est assez curieux. En un mot, l'organisation paraissait ou bien planifier ou bien agir mais les deux activités semblaient ne pas être liées l'une à l'autre. Quand les armées n'avaient rien à faire, elles planifiaient, presque comme une fin en soi :

> Une des caractéristiques de cette organisation est que sa préoccupation majeure est de se préparer à l'action. Mais la plupart du temps il n'y a aucun besoin d'agir (il n'y a pas de guerre). Et donc, une grande activité est déployée à rechercher un rôle actif pendant ces périodes d'attente, en fait la

> recherche d'une raison d'être provisoire. Une méthode qu'a utilisée cette organisation pour tenter de résoudre ce problème a consisté à institutionnaliser le processus de planification, de telle sorte que les plans existants sont en permanence révisés, de nouveaux plans introduits, [avec] les méthodes les plus sophistiquées de planification remplaçant les méthodes plus anciennes. Tous ces plans cherchent à prendre en considération toutes les éventualités. Il s'agit là d'une entreprise sans fin dans la mesure où il est impossible de planifier pour toutes les contingences... (1973:71-72)

Mais quand les militaires canadiens avaient vraiment quelque chose à faire (par exemple, combattre en Corée), ils mettaient leurs plans de côté et agissaient. Tout comme dans l'étude de Gomer, l'organisation n'avait pas prévu toutes les contingences ou tous les scénarios qui se développaient dans la réalité. Tout comme pour la planification formelle, ceci paraît plus adapté aux périodes de temps de paix qu'aux périodes perturbées de guerre, et tout particulièrement de guerre non prévue. Pour citer un auteur militaire, « là où "la préparation de la guerre" traite de valeurs fixes, de quantités physiques, et d'action unilatérale, la "guerre elle-même" se préoccupe de quantités variables, de forces et d'effets intangibles, et d'une interaction continuelle des contraires » (Summers, 1981:114). Ces conditions sont très peu favorables à la planification. Une des conclusions de l'étude de Dubé est que les organisations font de la planification formelle pour avoir quelque chose à faire lorsque par ailleurs elles n'ont plus de raison d'être !

Les études de Koch sur « la façade » de la planification gouvernementale française

Les gouvernements tout comme les grandes entreprises ont toujours été intéressés par la planification. Peut-être était-ce le cas tout spécialement dans les pays de l'Europe de l'Est communiste, mais on constate la même inclination dans les pays d'Europe de l'Ouest. Tout comme la chaîne de supermarchés de Steinberg lorsqu'elle fit appel à l'épargne publique, mais à un degré beaucoup plus important, le gouvernement est publiquement responsable de ses actions ; comme Air Canada, il doit coordonner l'allocation de ressources très importantes, et être tout particulièrement sensible aux pertes (aux pertes en argent, si ce n'est aux pertes en vies humaines) ; comme la direction de General Electric, ses dirigeants doivent essayer de faire face à des situations sur lesquelles ils ont peu de connaissance. La planification formelle paraît fournir une réponse à ce besoin de responsabilités, de coordination, à ce besoin d'éviter des pertes, et de fournir cette connaissance. La question importante est bien entendu de savoir dans quelle mesure ce processus améliore la qualité de l'élaboration des politiques publiques.

Hélas, quand les buts du gouvernement sont si vagues, les mesures de la performance si mal faites, et les lieux d'application des politiques si dispersés, la question ne peut pas en pratique recevoir de réponse systématique. Les gouvernements ont donc persisté à essayer de planifier de façon formelle malgré le caractère évident et constant des échecs de la planification.

Il n'y a probablement aucun des gouvernements des pays de l'Ouest que nous pouvons qualifier de démocratiques qui ait été plus obsédé par la planification que celui de la France, au moins jusqu'à il y a quelques années. Koch a étudié en détail les efforts effectués pour développer une planification nationale globale qui ont fait l'objet d'une large diffusion publique et il utilise à leur propos l'expression de « façade » démocratique : « Contrairement à l'image véhiculée par les dirigeants, la planification française suit un modèle de non-planification non démocratique » (1976:374).

Selon Koch, il est tout simplement impossible d'aboutir dans ces efforts, parce que l'hypothèse selon laquelle toutes les informations peuvent être amenées à un même endroit et intégrées en une même structure est tout simplement fausse. Il est impossible de rassembler toute l'expertise nécessaire et de lui donner suffisamment de temps pour produire des résultats utilisables quelle que soit l'étendue des efforts consentis. Le résultat « était un méli-mélo politique d'objectifs élitistes sainement fondés, d'objectifs généraux inadéquatement fondés, d'engagements sincères et de promesses creuses... certainement pas un "plan", mais de toute façon il n'était pas non plus largement acceptable » : « il ne pouvait simplement pas prédire le futur économique et social avec précision » ; ainsi « les planificateurs ne pouvaient que rester assis et impuissants alors que des phénomènes comme la crise de l'énergie détruisaient leurs prédictions » ; « il ne pouvait pas contrôler les actions des multiples acteurs internationaux et nationaux privés qui affectaient l'exécution de ces plans » ; et par-dessus tout, « le plan n'était jamais exécuté comme il était écrit » (381, 382). Ainsi Léon Trotsky, qui a fait l'expérience de la planification économique nationale dans une société dont le succès dépendait de cette même planification, commentait jadis :

> S'il existait un esprit universel tel que celui dont Laplace a rêvé dans sa vision scientifique ; un esprit qui enregistrerait simultanément tous les processus de la nature et de la société, qui pourrait mesurer la dynamique de leurs mouvements, qui pourrait prévoir les résultats de leurs interactions, un tel esprit bien entendu pourrait concevoir *a priori* un plan économique complet et exact, qui irait du nombre d'hectares de blé jusqu'au dernier bouton de veste. En vérité, la bureaucratie pense souvent qu'un tel esprit est à sa disposition ; c'est pourquoi elle se libère si facilement du contrôle du marché et de celui de la démocratie soviétique. (cité par Lewis, 1969:19)

Quelques données venant de l'expérience du PPBS

Les gouvernements de tradition anglo-saxonne ont été moins enclins à s'engager dans une planification économique nationale. Mais ils se sont quand même intéressés à d'autres formes de planification. Le gouvernement des États-Unis à l'époque du président Kennedy en 1960 vient juste après l'expérience française si l'on considère l'intensité de ses efforts aussi bien que le niveau de son échec. C'est à cette époque que McNamara a amené à Washington le PPBS avec l'ensemble de ses petits génies, que Halberstam (1972) a ironiquement qualifiés comme étant « les meilleurs et les plus intelligents ». Ses collaborateurs venaient de l'université Harvard et de la Rand Corporation. L'expérience a fait l'objet d'une importante diffusion, et elle a donc été largement évaluée et largement critiquée ; ce que nous faisons ici ne consiste donc pas à analyser une seule étude mais les données établies qui viennent de plusieurs d'entre elles.

En tant que secrétaire à la Défense de Kennedy, McNamara a imposé le PPBS à « *l'establishment* militaire » ; plus tard le président Johnson a décidé de son utilisation dans tout le gouvernement. À partir de là il fut diffusé aux gouvernements des différents États des États-Unis, et à des imitateurs dans d'autres pays. Dans son excellent ouvrage *The Politics of the Budgetary Process,* Aaron Wildavsky résume l'expérience de façon succincte : « Le PPBS a été un échec partout et tout le temps » (1974:205).

Le PPBS représente un essai formel pour associer la planification stratégique, la programmation, et le budget en un système unique. D'après le chef-analyste de McNamara, Alain Enthoven (1969a:273), l'opération devait être conduite sur la base des « sorties » plutôt que sur la base des « entrées » : il s'agissait de considérer des « blocs orientés vers des missions » comme les Forces de riposte stratégique ou la Défense civile, au lieu de considérer des divisions structurelles internes telles que l'armée de terre, la Marine, ou l'armée de l'air. Ainsi la planification n'était pas conduite en prenant pour base les départements existants. Elle était conduite autour des axes stratégiques que l'on peut appeler les domaines stratégiques du gouvernement ou « les missions du marché » pour reprendre l'expression utilisée par Smalter et Ruggles dans un article de la *Harvard Business Review* qui avait pour but d'apporter aux entreprises les « leçons du Pentagone » (1966:65). Bien entendu ces nouvelles structures se mirent à prendre vie par elles-mêmes, tout comme les cinq petites compagnies aériennes d'Air Canada. Pour citer Enthoven, « Le PPBS permet au secrétaire à la Défense, au président, et au Congrès, de focaliser leur attention sur les missions majeures du Département de la défense plutôt que sur des listes de lignes budgétaires non reliées les unes aux autres » (1969a:274).

Tout cela était supposé favoriser la pensée stratégique et permettre à la planification stratégique d'être reliée aux budgets d'investissement et aux budgets opérationnels. Mais bien entendu, dans le gouvernement, il n'y a aucune mesure d'ensemble disponible qui permette de relier directement les coûts aux bénéfices pour permettre une comparaison numérique des différents projets (ce que fait par exemple la mesure de la rentabilité des investissements dans l'entreprise). Pour s'en rapprocher le plus possible, les planificateurs du gouvernement ont lourdement insisté sur la quantification des coûts et des bénéfices de telle sorte que les alternatives puissent au moins être comparées à l'intérieur de chaque mission : pour prendre l'exemple des missions des forces de riposte stratégique, il s'agissait d'évaluer les missiles par rapport aux bombardiers, en termes de « la plus grosse frappe militaire pour chaque dollar dépensé ».

Van Gunsteren a décrit « l'idée centrale » du PPBS comme étant « de relier l'analyse, la planification, et la décision stratégique avec les décisions budgétaires quotidiennes en une structure d'information et de pouvoir unifiée de façon à rendre la planification et l'analyse plus pertinentes et efficaces, et le processus budgétaire plus rationnel et mieux informé » (1976:54). Il décrit les différentes étapes du PPBS de la façon suivante :

> Formuler les objectifs ultimes des activités gouvernementales ou de segments d'activités gouvernementales. Relier les résultats attendus du programme (les impacts favorables) à ces objectifs. Relier les résultats attendus du programme aux ressources consommées par le programme (les impacts défavorables). Assigner des valeurs, de préférence de façon monétaire, sur les entrées et les sorties. Agréger les sorties d'un programme

> et les appeler bénéfices totaux du programme. Agréger les entrées du même programme et les appeler coûts. Effectuer cette opération pour l'ensemble de la durée de vie attendue du programme. Calculer le ratio bénéfice sur coût du programme et la différence nette entre les bénéfices et les coûts. Considérer les programmes existants, développer et concevoir des programmes alternatifs. Effectuer la même séquence d'opérations avec les programmes alternatifs, en commençant par la relation entre les sorties et les objectifs. Choisir entre les programmes alternatifs. Effectuer l'ensemble de cette séquence comme une partie de la procédure régulière d'examen du budget. (54)

Une grande partie de la responsabilité de la mise en œuvre du PPBS dans l'establishment militaire sous McNamara reposait sur les épaules d'Enthoven ; ce dernier exprimait sa foi dans un article de la façon suivante :

> La prise de décision en matière de stratégie, de forces, de programmes, et de budgets, est maintenant unifiée... La *machinerie* par laquelle cette opération est réalisée est le Planning-Programming-Budgeting System... Le secrétaire à la Défense passe en revue les données [sur les plans des missions] avec les chefs d'état major et les services ; il obtient leurs conseils et prend des décisions sur les forces armées. De là découlent la décomposition du budget par service et les actes d'appropriation par un processus qui est en bonne part réalisé par le personnel. (1969a:273-274, italique ajouté)

Ces commentaires contiennent un certain nombre d'éléments intéressants : l'hypothèse selon laquelle le système (la « machinerie ») effectue le travail, la croyance selon laquelle le budget est d'une certaine façon relié à la stratégie, la séparation supposée entre la formulation et la mise en œuvre. De fait, cette dernière distinction était au cœur du PPBS, comme elle est au cœur de l'école de la conception. On décrivait McNamara comme étant assis dans son bureau et prenant ces décisions complexes après avoir été informé, tout à fait comme il l'avait fait plusieurs années auparavant comme étudiant à la *Harvard Business School* lorsqu'il participait en classe à des études de cas. Enthoven remarquait que « bien entendu, cette approche fait peser des exigences très fortes sur le secrétaire à la Défense de Kennedy ». Mais bien entendu, tel était également le cas du programme de MBA à Harvard, d'une façon tout à fait similaire : il était forcé « de connaître en détail les mérites d'un grand nombre de propositions » et, « devait recevoir un flux systématique d'informations sur les besoins, l'efficacité, et les coûts des programmes alternatifs ». Mais ne craignez rien, Enthoven ajoutait immédiatement : « Nous sommes organisés pour fournir cette information » (273). Celle-ci arrivait sous forme de « projets de mémorandums présidentiels », qui « résumaient les informations pertinentes sur la menace, sur nos objectifs, sur l'efficacité et les coûts des alternatives qu'il avait considérées et sur ses conclusions provisoires » (274). Pour protéger le « monde libre », ils rédigeaient des études de cas pour McNamara au Pentagone ! Et ils écrivaient aussi ce que les gens de Harvard appellent des WAC (« Written Analysis of Cases » ; en français « analyses de cas rédigées »). Après tout, ils avaient la « machinerie ».

L'article d'Enthoven fut publié en 1969, une autre date prophétique dans la mesure où ce fut exactement à cette époque que l'ensemble de l'effort de guerre américain commença à se déliter dans les rizières du Vietnam. Le système, la machinerie, McNamara et ses petits génies, étaient en train de conduire les États-Unis à la plus humiliante des débâcles militaires qu'ils aient jamais connue.

Le Colonel Harry Summers Jr. de l'armée américaine décrivit plus tard cette expérience du point de vue des officiers du champ de bataille, dans un ouvrage intitulé *On Strategy : The Vietnam War in Context*. Comme Dubé, il faisait une distinction entre « la simple préparation à la guerre » et « la guerre elle-même » (1981:28, citant Clausewitz, 1955). Le PPBS, selon lui, ne couvrait que « la première moitié de l'équation », alors que pour l'autre il reflétait « une incapacité à voir la guerre sous son véritable jour » (29). Pourtant les planificateurs de McNamara ont acquis le contrôle de la préparation de la guerre aussi bien que le contrôle de la guerre elle-même, par exemple en bloquant l'accès que des officiers supérieurs pouvaient avoir au président (31).

L'argument de Summers, construit sur des thèmes dont nous avons déjà discuté plus haut, est que la planification s'est avérée être inflexible aussi bien qu'incrémentale, inappropriée pour traiter « un objet animé qui réagit » (encore une citation de Clausewitz, 29) qu'on appelle plus couramment un ennemi, avec une volonté qui lui est propre :

> L'approche rationnelle est... caractérisée par la prétention à l'universalité de ses solutions, son intolérance des traditions et de l'autorité, sa quantification, sa simplification, et son manque de flexibilité. Son efficience même empêche la flexibilité en éliminant tout ce qui ne contribue pas à la réalisation des objectifs actuels, de telle sorte que des moyens alternatifs ne sont pas disponibles si on change d'objectif. (29, citant le spécialiste britannique des problèmes de défense Gregory Palmer)

Pour Summers, « La faille fatale résidait dans l'hypothèse de cohérence qui est l'une des hypothèses de base de la politique rationaliste, et le fait est que la guerre n'est pas cohérente ». Ou, pour utiliser les termes plus colorés d'un officier américain : « N'importe quel imbécile peut écrire un plan. C'est dans l'exécution que vous vous foutez tous dedans » (29). Ainsi « les militaires se sont trouvés eux-mêmes en train de construire des armes sur la base de critères abstraits, de mettre en œuvre des stratégies en lesquelles ils ne croyaient pas réellement, et finalement de conduire une guerre qu'ils ne comprenaient pas » (Henry Kissinger, cité page 30). De plus, les procédures d'élaboration de la politique, étant essentiellement de nature économique, « dirigeaient l'attention de façon exclusive vers des quantités physiques, alors que toute action militaire est entremêlée de forces et d'effets psychologiques », en particulier la volonté et l'implication (citant Clausewitz [32], dont « les écrits auraient pu être rédigés à propos de l'approche PPBS de la guerre du Vietnam »).

Il est intéressant de constater qu'Halberstam (1972) utilise souvent les mêmes arguments relatifs au PPBS pour étayer son discours contre l'effort de guerre (par exemple en disant que les militaires et les services secrets ont compris la futilité de la guerre bien avant les planificateurs « détachés » de Washington). En d'autres termes la planification est devenue un frein à une pensée et à une action stratégiques efficaces, que l'on ait une position en faveur de stratégies militaires de type « faucon » ou de type « colombe ». Summers cite les commentaires « non innocents » de Smith et Enthoven :

> Le PPBS n'a pas été impliqué dans les questions réellement cruciales concernant la guerre du Vietnam. D'abord, les États-Unis devaient-ils aller au Vietnam ? Y est-on allé au bon moment, de la bonne façon, et avec un niveau d'engagement adéquat ? Quel volume de forces militaires aurions-nous du avoir, et comment ces troupes auraient-elles du être utilisées ? Quel échéancier aurions-nous du fixer pour le retrait des forces ? Comment pouvions-nous de la façon la plus rapide et la plus juste résoudre le problème ? (1981:32)

Comme tous les planificateurs conventionnels, ils essayaient de prendre leurs distances et de séparer leurs procédures des choix politiques qui devaient être faits par les responsables opérationnels. Mais, là encore, comme tous les planificateurs, ils se faisaient des illusions : le problème venait moins du fait que le PPBS essayait de dicter ses choix directement ; le problème venait plutôt de ce que, par son mode de fonctionnement même, par ce que la planification excluait en même temps que par ce qu'elle incluait, elle influençait très fortement la façon dont les autres effectuaient ces choix.

Ainsi, après que toute la poussière soulevée par ce problème au cours des années soixante (et il y en eut beaucoup) fût graduellement retombée, il était prouvé que le PPBS n'avait pas été plus apte à réaliser ses intentions qu'aucun autre modèle de planification. Déclarer son intention de planifier de façon stratégique et de coupler cette opération avec la programmation et le budget n'a abouti à rien ; de fait, parce qu'un effort aussi ambitieux a été mis en œuvre avec tant de ressources, le PPBS s'est effondré encore plus durement.

En 1974, Wildavsky, un des meilleurs spécialistes américains du processus budgétaire dans le secteur public, après son commentaire disant que « le PPBS a échoué partout et tout le temps », écrivait :

> Nulle part le PPBS (1) n'a été établi et (2) n'a influencé les décisions gouvernementales (3) en accord avec ses propres principes. Les structures du programme ne sont sensées pour personne. En fait elles ne sont pas utilisées pour prendre des décisions de quelque importance que ce soit. (1974:205)[12]

Plus tard il écrivit que « l'introduction globale du PPBS présentait des difficultés de calcul insolubles » : « par essence, personne ne sait comment faire » ; il n'y a même aucun « accord sur ce que les mots signifient » (1979:201). De façon similaire, en résumant l'expérience canadienne, French a qualifié le PPBS d'« essai stérile pour structurer les actions courantes et les actions futures du gouvernement » qui fut « complètement incapable de faire face aux réalités de l'action gouvernementale au niveau national » (1980:18,27).

Le constat simple qu'on doit faire, c'est qu'ils n'ont jamais mis P et PB ensemble dans un S qui fonctionnait. Ainsi Wildavsky demande une annulation du « mariage forcé entre l'analyse de la politique générale et le processus budgétaire » (1974:205). Ils n'ont même pas réalisé le premier P de façon correcte. La planification (la création de stratégie) est demeurée une profession de foi, ou comme dans l'étude de Sarrazin, une couverture pour le contrôle politique. Le secrétaire d'État McNamara a certainement exercé ce contrôle, mais d'une façon qui s'est avérée arbitraire et inefficace, certainement pas « rationnelle » même en utilisant ses propres termes. La preuve expérimentale est donc donnée, à travers la plus grande expérience qu'on ait pu connaître. Halberstam a noté que McNamara lui-même a déformé ses rapports au Congrès sur

[12] Wildavsky aurait peut-être du ajouter l'adjectif « réussies » après « décisions » en référence à l'expérience du Vietnam.

les coûts de la guerre pendant la période 1965-1967, en utilisant l'excuse suivante, « Pensez-vous que si j'avais estimé les coûts de la guerre de façon correcte, le Congrès aurait donné plus d'argent pour les écoles et pour le logement ? » (1972:610). « Les plans », comme Charles Lindblom l'a noté plus tard, n'étaient « pour la plupart que des propositions d'investissements » (1977:317). En d'autres termes, dans les faits le système s'est réduit à une budgétisation des investissements, ou peut-être devrions-nous dire qu'il ne s'est jamais élevé au-dessus de ce niveau. PPBS était en réalité pPBS, ou peut-être seulement ppBS.

Quelques données sur le processus d'élaboration des budgets d'investissements

Si le PPBS, de même que certaines pratiques utilisées dans les entreprises sous le vocable de planification stratégique, n'a jamais représenté beaucoup plus que de l'élaboration de budgets d'investissement, la question qui vient à l'esprit est : Dans quelle mesure le modèle d'élaboration des budgets d'investissement lui-même constitue-t-il une forme d'élaboration de la stratégie ? Nous considérons ci-dessous quelques données empiriques sur cette question.

Le modèle, comme nous l'avons déjà noté, est une procédure par laquelle les responsables d'unités (les responsables de divisions, les responsables fonctionnels, etc.) proposent des projets individuels à la hiérarchie pour obtenir son approbation. Ces projets sont supposés être mesurés par leurs coûts et leurs bénéfices, combinés dans l'entreprise de façon à indiquer la rentabilité sur investissement, de telle sorte que les dirigeants puissent évaluer chacun d'entre eux, les comparer et les classer, et en approuver le plus possible au regard des fonds disponibles pour une période donnée[13]. Comme la direction du flux va des responsables d'unités à la direction générale, le modèle d'élaboration des budgets d'investissement est parfois connu sous le nom de planification stratégique ascendante.

Les données sur les pratiques réelles d'élaboration des budgets d'investissement donnent une image très différente et permettent de mettre en doute sa relation avec la formation de la stratégie. Dans une

[13] On peut noter en passant que si ce contrôle préalable, lors de l'approbation des projets, reçoit une attention considérable, le contrôle *a posteriori* (dans quelle mesure les projets réalisés ont effectivement atteint les objectifs spécifiés) demeure presque complètement ignoré.

des études les plus connues – une recherche intensive sur le processus dans une grande entreprise divisionnalisée – Bower a trouvé que la direction générale avait tendance à approuver tous les projets qui atteignaient son niveau :

> Les projets qui ont l'approbation d'un directeur de division sont rarement éliminés par le groupe de ses pairs, bien que des modifications mineures soient fréquemment demandées, et les projets qui atteignent le comité exécutif ne sont presque jamais rejetés. (1970a:57)

« La question importante, écrit Bower, était de savoir dans quelle mesure le groupe de directeurs qui possède le pouvoir de faire avancer les propositions au travers du processus de financement choisissait ou non une proposition particulière pour la parrainer » (322) ; parce que lorsque c'était le cas, les propositions avaient plus ou moins libre passage.

Dans une étude effectuée plus tard, Marsh *et alii* ont analysé avec soin trois entreprises qui utilisaient le modèle d'élaboration des budgets d'investissement. (Dans leur étude de la littérature, ils notent que dans un manuel de finance « respecté », sur mille études empiriques citées, seulement deux étaient « relatives à des décisions d'investissement réelles » (1988:3).) À propos de leurs trois entreprises, comme nous l'avons noté plus haut, ils estimaient que, dans une enquête, chacune des trois aurait été placée sur une échelle de mesure au niveau des entreprises les plus sophistiquées dans l'utilisation de cette technique (27). Néanmoins, les chercheurs ont découvert toutes sortes de problèmes. D'abord les manuels de procédures sur les processus budgétaires « se sont révélés très difficiles à localiser ! » (22) ; ensuite, dans une entreprise, la présentation au comité divisionnel « était décrite comme étant "une duperie" » ; dans une autre entreprise, « le groupe procédant à l'approbation des projets était décrit comme "une chambre d'enregistrement" » (23). Marsh *et alii* ont relevé des erreurs dans l'application de la technique (23), et ont observé que « les coûts et les bénéfices difficiles à définir étaient exclus de l'analyse financière ». Pour ce qui est des données quantitatives, ils ont noté que certaines personnes faisaient référence à « des changements effectués dans le modèle financier pour vous donner les réponses que vous souhaitiez » ; après tout, « ceux qui proposaient les projets... savaient qu'il serait difficile aux personnes situées au-dessus d'eux de vérifier le détail des prévisions » (28).

Une critique particulièrement forte du modèle d'élabosation des budgets d'investissement est contenue dans le manuel connu *Dynamic Manufacturing* de Hayes, Wheelwright et Clark qui stigmatisent l'effet négatif que ce processus a eu sur la compétitivité des entreprises manufacturières américaines. Eux aussi discutent des problèmes qui résultent de l'exclusion des données qualitatives qui « pourraient éveiller la suspicion des personnes "sceptiques" du siège » (1988:69).

> Laisser en dehors de l'analyse [des considérations qualitatives] simplement parce qu'on ne peut pas les quantifier facilement ou pour éviter d'introduire « des jugements personnels », introduit nettement un biais dans les décisions qui va à l'encontre des investissements susceptibles d'avoir un impact significatif sur des éléments aussi importants que la qualité d'un produit, la vitesse et la fiabilité des livraisons, et la rapidité avec laquelle les nouveaux produits peuvent être introduits. (77)

Mais la plus sévère des critiques de ces observateurs concerne le caractère artificiel de la décomposition imposée à l'organisation par les budgets d'investissement. « En se focalisant sur les propositions une à une et en évaluant chacune d'entre elles sur une période de temps brève, l'analyse ignore un certain nombre des aspects stratégiques de la situation » (72). « Les entreprises, notent les auteurs ne sont pas simplement un ensemble d'actifs matériels ; elles sont aussi un groupement de personnes, reliées par des obligations et des loyautés mutuelles qui reflètent les compréhensions et les engagements développés sur une longue période de temps. » (78) Bien entendu, « plusieurs projets distincts [peuvent] être traités comme un seul grand projet et évalués ensemble ». Mais « plus les interdépendances entre les projets deviennent nombreuses et compliquées, plus il est difficile de voir où il faut s'arrêter. Pour pousser la logique jusqu'au bout, il faudrait combiner chaque nouveau projet avec tous les projets anciens et les projets futurs » (81).

Hayes *et alii* notent aussi « un biais en faveur des grands projets » même en tenant compte des exigences qui pèsent sur la préparation de l'analyse (87). Et ceci encourage aussi la domination des fonctionnels sur la décision d'investissement : en conséquence, « Les divisions développent leurs propres services fonctionnels [les avocats des propositions] pour faire face aux services fonctionnels du siège [les protecteurs des cordons de la bourse] », et les deux partenaires « s'engagent souvent dans ce qui ressemble presque à une parade nuptiale » (86). Ce faisant, les investissements par nature incrémentaux

« qui ont tendance à apparaître comme des bulles » (87) sont éliminés, et cela « tend à isoler les niveaux les plus bas de l'organisation des questions stratégiques » (78).

Ces problèmes paraissent être inhérents au modèle d'élaboration des budgets d'investissement lui-même, et, en fait, révèlent quelques faiblesses importantes de la planification en général. Dans le processus d'élaboration des budgets d'investissement, les informations concernant les projets restent en bas avec ceux qui les proposent, et ne sont pas disponibles en haut chez ceux qui les évaluent. Les premiers conçoivent les projets, effectuent l'analyse coût-bénéfice, et s'engagent à gérer eux-mêmes les projets approuvés d'une façon intensive, en général pendant des années. Ce sont clairement des « champions ». Ceux qui passent les projets en revue n'ont ni beaucoup de temps ni beaucoup d'implication à accorder à aucun projet particulier ; ils doivent en étudier un grand nombre. Ils restent donc pour l'essentiel non informés ou à tout le moins n'ont qu'une connaissance superficielle de chaque projet. En discutant cet aspect des choses, qu'ils appellent « l'étendue du savoir » nécessaire pour évaluer les projets (1988:29), Marsh *et alii* font référence à un directeur adjoint de groupe qui prétendait avoir passé « au moins un jour entier » sur un projet d'importance majeure. Imaginez ça ! Le responsable de division chargé du projet « estimait qu'il avait passé l'équivalent de huit mois à plein temps sur le projet avant son approbation, et les membres de son équipe y avaient consacré plus de deux années-hommes » ! Dans un autre cas, les chercheurs eux-mêmes ont accumulé plus de 2 000 pages de documents sur un projet qui a fini sous la forme d'un « résumé de deux pages pour le comité de groupe » ! (30).

Bien entendu, l'hypothèse de base qui sous-tend le modèle d'élaboration des budgets d'investissement, c'est qu'un certain nombre de données chiffrées renforcées par un bref résumé peuvent donner à la direction générale l'information dont elle a besoin pour forger son jugement sur le projet. Une telle position est clairement développée dans les commentaires d'Enthoven qui dit : « Nous sommes organisés pour le faire » ; dans cette phrase, « nous » représente le petit nombre de collaborateurs du secrétaire à la Défense, et « le » représente l'étude des nombreux programmes PPBS des armées américaines. L'hypothèse corollaire est que l'analyse est objective et que les nombres sont exacts. En fait comme nous l'avons vu, aucune de ces deux hypothèses n'est solide.

Il y a une bonne dose de subjectivité dans les prévisions de coûts et de bénéfices. Il s'agit avant tout de prévisions. Et comme l'a remarqué Spiros Makridakis, qui fait autorité dans le domaine de la prévision : pour de nombreux investissements « la prévision et la planification défient habituellement tout jugement analytique » (1990:132). Bien entendu, plus la prévision est faite à long terme, plus grande est la subjectivité, et tout particulièrement en ce qui concerne l'estimation des volumes de vente et l'estimation des prix comme le soutient Bower (1970a:20).

> Même si tout le monde comprend bien qu'il s'agit de rentabilité à long terme, les seules données crédibles sont des données à court terme. Les comportements que l'on observe sont donc d'ordinaire des sous-optimisations à court terme et/ou un nombre limité de mouvements importants justifiés par des jugements effectués sur leurs conséquences stratégiques à long terme. (1970b:6)

Si l'on ajoute à cela que les responsables de l'analyse des projets sont aussi ceux qui les proposent, on ne peut pas dire qu'ils soient sans parti pris (ils sont, disons, enthousiastes, si ce n'est complètement manipulateurs), on peut facilement dans ces conditions obtenir des estimations qui ne sont pas fiables. Il est possible de donner bonne apparence à tout projet qui est quelque peu plausible. Mais cela peut impliquer plus qu'arranger les chiffres pour qu'ils aient bonne allure. « Au cours d'une anecdote qui irrite encore Jack Welch, PDG de la General Electric, des managers dans le domaine des ampoules électriques ont dépensé 30 000 dollars pour réaliser un film habile à l'appui de la demande d'un équipement de production qu'ils désiraient » (Allaire et Firsirotu [1990:112], citant *Business Week*). De fait, Broms et Gahmberg ont des données sur quelques projets d'investissement dans des entreprises finnoises et suédoises : elles montrent que ces projets « manquent régulièrement l'objectif » par exemple en exigeant 25 % de rentabilité sur investissement alors qu'ils en obtiennent habituellement 7 %. Ces auteurs continuent en décrivant ces plans comme des litanies, que les organi- sations psalmodient, répétant encore et encore : « Voici ce à quoi nous devons ressembler ! » Selon eux, « cette autotromperie est un fait social accepté » (1987:121).

D'un autre côté, les dirigeants ne sont pas stupides. Eux aussi étaient, à une période antérieure de leur carrière, des champions défendant des projets. Ils connaissent les règles du jeu, et savent qu'ils ne peuvent pas gagner, tout au moins au sens défini par les procédures formelles. Ils ont cependant une méthode pour réaliser ces choix difficiles. Ils peuvent choisir les champions, s'ils ne choisissent pas les projets. En d'autres termes, s'il leur est impossible de connaître et de juger les projets, ils sont payés pour connaître et pour juger les personnes. Leur travail consiste alors à faire en sorte que les personnes qui proposent des projets soient fiables ; il leur est alors possible de se contenter d'enregistrer leurs propositions. Rejeter une proposition revient alors à rejeter le parrain de cette proposition. Comme le remarque Bower lorsqu'il étudie les niveaux intermédiaires des processus d'examen des projets :

> Une fois qu'un projet est parrainé, il est presque toujours accepté par la direction générale. Ils ont horreur d'émettre un jugement différent de celui des hommes qu'ils ont eux-mêmes sélectionnés pour occuper les niveaux intermédiaires de direction, car ils ont sélectionné ces hommes précisément en fonction de leur capacité à évaluer le contenu technico-économique des plans et des projets développés par les sous-unités de niveau inférieur, qui sont organisées sur la base des produits et des marchés. C'est la raison pour laquelle le taux moyen de réussite est si important, il reflète la capacité des managers de niveau intermédiaire à juger les généralistes de niveau inférieur. (1970b:6)

Les liens entre le processus d'élaboration des budgets d'investissement et la formation de la stratégie

Dans le diagramme que nous avons fait des quatre hiérarchies (Figure 2-6), nous avons décrit le modèle d'élaboration des budgets d'investissement, en théorie, comme étant de la planification ascendante. Cette position doit maintenant être précisée. D'abord le passage des programmes, qui sont à un niveau, aux budgets qui sont au niveau suivant est un passage ténu qui doit au mieux être représenté par une ligne en pointillés. Ensuite, il faut ajouter une ligne identique qui va des objectifs aux programmes, pour suggérer que la prise en compte des objectifs par les parrains est, dans le meilleur des cas, implicite.

Mais que dire de la relation entre les programmes et la hiérarchie de la stratégie ? En d'autres termes, quelle est la relation entre la formation de la stratégie et le processus d'élaboration des budgets d'investissement ? Rien de ce que nous avons vu jusqu'ici n'indique que ce modèle représente un processus pour planifier la stratégie. Il apparaît plutôt comme un moyen formel pour structurer la prise en considération des projets et pour informer la direction générale des projets futurs et de leurs coûts, peut-être aussi comme un moyen informel pour contrôler les dépenses (dans le cas des projets qui ne sont jamais proposés à la direction générale parce que les parrains potentiels sont réticents).

En fait il y a trois relations possibles entre le processus d'élaboration des budgets d'investissement et la planification stratégique : il se peut que les projets d'investissement proposés soient influencés par les stratégies existantes, ou qu'ils influencent ces dernières, ou encore que les deux coexistent de façon tout à fait indépendante. Comme la troisième de ces possibilités exclut les deux premières, considérons d'abord celles-ci.

Les théoriciens de la planification qui ne soutiennent pas que le processus d'élaboration des budgets d'investissement est un processus pour la formulation de la stratégie pensent probablement néanmoins que ce modèle doit dépendre d'une façon ou d'une autre des stratégies intentionnelles, quelle que soit la façon dont celles-ci sont formulées. Pour citer Marsh *et alii*, dans la plupart des travaux sur l'élaboration des budgets d'investissement, il y a « l'hypothèse selon laquelle les projets d'investissement peuvent d'une certaine façon être subordonnés aux définitions préalables de la stratégie, et qu'il s'agit là d'un domaine qui est essentiellement celui de la direction générale » (1988:4). En d'autres termes, les programmes sont supposés être proposés à la lumière des stratégies explicitement formulées par la direction générale. Ceux qui proposent les projets sont de même supposés être influencés par les objectifs de l'organisation, et leur comportement est censé être dirigé par ces stratégies existantes. Par exemple, il est peu raisonnable de proposer la construction d'un nouveau laboratoire de recherche fondamentale quand la direction générale vient juste de décider de poursuivre une stratégie de domination par les coûts fondée sur des produits indifférenciés.

Mais la façon dont ce lien est établi est une toute autre question. Il est facile d'imaginer qu'un lien *informel* existe si les intentions de la direction générale sont transmises d'une façon ou d'une autre à ceux qui proposent les projets. On peut dire alors que ces derniers essaient de tenir compte implicitement de ces intentions dans leurs projets. Cela implique l'existence d'une ligne en pointillés qui va des stratégies aux programmes. Mais c'est une toute autre chose de dire que les projets proposés sont d'une certaine manière déterminés *d'une façon formelle* par les stratégies, et de mettre un trait plein qui va de l'un à l'autre dans la Figure 2-11. Bien entendu, en transmettant leurs stratégies intentionnelles aux managers qu'ils ont sous leur responsabilité, les dirigeants peuvent demander d'avoir des projets en réponse, et même spécifier de façon globale les domaines dans lesquels ils espèrent voir arriver de tels projets, dans l'esprit de ce que nous avons appelé plus haut une stratégie en ombrelle.

Nous soupçonnons cependant que les liens sont dans le cas général au mieux informels, et que la plus grande partie de l'élaboration des budgets d'investissement est réalisée en tenant compte des stratégies implicites qui existent déjà plutôt qu'en tenant compte de nouvelles stratégies qui seraient expliquées en détail. Ce qui signifie que la plus grande partie de cette élaboration est probablement réalisée en l'absence de toute activité de formulation d'une nouvelle stratégie, et même peut-être en l'absence de toute discussion de la stratégie. La stratégie est implicitement supposée être une donnée. S'il y a une demande croissante pour les « witgets », on proposera une extension de l'usine : tout le monde sait que l'entreprise est dans le domaine des « witgets » d'une façon durable. Selon cette conception, la stratégie considérée comme position est arrêtée, et devient une stratégie considérée comme perspective. Comme l'ont noté Yavitz et Newman :

> Dans la mesure où [les propositions d'investissement] sont déclenchées par des besoins liés aux activités existantes, peu d'entre elles dévient beaucoup du *statu quo*. Quelques-unes des propositions qui sont émises par les niveaux inférieurs en direction des niveaux supérieurs de l'entreprise concernent des projets nécessaires, par exemple le remplacement d'un ascenseur qui fonctionne mal. D'autres proposent de meilleures façons de réaliser des activités existantes, comme l'utilisation de l'informatique pour le contrôle des créances. D'autres peuvent avoir trait à des phénomènes naturels d'expansion : par exemple, dans une entreprise de production et de distribution d'énergie électrique, une proposition peut consister à créer une direction commerciale régionale pour la côte-Ouest, ou à acquérir une mine de charbon. Si une unité de l'organisation veut poursuivre sa propre stratégie, de telles propositions sont tout à fait appropriées. (1982:189)

La stratégie peut influencer les budgets d'investissement comme nous venons de le voir, mais d'un autre côté, les projets d'investissement proposés peuvent aussi influencer la stratégie qui est poursuivie. Selon nous, ceci peut arriver de deux façons différentes. D'abord, comme nous l'avons suggéré plus haut, le processus d'élaboration des budgets d'investissement peut renforcer la stratégie réelle, celle qui est réalisée, parce qu'il est conduit dans le contexte d'une stratégie donnée. En d'autres termes, les projets proposés extrapolent les structures qui sont déjà constituées. Mais l'influence peut aussi s'exercer d'une autre façon qui peut être plus importante. Un projet d'investissement peut aller à l'encontre des formes établies et créer alors un précédent qui changera la stratégie. Quand un vice-président chargé de la R&D propose et obtient la construction d'un nouveau laboratoire de recherche fondamentale en dépit d'une stratégie établie de domination par les coûts, il peut s'agir du germe d'une stratégie de différenciation des produits. Si la direction générale ne réalise pas ce qui se passe – peut-être approuve-t-elle le projet essentiellement parce qu'elle veut satisfaire le vice-président chargé de la R&D – alors on doit considérer que le changement stratégique est émergent.

Ce qui signifie que le processus d'élaboration des budgets d'investissement peut influencer le processus de formation de la stratégie sans que ce dernier en soit conscient, par l'émergence de stratégies. En d'autres termes, l'organisation prend ses décisions simplement projet par projet, et dans ce processus, des formes émergent et deviennent des stratégies. Des formes qui ne sont pas tout à fait cohérentes avec les stratégies existantes peuvent créer des précédents qui conduisent à des formes nouvelles. Pour l'exprimer en d'autres termes, un petit pas réalisé au cours de l'élaboration des budgets d'investissement peut déclencher un changement de stratégie de grande amplitude, et ce de façon inattendue. Par ce biais, l'élaboration des budgets d'investissement devient un facteur par lequel des stratégies sont formées sans être formulées.

Bien entendu, ceux qui parrainent les projets n'ont pas attendu de lire ce qui précède pour le savoir. Ceux d'entre eux qui veulent changer une stratégie alors que la direction générale résiste ont depuis longtemps utilisé l'élaboration des budgets d'investissement de cette façon, que l'on peut qualifier de « politique ». Le fait est tellement connu que cette technique est répertoriée dans la littérature sur le processus budgétaire comme la méthode du « pied dans la porte » : créer une petite ouverture par le biais d'un investissement initial, puis continuer à pousser jusqu'à ce que la porte soit grande ouverte, jusqu'à ce que la forme soit fermement ancrée. De fait, celui qui soumet un projet, propose réellement une stratégie, mais de façon clandestine. Il s'agit là pour lui d'un mouvement délibéré, mais tel n'est pas, ou pas encore, le cas pour l'organisation dans son ensemble[14].

[14] Pour une discussion de ce type de comportement dans le contexte « d'opérations d'intraprise » dans les entreprises diversifiées, voir Burgelman (1983a:232,237-238).

Le processus d'élaboration des budgets d'investissement n'est pas particulièrement efficace dans le rôle qui est formellement le sien. Mais il pourrait en fait jouer un rôle clé, même si c'est un rôle implicite : offrir à la direction générale la possibilité de faire le tri des propositions de façon à repérer celles qui peuvent être la cause de déviations stratégiques (si l'on nous permet d'utiliser cette expression). Bien entendu, quand des propositions de ce type sont identifiées, il ne s'agit pas nécessairement de les arrêter ; la direction générale peut également jouer le jeu, et maintenir la porte ouverte juste assez pour tester l'initiative, tout en étant prête à la refermer complètement plus tard si cela s'avère nécessaire.

Nous pouvons dire pour finir que lorsque des stratégies changent de façon délibérée, il est probable que quelques programmes apparaîtront comme conséquence de ces changements, encore que le lien entre ces stratégies et ces programmes soient informels et mal compris. Mais lorsque des programmes sont proposés de façon isolée, indépendamment de l'activité de formation de la stratégie ou en son absence, alors des stratégies existantes peuvent être renforcées ou changées. La conclusion, plutôt paradoxale, que l'on peut tirer de cet état de choses, c'est que dans la première situation, le processus d'élaboration des budgets d'investissements fonctionne plus ou moins comme il est spécifié dans le modèle formel, mais qu'alors il est extérieur au processus de formation de la stratégie, tandis que dans le second cas il fonctionne en dehors du modèle formel mais peut intervenir dans ce processus en contribuant à la formation de stratégies émergentes plutôt que de stratégies délibérées.

Un dernier point doit être examiné : l'effet du processus d'élaboration des budgets d'investissement lui-même sur la tendance que les organisations peuvent avoir à entreprendre des changements stratégiques. Nous voulons soutenir et prouver ici que le modèle a normalement pour effet d'empêcher de tels changements et de décourager la pensée stratégique, aussi bien au niveau de ceux qui proposent les projets qu'au niveau des dirigeants qui les examinent.

Notre argument est fondé sur la caractéristique essentielle de tous les systèmes de planification : la formalisation à travers la décomposition. Formaliser exige de l'analyse, c'est-à-dire précisément la réduction d'un processus en une procédure, en une série d'étapes qui concernent chacune une catégorie bien définie. De plus, le résultat de ce processus doit lui-même être décomposé sous la forme de plans. Dans l'élaboration des budgets d'investissement, ceci se manifeste dans la séparation des projets les uns d'avec les autres. En d'autres termes, l'élaboration des budgets d'investissement est un processus disjoint, ou, plus précisément, un processus *qui disjoint*. On s'attend à ce que les programmes soient proposés en respectant les clivages existant entre départements et divisions. Le problème est encore plus sérieux si Yavitz et Newman ont raison quand ils soutiennent que « de loin les propositions d'investissement les plus nombreuses sont celles qui ont pour origine les départements fonctionnels des unités de l'organisation... » (1982:189), où les comportements sont tout particulièrement corporatistes[15]. Tous les effets conjoints de propositions différentes, toutes les synergies qui peuvent exister ou être encouragées entre projets, doivent être ignorés pour les besoins de l'analyse formelle, sauf à combiner l'ensemble des propositions en une seule proposition unique, comme nous l'avons noté plus haut avec Hayes *et alii*. Mais comme la synergie est l'essence même de la stratégie créative, c'est-à-dire la mise en œuvre de combinaisons nouvelles et avantageuses, le processus d'élaboration des budgets d'investissement doit décourager toute pensée stratégique créative. Comme Bower l'a noté dans son étude :

> [Dans le cadre de la conception mécanique de l'élaboration des budgets d'investissement], les idées ne se mélangent pas. Sauf à voir les niveaux supérieurs de direction intervenir, la somme des plans développés à un niveau inférieur a toutes chances de ressembler à un catalogue dénué de signification. (1970a:336)

Comme nous l'avons vu plus haut, l'élaboration des budgets d'investissement est pour l'essentiel un processus de décision : il se focalise sur des choix particuliers d'allocation de ressources. Et la prise de décision n'est pas identifiable à la stratégie. La première est composé d'engagements à agir séparés les uns des autres, et la seconde a trait aux liens qui existent entre différents engagements dans un cadre temporel. Par conséquent, le processus d'élaboration des budgets d'investissement viole une exigence essentielle de la stratégie en séparant

[15] Le PPBS était, bien entendu, un effort pour passer de préoccupations fonctionnelles à des préoccupations liées aux missions, tout comme le concept de domaine d'activité stratégique, mais il souffrait du même problème de décomposition, comme nous l'avons vu. Le même problème existait dans une technique développée plus tard sous le nom de « planification du portefeuille d'activité », qui essayait de répartir les différentes unités d'activité en fonction de leur potentiel de performance, et par là de fournir à la direction générale un autre mode d'évaluation.

les éléments qui par essence doivent être reliés. Il se réduit à une technique de portefeuille, en d'autres termes à un moyen pour examiner des projets indépendants[16].

Dans la critique qu'il fait de la planification formelle, Quinn soutient que « certaines procédures analytiques sapent les stratégies mêmes qu'elles sont supposées créer » (1980:169). Et sur ce point, à son avis le modèle d'élaboration des budgets d'investissement est l'un des principaux coupables. Parmi les raisons qu'il développe, on trouve les effets selon lui dysfonctionnels de l'attitude qui consiste à se reposer sur des mesures quantitatives, qui empêche la prise en considération de tout un ensemble d'alternatives potentiellement bénéfiques, comme le reboisement ou la recherche fondamentale. « Si on suit rigoureusement ses préceptes, [la pratique du modèle d'élaboration des budgets d'investissement] élimine rapidement la prise en considération de la plupart des alternatives dont les bénéfices et les coûts sont tels que : 1. l'horizon-temps du projet est supérieur à quatre ou cinq ans ou 2. il n'y a aucune possibilité raisonnable de quantifier de façon financière les bénéfices et les coûts » (171). Quinn note aussi que le modèle d'élaboration des budgets d'investissement « empêche pratiquement toute innovation interne majeure » (171). « Peu d'innovations majeures peuvent survivre aux pratiques formelles d'analyse si l'on tient compte du fait qu'il existe de façon typique un délai de sept à treize ans entre la première découverte et l'exploitation profitable » et « si l'on tient compte des probabilités et du coût du capital habituellement imposés par les grandes entreprises » (173-174).

> Si les acteurs clés avaient agi sur la base des informations rationnelles financières disponibles au moment où ils agissaient, il n'y aurait ni photocopie, ni skis métalliques, ni avions, ni réacteurs, ni télévision, ni ordinateur, ni radio, ni radars, etc. à l'infini. Dans chaque cas les calculs financiers standard, entre autres l'estimation des marchés, les probabilités de succès technique, les délais, et le retour sur investissement, auraient abouti à diriger les financements vers des projets moins risqués ou plus profitables. (174)

[16] Dans la critique qu'il fait du modèle d'élaboration des budgets d'investissement, dans le contexte des « décisions d'investissement de capacité », Porter indique que son « essence » n'est pas « l'analyse financière », « ni le calcul de flux de trésorerie actualisés », mais « les nombres qui entrent dans ce calcul », qui doivent inclure l'analyse industrielle et l'analyse concurrentielle aussi bien que la prise en compte de l'incertitude (1980:325). Mais ce faisant il ignore le besoin d'intégrer cette décision avec d'autres et de relier ces décisions à la formation de la stratégie. Il ignore également la nécessité de prendre en compte des facteurs qui ne sont pas quantifiables.

Imaginez que vous êtes un dirigeant qui étudie des projets d'investissement sur la base d'une projection de leur performance financière. Comment pouvez-vous penser de façon stratégique quand toutes les données vous arrivent morceau par morceau de façon concise numérique et détachée ? Tout est tellement bien organisé ; tout ce que vous avez à faire est d'adopter une attitude passive et de donner votre jugement aux dates requises par le planning. Vous incite-t-on à vous impliquer, à stimuler les parties créatives de votre cerveau ? Et même si vous le souhaitez, comment pouvez-vous inférer la richesse des idées à partir de la pauvreté de leur présentation ? Comme Quinn le remarque, la technique « interdit l'équilibrage entre les engagements des unités opérationnelles aboutissant à une forme interdivisionnelle cohérente » (171). De plus, la pratique qui consiste à définir des « taux de rentabilité minimum » « détruit en général toute forme stratégique que la direction générale peut avoir choisie dans un premier temps » (172).

Imaginez maintenant que vous voulez proposer un projet, et que vous êtes assis devant votre ordinateur. On ne vous demande pas de concevoir des stratégies, ni même de penser au futur de votre organisation. Non, tout ce que l'on vous demande c'est de fournir une justification quantitative des mouvements que vous voulez faire, chaque mouvement étant bien séparé des autres et bien ficelé pour que vos supérieurs puissent comprendre. Et tous ces projets bien ficelés doivent être élaborés à temps. En théorie au moins, même si l'usine vient d'être détruite par un incendie, les propositions ne seront prises en considération que huit mois plus tard. Tout doit être prêt pour ce « grand classement » pour reprendre l'expression de Yavitz et Newman (1982:189). Cependant, la pression qui s'exerce sur vous est de produire au plus tôt, pas au plus tard. « Le monde des responsables opérationnels et des ingénieurs de conception est rempli de problèmes courants, de problèmes locaux, et ils sont typiquement récompensés sur la base des solutions de court terme qu'ils apportent à ces problèmes. Les propositions qui viennent du bas ont donc naturellement tendance à être orientées vers le court terme » (Yavitz et Newman, 1992:190). Donc vous passez en mode bureaucratique et vous jouez leur jeu, avec la machinerie qui est en place. Si vous avez vous-même une pensée stratégique, vous n'avez pas intérêt à ce que quiconque le sache. Au lieu de cela, vous proposez des projets isolés qui servent votre propre unité, même si ces projets sont une gêne pour les projets des voisins. Qui pourrait même le savoir, compte tenu du fait que la technique est expressément conçue pour empêcher toute synergie ? Tout l'opération est conduite sur ce que Quinn appelle un mode « opérationnel extrapolateur » (1980:174).

Pour conclure notre discussion sur le modèle d'élaboration des budgets d'investissement, si on le prend au mot, nous trouvons que non seulement il n'est pas identique à la formation de la stratégie, mais qu'il empêche décidément toute formation de stratégie. Mais si l'on considère ses effets, on constate qu'il a parfois par inadvertance une influence sur les stratégies que les organisations poursuivent, en contradiction avec ce que dicte son propre modèle. Les managers qui doivent l'utiliser ont tout intérêt à considérer ces effets sérieusement, au moins pour en gommer les conséquences négatives.

Conclusion sur les études approfondies

Que peut-on donc conclure de l'ensemble de cette étude des données empiriques les plus sérieuses sur les performances du processus de planification lui-même ? Dans la « Déclaration de Bellagio sur la planification », qui a été largement diffusée, (Jantsch, 1969), les participants de ce « Symposium de l'OCDE sur la prévision et la planification à long terme » ont fait un ensemble de recommandations ambitieuses parmi lesquelles :

- La planification doit se préoccuper de concevoir la structure du système lui-même, et s'impliquer dans la formation de la politique générale. De simples modifications des éléments de politique générale qui se sont révélés inadéquats n'aboutiront pas à ce qui est correct...
- La planification doit aller jusqu'à inclure la formulation de politiques générales alternatives, ainsi que l'examen, l'analyse, et la spécification explicite des valeurs et des normes sous-jacentes.
- La planification doit faire face aux situations nouvelles et créer de nouvelles institutions... (8)

Par contraste avec ces recommandations où la planification elle-même dit ce qu'elle *doit* faire, on trouve l'évaluation selon Wildavsky de ce que la planification *a fait* :

> Des vieilles villes américaines aux nouvelles villes britanniques, des pays les plus riches aux pays les plus pauvres, les planificateurs ont eu des difficultés

> à expliquer qui ils sont et ce qu'on devrait attendre de leurs actions. S'ils sont censés être des médecins face à des sociétés malades, on peut remarquer que le malade ne paraît jamais mieux se porter. Pourquoi les planificateurs semblent-ils ne jamais faire ce qu'il faut ? (1972:127)

« Jusqu'ici tout est mal » conclut Wildavsky (128).

Si l'on considère les données empiriques que nous avons présentées dans ce chapitre, personne ne sera enclin à contester les conclusions de Wildavsky. Un certain nombre de chercheurs partiaux ont entrepris de prouver que la planification est payante et, collectivement, ils n'y sont pas parvenus. Toutes sortes d'anecdotes ont mis en lumière une foule de problèmes qui grèvent la planification. On est encore plus découragé lorsqu'on regarde ce qu'il est advenu dans les faits des efforts les plus remarquables accomplis pour appliquer la planification, qu'il s'agisse de la « planification stratégique » à la General Electric, ou du PPBS dans le gouvernement américain. Des études plus approfondies sur le processus, incluant des données empiriques concernant le processus d'élaboration des budgets d'investissement, ont élargi le fossé et compliqué les relations entre la planification et la formation de la stratégie.

Mais il ne faut pas être aussi pessimiste. Notre analyse a aussi suggéré que la planification a un certain nombre de rôles à jouer dans les organisations, même s'il s'agit de rôles différents des intentions déclarées de ses avocats, même si en fait ces rôles paraissent exister en dehors du processus d'élaboration de la stratégie. De même, les planificateurs paraissent avoir des rôles à jouer auprès de ce processus, même s'il ne s'agit pas réellement de rôles de planification. De fait, un nombre limité de contributions de la littérature en ce domaine vont dans ce sens : il existe dans le monde de l'analyse des choses différentes et utiles, en dehors de la planification stratégique formelle.

Dans le présent chapitre, nous avons essayé de montrer que quelque chose n'a effectivement pas fonctionné dans les approches conventionnelles de la planification. Les chapitres 4 et 5 cherchent à montrer ce qui n'a pas fonctionné. Mais nous devons d'abord examiner comment les planificateurs eux-mêmes ont répondu aux données empiriques présentées ici. Leurs réponses, et l'une d'elles tout particulièrement, préparent la discussion présentée dans le chapitre 4 concernant quelques-unes des caractéristiques importantes du processus de planification. Ces réponses nous préparerons aussi à considérer au chapitre 5 ce qui peut être fondamentalement erroné dans le concept de planification stratégique.

Les réponses des planificateurs aux données empiriques

Comment les planificateurs ont-ils répondu à l'échec des tentatives faites pour prouver que la planification est payante, aux nombreuses histoires transcrites dans la presse d'information générale, aussi bien qu'aux quelques recherches approfondies montrant que la planification stratégique ne fonctionne pas comme elle le devrait ? Si l'on considère la litanie de ces difficultés, on pouvait s'attendre à ce qu'ils se précipitent pour chercher les racines du problème. Mais ça n'est jamais arrivé : les planificateurs n'ont jamais étudié la planification. Le petit conseil utile que donnait Anthony dans l'un des premiers livres sur la planification est resté sans suite : « Quel que soit le nombre des théoriciens qui se sont faits l'avocat d'une procédure, si la procédure a fait l'objet d'un essai sérieux et complet puis a été abandonnée, il y a une présomption forte que la procédure est mauvaise » (1965:166).

Au lieu de mettre en cause la planification, les planificateurs conventionnels se sont retranchés derrière un ensemble de comportements que les psychologues peuvent qualifier de formes variées de « fuite », c'est-à-dire de retraite, d'illusion, de projection. Ils ont nié l'existence du problème et en sont revenus à des professions de foi ; ils ont reconnu quelques difficultés superficielles, mais ont continué à promouvoir le processus ; ils ont accepté la réalité des échecs mais ont insisté sur le fait que plus de planification pourrait les résoudre ; et finalement ils ont projeté les difficultés sur les autres, sous le nom de « pièges » de la planification, en particulier sur les managers « qui n'apportent pas leur soutien » et sur les climats d'organisation « inadaptés ». Considérons brièvement ces réponses avant d'examiner en détail la dernière d'entre elles pour trouver ce que ces prétendus pièges révèlent à propos des caractéristiques de base de la planification elle-même. Nous serons alors prêts à discuter quelques « erreurs » plus fondamentales de la planification. Nous demandons au lecteur de pardonner la tonalité négative de ce qui va suivre : nous pensons qu'elle est justifiée par les comportements en question.

La foi : « Il n'y a pas de problème »

Quelques-uns des avocats de la planification se contentent de fermer les yeux, niant toute évidence défavorable à la planification. Par exemple certains chercheurs qui ont examiné la littérature sur la question « La planification est-elle payante ? » ne citent que les études apportant des conclusions favorables. Bresser et Bishop (1983:588) écrivent que Donnely *et alii* (1981) et Thompson et Strickland (1980) sont des « auteurs [qui] citent des données venant à l'appui de l'affirmation disant que la planification formelle est une cause de succès, tout en ne regardant pas les données défavorables ». À cela il faut ajouter Steiner, qui dans son ouvrage de 1979 (voir 1979:43, et 350), ne cite qu'une seule des études qui a des résultats à la fois favorables et défavorables. De même Ansoff soutient en 1988 qu'il faut « laisser... reposer » l'argument selon lequel la formulation de la stratégie doit être un processus informel ; et il indique « qu'un certain nombre de recherches ultérieures ont confirmé nos propres découvertes, à savoir que la formulation explicite de la stratégie peut améliorer la performance » (80,81). Mais Ansoff ne cite à l'appui de son argument qu'une seule étude, la sienne[17].

On trouve également ceux qui ont lu les études défavorables et les disqualifient d'une façon ou d'une autre. Lorange, après son étude de la littérature, réussit néanmoins à conclure que la planification stratégique « paraît payer pour les entreprises qui l'utilisent et est par conséquent un outil de gestion utile » (1979:238). Ou, pour reprendre les termes plus audacieux d'un consultant de Arthur D. Little :

> Ces données empiriques ne prouvent pas que la planification est un échec. Disons qu'elle n'a pas été un succès d'une façon qui peut être directement mesurée et directement attribuée à la planification dans le système multivarié de l'entreprise. (Wright, 1972:615-616)

Avec le même niveau de logique, on trouve Lorange et Vancil qui, après avoir estimé qu'entre un quart et un tiers des départements de planification d'entreprises ont été « décimés » ou « éliminés » dans la récession des années 1970-1971, concluent que « les survivants savent qu'ils "y sont arrivés" ; et que l'activité de planification a fait l'objet d'un réexamen soigneux et a prouvé sa valeur » (1977:xi). Mais compte

[17] Une autre tendance a été de disqualifier les études présentant des résultats défavorables à la planification comme comportant une méthodologie plus faible. Armstrong a évalué les recherches sur plusieurs facteurs, et a conclu que « dans l'ensemble, les études qui ont été faites sont plutôt faibles », avec une évaluation située à 1,5 par rapport à un score idéal de 6 ; mais que les études meilleures étaient plus positives en ce qui concerne l'efficacité de planification (1982:207,208 ; voir Foster (1986) pour une critique de la méthode d'évaluation d'Armstrong). Mais Starbuck, en tenant compte des conclusions d'Armstrong, indique que « les études les moins bonnes méthodologiquement ont trouvé une relation plus forte entre la planification et la performance, alors que les meilleures études n'ont trouvé aucune relation significative » (1985:369).

tenu de l'arrivée de la crise de l'énergie deux ans plus tard, suivie d'une autre élimination de planificateurs, la date de ce commentaire est elle aussi un peu malheureuse.

« Abandonner la planification... est à l'évidence un non-sens irresponsable », écrit l'universitaire Higgins (1976:41) ; et Unterman, un homme d'affaires devenu universitaire, suggère que « n'importe quelle sorte de planification stratégique est meilleure pour une organisation que l'absence totale de planification » (1974:47). Leurs sentiments se reflètent dans la pratique, comme le montre l'enquête faite par Gray sur des entreprises américaines diversifiées : « La plupart des entreprises de notre échantillon demeurent fermement engagées dans la planification stratégique, même si 87 % d'entre elles font part de désappointement et de frustration vis-à-vis de leurs systèmes » (1986:90). On n'est pas surpris d'entendre Wildavsky dire que les planificateurs « sont confortés dans leurs croyances quels que soient les événements. La planification est bonne si elle réussit, et la société est mauvaise si la planification échoue. C'est la raison pour laquelle les planificateurs ont rarement réussi à apprendre à partir de l'expérience. Pour apprendre il faut faire des erreurs et la planification ne peut pas être une de ces erreurs » (1973:151). Et Wildavsky qualifie les planificateurs de « croyants séculiers ».

Si la planification avait couronné le premier de ses « croyants » des années soixante-dix, il aurait pu s'agir de George Steiner, qui écrit : « Il est probable que la meilleure planification est réalisée dans les organisations qui ont la meilleure équipe de direction » (1979:103). (Steiner n'a jamais vraiment pris la peine de définir ce qu'est la meilleure équipe de direction, sauf à dire qu'elle doit surmonter « les biais anti-planification ».) En bons seconds, on aurait pu trouver Roach et Allen, qui font allusion au « devoir strict qu'il y a à planifier de façon stratégique » afin d'honorer « l'obligation inhérente à la gestion » (1983:7-44). Et, pour ce qui est des années quatre-vingt, Ansoff pourrait bien avoir retrouvé son titre de 1960 lorsqu'en 1988 il écrit que, si au moment de la parution de son livre de 1965 « des doutes peuvent avoir été émis à propos de la faisabilité de l'analyse stratégique systématique », « depuis lors ces doutes ont disparu et la pratique de la formulation systématique de la stratégie a été florissante » (1988:22). La raison doit peut-être en être recherchée dans un de ces commentaires étonnants dont cette littérature a le secret : « La planification formelle à long terme apparaissait presque comme un bienfait [pour les dirigeants des organisations qui faisaient face à une complexité croissante]... Annoncer que son organisation s'engagerait dans un programme formel de planification stratégique revenait pratiquement à annoncer publiquement qu'on allait s'arrêter de fumer. Cette annonce forçait le PDG à changer son propre comportement d'une façon qu'il savait être désirable » (Lorange et Vancil, 1977:x). Mais le prix de la foi aveugle doit être attribué à Ekman qui fait précéder son plaidoyer pour la planification par le commentaire suivant :

> Il y a peu de gens qui mettraient aujourd'hui en question la valeur de la planification à long terme même si nous savons peu de choses à propos de la réelle contribution de la planification et de la technologie de la planification au développement du gouvernement, des entreprises, et des autres activités. Nous savons même peu de choses à propos des dégâts que la planification a causé, et ces dégâts peuvent avoir été considérables. (1972:609)

Le salut : « C'est le processus qui compte »

Certains partisans de la planification ont aussi répondu d'une façon plus pragmatique mais non moins dévote : la planification n'est pas une utopie, c'est seulement la route qui y mène. Pour reprendre l'expression la plus populaire : « C'est le processus qui compte. » Cette expression rappelle le clergé, dont le seul but est de faire rentrer les fidèles dans l'église, quoi qu'il se passe à l'intérieur[18].

Steiner indique à ses lecteurs que ce ne sont pas les plans qui comptent « mais le développement de capacités intellectuelles », « une pensée... bien exprimée par une vieille maxime : "Les plans sont parfois inutiles mais le processus de planification est toujours indispensable" » (1983:15). Ackoff pousse ses lecteurs à considérer la planification « non comme un acte mais comme un processus... qui n'a aucune conclusion ni aucun point final » (1970:3). Doit-on en déduire que la planification n'aboutit pas à la création de plans ? (Même Steiner admet que « la planification sans plans est une perte de temps » (1969:8), sans doute selon lui même si les plans sont « inutiles » !) Puis il y a le commentaire fait par Ringbakk sur l'une des « raisons pour lesquelles la planification

[18] Allaire et Firsirotu répondent un peu comme nous l'avons fait mais avec une métaphore différente : « La planification est peut-être l'équivalent managérial du jogging ; ça n'est pas un moyen efficace pour aller où que ce soit ; telle n'est même pas réellement son intention ; mais si on le pratique régulièrement, ça vous permet de mieux vous sentir » (1988:50).

échoue » : d'une façon apparemment étrange, dans de nombreuses entreprises, la direction « espère que les plans seront mis en œuvre comme ils sont écrits » (1971:21). Imaginez ça !

S'inspirant peut-être de cette position, il y a quelques années, l'auditeur général du gouvernement du Canada entreprit des « audits d'ensemble » des administrations canadiennes, de façon à mesurer leur efficacité globale (une étude qui fut connue sous le nom de « la valeur de l'argent »). Mais l'auditeur général s'est trouvé fréquemment confronté à des performances qu'ils ne pouvait mesurer et il a utilisé comme ersatz la présence de bonnes techniques de gestion, entre autres celle de la planification stratégique. En d'autres termes, si un département planifiait, il devait être efficace. C'était le processus qui comptait. Comme le note Wildavsky, « si l'on définit la planification comme de la rationalité appliquée, on dirige l'attention vers les qualités internes des décisions et non vers leurs effets externes ». Le résultat s'ensuit : « La planification est bonne... pas tellement à cause des choses qu'elle fait, mais à cause de la façon dont elle s'y prend pour ne pas les faire » (1973:130,139). Il n'est pas étonnant que Quinn écrive :

> Une bonne partie de la planification d'entreprise que j'ai observée ressemble à une danse rituelle de la pluie ; elle n'a aucune conséquence sur le temps qu'il fait ensuite, mais ceux qui la pratiquent le pensent. De plus, il me semble que la plupart des instructions et des conseils qui sont donnés en ce qui concerne la planification d'entreprise ont pour objectif d'améliorer la danse, pas le temps qu'il fait. (1980:122)

L'approfondissement : « attendez encore un peu »

Il existe une attitude un peu plus sophistiquée, et un peu moins éprise du *statu quo*. Certains reconnaissent l'évidence mais promettent que le salut est juste au coin de la rue : « Attendez encore un peu. Nous y travaillons ; bientôt tous les problèmes seront résolus. » Ainsi, quatorze ans après avoir publié son ouvrage *Corporate Strategy*, Ansoff indique :

> Le livre continue de bien se vendre. Mais beaucoup des applications pratiques de prescriptions similaires aux miennes ont connu des malheurs, la diffusion de la planification stratégique a été lente, et c'est seulement maintenant, dix ans (*sic*) après, que la pratique réelle de la planification stratégique véritable est en train d'émerger. (1979:65)

Cette citation rappelle la vieille blague du docteur qui examine la femme de Monsieur Jones, qui découvre qu'elle est vierge, et lui demande comment cela est possible. « Toutes les nuits, explique-t-elle, mon mari s'assied sur le bord du lit et me dit à quel point ce sera bon ! » Mais il n'y a pas lieu de plaisanter avec ceux qui sont les jouets de la planification, par exemple les citadins dont l'existence a été bouleversée par des planificateurs urbains qui pensaient pouvoir concevoir une ville vivable à partir de rien. Il y a quelques années, dans un article du journal *The New York Times*, des essais de planification urbaine globale de ce type ont été qualifiés « d'échec tellement retentissant au cours des quinze dernières années que la planification doctrinaire et ses avocats sont dans un état de discrédit et de désarroi considérable. Les théories et les présentations impressionnantes, qui paraissent être intellectuellement si incontestables, s'envolent en fumée face à l'équation humaine et politique » (Ada Louise Huxtable, citée par Chandler et Sayles, 1971:42).

Et pourtant ils ont continué d'essayer, prétendant à chaque fois que le dernier échec avait révélé la nature des véritables problèmes qui seraient résolus la prochaine fois. Sans jamais remettre en question les hypothèses sur lesquelles repose l'ensemble de l'exercice : celles selon lesquelles les planificateurs, ou au moins leurs systèmes, peuvent être assez habiles pour comprendre de façon centrale la dynamique d'une ville entière, la nature globale du futur d'une entreprise dans sa totalité, ou les politiques intégrées de tout un gouvernement.

Il y avait cependant une autre conséquence importante de cette réponse : chaque fois qu'ils essuyaient un échec, les planificateurs faisaient monter la mise. Il fallait plus de ressources : plus de planificateurs, plus de temps consacré par les managers à la planification, plus de technologie, plus de documents. Alors que les planificateurs couraient çà et là pour colmater les brèches dans leurs propres pratiques, tous les autres devaient payer la note : si cette attitude n'avait pas pris fin, nous serions tous en train de ne rien faire d'autre que planifier. De fait, dans ce qui est devenu dans le monde le système de planification ultime, l'Union soviétique, il a été estimé qu'en 1969 le nombre des économistes, « pour la plupart des personnels administratifs liés à la planification » était de 800 000 ! (Lewis, 1969:19).

Ce qui concerne la prévision est une bonne illustration. Quand de simples extrapolations se sont révélées insuffisantes, les spécialistes de la prévision ont développé des techniques mathématiques de plus en plus élaborées ; quand des prévisions uniques révélaient fausses, il fallait élaborer des « scénarios » multiples ; quand des estimations à court terme étaient inefficaces, les planificateurs devaient prendre en compte le long terme, avec un horizon toujours plus lointain. Pour citer Godet :

> Les promesses considérables que la prospective a faites à la suite de l'échec de la prévision classique... n'ont pas eu des résultats à la hauteur des attentes. Une incertitude croissante attire notre attention sur la nécessité qu'il y a à consacrer plus d'efforts à la prospective et en même temps, fait remarquer les limites pratiques que comportent de tels efforts. (1987:xiv)

Chaque échec dans la prévision a conduit à inclure de nouveaux facteurs, ce qui chaque fois a encouragé la prolifération des planificateurs et de la planification. Ainsi, à un certain moment, l'échec de la planification a été attribué au fait que les planificateurs ne faisaient pas de plans pour leurs propres activités. La proposition d'une « métaplanification » s'ensuivit – « la planification de la planification » –, de façon à changer « une activité de planification relativement inefficace en une activité qui respectait les caractéristiques prescrites par les théoriciens de la planification » (Emshoff, 1978:1095). Quand la planification opérationnelle ne suffit plus, on passa à la planification fonctionnelle : la planification marketing, la planification des produits, la planification financière, la planification de la recherche et développement, la planification internationale, la planification de la production, la planification de l'organisation, la planification des relations publiques, et même la planification de la diversification (chacun de ces éléments se trouve dans Steiner, 1969 : section IV). Tout ceci devait ensuite être intégré en une planification d'entreprise, qui devint plus tard une planification à long terme, puis une planification stratégique. Puis on passa à la planification de groupe, et à la planification de portefeuille. Quand le problème parut venir des forces politiques, on ajouta la planification des « parties-prenantes ». Peu après cette époque, alors que la concurrence avec le Japon devenait sévère, (d'après Pascale [1984], les Japonais étaient meilleurs parce qu'ils mettaient moins l'accent sur la planification formelle), le mot d'ordre devint « la planification culturelle ».

Nous présentons ci-dessous les deux derniers de ces avatars de la planification, car, pour l'auteur au moins, ils reflètent bien les proportions bizarres auxquelles sont parvenus ces raffinements du concept de planification. Nous en examinerons les aspects théoriques :

il paraît en effet difficile de croire que beaucoup d'entreprises les ont pris au sérieux dans leurs pratiques.

La planification politique : l'analyse des parties-prenantes[19]

L'analyse des parties-prenantes consiste à calculer de manière systématique les souhaits et les besoins des différents groupes d'influence qui entourent l'organisation, de façon à les incorporer dans le processus de planification.

Tout ceci paraît très logique. On peut dire qu'il s'agit d'une analyse détaillée de ce que dans son modèle original, l'école de la conception appelait déjà « les valeurs » et « l'éthique ». (Pour citer Freeman, il s'agissait de réaliser les opérations suivantes : « expliquer les valeurs intrinsèques » des dirigeants de l'entreprise et de l'organisation, « analyser les différences » entre les deux, être « explicite à propos des conflits et des incohérences », répéter l'opération pour les parties-prenantes, etc. [1984:98-99]). Cela étant, l'opération est tellement mécaniste que l'on peut se demander si la logique ne devient pas le problème au lieu d'être la solution. Même si les planificateurs pouvaient avoir l'objectivité nécessaire pour prendre du recul ou se placer au-dessus de la mêlée et calculer les besoins de chacun des autres acteurs, même si de tels calculs étaient possibles – deux hypothèses qui sont certainement fausses –, le résultat serait sans nul doute tellement stérile que toute partie-prenante qui a la moindre finesse de perception rejetterait en bloc l'ensemble de l'exercice.

Calculer la culture[19]

Quand les Japonais sont venus perturber la façon que les Américains avaient de faire des affaires, le pendule de la planification est revenu à la concurrence économique. Mais ce n'était pas un retour aux façons de faire antérieures. Voyant les Japonais décimer leurs marchés, quelques planificateurs américains se sont tournés vers la culture, et ont introduit un ensemble de nouveaux facteurs dans la méthode de planification. Bien entendu cette mise en place pouvait être faite en quatre étapes faciles :

[19] L'édition américaine du présent ouvrage contient (pages 141-145) une version plus longue de ce paragraphe. Elle contient également (pages 145-151) un paragraphe sur « les approfondissements d'Ansoff ».

Première étape : Définir les cultures et sous-cultures pertinentes de l'organisation...

Deuxième étape : Tirer les conséquences de ces définitions de la culture de l'entreprise pour ce qui concerne les managers, leurs tâches, et leurs relations les plus importantes...

Troisième étape : Mesurer le risque que fait peser la culture de l'entreprise sur la réalisation de l'effort stratégique planifié...

Quatrième étape : Identifier et se concentrer sur les aspects particuliers de la culture de l'entreprise qui sont, d'une part, très importants pour le succès de la stratégie, et d'autre part incompatibles avec les approches organisationnelles qui sont planifiées. (Schwartz et Davis, 1981:47)

Tout cela était très simple, et faisait de la culture « une partie du processus de planification stratégique de l'entreprise » (47). Tout ce qu'il fallait, c'était y consacrer beaucoup de ressources (tout particulièrement pour payer les consultants qui élaboraient ces procédures). Il fallait aussi être aveugle pour ne pas voir combien tout cela était incompatible avec le fonctionnement naturel de l'organisation. D'une certaine façon, imaginer que l'on peut quantifier les coalitions paraît déjà assez idiot, mais incorporer la culture dans les procédures d'un cycle de planification paraît extraordinairement naïf quand on sait que la culture est profondément ancrée dans l'histoire et les traditions d'une organisation et que, au moins pour les Japonais, elle est profondément ancrée dans une longue évolution de l'ensemble de la société. Il faut s'imaginer les Japonais en train de trembler de peur dans les maisons de *geisha* à la pensée que les Américains étaient en train de faire une telle planification. Mais, encore une fois, tout cela n'a probablement jamais été, dans tous les cas, plus qu'une distraction d'importance marginale.

Marche arrière : « Retour à la base »

En mai 1986, à la première conférence du *Planning Forum* formé par la fusion des plus grandes associations américaines de planification, Michael Naylor, dirigeant de la General Motors chargé de la planification stratégique du groupe, et l'un des principaux porte-parole des praticiens, fit une intervention intitulée « La gestion innovatrice et la concurrence globale ». À notre avis cette intervention était marquée par l'approche exactement opposée à celle que nous avons décrite plus haut, au moins pour ce qui concerne la première des questions. Dans sa critique de la planification conventionnelle, Naylor a redécouvert le vieux modèle de la conception, c'est-à-dire le cadre de base qui a sous-tendu la planification stratégique depuis le début, moins les caractéristiques propres à la planification que sont la formalisation et l'élaboration. Il parlait de thèmes comme « établir une position concurrentielle », « mesurer les forces et les faiblesses », et « découvrir les avantages concurrentiels durables ». Et il faisait fréquemment référence à « la mise en œuvre du plan ». Ainsi au lieu d'apporter une innovation Naylor proposait un retour au *statu quo ante*.

Face aux attaques contre la planification stratégique, cette position se répandit parmi les planificateurs au milieu des années quatre-vingt : revenir au modèle plus simple de l'école de la conception. On peut citer à titre d'exemple les termes d'un entretien de Michael Carpenter, un des chefs-planificateurs de General Electric, avec la publication *Planning Review*. Dans cet entretien, effectué en 1985 après que la planification soit tombée en disgrâce dans l'entreprise, on peut lire :

> Je fais une distinction entre la planification et la stratégie : il s'agit de deux choses différentes. La stratégie consiste à réfléchir de façon approfondie aux bases de l'avantage concurrentiel d'une entreprise : la façon dont fonctionne son économie ; la direction dans laquelle les concurrents s'engagent ; comment s'y prendre pour neutraliser le concurrent et finir par avoir le taux de profit le plus élevé et le profit brut le plus élevé dans l'industrie. De l'autre côté, la planification s'attache à faire fonctionner la stratégie : par exemple augmenter les capacités de production ou augmenter la taille de la force de vente. Historiquement l'approche stratégique de General Electric a mis plus l'accent sur la planification que sur la stratégie... Si l'on envisage la stratégie comme je l'ai définie plus haut, elle est un processus de pensée, un processus conceptuel. C'est un processus qui consiste à essayer de toujours mieux penser, pas à essayer de toujours mieux réaliser. (Dans Allio, 1985:18)[20]

[20] Comme le suggère le titre : « GE : un entrepreneur géant ? », ici le modèle de l'école de la conception était associé à une vision de l'entrepreneur. Ansoff a adopté la même approche dans un article de 1977, en appelant « planification entrepreneuriale » un nouveau système de planification capable de faire face aux discontinuités. (1977:14 ; voir particulièrement son graphe de la page 15 pour des similarités avec le modèle de l'école de la conception). Il y a une certaine ironie dans cette approche, compte tenu des efforts qu'a effectués Kenneth Andrews, le principal porte-parole de l'école de la conception, pour prendre ses distances avec le modèle de comportement entrepreneurial (encore que la distance qu'il a essayé d'établir entre le comportement entrepreneurial et la planification pouvait être faible). Par contre, si l'on part du modèle de la planification (avec son insistance sur la formalisation de la procédure) pour arriver au modèle de la conception, alors ce dernier peut ressembler à un modèle entrepreneurial !

Des consultants ont aussi redécouvert ce modèle à peu près à la même époque. Walker Lewis, fondateur de *Strategic Planning Associates*, indique dans un article de 1984 que « le PDG doit être un généraliste informé » ; « il doit pousser à la construction d'un avantage comparatif », et le faire en « sachant s'y prendre pour intégrer ou pour synthétiser » les informations pertinentes concernant « les opérations internes » et « les forces externes » de façon à produire « une stratégie globalement développée » ; de plus « il doit aiguillonner l'entreprise tout au long du processus de mise en œuvre » (1984:1,2,6). Tout comme Naylor, lorsque Lewis prétend que « faire face à ces changements demande plus que de vieilles réponses » (6), il est contredit par ses propres développements, qui n'offrent précisément que de vieilles réponses.

Retourner à une version épurée du modèle de l'école de la conception peut pallier quelques-uns des pires excès de la planification formelle. Mais cela ne résout aucun problème fondamental, dans la mesure où la plupart des hypothèses des deux approches sont identiques, en particulier dans la mesure où toutes deux ignorent l'apprentissage stratégique. Il nous faut donc chercher ailleurs pour trouver les explications aux problèmes de la planification que les données empiriques ont révélé.

Les pièges de la planification : « C'est leur faute, pas la nôtre ! »

La plupart des planificateurs ont adopté précisément cette approche. Mais, d'après nous, de façon non constructive. De loin la réponse la plus populaire que les planificateurs ont apportée aux données empiriques critiquant leurs pratiques a consisté à reconnaître les problèmes et à les attribuer immédiatement à un ensemble de prétendus « pièges ». Les pièges sont à la planification ce que les péchés sont à la religion : les problèmes qu'il faut écarter, des défauts de surface parfaitement compréhensibles qu'il faut enlever, pour qu'on puisse continuer le travail plus noble qui consiste à servir le Tout-Puissant. Il existe cependant une différence fondamentale entre les pièges de la planification et les péchés : les pièges sont pour la plupart attribuables à « eux », pas à « nous », c'est-à-dire aux managers et aux organisations, mais non aux planificateurs ou à leurs systèmes. Les fautes ne sont pas attribuables à la fatalité, mais on ne peut pas non plus les trouver dans la planification. Ainsi, dans l'enquête de Gray, dans laquelle 87 % de ceux qui ont répondu ont exprimé désappointement et frustration vis-à-vis de leurs systèmes de planification, 59 % ont attribué ce « mécontentement principalement aux difficultés rencontrées dans la mise en œuvre des plans », mais pas aux plans eux-mêmes ni aux processus de planification (1986:90). Comme le disait l'un des cadres dirigeants opérationnels qui répondait au questionnaire : « Nous avions en réalité l'habitude de nous dire que notre système de planification était correct, même si nous admettions qu'il s'effondrait dans la mise en œuvre. C'était notre façon de nous dire que le problème ne pouvait pas être situé au sommet de l'entreprise » (93). Ce problème n'était d'ailleurs pas particulièrement nouveau. Voici ce qu'Emmanuel Kant disait à propos de la planification il y a deux cents ans :

> L'élaboration de plans est pour la plus grande part un exercice mental présomptueux : le planificateur prétend avoir une sorte de génie créatif quand il demande aux autres ce que lui-même ne peut pas donner, ou qu'il blâme les autres de n'avoir pas fait ce qu'il ne peut pas faire lui-même... (Dans Spender, 1989:12)

Pour Abell et Hammond : « La cause sous-jacente des problèmes [qu'il y a pour faire fonctionner la planification] est rarement située dans les problèmes techniques liés au processus de planification ou aux approches analytiques. Il s'agit plutôt de problèmes humains et administratifs [et] qui ont leur source dans la nature des êtres humains » (1979:432,434). Ce que cela semble vouloir dire c'est que le système fonctionnerait bien s'il n'y avait pas tous ces damnés individus. Ceci bien entendu explique facilement tous les problèmes que la planification a rencontrés dans la mesure où l'on a uniquement essayé de la mettre en œuvre dans des organisations composées d'individus ! Mais, à moins que nous ne soyons prêts à supprimer les individus pour le bien de la planification, nous avons intérêt à regarder ailleurs pour expliquer ses problèmes.

Steiner a concentré son analyse sur les dix pièges qui sont les plus fréquemment mentionnés, et que nous avons reproduits dans notre Tableau 3-1[21]. D'autres listes de pièges de la planification, provenant

[21] Les répétitions de la même enquête au Japon, au Canada, en Grande-Bretagne, en Italie et en Australie ont produit des résultats similaires (298). Steiner a aussi demandé aux cadres d'entreprises de son enquête américaine d'exprimer leur degré de satisfaction avec leur propre système de planification. Lorsqu'il prétend « qu'ils ont indiqué beaucoup plus de satisfaction que d'insatisfaction » (289), il est démenti par ses propres chiffres qui montrent à peine un léger biais en faveur de la satisfaction : parmi les personnes qui ont répondu, 10,0 % ont indiqué une haute satisfaction, 8,5 % une insatisfaction très prononcée, 34,1 % sont au-dessus de la moyenne, et 15,2 % au dessous de la moyenne, avec 32,2 % indiquant une satisfaction moyenne (295). Il faut se souvenir du fait que ce médiocre niveau de satisfaction est exprimé pour une large part par les planificateurs eux-mêmes qui constituaient 75 % des personnes qui ont répondu au questionnaire.

d'enquêtes ou proposées par des auteurs, sont très similaires à celle de Steiner (voir par exemple celle de Ringbakk (1971), qui est la première de ces enquêtes ; voir Lorange, 1980:1133 ff ; voir aussi l'étude de la littérature concernant les pièges de la planification effectuée par Lorange, 1979:231-235). Sous une forme ou sous une autre, chacune de ces listes cite en premier lieu l'absence de soutien de la direction générale ou d'engagement vis-à-vis de la planification, et un thème qui vient en second lieu a trait à l'attitude ou au « climat » dans l'organisation vis-à-vis de la planification. Dans l'enquête de Steiner, en fait, six ou sept des dix inconvénients de la planification paraissent relever d'une de ces deux catégories (voir dans le Tableau 3-1 les numéros 1, 2, 4, 7, 10, et peut-être le numéro 9 pour ce qui est du premier ; et le numéro 6 pour le second). Dans l'un des deux cas, la faute incombe ostensiblement à la direction de l'entreprise, dans l'autre à l'ensemble de l'organisation.

TABLEAU 3-1
« Les dix pièges les plus importants qu'il faut éviter, d'après les réponses à un questionnaire (N = 159) »
(Tiré de Steiner, 1979:294)

	Description
1.	L'hypothèse faite par la direction générale, selon laquelle elle peut déléguer la fonction de planification à un planificateur.
2.	La direction générale devient tellement impliquée dans les problèmes courants qu'elle consacre un temps insuffisant à la planification à long terme, et que le processus en devient discrédité auprès des autres managers et du personnel.
3.	L'échec dans le développement de buts de l'entreprise qui forment une base adaptée pour la formulation de plans à long terme.
4.	Absence de l'implication nécessaire dans le processus de planification de la part des principaux responsables opérationnels.
5.	Échec dans l'utilisation des plans comme standards pour mesurer la performance des managers.
6.	L'échec dans la création d'un climat dans l'entreprise qui soit adapté à la planification et qui n'oppose pas de résistance à la planification.
7.	Hypothèse selon laquelle la planification d'ensemble du groupe est quelque chose de séparé du processus de gestion dans son ensemble.
8.	Injecter tellement de formalités dans le système qu'il en manque de flexibilité, de plasticité des liens entre les éléments, et de simplicité, et qu'il restreint la créativité.
9.	Absence d'évaluation par la direction générale, avec les responsables des départements et des divisions, des plans à long terme qu'ils ont développés.
10.	Rejet constant, de la part de la direction générale, du mécanisme formel de planification, par la prise de décisions intuitives qui entrent en conflit avec les plans formels.

Le piège : « Absence de soutien de la direction générale »

Depuis que Ringbakk s'est pour la première fois exprimé sur ce piège en 1968 (« Ni les cadres dirigeants de groupe ni les cadres dirigeants des divisions n'ont pleinement accepté la planification formelle comme une partie de leur propre responsabilité » ; ils ont « d'ordinaire délégué les tâches de planification à leurs collaborateurs » [1968:354]), on a assisté à ce qui est pratiquement un chœur de critiques, accompagné d'une orchestration de platitudes et toujours sur le même refrain. Onze années plus tard, Steiner nous informe « qu'il ne peut pas y avoir de planification stratégique formelle qui soit efficace dans une organisation où le PDG n'accorde pas son ferme soutien et ne s'assure pas que les autres personnes dans l'organisation comprennent la profondeur de son engagement » (1979:80). La même année, Abell et Hammond indiquent que « le soutien de la direction générale est une exigence absolue » (1979:434), et un an plus tard Lorange ajoute que « ce que le PDG peut retirer du système est à la mesure de ce qu'il y met » (1980:258). En 1989, après deux décennies de ce type de discours, Reid ajoute que « sans l'engagement du PDG vis-à-vis des objectifs comme vis-à-vis du processus de la planification, le processus cessera d'être efficace » (1989:557).

Mais n'est-il pas possible que des PDG obtiennent parfois de la planification moins qu'ils n'y mettent ? Et n'est-il pas possible qu'ils aient de bonnes raisons de ne pas s'y impliquer, ou même de résister à la planification ? Se peut-il que ceux qui ont de tels comportements sachent des choses que les inventeurs des pièges ne savent pas ? Jacques Sarrazin (1981), qui cite quelques-uns des passages reproduits plus haut, remarque de façon réfléchie : « Il est réellement étonnant qu'il existe une telle distance entre théorie et pratique en ce qui concerne le rôle de la direction générale dans la planification d'entreprise dix après que le problème ait été identifié. » Il fait deux propositions : ou bien continuer à convaincre les managers de « mettre leur pratique en conformité avec la théorie » ou au contraire « essayer d'abord de comprendre les causes de la distance » (10).

Ceux qui ont écrit sur la planification se sont presque inévitablement concentrés sur la première de ces propositions. Si seulement les cadres dirigeants écoutaient, changeaient leur attitude, voyaient où est la lumière, tout marcherait bien pour la planification. Mais la planification n'est pas la seule à avoir cette exigence : chaque nouvelle technique, chaque nouveau système, chaque nouvelle fonction essaie d'obtenir le soutien de la direction générale. En fin de compte quelques-uns y arrivent et d'autres échouent, pas parce qu'ils ont le soutien de la direction générale mais parce qu'ils lui apportent quelque chose qui a de la valeur (c'est pour cette raison qu'ils obtiennent ce soutien). Les relations publiques sont devenues un élément bien établi à la General Motors, mais il n'y a (sans doute) dans cette entreprise aucun programme de danse classique pour les cadres dirigeants. Tout le soutien imaginable de la direction générale n'aurait pas aidé à établir de tels programmes, alors que les relations publiques pourraient bien avoir réussi sans ce soutien. Ce que l'expérience de la planification au cours des deux dernières décennies nous dit, c'est que le soutien de la direction générale peut être une condition nécessaire du succès, mais qu'il n'est certainement pas une condition suffisante. De fait, comme Pennington l'a remarqué, « la planification formelle a en général reçu de la part de la direction générale autant d'attention et de soutien que la plupart des techniques émergentes auraient pu en rêver » (1972:2). Il est clair que quelque chose d'autre doit ne pas avoir fonctionné.

Ringbakk a été l'un des rares qui ait suivi la seconde proposition de Sarrazin. Il a envisagé plusieurs explications à la distance entre la théorie et la pratique : l'une de ses explications, particulièrement prétentieuse, est que les managers font montre d'un « manque de compréhension des différentes dimensions de la planification » (1971:19). Un certain nombre de voix se sont jointes à la sienne. « Il est surprenant de voir le nombre de ceux qui sont supposés planifier et qui tout simplement ne comprennent pas comment faire » (Abell et Hammond, 1979:433). Ansoff a poussé cet argument plus loin, aussi bien du point de vue de la forme que du point de vue des conséquences : « Certains managers ont peur que la planification ne révèle leur incompétence » (1977:20). Il suggère aussi que les managers « ont peur de l'incertitude et de l'ambiguïté que la planification apporte dans leur vie » (20). Saunders et Tuggle indiquent dans la même veine qu'un certain manque de concurrence permet aux managers « de chercher des solutions simplement satisfaisantes à un niveau plus confortable » au lieu d'avoir à optimiser, ce que la planification est supposée faire (1977:21).

Plus loin dans cet ouvrage, nous chercherons à montrer que chacun des arguments précédents est faux : c'est précisément la planification qui recherche souvent des solutions seulement satisfaisantes, qui peut réduire de façon artificielle l'incertitude et l'ambiguïté, et il se peut tout particulièrement que ce soient les planificateurs qui ne comprennent pas les managers, à tout le moins les planificateurs qui ont quelque sympathie pour les arguments exposés ci-dessus, les planificateurs de type conventionnel auxquels nous avons fait référence. Entre autres choses, leurs prétentions sont des obstacles.

Écrivant en 1980, juste avant que la planification stratégique ne soit détrônée à la General Electric, l'un des principaux planificateurs attribuait le fait que la planification soit acceptée « en premier lieu et par-dessus tout » à « l'engagement et l'implication de la direction générale » (Rothschild, 1980:13). Reginald Jones, PDG à l'époque, comprenait sans aucun doute le processus. Mais peut-on dire que son successeur, Jack Welch, qui peu après a décimé la planification formelle à la General Electric, le comprenait moins ? De fait, Welch comprenait probablement mieux la planification, dans la mesure où en tant que responsable de division il avait à la faire, et pas seulement à forcer les autres à la faire. Si la planification est tellement bonne, pourquoi les entreprises américaines qui l'ont le plus utilisée ou expérimentée se sont-elles retournées contre elle ? Pourquoi la General Electric a-t-elle été la première à l'abandonner après avoir été la première à l'adopter ? Est-ce que Welch en savait trop ?

Nous croyons que c'est le cas, et nous développerons la substance de nos arguments dans le chapitre 4. Parmi ceux que nous développerons, il y a celui-ci : la planification comporte un inconvénient qui lui est inhérent : elle peut saper l'implication même qu'elle exige avec tant de force.

Le piège : « Un climat organisationnel adapté à la planification »

Dans ce qui a souvent l'apparence d'une tautologie, des auteurs sur la planification se réfèrent à un climat « adapté » à la planification (voir plus haut la position de Steiner sur ce sujet ; voir aussi Steiner et Kunin, 1983:14-15). En répondant « à des questions sur l'utilité de [ses] prescriptions initiales » quatorze ans plus tard, Ansoff répond :

> Je persiste à croire que la prescription est, et continue d'être, valide à condition qu'elle soit appliquée dans le cadre d'un climat organisationnel approprié ; et, au contraire, que la planification stratégique sera rejetée si le climat dans lequel elle est implantée est mauvais. (1979:6)

Les remarques de ce type seraient intéressantes si l'on nous disait ce qu'est un climat approprié en dehors du fait qu'il doit être un soutien à la planification. Certains commentaires sont de peu d'aide sur ce point, par exemple ceux de Steiner qui indiquent : « Un tel climat doit engendrer un certain niveau d'enthousiasme pour la planification et éviter une résistance aveugle à la planification. Il ne doit y avoir aucun biais anti-planification sérieux » (1983:15). Steiner ajoute que le climat « doit encourager une pensée créative plutôt qu'une pensée de type pas-à-pas » et que « les managers doivent être capables d'une pensée conceptuelle » (15). Mais quelles données empiriques ont été fournies, par lui ou par d'autres, pour prouver que de tels climats sont en fait adaptés à la planification ?

Encore une fois, le point que nous voulons développer dans le chapitre 4 est exactement à l'opposé de celui-ci : la planification conventionnelle a tendance à être un processus conservateur qui parfois encourage des comportements qui sapent la pensée et l'activité stratégiques. Elle peut être inflexible, encourager la résistance aux changements stratégiques majeurs, et décourager les idées réellement nouvelles en faveur d'extrapolations du *statu quo* ou d'adaptations marginales. En fin de compte, par conséquent, elle a tendance à focaliser l'attention sur le court terme plutôt que sur le long terme. Nous donnerons également des preuves montrant comment la planification peut empêcher la pensée conceptuelle des managers. De plus nous montrerons comment le climat politique interne qui est considéré comme si antithétique de la planification encourage parfois des changements stratégiques majeurs nécessaires dans les organisations, alors que la planification elle-même encourage parfois des activités politiques dysfonctionnelles. Enfin, nous conclurons qu'un climat adapté à la planification peut parfois être antithétique d'une pensée stratégique efficace et que donc un climat « correct » est parfois hostile à la planification.

En fait, les pièges propres à la planification nous servent parfois par inadvertance à découvrir quelques-uns des problèmes sérieux que le processus comporte, en nous permettant de tester quelques-unes de ses caractéristiques de base. Nous entrerons pleinement dans notre critique du processus de planification en considérant ces pièges réels dans le chapitre 4, et en développant ensuite dans le chapitre 5 ce que sont les erreurs plus sérieuses de la planification.

4

Quelques pièges réels de la planification

Notre critique de la planification se situe à deux niveaux. Dans le présent chapitre nous décrivons quelques caractéristiques de la planification qui aident à expliquer les difficultés qu'elle rencontre. Le ton de cette discussion, et même l'ensemble des thèmes traités, correspondent au ton et aux thèmes de la littérature sur les pièges de la planification, à cela près qu'ici nous retournons ces pièges contre eux-mêmes. Nous présentons ainsi quelques-unes des caractéristiques les plus évidentes qui empêchent la mise en œuvre efficace de la planification. Le chapitre suivant, par contre, nous permettra d'étudier plus en détail les causes profondes des échecs de la planification stratégique.

Le présent chapitre considère les deux principaux « pièges » de la planification. L'objectif est de montrer que non seulement ceux-ci passent à côté de la question, mais de plus que la question dont ils traitent est souvent à l'opposé de celle qu'ils prétendent traiter. En d'autres termes, la planification peut elle-même s'empêcher de fonctionner comme ses partisans prétendent qu'elle devrait le faire. Il est certain que la planification ne peut pas fonctionner efficacement sans le soutien des cadres dirigeants de l'organisation, ni survivre dans des climats qui lui sont hostiles. Les véritables questions sont, cependant, de savoir pourquoi ce soutien finit si souvent par lui être retiré, et pour quelles raisons ces climats hostiles se développent.

En suggérant quelques réponses à ces questions, nous présentons quelques caractéristiques de la planification qui posent problème. L'une d'entre elles est un détachement « objectif » qui diminue souvent l'implication des décideurs et est le point de départ d'un fonctionnement de nature politique. On peut aussi citer la tendance au conservatisme et l'obsession du contrôle qui sont parfois à l'origine d'un climat de conformité et d'inflexibilité qui encourage à son tour les changements incrémentaux focalisés sur le court terme. Ces caractéristiques peuvent être les véritables travers de la planification.

Planification et implication

La faible implication des décideurs est le problème de la planification le plus fréquemment cité dans la littérature de gestion. Le postulat est le suivant, avec le soutien et la participation de la direction générale tout ira bien. Mais il faut aussi se demander pour qui et pour quoi « ça ira bien » : pour les planificateurs ? la chose est sûre ; mais pour l'organisation ?

Cette hypothèse a son origine dans la croyance selon laquelle il existe « une méthode et une seule qui est la meilleure » (« the one best way »), pour reprendre l'expression de Taylor. La planification est supposée être la seule et la meilleure méthode pour la formulation et la mise en œuvre de la stratégie. Le fait qu'il existe d'autres méthodes, et que de plus elles peuvent être meilleures, est traité dans l'ensemble de ce livre, et nous n'avons pas besoin d'en parler spécifiquement ici. Ce qui nous intéresse et que nous voulons développer maintenant, ce sont les deux hypothèses simplistes faites dans la littérature sur les liens entre implication et planification : d'abord, que si la direction générale s'implique, alors la planification sera automatiquement acceptée ; ensuite, que la planification engendre elle-même automatiquement l'implication des individus dans l'organisation. Par exemple, dans l'introduction de son livre *The Truth About Corporate Planning*, David Hussey écrit : « Un processus de planification aidera les entreprises à obtenir une meilleure implication des managers pour le développement de l'organisation » (1983:5).

De façon plus précise, la question n'est pas simplement de savoir si les managers se sentent engagés vis-à-vis de la planification. C'est aussi de savoir : a. dans quelle mesure la planification se sent engagée vis-à-vis des managers ; b. dans quelle mesure l'implication dans la planification entraîne une implication dans le processus d'élaboration de la stratégie, une motivation pour les stratégies ainsi élaborées, et en fin de parcours l'engagement par l'organisation dans des actions réelles de mise en œuvre, et ; c. dans quelle mesure la nature même de la planification induit un engagement des managers à son égard. La discussion qui suit remettra en question chacune de ces croyances.

L'implication au sommet

La relation entre la planification et la direction générale a toujours été spéciale. D'un côté la planification a toujours au moins de façon formelle fait allégeance au pouvoir de la direction sur le processus de planification lui-même. En d'autres termes, la planification suppose l'existence d'une direction générale toute-puissante et centralisée qui décide et qui coordonne les actions (en particulier les actions de planification). Même pour Igor Ansoff, cette hypothèse est « étrangement naïve » : « Si les cadres (hors la direction générale) ne mettent pas de bonne volonté à planifier, menacez-les d'encourir l'insatisfaction du grand patron, et dites-leur qu'il adore la planification » (1977:19).

D'un autre côté, de façon implicite ou explicite, la planification est conçue par essence pour réduire substantiellement le pouvoir de la direction générale sur l'élaboration de la stratégie. Quelles que soient les déclarations affirmant que le contrôle du processus est entre les mains de la direction générale, il est indéniable que la planification, en formalisant, cherche à faire glisser une partie de ce pouvoir dans ses propres systèmes, et tout particulièrement au détriment de l'intuition managériale. C'est ainsi que Lorange soutient que « le PDG ne doit typiquement pas être celui qui est profondément impliqué dans le détail des processus de planification et de contrôle stratégiques », parce que cette personne ne doit pas « normalement avoir le temps ou le tempérament pour ce faire ». « Il est [plutôt] le concepteur du système d'une façon générale » (1980:2). Pour Lorange, la position idéale pour le PDG est celle d'un contrôle à distance.

Bien entendu personne n'a tout à fait souhaité éliminer la direction générale. Les modèles de planification ont toujours pris soin de laisser un rôle pour les membres de la direction générale. Par exemple, dans les trente et une étapes que Steiner a décrites dans son « calendrier d'élaboration d'un plan d'entreprise à cinq ans », il existe huit étapes dans lesquelles il est permis à la direction générale d'intervenir :

- En août :

1. Les planificateurs du groupe rencontrent les membres de la direction générale et valident auprès des planificateurs des divisions un calendrier de la planification.

2. Les planificateurs du groupe rencontrent les membres de la direction générale pour discuter des changements dans les objectifs, les stratégies, et les politiques générales de base qui doivent servir de nouvelles lignes directrices pour le programme de planification...

- En novembre :

1. Si le président du comité de groupe pour la planification n'est pas le PDG, ce président et le directeur de la planification du groupe discutent des questions essentielles avec le PDG...

- Et en décembre :

1. Une conférence de deux jours sur la planification est organisée en dehors de l'entreprise ; les dirigeants du groupe et de chaque division y sont conviés. Chaque division présente son plan et ses problèmes ; on y discute des alternatives, et on y détermine des plans d'action. Le PDG préside cette conférence.

2. À la fin de la conférence, le PDG, qui est de fait le président de la conférence, décide de la façon dont chaque plan sera modifié pour tenir compte de ce qui s'est dit au cours de la conférence.

3. Une procédure alternative utilisée dans beaucoup d'entreprises consiste à demander à chaque division de présenter son plan de façon individuelle aux dirigeants...

4. Un résumé du plan et de quelques-unes de ses parties sont présentés au conseil d'administration par le responsable de la planification du groupe.

5. Le PDG examine les budgets annuels et approuve les budgets pour l'année suivante... (1969:133-134)

On a presque l'impression en lisant ce texte que les dirigeants devraient être reconnaissants pour les rôles qu'il leur est permis de jouer. Après tout, on discute avec eux des changements de stratégie, et le PDG a le droit de présider la conférence de deux jours sur la planification, et même de « décider » de la façon dont les plans seront modifiés (même si ce n'est pas lui qui présente le plan au conseil d'administration !). Il ne faudrait pas s'inquiéter de ce que la direction générale n'a aucun rôle à jouer dans les cinq étapes du mois de septembre, dans les quatre étapes du mois d'octobre, ou dans sept des huit étapes de novembre ; le processus est alors entre les mains expertes des planificateurs du groupe qui rencontrent les dirigeants des divisions « pour discuter de façon complète de leurs plans en conformité avec les manuels de planification », qui décident « des domaines dans lesquels il faut effectuer des études pour aider à l'évaluation des plans qu'ils reçoivent et pour modifier les stratégies existantes », et qui « procèdent à l'agrégation et à l'examen » des plans des divisions.

Dans un article intitulé « Comment mettre en œuvre les plans stratégiques » publié par un journal à grande diffusion sur la stratégie d'entreprise, Collier indique, dans une partie intitulée « Un PDG impliqué », que le PDG « doit prendre et mettre en œuvre les décisions qui sont indiquées par les plans stratégiques » (1984:92) (Collier n'ajoute pas : « ...qu'il les apprécie ou pas »). Si c'est ce que l'on appelle être impliqué, même sous la forme un peu plus subtile définie par Steiner, alors comment peut-on s'attendre au soutien de la direction générale ?

C'est une chose que de laisser les dirigeants en dehors de l'essence du processus de planification. Mais c'en est une autre que d'être insultant quant à la façon dont ils travaillent. Pour citer une nouvelle fois Steiner : « Si une organisation est gérée par des génies intuitifs il n'y a pas besoin d'une planification stratégique formelle. Mais quel est le nombre d'organisations ainsi bénies ? Et, quand elles le sont, combien de fois le jugement de ces génies intuitifs est-il correct ? » (1979:9). Si la planification ne se sent pas engagée vis-à-vis de la direction, et si elle ne respecte même pas ce qui pourrait être sa véritable essence, alors comment la direction peut-elle se sentir engagée vis-à-vis de la planification ?

L'implication aux niveaux moins élevés de la hiérarchie

Les attitudes présentées dans le paragraphe précédent étaient au moins exprimées avec prudence ; mais lorsqu'ils traitent des managers qui sont à un niveau hiérarchique inférieur, les écrits sur la planification deviennent moins circonspects. Dans le calendrier de la planification élaboré par Steiner il est clair que, par exemple, au cours du mois de septembre « Les planificateurs de la division rencontrent les responsables de la division pour compléter leurs plans en conformité avec le manuel de planification » et « les responsables fonctionnels du groupe rencontrent les planificateurs du groupe pour discuter de la nature de leurs plans et des relations de ces plans avec les plans des divisions » (1969:133). On ne s'étonne pas dans ces conditions que le responsable du Major Appliance Group de la General Electric s'exprime de façon aussi véhémente à propos de « la mainmise » de la partie d'entreprise dont il a la responsabilité par « une bureaucratie isolée » de planificateurs. Tout ce qu'il voulait c'était un engagement personnel vis-à-vis de sa propre stratégie, et pour cela, il devait combattre les planificateurs !

Si les planificateurs ont la propriété du processus, s'ils prennent la responsabilité d'intégrer les plans des différentes sous-unités de l'organisation, alors en fait, ils retirent le contrôle de la stratégie des personnes mêmes qui sont supposées la penser. Si les planificateurs restent dans leurs bureaux et tirent toutes les ficelles pour la direction générale, toutes les autres personnes dans l'organisation en sont réduites à un simple rôle de mise en œuvre. Et cela sape l'implication vis-à-vis du processus d'élaboration de la stratégie aussi bien que l'engagement vis-à-vis des stratégies qui en sont le produit, « bloquant les initiatives des opérateurs et de leur hiérarchie » (Newman, 1951:57). Bass a établi ce fait dans des expériences conduites dans diverses parties du monde. Il a montré que les individus sont plus productifs et plus satisfaits quand ils agissent dans le cadre de leurs propres plans et non pas dans le cadre de plans élaborés par d'autres personnes. Il voit à cela plusieurs raisons :

> La productivité et la satisfaction sont plus faibles quand on met en œuvre des plans élaborés par d'autres parce que 1. le sens de l'accomplissement de soi est moindre quand on exécute un plan élaboré par quelqu'un d'autre ; 2. on a moins tendance à essayer de confirmer la validité du plan d'un autre en l'exécutant avec succès, et moins confiance en le fait que cela soit possible ; 3. on est moins impliqué à voir le plan fonctionner correctement ; 4. il y a moins de flexibilité, moins de place pour effectuer des modifications, moins de place à l'initiative pour apporter des améliorations dans un plan qu'on doit suivre ; 5. on comprend moins bien un plan qui vous est assigné ; 6. les ressources humaines ne sont pas aussi bien utilisées ; 7. il y a plus de problèmes de communication, d'erreurs et de distorsions importantes lorsqu'il s'agit de suivre des instructions ; 8. il y a un sentiment de concurrence entre ceux qui planifient et ceux qui exécutent, à un point tel qu'il apparaît que lorsque les premiers « gagnent » , les seconds « perdent ». (1970:159)

La planification « décentralisée »

Aujourd'hui bien entendu pas un planificateur qui se respecte n'approuverait la moindre des prises de position attribuées ci-dessus à la planification. La planification stratégique est le travail des cadres opérationnels ; les planificateurs ne font qu'apporter leur soutien, ils « facilitent ». Mais que se passe-t-il si les cadres opérationnels ne veulent pas faire de la stratégie de cette façon ? Que se passe-t-il s'ils insistent pour utiliser leur intuition ? Que se passe-t-il s'ils refusent de travailler en coordination avec leurs collègues ? Les planificateurs vont-ils alors simplement rester assis et hausser les épaules ? La réponse à cette question est négative si le présent auteur doit en croire sa propre expérience.

Une prétendue approche de ce problème est ce que l'on appelle « la décentralisation » du processus de planification. Mais que peut signifier ce terme si l'objectif même de la planification est de réaliser la coordination entre les différentes unités ? Comme le conclut Durand après son étude sur la planification en France : « La planification décentralisée ne signifie pas la prise de décision décentralisée » (1984:14). Tant que la planification décentralisée exige de la part des cadres de niveaux inférieur qu'ils mettent en œuvre des procédures selon un calendrier préfixé sur la base d'hypothèses établies par d'autres personnes situés plus haut qu'eux dans la hiérarchie, personne ne peut s'attendre à ce que l'implication soit forte. L'oie au gavage n'a pas plus d'autonomie quand elle tire elle-même le grain que quand on pousse le grain dans son gosier. Ceci est particulièrement vrai pour les oies qui n'ont pas besoin de tout le grain qu'on leur donne.

L'appel en faveur d'une planification décentralisée fait l'impasse sur un dilemme évident. Selon les termes d'Erich Jantsch, le « processus de planification devrait être... démocratique, c'est-à-dire fondé sur une initiative décentralisée et une synthèse centralisée » (1969:473). L'expression sonne bien. À ceci près que la synthèse centralisée a tendance à saper l'initiative décentralisée comme il apparaît clairement dans la plupart des données empiriques présentées dans le chapitre 3 : celles qui viennent de Sarrazin, de Gomer et Koch, de la General Electric, d'Air Canada et de l'expérience effectuée par le gouvernement américain dans le domaine du PPBS (cette dernière avait selon Wildavsky « un biais extrême en faveur de la centralisation » [1974:188]). Pour citer un texte que nous avons écrit il y a quelques années à propos de l'analyse en général : « Dans sa recherche de *la* fonction objectif, l'analyse ignore le conflit et les coalitions et met l'accent sur *la* parole *du* Patron... ; dans son appel en faveur du soutien à la direction générale pour la mise en œuvre de ses solutions, elle suppose qu'il y a contrôle centralisé ; dans sa recherche d'une solution optimale (*la* réponse logique, *la* meilleure façon de faire) elle décourage le pluralisme dans la structure organisationnelle » (Mintzberg, 1979b:131).

L'essence du problème est située dans la coordination, la façon de faire tenir ensemble tous les éléments de la planification. Comme d'habitude Wildavsky ne mâche pas ses mots, et il identifie la coordination avec « une autre forme de coercition » :

> Puisque les acteurs A et B ne sont pas d'accord avec le but C, ils ne peuvent être coordonnés que si quelqu'un leur dit ce qu'il faut faire et leur enjoint de le faire. Le terme allemand *Gleichschaltung*, utilisé par les nazis pour qualifier l'obtention par la force d'une conformité rigide peut nous donner quelque idée de cet usage particulier de la coordination. Pour coordonner, on doit être capable d'obtenir que les autres fassent des choses qu'ils ne veulent pas faire. (1973:143)

Les planificateurs n'ont pas, bien entendu, besoin d'imposer le plan en lui-même ; ils peuvent en appeler à toutes formes de participation de la part de ceux qui sont affectés par le plan. Mais, si les conditions ne sont pas remplies pour que ces personnes atteignent leur propre consensus de façon informelle sur les buts, les stratégies, les programmes d'action et l'allocation des budgets (et c'est loin d'être simple à faire dans toute organisation d'une certaine taille) alors il faut qu'un groupe central effectue la coordination pour eux et leur impose ses résultats. Un leader peut bien entendu y parvenir en imposant sa vision personnelle. Mais une telle vision a sa source dans l'intuition, et l'intuition est un processus tabou pour ceux qui souscrivent aux credos de l'école de la planification. La coordination doit être formalisée, ce qui signifie planifiée. Et par conséquent, alors que la participation peut être encouragée lorsqu'il s'agit de réunir les données d'entrée du processus, elle a tendance a être interdite dans la détermination du résultat final. Voici comment Meyerson et Banfield caractérisent une expérience de planification urbaine effectuée par la mairie de Chicago :

> Le mieux que pouvait faire une telle agence de la planification... consistait à rassembler toutes les informations possibles à propos des intentions des différentes personnes concernées, à utiliser cette information pour susciter autant de coordination volontaire que possible, puis à choisir la marche à suivre pour atteindre ses buts sans interférer avec l'activité des agences et des individus dont elle souhaitait qu'ils atteignent leurs propres buts (et peut-être en apportant des compléments à ces buts). (1955:275)

Nous en concluons que la planification est un processus centralisateur qui décourage l'implication même qu'il souhaite si honnêtement susciter. Tout ceux qui doutent de ce fait peuvent regarder la réponse qu'apportent à cette question les planificateurs qui sont eux-mêmes soumis à la planification, tels qu'Ely Devons les présente dans la description lucide qu'il a faite du processus de planification suivi par l'armée britannique au cours de la Seconde Guerre mondiale :

> Au niveau le plus élevé, il y avait un conflit entre les coordinateurs centraux, du gouvernement et du ministre de la Production, et les planificateurs des départements individuels. Les coordinateurs suprêmes se battaient pour avoir plus de centralisation, et les planificateurs de chaque département se battaient pour qu'on leur laisse plus de marge de manœuvre. Mais à l'intérieur de chaque département, les planificateurs, qui se battaient pour obtenir que leur soient délégués des pouvoirs de décision lorsqu'ils avaient affaire aux organes centraux du gouvernement, argumentaient en faveur de la centralisation des décisions à l'intérieur de leur propre département. (1950:14)

Quand différentes activités doivent être coordonnées de façon étroite et formelle, la réponse honnête paraît donc être d'oublier la participation et l'implication, et simplement d'imposer une planification centrale. Comme l'exprime Bass : « Si les actions de ceux qui font le travail sont complètement programmées par les planificateurs, le gain qu'on obtient dans la capacité de prévoir la performance peut être plus que compensé par la perte de l'intérêt porté à leur travail par ceux exécutent » (1970:167). Et quand l'implication est un élément crucial, la réponse appropriée peut être d'abandonner la planification, au moins la planification telle qu'elle est conventionnellement pratiquée.

Planification et liberté

La question des relations entre la planification et la liberté a été très vigoureusement débattue dans le secteur public, dont les actions affectent non seulement les salariés du secteur public mais aussi les citoyens. En particulier, il y a quelques années, tout un débat a surgi sur le thème « planification et liberté », un débat évidemment coloré de fortes connotations idéologiques[1]. Les arguments développés par l'un des groupes consistaient à dire que les deux sont fondamentalement antithétiques, les autres soutenant que la liberté elle-même requiert un certain degré de planification.

[1] Voir par exemple, l'ouvrage de Frederick Hayek, *The Road to Serfdom* (1944), la réponse de Barbara Wootton, *Freedom Under Planning* (1945), et l'analyse faite par Chester Barnard de ce dernier ouvrage (1948:176-193).

Si l'on examine le débat sous l'angle purement idéologique, où la planification devient presque synonyme de toute intervention du gouvernement dans le marché « libre », alors le débat perd sa signification, au moins pour ceux qui croient qu'à côté des droits individuels existent des droits collectifs. Mais si l'on pense que le débat est centré sur « le conflit évident entre l'efficience du système, qui est fondée sur l'ordre, et la spontanéité, qui a sa source dans l'autonomie de l'individu » il est difficile de contester les conclusions de Chamberlain : « L'ordre planifié n'est pas l'antithèse de la liberté individuelle, il en est une condition nécessaire », au moins jusqu'à un certain point, et ainsi « la question n'est pas de savoir s'il faut le plan ou l'individualisme, mais combien de chaque est nécessaire » (1968:154-155).

Mais accepter que les plans eux-mêmes sont une nécessité pour que fonctionne une société libre ne conduit pas à la conclusion que le processus de planification est fondamentalement démocratique. Souvenons-nous de l'expression de Koch qui caractérisait la planification en France comme une « façade » de démocratie et de participation. Lewis pose bien le problème :

> Compte tenu de sa complexité, la planification par la direction n'augmente pas, mais au contraire diminue, l'aspect démocratique du processus. Un plan ne peut pas être fait par « le peuple » ou par le Parlement, ou par le Gouvernement ; il doit être fait par des professionnels, parce qu'il est composé de milliers de détails ajustés les uns aux autres ; ses résultats sont incarnés dans des milliers d'ordres et de décisions administratives, dont le Parlement et les ministres n'ont qu'une connaissance des plus minces. (1969:19)

Bien entendu, même un processus de planification plutôt centralisé peut refléter la volonté du peuple, tant qu'il tire la ligne directrice d'un consensus populaire ou de représentants démocratiquement élus.

De fait, en tant que citoyen, nous devons abandonner certaines de nos libertés de choix pour obtenir d'autres bénéfices. L'expérience des États communistes nous fournit un exemple dramatique de la suspension des libertés individuelles au profit d'une planification sans limites, avec des biais qui sont si évidents qu'aujourd'hui plus personne ne propose sérieusement une planification gouvernementale intense de l'économie. N'est-il pas paradoxal alors que, pour certains, les grandes entreprises du monde occidental (les institutions centrales dans ce qu'on appelle l'économie non planifiée du libre marché) auraient dû être le fer de lance des efforts occidentaux pour institutionnaliser la planification formelle ! Ce qui était terriblement mauvais pour l'État, à cause de ses effets sur la participation, l'implication et la flexibilité, devenait tellement bon pour l'entreprise, bien que produisant exactement les mêmes effets. De fait, ces effets se font sentir non seulement sur les salariés, mais aussi sur les citoyens, si nous acceptons les arguments développés par John Kenneth Galbraith sur « Le nouvel État industriel ». Souvenons-nous des planificateurs qui ont lutté pour ne pas être des objets de planification alors qu'eux-mêmes insistaient pour soumettre toutes les autres personnes à leur planification.

Dans ce domaine, nous ne pouvons pas résister à la tentation de citer Lorange et Vancil lorsqu'ils traitent de la planification formelle pour améliorer le processus stratégique :

> Un système explicitement formel et très visible était l'une des façons d'atteindre l'objectif, même s'il impliquait un certain degré de documentation bureaucratique et de procédure. Dans de nombreuses entreprises, cet objectif a maintenant été atteint, et on peut relaxer quelques-unes des contraintes de l'appareil formel. (1977:xiv)

Les termes qu'ils emploient nous intriguent, et on ne peut pas s'empêcher de se souvenir des promesses faites par les bolcheviks sur la « relaxation des contraintes » de la bureaucratie d'État quand la révolution communiste aurait été consolidée. De fait la relaxation volontaire des contraintes par les groupes de planificateurs paraît avoir été aussi courante dans les entreprises américaines qu'elle l'a été dans les gouvernements communistes !

Quand les entreprises deviennent de grande taille, bien entendu, les planificateurs d'État et les planificateurs privés deviennent plus proches. Pour citer Galbraith : « La grande entreprise et l'appareil modernes de planification socialiste sont des variantes du même besoin » (1967:33). Ou, comme l'exprime plus simplement Lewis, « La vérité est qu'aujourd'hui nous sommes tous des planificateurs » (1969:4, et l'on pourrait ajouter, malgré la destruction du communisme).

Déjà en 1959 James Worthy a développé le même argument, comparant tout particulièrement la planification dans les pays de l'Est avec la gestion scientifique dans les pays occidentaux (la même gestion scientifique que Jelinek prétendait être le précurseur de la planification d'entreprise) :

> Il existe des parallèles intéressants entre le communisme et la gestion scientifique. Dans les deux cas les travailleurs sont considérés plutôt comme des moyens que comme des fins, comme des exécutants plutôt que comme des planificateurs ou des personnes ayant un rôle d'initiateurs ; ils sont

> considérés comme devant être manipulés, par la persuasion si c'est possible et par la coercition si c'est nécessaire, pour des besoins et des intérêts autres que les leurs. (1959:78)

De fait Worthy a remarqué que la Russie soviétique était l'endroit « où la gestion scientifique a connu son développement le plus accompli... Et la planification en Russie a été caractérisée comme "une tentative pour faire au niveau national ce que la gestion scientifique était en train de faire au niveau de l'usine individuelle" » (77, citant Filipetti). Worthy rappelait en fait des efforts effectués par certains des premiers disciples de Taylor pour imposer précisément une telle planification sur la société américaine. Par exemple, il cite Henry Gantt qui disait que « la finance et l'industrie doivent d'une certaine façon être socialisées » ; et qui proposait de créer ce qu'il appelait « La nouvelle Machine », c'est-à-dire selon Worthy « une organisation fantastique » pour créer « La Société planifiée » (76). Une telle position peut sembler extrême, mais les avertissements donnés en 1969 par Worthy paraissent terriblement contemporains :

> Aujourd'hui il n'est pas à la mode de parler de la planification en dehors de l'entreprise, parce que ce serait y impliquer le Gouvernement, et parce que toutes les « personnes sensées » veulent moins, et non pas plus, d'interférence du gouvernement dans les affaires économiques. Mais qu'il y ait une récession sérieuse, et que le fonctionnement actuellement harmonieux des marchés s'effondre sous les coups de l'adversité économique, et l'habitude qui nous fait penser en termes de l'organisation mécaniste de l'entreprise nous conduira facilement à penser en termes d'organisation mécaniste de l'économie. (1959:79)

« L'implication » ou le « calcul »

Comme nous l'avons noté plus haut, en choisissant de planifier de façon formelle, les organisations doivent parfois choisir d'abandonner la participation au profit de la performance. Mais comme l'ont remarqué Allaire et Firsirotu, les organisations adoptent parfois la planification pour compenser l'absence initiale d'une telle implication. Ces auteurs ont trouvé que de plus en plus les entreprises occidentales « sont habitées par des managers et des techniciens mobiles et calculateurs qui n'acceptent pas [et qui ne se voient pas offrir] le contrat psychologique traditionnel d'un emploi à vie et de promotions sûres en échange de la loyauté et de la dévotion vis-à-vis des buts de l'entreprise » (1990:10). Ce qui tend à « couper de façon irrécupérable » le « lien de légitimité et de crédibilité » entre la direction générale et les autres membres de l'entreprise, « sans rien qui puisse le remplacer sauf le contrôle par les nombres ou la mise en œuvre forcée par les fonctionnels de la direction générale » (12).

Ceci suggère que la culture et la planification peuvent être des méthodes alternatives pour gérer une organisation, l'une étant plus liée à l'implication, l'autre au calcul.

Que la planification soit plus concernée par le calcul des choses que par l'implication des personnes est reflété dans l'accent qu'elle met sur la formalisation. On peut le voir dans le traitement de la formation de la stratégie comme un processus détaché et analytique qui doit être exécuté par des systèmes plutôt que par des personnes. Voyons comment Ansoff résume son propre modèle :

> La méthodologie sous-jacente est une succession d'étapes de réduction des différences : on identifie un ensemble d'objectifs pour l'entreprise, on effectue le diagnostic de la position courante de l'entreprise vis-à-vis de ces objectifs, et l'analyse fait apparaître une différence entre ces deux éléments que l'on appelle « l'écart ». On entreprend ensuite une recherche pour trouver un opérateur (une stratégie) qui peut réduire cet écart. On teste la capacité de cet opérateur à réduire l'écart. Si cette capacité est satisfaisante (parce que l'écart est pour l'essentiel comblé) alors l'opérateur est accepté ; si l'écart est partiellement comblé, on accepte l'opérateur de façon provisoire, et on recherche un opérateur additionnel ; si l'opérateur n'a qu'une capacité marginale ou négative de combler l'écart, il est rejeté et on en cherche un nouveau. (1964:73)

Dans le jargon d'aujourd'hui, on pourrait accuser Ansoff de lancer « une bombe à neutrons » sur le processus stratégique : en éliminant les personnes de façon à ce que les procédures puissent faire fonctionner le processus ! Le problème, hélas, est que ce détachement analytique présent dans la première partie, lors de la formulation de la stratégie, a tendance à miner l'engagement personnel dans la seconde partie, lors de la mise en œuvre.

Il y a quelques années, Air Canada s'est engagé dans la création de « Rapidair », un service expérimental de navettes aériennes entre Montréal et Toronto. Mais l'entreprise n'offrait aucune garantie d'obtenir un siège à bord de l'avion. Voyant les consommateurs continuer à réserver leur place, la compagnie aérienne a cessé, après seulement quelques jours, à opérer ce service sous la forme d'une navette. L'attitude ne consistait pas à s'engager vis-à-vis du projet : « Faisons en sorte que ça marche ». C'était une attitude de calcul : « Et bien, on a essayé, n'est-ce pas ? » (dans Mintzberg, Brunet et Waters, 1986). On peut comparer cette approche au développement des ordinateurs de la série 360 par IBM dans les années 1960 (dans Wise, 1966,a,b). Le projet avait été initié comme un acte de foi. Les dirigeants de l'entreprise avaient décidé de reconcevoir toute leur gamme de produits uniquement sur la base d'un ensemble de lignes directrices très générales concernant la forme de la technologie, le lien entre les différents modèles, etc. Aucun calcul sérieux n'était même possible. Ainsi, au lieu d'une planification initiale détaillée, il y avait suffisamment d'implication ferme pour assurer la mise en œuvre du projet. Ce changement était soutenu par l'inspiration, alors que le premier a été dénaturé par le calcul.

Brunsson a été l'un des rares qui se soit attaqué à cette question à un niveau conceptuel. Il a fait apparaître un contraste entre deux types de comportements : le comportement « de type construction de l'engagement », qui est plus un acte de volonté qu'un processus cognitif, et qui a tendance à produire un haut niveau d'acceptation, et le comportement « de type scruteur critique ». À propos de ce dernier il écrivait :

> Le risque individuel est évité essentiellement par une attitude de retrait vis-à-vis de la responsabilité et de l'engagement. Les évaluateurs ont tendance à faire face à l'incertitude de l'évaluation par l'intermédiaire de processus cognitifs. On essaie de tenir compte de toutes les variables importantes en calculant la décision qui est la meilleure. On ne prend pas en compte l'implication émotionnelle dans les projets acceptés. Ce type de comportement est plus apte à rejeter qu'à accepter... De plus, accepter, dans ce contexte, ne signifie pas s'engager avec force. (1976:172)

Nous ne souhaitons pas pousser cette distinction trop loin : il est clair que les organisations ont besoin à la fois de calcul et d'implication. Mais nous voulons faire remarquer que l'école de la planification, en faisant pencher d'un côté la balance de ses priorités, peut avoir eu un effet négatif sur le maintien de l'engagement personnel dans les organisations.

Les fonctionnels qui ont un travail analytique, les planificateurs entre autres, ont parfois accusé les managers d'être trop émotionnels, trop impliqués dans leurs projets favoris, de manquer du détachement nécessaire pour évaluer les décisions de façon objective. Cette critique peut certainement être valide. Mais le pendant, qui apparaît clairement dans l'histoire de l'IBM 360 et dans la popularité incroyable de l'ouvrage de Peters et de Waterman de 1982 *Le Prix de l'Excellence*, c'est qu'un engagement profond, un soutien total, sont des conditions nécessaires au succès d'entreprises difficiles. Et que l'engagement paraît être produit par le contrôle personnel, un sens de propriété vis-à-vis d'un projet (d'où la popularité du terme « champion du projet »), qui ne soit pas fortement contraint par les spécifications de plans ou par le détachement de calculs prétendument objectifs. Récemment, un responsable de planification d'une entreprise britannique a indiqué dans un entretien que « par le processus de contrôle, nous pouvons empêcher les managers de tomber amoureux des affaires qu'ils conduisent » (Gould, 1990). Il pouvait ce faisant avoir eu en tête des responsables opérationnels exagérément enthousiastes. Mais si l'on considère ce commentaire en lui-même, il est étonnant.

Ce que parfois on ne réalise pas, c'est qu'il n'existe rien de tel qu'une stratégie « optimale », obtenue à l'issue de quelque processus formel. Les stratégies délibérées n'ont aucune valeur par et pour elles-mêmes ; elles n'ont de valeur que dans la mesure où des personnes impliquées leur infusent leur énergie (pour paraphraser Selznick, 1957). C'est la raison pour laquelle tout problème de mise en œuvre de la stratégie est aussi un problème de formulation de la stratégie. Ceci est vrai non seulement pour les stratégies qui sont élaborées mais aussi pour le processus par lequel la stratégie est réalisée. Et c'est pourquoi on n'explique en fin de compte rien du tout quand on dit que le manque de soutien de la direction générale est un piège de la planification.

La planification et le changement

Intéressons-nous maintenant au piège de la planification que serait l'absence d'un climat adapté. Ici encore nous désirons retourner l'argument contre lui-même, et suggérer qu'un climat adapté à la planification peut très bien ne pas toujours être adapté à un processus stratégique efficace, alors qu'un climat qui lui est hostile peut parfois s'avérer efficace pour le processus stratégique.

L'inflexibilité des plans

Dans le premier chapitre de cet ouvrage, nous avons présenté plusieurs raisons pour lesquelles les planificateurs croient que les organisations doivent planifier : la planification assure que les organisations contrôlent et coordonnent leurs activités, prennent le futur en considération, et agissent d'une façon « rationnelle ». Pour certaines raisons, ces caractéristiques sont intimement liées à des thèses affirmant que la planification stimule la créativité et fournit à l'entreprise le moyen de faire face au changement en général et aux changements dans des conditions « de turbulence » en particulier. C'est ainsi que dans l'introduction à un article du *Journal of Business Strategy* (Novembre-décembre 1990:4), on lit : « Comme le processus de planification est l'endroit où le changement a son origine, les planificateurs sont dans une position unique pour en assurer le leadership ». Et Lorange, Gordon, et Smith proposent : « Une mesure de l'efficacité de la planification... sera la fréquence des changements de l'organisation et des autres systèmes » (1979:32). En fait il n'existe aucune donnée empirique qui prouve que la planification fait la moindre de ces choses, et on ne manque pas de données empiriques de caractère anecdotique (et on a quelques données empiriques de caractère systématique) qui montrent qu'elle peut faire exactement le contraire.

Il y a presque un siècle, Henri Fayol, l'un des premiers et l'un des plus connu des partisans de la planification, notait que l'objectif même de la planification n'était pas d'encourager la flexibilité mais de la réduire, c'est-à-dire de définir des directions claires à l'intérieurs desquelles les ressources peuvent être engagées de façon coordonnée. Dans les années qui suivirent, le message de Fayol a été perdu par pratiquement tout ceux qui ont écrit sur la planification. Parmi les exceptions, on trouve William Newman, qui écrivait en 1951 : « La création de plans anticipés a tendance à rendre l'administration inflexible ; plus les plans sont détaillés et couvrent un domaine large, plus l'inflexibilité est grande » (63). Ou, comme l'ont exprimé Ramanujam et Ventakraman : « Les systèmes de planification doivent être plus rigides qu'on ne le prétend couramment... le béton n'est pas un mauvais matériau de base pour construire un plan, comparé à la craie ou au mastic »(1985:25,24) !

Newman attribue l'inflexibilité de la planification à plusieurs facteurs psychologiques : « Elle donne au dirigeant un sentiment de sécurité excessif, et le rend par conséquent inattentif aux changements » ; elle encourage « la tendance, une fois qu'on a préparé un plan à "le faire marcher" » ; elle induit « une résistance psychologique » due à l'établissement d'une « idée arrêtée », et une peur de « perdre la face » si les plans sont changés (1951:63). Ses arguments ont en fait été validés dans des expériences de psychologie. À propos même des « plans » informels que nous développons dans notre tête, Miller, Galanter et Pribram ont trouvé que :

> Réaliser qu'un plan établi doit être changé à un niveau stratégique peut causer une perturbation considérable dans l'image de la personne aussi bien que dans ses plans. Une règle que la plupart des personnes paraissent apprendre, probablement lorsqu'elles sont très jeunes, est la suivante : lorsque dans l'exécution d'un plan on découvre qu'un sous-plan n'est pas approprié ou qu'il n'est pas faisable, il faut d'abord essayer des substitutions les plus petites possibles de sous-plans tactiques, et le changement de stratégie doit attendre le plus possible. (1960:114)

Ces chercheurs suggèrent en fait que l'abandon de plans personnels peut entraîner des problèmes psychologiques, le changement étant « accompagné par une grande excitation émotionnelle » pouvant être suivie d'« anxiété » ; l'individu, très proche en cela de quelques-unes des organisations que nous connaissons tous, « peut donc développer des plans pour faire face à l'anxiété [comme mécanisme de défense contre l'anxiété] au lieu de développer des nouveaux plans pour faire face à la réalité » (116) !

Cette recherche s'applique uniquement aux individus. Imaginez par conséquent ce que représente d'avoir à changer les plans formels pour la totalité d'une organisation dans laquelle des milliers d'individus ont déjà leur comportement orienté d'une certaine façon. Comme Lewis l'a noté :

> La planification par la direction doit être inflexible. Une fois que les planificateurs ont effectué les milliers de calculs qui sont nécessaires pour élaborer le plan, et ont donné leurs directions, toute demande de révision de n'importe quel nombre fera inévitablement l'objet d'une résistance. Il faut adhérer au plan qui a été élaboré à un moment donné simplement parce qu'on ne peut en modifier aucune partie sans changer l'ensemble, et parce que modifier l'ensemble est un travail trop important pour que l'on puisse le faire fréquemment. (1969:17)

La planification, comme nous l'avons noté, est faite pour coordonner. Et plus le plan est coordonné de façon forte, moins il doit être flexible. Si l'on change une partie importante d'un plan intégré, il se *dé*sintègre.

La littérature sur la planification exprime nettement le besoin qu'il y a à rendre la stratégie explicite. Mais plus la stratégie est articulée de façon claire, plus la résistance à son changement est grande, à la fois à cause de l'inertie psychologique et de l'inertie organisationnelle. Et de fait Kiesler (1971) a trouvé qu'il suffit dans le cadre d'un laboratoire de psychologie de demander à des personnes de formuler de façon explicite une stratégie pour augmenter leur résistance au changement de cette stratégie, même si ces personnes s'apprêtaient à mettre en œuvre ladite stratégie de toute façon. Pour ce qui est de l'inertie bureaucratique, nous avons vu dans notre étude des stratégies du gouvernement américain dans le cadre de la guerre du Vietnam (Mintzberg, 1978) que quand Lyndon Johnson a explicité de façon formelle la stratégie d'escalade qui avait progressivement émergé au cours des quatre années précédentes, la bureaucratie l'a mise en œuvre bien au-delà des attentes du président : ils ont *sur*réalisé la stratégie explicite, et cette stratégie est devenue par la suite d'autant plus difficile à arrêter.

Une stratégie est formulée pour diriger des énergies dans une certaine direction ; l'inertie est par conséquent non seulement un résultat inévitable mais aussi le résultat qui est désiré. Et plus la stratégie est articulée d'une façon claire, plus elle devient profondément implantée à la fois dans les habitudes et dans les esprits des membres de l'organisation. L'inertie augmente. Bien entendu, le prix à payer est celui de la capacité de l'organisation à changer cette stratégie lorsqu'elle doit la changer, et c'est le cas tôt ou tard. S'il faut la changer assez tard, alors la formulation de la stratégie peut s'avérer bonne. Mais de toutes façons il faudra en payer le prix. Même si les planificateurs peuvent être sûrs de leur démarche au moment où ils élaborent la stratégie, il n'en va pas de même pour ce qui concerne l'avenir dans son ensemble.

L'inflexibilité de la planification

Jusqu'ici notre argument sur l'inflexibilité s'est essentiellement intéressé aux plans eux-mêmes. Ces plans, tout particulièrement lorsqu'ils sont clairement articulés, ont nettement tendance à susciter une résistance au changement. Mais qu'en est-il du processus de planification ? Nous désirons maintenant présenter un argument plus susceptible de controverse, mais en fin de compte plus important : le processus de planification lui-même crée une inflexibilité fondamentale dans les organisations et donc une résistance aux changements d'importance significative. Unterman par exemple, après avoir étudié la célèbre « méthode de Stanford » de planification stratégique, conclut à partir de sa propre expérience de conseil en entreprise qu'il « n'a encore jamais vu aucun changement majeur d'entreprise qui en résulte » (1974:41).

La planification est fondamentalement un processus conservateur : elle agit de façon à maintenir l'orientation de base de l'organisation, et en particulier, ses catégories établies. Ainsi la planification peut-elle encourager le changement dans l'organisation, mais seulement le changement d'une nature particulière : le changement dans le contexte de l'orientation globale de l'organisation, au mieux le changement des positions stratégiques dans le cadre d'une perspective stratégique globale. En d'autres termes, selon nous, la planification fonctionne mieux quand les directions d'ensemble d'une stratégie sont déjà en place, pas quand des changements stratégiques majeurs sont requis.

Le changement formellement planifié du type que nous évoquons a tendance à avoir trois caractéristiques essentielles : a. il est incrémental plutôt que « quantique »[2], b. il est générique plutôt que créatif, et c. il est orienté vers le court terme plutôt que vers le long terme. Considérons maintenant chacun de ces aspects tour à tour.

Le changement planifié comme changement incrémental

Comme nous l'avons noté plus haut dans notre présentation des travaux de Quinn (1980), la pratique de la planification « a en général institutionnalisé une forme d'incrémentalisme » (voir aussi Burgelman, 1983c:1359 et Brunsson, 1982:43). Il est probable que ceci est dû au fait que le changement incrémental, le changement à la marge, le changement d'importance mineure, est, tout comme la planification elle-même, cohérent avec les orientations déjà établies de l'organisation. Par contraste le changement « quantique », c'est-à-dire la réorientation globale, (Miller et Friesen, 1984) perturbe les catégories existantes de l'organisation, catégories dont la planification dépend. Par conséquent, un tel changement à tendance à susciter la résistance, ou d'une façon plus courante à être ignoré, dans le cadre du processus de planification.

On se rappelle que la planification repose sur la décomposition qui produit un ensemble bien défini de catégories. Celles-ci reflètent presque toujours ce qui existe déjà dans l'organisation. En d'autres termes, la planification est calquée sur les catégories couramment utilisées, qu'elles soient stratégiques ou structurelles ; elle n'a pas tendance à en inventer de nouvelles. Par exemple, la planification a tendance à être effectuée dans le cadre des stratégies produit-marché existantes, parfois définies comme les unités d'activité stratégiques. Plus haut nous avons discuté de la planification à Air Canada qui était effectuée dans le cadre de cinq petites compagnies aériennes, l'une

[2] NdT : nous avons traduit par « quantique » le terme anglais « quantum », qui évoque l'idée d'un changement « par saut », de nature discontinue.

d'entre elles étant dénommée « les petites routes du Sud ». Comme nous l'avons noté, comment l'entreprise pouvait-elle considérer la possibilité de les faire grossir alors que son processus de planification reposait sur l'hypothèse selon laquelle ces lignes étaient petites ?

Notons une conséquence clé de ce qui précède : plutôt que de créer de nouvelles stratégies, la planification ne peut pas fonctionner sans que celles-ci préexistent. Freeman nous propose dans ce domaine une analogie utile : celle du manager dont le système de classement tombe en panne parce que les vieilles catégories ne sont pas cohérentes avec les nouveaux documents. Pour lui, tout finit par atterrir dans le dossier « divers ». « Mettre en place un système de références croisées devient un tel cauchemar que sa secrétaire et lui finissent par abandonner. La planification impose un système de classement fixe sur l'organisation et ce système n'est bon que tant que les vieilles catégories sont pertinentes. » (1984:7)

Il existe un autre phénomène qui est peut-être encore plus important : de façon presque inévitable la planification superpose les stratégies existantes ainsi que ses propres procédures aux structures existantes de l'organisation. En d'autres termes, les organisations développent leurs plans dans le cadre des sous-unités dont elles sont composées : par fonction, par division, par département. Comme Durand l'a noté dans son étude de la planification dans les entreprises françaises : « ...dans la plupart des entreprises, les procédures de planification stratégique ont été conçues d'après la structure organisationnelle. De fait, lorsqu'elles voulaient présenter leurs procédures de planification, la plupart des personnes interviewées commençaient par présenter la structure de leur entreprise » (1984:11).

Le problème, ici encore, est que la planification effectuée dans le cadre des catégories existantes décourage la réorganisation, alors que celle-ci est en général un prérequis pour pouvoir effectuer un changement majeur, qu'il s'agisse d'un changement stratégique ou d'un changement structurel[3]. Comme Gray l'a noté :

> Quand on introduit la planification stratégique dans une entreprise, on suppose souvent que les unités organisationnelles déjà existantes doivent s'occuper de la planification. Ces unités par contre, peuvent avoir des frontières qui dépendent de nombreux facteurs qui en font une base

[3] Ceci peut expliquer la raison pour laquelle l'école de la planification paraît avoir accordé beaucoup moins d'attention à la conception de la structure, lors de la phase de mise en œuvre, que ne l'a fait l'école de la conception. La structure elle-même est moins susceptible de changements lorsqu'elle sert de cadre pour la planification.

inappropriée pour la planification : frontières géographiques, frontières dues à la commodité administrative, frontières dues à d'anciennes opérations d'acquisition, frontières par produit, centres de profit traditionnels, frontières dues à la croyance en une saine compétition interne, ou anciennes idées sur la centralisation et la décentralisation. (1986:93)

De plus, comme l'ont remarqué Tregoe et Zimmerman, il y a le problème de la mise en œuvre du changement, quand la planification consiste à intégrer les plans des unités existantes en un plan global. « Les plans à long terme sont construits à partir des niveaux les plus bas, là où l'information existe qui permet d'effectuer des projections. Ces projections qui viennent des différentes parties de l'organisation font l'objet d'une consolidation, et, dans leur ensemble, deviennent le plan recommandé. Quand l'accumulation de ces plans détaillés atteint le sommet, on n'a pratiquement plus l'occasion d'injecter une vision nouvelle à propos du futur (1980:25)[4].

[4] Les organisations se sont embrouillées en essayant d'éviter ces problèmes. Par exemple dans le cadre du PPBS, McNamara a essayé de séparer les catégories « opérationnelles » de structure (l'armée de terre, la marine, l'armée de mer, les « Marines », les garde-côtes) des catégories stratégiques organisées autour des « misont fait des sacs de nœuds sions » (dissuasion, guerre limitée, etc.). Mais « cette séparation a créé des conflits et un manque de coordination » (Ansoff, 1984:40). L'entreprise General Electric « a donc utilisé une solution différente » : essayer de rendre les unités d'activités stratégiques responsables aussi bien de la stratégie que des opérations. « Mais comme cette entreprise et d'autres l'ont découvert, il n'y a pas de correspondance simple entre la structure organisationnelle historique et le [domaine d'activité stratégique] nouvellement identifié ; les responsabilités qui en résultent ne sont ni clairement définies ni exemptes ambiguïté » (40). Comme Gluck *et alii* l'ont noté :

> Vous ne pouvez réellement connaître la définition d'une unité d'activité stratégique que quand vous êtes d'accord sur une stratégie : des impulsions stratégiques différentes requièrent l'inclusion d'unités produit-marché et de capacités fonctionnelles différentes dans l'UAS. Mais une des raisons d'être de la stratégie d'une UAS est de fournir un cadre dans lequel la planification sera réalisée. Qu'est-ce qui vient d'abord : la stratégie ou la structure ?
>
> En second lieu, dans la plupart des entreprises, la structure de la planification est introduite en force dans la structure organisationnelle existante, ou à l'inverse la structure organisationnelle est introduite en force dans la structure de la planification. Les deux approches sont également insatisfaisantes. La structure de la planification devrait être construite autour des conceptions de l'entreprise qui seront valables demain. Une structure organisationnelle est également responsable de la mise en œuvre des stratégies d'aujourd'hui ; quand les deux sont différentes, le conflit est inévitable.
>
> On ne devrait donc pas être surpris de constater que personne n'a été capable de construire une définition complètement acceptable d'une UAS, ou de décrire de façon satisfaisante la méthode à suivre pour obtenir la structure d'une UAS. La définition d'une UAS demeure d'une certaine façon un art mystérieux... (cité par Hax et Majluf, 1984:37)

La planification a d'autres caractéristiques qui encouragent le changement incrémental au détriment d'un changement qui est plutôt « quantique ». L'une de ses caractéristiques est l'enfermement dans un calendrier de planification qui laisse « peu ou pas de marge de manœuvre » et soumet « les managers à une pression considérable sur leur temps de façon à tenir les délais » (de Villafranca, 1983b:1). Cela ne les encourage pas du tout à prendre en considération des alternatives perturbatrices. De plus, « les problèmes, les opportunités, et les "idées géniales" ne surgissent pas à un moment qui est prévu par un calendrier préétabli ; il faut les traiter dès leur apparition » (Anthony, 1965:38) ; Gomer (1974) a développé ce point d'une façon particulièrement claire dans l'étude qu'il a faite des réponses des entreprises suédoises à la crise de l'énergie. Comme nous l'avons soutenu ailleurs, la nature répétitive du processus annuel de planification « peut facilement entraîner une extrapolation mécanique de l'information. Ce type d'exercice, tout comme "crier au loup trop souvent" peut en réalité rendre les dirigeants insensibles aux questions stratégiques, de telle sorte que le besoin de changements substantiels n'est pas reconnu lorsqu'il se présente » (Mintzberg et Waters, 1982:494). Les managers peuvent être tellement occupés à discuter des stratégies et des budgets année après année selon le calendrier établi, que lorsque des changements réels deviennent nécessaires, ils passent à côté.

Comme Quinn l'a remarqué, la « mécanique commence souvent à prendre le pas sur les processus de pensée » (1980:169). Quand cela arrive, les organisations n'effectuent même plus de changements incrémentaux, mais uniquement des extrapolations directes du *statu quo*. « Ce qui passe pour de la planification est souvent la projection dans le futur d'une situation familière » soutenait Henry Kissinger (1969:20). Ou, pour citer un autre politicien célèbre : « Planifier, c'est décider de mettre un pied devant l'autre » (Winston Churchill, cité par Rogers, 1975:56).

De fait, si l'on fait des efforts pour relier la planification stratégique au processus budgétaire opérationnel (et de tels efforts ont fait l'objet d'une grande attention dans la littérature sur la planification) alors on encourage aussi un changement qui est de type incrémental : car, tout comme la stratégie est supposée piloter le budget, le budget apporte lui aussi une contrainte sur la stratégie. Le processus budgétaire opérationnel est un outil de contrôle à court terme, pas un outil de changement à long terme. (« Les nombres doivent être conformes au budget de l'année à venir, ce qui est traditionnellement une méthode de contrainte et de contrôle » [Rossotti, n.d., vers 1965:6].) De plus, ce processus budgétaire est lui aussi calqué sur la structure organisationnelle existante, et dans ce cas en général la correspondance se fait élément par élément jusqu'aux sous-unités les plus petites de l'organisation. La tendance est donc encore de préserver la direction établie.

Ainsi, dans le contexte de l'entreprise, même Ansoff a indiqué que « la planification a rencontré ses plus grands succès lorsqu'elle s'est attachée à l'extrapolation de la dynamique passée de l'entreprise, et les moins grands succès lorsqu'elle a fait face à des ruptures majeures non incrémentales à partir des tendances historiques de croissance de l'entreprise » (1975b:75). Dans le contexte de la planification gouvernementale, Lindblom a noté à propos des nations d'Europe de l'Est, qui ont consacré des ressources si énormes au processus, que « la planification économique... consiste en des altérations curatives, séquentielles et incrémentales de la production prévue pour la période précédente » (1977:325). Et même dans le contexte de la planification effectuée par une seule personne, Miller, Galanter et Pribram ont noté : « Il est probable que la source essentielle des nouveaux plans est constituée par les anciens plans. On les change un petit peu à chaque fois qu'on les utilise, mais il s'agit toujours des mêmes vieux plans avec des variations mineures. Parfois on peut emprunter un nouveau plan à quelqu'un d'autre. Mais il est rare que l'on crée un plan complètement nouveau (1960:117). Quel que soit le contexte, par conséquent, il semble que la planification devienne un autre »aspect de ce que de Jouvenel appelle "le fatalisme moderne", c'est-à-dire la conception selon laquelle le futur est essentiellement une conséquence linéaire du présent" (cité par Gluntz, 1971:1). De façon ironique par conséquent, compte tenu de nos tendances actuelles, si nous voulons prendre notre destinée en main et devenir réellement volontaires, il semble que nous ayons besoin de moins de planification, pas de plus de planification !

Le changement planifié comme changement générique

Par définition la créativité réarrange des catégories établies. Par sa nature même, la planification les conserve. C'est la raison pour laquelle la planification ne parvient pas à traiter facilement des idées réellement créatives. Michael Allen, ex-responsable de la planification de l'entreprise General Electric, n'aurait donc pas du être surpris de constater que « malgré tous les bénéfices que l'on retire de la planification, le développement d'une stratégie créative demeure son talon d'Achille » (1985:6). Dans une enquête publiée en 1985, Javidan a trouvé que, selon 60 % des PDG, 50 % des responsables de division, et même 40 % des responsables de la planification eux-mêmes, le département de la planification a « un impact quelque peu négatif » sur l'innovation managériale (1987:91). Pour citer David Hurst :

> [La planification stratégique] est utile pour regarder *en arrière* plutôt que pour regarder *en avant*, elle est utile plutôt par ce qu'elle *exclut* que par ce qu'elle *contient*. [La planification stratégique] ne peut pas dire aux managers où ils vont mais seulement d'où ils viennent. Elle est utile pour gérer l'entreprise d'aujourd'hui, l'entreprise qui existe déjà. (1986:15)

Faire de la planification, c'est être verrouillé dans des catégories préétablies qui en général découragent une réelle créativité. Comme Newman l'écrivait déjà en 1951 :

> L'importance croissante des départements de planification et le développement des plans ont tendance à limiter la marge de manœuvre de l'homme qui est sur la ligne de front. Ainsi il est vrai, en général, qu'avec une planification plus importante, nombreux sont les membres de l'organisation qui ont moins de liberté dans l'exercice de leur jugement. On s'attend de leur part à de la conformité plutôt qu'à de l'originalité. Cette restriction à l'initiative a tendance à étouffer l'étincelle créative qui est si essentielle à l'entreprise qui réussit, et elle a aussi un mauvais effet sur le moral. (1951:68)

Pour citer encore un autre des planificateurs de la General Electric, « la créativité diminue sous le poids d'un harnais de cuir bien épais » (Carpenter, cité par Potts, 1984). De fait, les plans sont des œillères mises en place pour bloquer la vision périphérique, pour maintenir chacun clairement focalisé sur la direction établie. Et, pour faire le lien avec un point évoqué plus haut, la créativité dépend surtout de l'engagement total de celui qui est à l'origine de l'action, engagement qui peut être découragé par les calculs de la planification.

Sawyer indique de façon éloquente qu'un « plan, en tant que photographie d'un processus, est une analyse fermée d'un système ouvert » (1983:180). Mais nous ne sommes pas d'accord avec lui quand il continue en caractérisant « la planification comme un processus créatif » (c'est le titre de sa dernière partie, et, avec le qualificatif « d'entreprise » le titre d'ensemble de sa monographie) ; ni quand il soutient que le processus aussi bien que la fonction « deviennent logiquement le centre de l'activité créative et innovatrice dans l'entreprise » (174) ; et nous concluons que leur effet est le plus souvent exactement l'opposé. Dans l'entreprise 3M, par exemple, une entreprise considérée comme créative, un dirigeant a qualifié le système de planification d'« exceptionnellement bon... pour l'analyse et la direction des activités existantes » , mais « de "plutôt mauvais" pour ce qui est d'identifier des opportunités » (dans Kennedy, 1988:16).

Générique signifie « bien défini », appartenant à une classe, ce qui implique que les catégories de changement ont déjà été bien définies, peut-être par une autre organisation qui a innové (tel est le cas lorsque Burger King a « McDonaldisé » sa stratégie il y a des années). Ceci paraît être plus compatible avec la planification formalisée. De fait, nous soupçonnons que la prolifération de stratégies génériques dans les entreprises américaines au cours des années récentes, et le concept de « stratégie générique » lui-même dans la littérature (il date essentiellement de Porter, 1980) correspondent à une popularité croissante des procédures formalisées de planification. Ainsi Quinn a-t-il trouvé dans les « formalités » de la décision, « une raison importante pour laquelle la plupart des innovations révolutionnaires ont leur origine en dehors des industries qu'elles affectent particulièrement » (1980:174).

Le changement planifié comme changement de court terme

La planification est bien entendu supposée regarder loin en avant dans le futur. « Plus vite on conduit, plus loin doivent porter les phares » soutient Godet (1987:xiv, citant Berger) dans une homélie qu'il a présenté en faveur de la planification[5]. Mais les phares éclairent seulement devant, et il faut l'ajouter, avec une intensité qui décroît avec la distance, alors que la route peut avoir des creux, des bosses et des virages ; conduire vite de cette façon peut être un moyen très sûr de vous tuer.

Un autre problème avec la planification est donc précisément celui-ci : elle ne peut regarder vers le futur que comme les phares éclairent la route : c'est-à-dire, et nous en discuterons longuement au chapitre 5, la planification s'appuie sur des techniques formelles de prévision pour examiner le futur, et les données empiriques montrent qu'aucune d'entre elles ne peut prédire des changements discontinus

[5] Un autre commentaire présenté par le même auteur : « Plus longtemps un arbre met à grandir, moins il faut perdre de temps à le planter » ; mais il ne se soucie pas d'expliquer pourquoi consacrer quelques jours à trouver le bon endroit pour planter l'arbre ferait une telle différence au cours les décennies pendant lesquelles l'arbre grandirait.

dans l'environnement. Ainsi la planification, encore et toujours au sens de planification formelle, ne peut pas faire beaucoup mieux qu'extrapoler les tendances connues du présent.

C'est la raison pour laquelle Weick conclut que : « Les plans paraissent exister comme justification plus que dans un contexte d'anticipation. Ils font plus référence à ce qui a été accompli qu'à ce qui reste à accomplir » (1969:102). Quand « regarder au loin » signifie regarder droit devant, la planification peut être effectuée à long terme seulement si l'environnement coopère : ou bien quand il demeure inchangé, ou quand il est facilement prévisible en termes de tendances ou de cycles, ou encore s'il se plie à tout ce que les stratégies de l'organisation choisissent de lui imposer. Si ces conditions ne sont pas remplies, la perspective devient une perspective à court terme.

De plus, dans la mesure où la planification est reliée au processus budgétaire, ou devient synonyme de ce dernier, l'attention des managers situés plus bas dans l'organisation se rive sur le court terme. Comme Quinn l'a noté, « ces managers opérationnels savent que leurs plans à long terme seront bientôt convertis en budgets opérationnels contraignants, en engagements dans des programmes d'horizon un à six mois, et en systèmes de mesure de la performance financière qui mettent l'accent sur le présent, sur le mois ou le trimestre courant » (1980:175). Pourquoi alors se soucieraient-ils du long terme quand ils font leur planification ?

La planification flexible : quand on veut tout à la fois

Dans un de ses textes George Steiner a reconnu le caractère inflexible de la planification : « Les plans sont des engagements, ou devraient l'être, et donc limitent les choix. Ils ont tendance à réduire l'initiative à des alternatives organisées autour des plans » puis il ajoute : « ceci ne devrait pas être une limitation sérieuse, mais il faut le noter » (1979:46). Pourquoi ne serait-ce pas sérieux ? Parce qu'il le dit. En réalité, il s'agit là d'une limitation profonde.

Ce texte de Steiner reflète une tendance largement répandue : vouloir deux choses à la fois. Plus haut dans notre discussion, nous avons vu que telle était l'attitude de la planification décentralisée : engendrer la participation tout en maintenant une coordination étroite. Et plus haut encore nous avons noté qu'Ansoff voulait formaliser le processus de planification tout en permettant à l'organisation de conserver son caractère entrepreneurial. Ackoff a caractérisé la planification comme un processus continu qui d'une certaine façon réussit à cracher des stratégies selon un calendrier préétabli (1970:3). Mais il n'y a là, au moins pour lui, aucun problème, parce que le plan est seulement « un rapport intérimaire » (5). Mais qu'en est-il des personnes qui sont supposées mettre en œuvre le plan ? Ansoff aussi bien qu'Ackoff (ce dernier a développé l'approche « systèmes ») soutenaient que la planification doit d'une certaine façon être réalisée de façon de plus en plus globale sans jamais perdre le contrôle de la programmation des détails. Tout se passe comme si dans ce domaine les dilemmes n'existaient pas, et cela montre à quel point la rhétorique a pris le pas sur la pratique. Comme Wildavsky l'a exprimé, « on peut identifier planification et non-résolution de conflits » (1973:146).

Au sommet on a l'hypothèse faite par Wildavsky (146) : « Soyez flexible mais ne changez pas le cours de votre action ». En 1958, dans le premier numéro de l'*Academy of Management Journal*, Harold Koontz écrivait : « Une planification efficace exige que le besoin de flexibilité soit pris en considération de façon majeure dans la sélection des plans » (55). Et trente ans plus tard, Gluck *et alii* ajoutaient : « Bien qu'elles planifient de la façon la plus globale et la plus approfondie possible, les entreprises [les plus avancées] essaient aussi de maintenir leur processus de planification flexible et créatif » (1980:159). L'homme qui en tant que responsable de la planification pour General Motors occupait l'une des positions les plus prestigieuses dans le domaine de la planification aux États-Unis devait avoir écouté ce qui précède. Dans son discours sur « La Gestion Innovatrice » de la *Planning Forum Conference* de 1986, il parlait sans cesse de « gérer notre entreprise de façon à rester sur cette trajectoire » ou de « plan de vol préplanifié » tout en rappelant que « le changement est une façon de vivre », sans jamais traiter de la contradiction évidente qui existe entre ces deux éléments[6].

Les planificateurs veulent conserver, d'une façon ou d'une autre, la stabilité que la planification apporte à une organisation – qui est sa principale contribution – tout en permettant à l'organisation de répondre rapidement aux changements externes dans l'environnement – ce qui est la principale difficulté de la planification. Pratiquement personne ne traite de la contradiction. Tout comme l'expression « un

[6] Ces commentaires verbaux effectués par Michael Naylor ont été enregistrés par l'auteur lors de la conférence du Planning Forum de Montréal, le 5 mai 1986.

conservateur progressiste », la planification flexible reste juste un autre ***oxymoron,*** le signe de vains espoirs plutôt que de réalités pratiques.

Ce dont les auteurs sur la planification n'ont pas réussi à traiter, c'est du dilemme fondamental du stratège qui doit réconcilier les besoins conjoints mais conflictuels du changement et de la stabilité. D'un côté le monde change tout le temps (plus ou moins) et les organisations doivent donc s'adapter. D'un autre côté, la plupart des organisations ont besoin d'une stabilité de base de façon à fonctionner de manière efficiente. Weick a bien montré ce dilemme, en décrivant le contraste qu'il y a à sacrifier « l'adaptabilité future contre une bonne adaptation présente », ou bien le fait d'être perpétuellement prêt à répondre à tout en principe, mais à rien en pratique (1979:247).

Comme nous l'avons déjà indiqué, la planification est par sa nature même généralement plus orientée vers la stabilité que vers l'adaptabilité. Lorange *et alii* (1979) par exemple, dans leur étude de quatre compagnies aériennes, ont contrasté le type « adaptateur » et le type « intégrateur » de planification ; le premier est focalisé sur le développement de la stratégie, le second sur le contrôle et la mise en œuvre ; dans leur étude ils ont trouvé que le second type de planification a tendance à être bien établi et formalisé, mais que le premier reçoit moins d'attention et n'est en général conduit que de façon informelle par les managers eux-mêmes. De fait, comme nous l'avons noté dans l'étude que nous avons faite d'une autre compagnie aérienne, Air Canada, lors d'une crise provoquée par une réorganisation, la planification a sauvé l'entreprise en assurant la continuité des opérations alors que les cadres dirigeants se débattaient avec les changements.

Marks, un praticien de la planification, reflète cette orientation vers la stabilité lorsqu'il s'élève contre une habitude « particulièrement dangereuse » de « réactions *ad hoc* » dans des périodes de changements rapides ; ce dont l'entreprise a besoin, prétend-il, c'est d'une « action cohérente » (1977:5). Mais comment diable la direction d'une entreprise peut-elle être cohérente quand elle doit faire face à un monde dont les développements sont inattendus ? La planification peut certainement fournir « une action cohérente » mais fondée sur une stabilité perdue.

Ce qui paraît être oublié dans une grande partie de la rhétorique sur la planification, c'est que les organisations doivent fonctionner non seulement dans le cadre d'une stratégie, mais aussi au cours des périodes de formation de la stratégie, quand le monde est en train de changer d'une façon qui n'est pas encore bien comprise. Le danger, au cours de telles périodes, est celui d'une *fermeture prématurée* ; s'arrêter trop tôt sur « une action cohérente », tout particulièrement quand c'est une action qui est déjà mise en place pour répondre à des conditions qui étaient prévalantes dans le passé. À de tels moments, il peut être meilleur de poser des questions que de fournir des réponses.

Un danger inhérent à toutes les approches analytiques, la planification comprise, est la tendance à arrêter des stratégies de façon prématurée, à sauter directement les étapes créatives mais inconfortables qui consistent à inventer de nouveaux modèles ou de nouvelles stratégies, de façon à s'engager dans le travail plus familier qui consiste à programmer les conséquences des stratégies déjà disponibles. La direction ne peut donc pas avoir recours à la pratique conventionnelle de la planification lorsqu'elle fait face à un changement de nature incertaine (bien qu'elle puisse trouver de l'aide auprès de planificateurs non conventionnels, comme nous le verrons au chapitre 6).

« La planification flexible » réduit donc le processus à une confusion totale, ou alors, si on la considère pour ce qu'elle est, devient simplement un autre processus que l'on appelle couramment la gestion[7]. La raison même pour laquelle les organisations utilisent la planification, c'est pour être inflexibles, pour définir une direction, « même si », comme l'ont exprimé Kepner et Tregoe, les plans « sont généralement présentés dans des classeurs à feuillets détachables pour prouver qu'ils sont flexibles » (1980:26). Ainsi, Lenz et Lyles nous rapportent que « quand on lui a demandé le plan stratégique de son entreprise, [un responsable de planification qu'ils ont interviewé] a placé devant eux un classeur de quinze centimètres d'épaisseur qui contenait, apparemment sous une forme infiniment détaillée, le plan annuel. Il l'appelait "la bête" ! » (1985:69). Quelle flexibilité !

La conception que la planification a du changement est difficile à défendre, comme on peut le voir dans l'analogie utilisée au début du siècle par Henri Fayol, avec un voilier, pour mettre l'accent sur le rôle qu'a la planification sur le maintien de la stabilité :

> Des changements de direction non justifiés sont des dangers qui menacent constamment les entreprises qui n'ont pas de plan. Le plus petit vent contraire peut détourner de sa course un bateau qui est incapable de résister... des changements de direction regrettables peuvent être décidés

[7] « Quand la planification est située dans le contexte d'un ajustement continuel, elle devient difficile à distinguer de tout autre processus de décision », ou, plus directement, « en rendant la planification raisonnable, nous la rendons inséparable des techniques de décision qu'elle devait remplacer » (Wildavsky, 1973:135 et 1979:128).

> sous l'influence de perturbations profondes mais transitoires... [Et ceci doit être comparé à] un programme équilibré élaboré avec soin lors d'une période non perturbée... Le plan protège l'entreprise non seulement contre les changements de direction non désirables qui peuvent être produits par des événements graves mais aussi contre ceux qui viennent simplement de changements de la part des autorités supérieures. De plus il protège contre des déviations qui au début sont imperceptibles mais finissent par faire dévier l'entreprise de son objectif. (1949:49)

Les hypothèses sous-jacentes dans ces commentaires poussent à se demander si le changement de direction est une mauvaise chose, « les vents contraires » sont des menaces, et les réponses de l'organisation à ceux-ci sont « indésirables » et « regrettables ». La direction doit être déterminée à des époques « non perturbées », c'est-à-dire avant que le vent ne commence à souffler. Par-dessus tout, l'organisation ne doit jamais dévier de sa course. C'est peut-être là une bonne façon de faire face à des sautes de vent occasionnelles, mais c'est certainement un désastre lorsqu'il s'agit de faire face à un ouragan, des icebergs, ou une information sur la découverte d'un gisement d'or sur une autre île. Bien entendu, Fayol avait à l'esprit des sautes de vent, des perturbations mineures plutôt que des discontinuités majeures. Et il supposait que l'organisation a une grande connaissance des eaux dans lesquelles elle navigue. Ce sont là, bien entendu, des conditions dans lesquelles la planification est la plus appropriée, là où le prix de l'inflexibilité est relativement faible, si l'on suppose qu'on a la capacité de prévoir de façon précise. Comme Makridakis l'a remarqué :

> La stratégie... ne devrait pas changer au premier signe de difficulté. Un certain degré de persistance est requis pour passer outre les difficultés et les problèmes. D'un autre côté, si surviennent des changements substantiels dans l'environnement – si les réactions des concurrents ont été mal jugées, ou si le futur se développe d'une façon contraire aux attentes qu'on en avait – alors la stratégie doit être modifiée pour tenir compte de tels changements. En d'autres termes, la stratégie doit s'adapter : il est meilleur de suivre une allée latérale qui mène quelque part plutôt que de finir dans un cul-de-sac. (1990:173)

Et dans un cas comme celui-là, l'organisation peut être bien inspirée d'abandonner à la fois ses plans et son processus formel de planification. Hélas, elle le fait rarement.

La « perturbation » lors de l'infâme bataille de Passchendaele lors de la Première Guerre mondiale n'était pas le vent mais la pluie. D'après

Feld, il faisait beau temps lorsque les plans ont été élaborés au quartier général ; par conséquent, 250 000 soldats britanniques ont été tués :

> Les critiques ont soutenu que la planification de Passchendaele a été effectuée dans une ignorance presque totale des conditions dans lesquelles la bataille devait être livrée. On a prétendu qu'aucun officier général de la branche des opérations du quartier général n'a jamais mis le pied [ou jeté un œil] sur le champ de bataille de Passchendaele durant les quatre mois de bataille. Les rapports journaliers concernant les conditions régnant sur le champ de bataille ont d'abord été ignorés, puis l'ordre fut donné d'arrêter d'en faire. C'est seulement après la bataille que le chef d'état-major apprit qu'il avait ordonné à ses hommes d'avancer à travers une mer de boue. (1959:21)

Pour citer la relation que fait Stokesbury de cette bataille dans son histoire de la Première Guerre mondiale, le « grand plan » fut mis en œuvre malgré la pluie forte et continuelle qui régnait sur le champ de bataille, malgré le fait que les fusils se bouchaient, que les soldats qui portaient les munitions lourdes glissaient, tombaient dans des trous d'obus pleins de boue et se noyaient, malgré le fait qu'on ne pouvait ni approvisionner le champ de bataille en fusils ni évacuer les blessés vers l'arrière. « Malgré tout l'attaque continua ; au quartier général, ils dormaient dans des draps et se lamentaient de ce que l'infanterie ne montrait pas plus d'esprit offensif. »

> [Un] officier de l'état-major... arriva sur le champ de bataille après que tout fut redevenu calme. Il regarda la mer de boue, puis se dit à lui-même : « Est-ce que nous avons envoyé les hommes avancer dans ça ? » Après quoi il éclata en sanglots et son escorte le fit revenir en arrière. Des officiers d'état-major... se plaignaient de ce que des fantassins avaient oublié de les saluer. (1981:241,242)

Qu'est-ce qui amène des êtres humains à se comporter de cette façon ? Cette histoire est extrême, mais tous ceux qui ont passé du temps dans le monde des organisations savent qu'il n'est que trop courant d'y rencontrer des comportements similaires. Qu'y-a-t-il dans la planification qui nous amène à fermer nos esprits vis-à-vis de l'extérieur, qui bloque nos perceptions ? Avons-nous peur de l'incertitude ? Ou sommes-nous épris des pouvoirs formels de notre propre raison ?

Concluons cette discussion des relations entre planification et changement : d'abord, au-delà de celles qui sont évidentes, elle suggère plusieurs raisons pour lesquelles les organisations planifient, certaines d'entre elles ayant trait à notre psychologie en tant qu'êtres humains, un point sur lequel nous reviendrons bientôt. Ensuite, nous apprenons que la planification paraît être plus appropriée pour soutenir dans la durée des opérations stables qui ont pour objectif l'efficience que pour créer de nouvelles opérations dans un but de changement. Nous reviendrons également sur ce point par la suite. Enfin, nous trouvons que les individus peuvent résister à la planification, non à cause de leur « peur du changement » (pour citer Taylor, 1976:67), mais pour la raison opposée : certaines personnes peuvent résister à la planification à cause de leur peur de la stabilité, alors que d'autres peuvent s'engager dans la planification à cause de leur peur du changement !

Planification et comportement de nature politique

La littérature sur les pièges de la planification indique que l'activité de nature politique interfère avec la planification, que la planification est un exercice apolitique, objectif, dont l'efficacité est sapée par la poursuite des intérêts égoïstes à travers la confrontation et le conflit. Nous voulons ici considérer cet argument à part, en montrant d'abord que la planification n'est pas aussi objective que ses partisans le prétendent, puis en montrant qu'elle suscite parfois une certaine forme d'activité politique, et en troisième lieu que d'autres formes d'activité politique s'avèrent parfois plus fonctionnelles pour les organisations que la planification.

Les biais de l'objectivité

Quel type de climat la planification favorise-t-elle ? Quelles sont ses propres valeurs ? Les planificateurs ont tendance à répondre que leurs propres processus sont exempts de valeurs, et qu'ils répondent à la situation avec une objectivité et une rationalité conçues pour faire en sorte que l'organisation poursuive ses propres valeurs de façon aussi efficiente que possible. En d'autres termes, ils se décrivent eux-mêmes comme des mercenaires, avec des techniques dans leurs holsters. Mais considérons la rationalité propre des planificateurs, et sa rationalité : demandons nous dans quelle mesure la planification est réellement objective.

Pour commencer, les planificateurs de type conventionnel ont un parti pris en faveur de l'objectivité, au moins leur propre forme d'objectivité. Pour emprunter une citation utilisée à propos d'un autre groupe d'analystes (les spécialistes de recherche opérationnelle), ils « font montre d'un attachement passionné au dépassionnement » (Corpio *et alii*, 1972:B-621). Ou, comme l'a exprimé Orlans, « le cerveau n'est pas un organe désincarné » (1975:107). Comme nous l'avons déjà vu, les processus qui ne sont pas objectifs de façon vérifiable, et l'intuition en est un bon exemple, ont tendance à être rejetés par les planificateurs. Par ailleurs, les processus qui paraissent être formellement rationnels, et la planification en est le meilleur exemple, sont considérés comme exemplaires. Ce sentiment est exprimé de façon typique (et plus abrupte) par Collier quand il dit que les entreprises qui ne se sont pas encore engagées dans la planification sont « immatures », à la différence des « entreprises de grande taille et bien établies... qui ont des systèmes de gestion clairement structurés à tous les niveaux de l'entreprise » (1968:79). Les planificateurs tels que ceux-ci ne sont pas du tout objectifs à propos de la planification, des techniques, de l'analyse, ou même des organisations qui les utilisent, dans la mesure où, par exemple, ils ont tendance à être en faveur des organisations de grande taille, celles-là mêmes qui ont le plus tendance à utiliser la planification formelle.

Quelle objectivité y a-t-il à se focaliser sur des moyens spécifiques pour atteindre n'importe quel but ? En tant que « mercenaires » ostensiblement présents pour aider les managers à parvenir à n'importe quel but considéré par ces derniers comme le meilleur pour l'organisation, les planificateurs ne font que fournir les moyens. Comme l'exprime Majone, les planificateurs « sont plus focalisés sur le fait de décider correctement que sur le fait d'obtenir des décisions correctes » (1976-77:204). C'est le processus qui compte. Mais que se passe-t-il si le processus biaise les résultats, si les moyens influencent les fins (comme c'est le cas avec les véritables mercenaires) ? Considérez ce qui suit. Ringbakk a écrit : « L'expérience a montré que si vous ne pouvez pas l'écrire, c'est que vous ne l'avez pas pensé à fond » (1971:18). Ici il ne fait qu'exprimer la croyance qui est depuis longtemps celle de la planification concernant la valeur de la formalisation et de l'articulation. Mais l'expérience n'a jamais rien montré de tel. L'expérience n'a pas non plus montré que « si vous l'avez écrit c'est que vous l'avez pensé ». Il suffit pour s'en convaincre de lire la plus grande partie de la littérature sur la planification elle-même, sans parler d'un grand nombre de plans d'entreprise !

Le problème, c'est que certaines choses s'écrivent plus facilement que d'autres : les nombres par exemple, par contraste avec les impressions.

En conséquence, la planification favorise systématiquement ce type d'information. Nous reviendrons à ce point important plus loin dans notre discussion. Ce que nous voulons simplement noter ici, en citant Wildavsky, c'est que « des procédures apparemment rationnelles [peuvent] produire des résultats irrationnels ». La planification « sacrifie la rationalité des fins au profit de la rationalité des moyens » (1979:207).

Un autre problème avec l'objectivité c'est qu'elle peut avoir un *a priori* contre les individus. Comme quelqu'un l'a dit, être objectif c'est trop souvent traiter les personnes comme des objets. Plus haut nous avons vu que les calculs qui font partie de la planification peuvent décourager l'implication de ceux qui doivent mettre en œuvre les plans. Victor Thompson a qualifié les planificateurs et les autres analystes fonctionnels de « nouveaux tayloristes », pour lesquels « la motivation des individus n'est pas un problème ; on peut supposer qu'elle existe » (1968:53).

Ce biais permet d'expliquer pourquoi les planificateurs conventionnels sont aussi soupçonneux vis-à-vis de l'intuition. C'est que l'intuition ne peut pas être expliquée, formellement écrite, et qu'aussi elle ne peut pas être décomposée, ordonnée, contrôlée. Il s'agit d'un processus mystérieux, caché au plus profond du subconscient et sujet à la plupart des émotions humaines. Mais parce que l'intuition n'est pas formellement rationnelle, cela ne veut pas dire qu'elle soit irrationnelle.

Les buts implicites de la planification

Les planificateurs peuvent prétendre qu'ils travaillent pour les buts qui sont exprimés par la direction de l'entreprise. Mais leurs processus peuvent avoir un profond effet sur ces buts. En d'autres termes, il y a dans le recours à la planification elle-même des buts qui sont, au moins en partie, imposés à toute organisation qui s'en remet au processus. Comme tout le monde, les planificateurs ont un parti pris en faveur des buts qui les favorisent.

Par exemple, comme nous l'avons déjà noté, la planification est biaisée en faveur d'un type particulier de changements dans les organisations : les changements incrémentaux, au détriment des changements « quantiques » que ses procédures ont des difficultés à traiter. Un changement « quantique » doit être contrôlé par des cadres dirigeants opérationnels, si même il est contrôlé ; ou il peut émerger des actions de nombreuses personnes travaillant à des niveaux opérationnels (voir, par exemple, Mintzberg et McHugh, 1985).

Pour ce qui est du rythme de changement, les organisations qui ne changent jamais n'ont pratiquement pas besoin de planificateurs (à tout le moins une fois que le plan est fait). Et les organisations qui changent de façon sporadique peuvent faire appel à des planificateurs uniquement de façon irrégulière. Dans cette mesure des planificateurs qui veulent maximiser leur influence, et maintenir pour eux-mêmes un emploi régulier, vont naturellement favoriser le changement incrémental à un rythme constant, dans l'idéal un changement qui suit le rythme du calendrier de la planification (voir Mintzberg, 1979b:126).

La préférence pour un changement de type incrémental effectué à un rythme constant se traduit par des buts conservateurs qui préservent les perspectives existantes et évitent les risques majeurs. Ainsi Sheehan a-t-il trouvé que les entreprises qui sont les plus impliquées dans la planification sont celles qui ont les performances les moins variables (et en fait celles qui ont le taux de croissance le moins élevé). Pour reprendre ses termes, il en résulte « une plus grande stabilité et une plus grande sécurité au niveau de l'entreprise » (1975:182). De même, Hamermesh a trouvé, dans son étude de la planification de portefeuille d'activités à la General Electric, que les « activités de planification qui étaient focalisées sur les unités d'activités stratégiques avaient le plus souvent pour conséquence des recommandations de désinvestissement plutôt que des initiatives audacieuses de gestion » (1986:198).

La planification influence aussi les buts de l'organisation par l'insistance qu'elle met à voir articuler ces buts avec des objectifs quantifiables, qui sont nécessaires pour que fonctionnent les modèles de planification, et en particulier au début l'établissement d'objectifs et à la fin le processus budgétaire[8]. Les planificateurs de type conventionnel supposent naturellement que ces buts sont faciles à définir et que rien n'est perdu dans le processus de quantification.

Quand ils définissent ces buts, les planificateurs cherchent rarement à obtenir le consensus de toutes les parties-prenantes. Il n'est pas évident, c'est le moins que l'on puisse dire, que toutes ces personnes seront d'accord pour articuler ensemble leurs propres buts, sans parler d'atteindre un consensus. De plus les planificateurs sont embauchés par les cadres dirigeants, et pas par les autres parties-prenantes. Donc

[8] Bourgeois (1980:230) cite un ensemble d'auteurs qui ont mis l'accent sur le besoin qu'il y a de définir des objectifs opérationnels au début du processus de planification ; sa liste est un véritable *Who's Who* des auteurs de l'école de la planification, elle inclut Ackoff (1970), Ansoff (1965), Hofer et Schendel (1978), Steiner (1969), Anthony (1965), et Lorange et Vancil (1977).

pour trouver les buts, ils s'adressent généralement à ces dirigeants, en supposant que d'une certaine façon ils parviendront à accorder tous les différents intérêts. Ceci encourage bien entendu une certaine centralisation dans l'organisation, et focalise implicitement l'influence au sommet de sa hiérarchie interne.

L'obtention des buts formels suppose non seulement que chacune des différentes valeurs de l'organisation peut être articulée, mais encore qu'il est possible de le faire pour tous les compromis entre ces valeurs. En d'autres termes, il est supposé que tous les buts peuvent être réconciliés en une seule déclaration d'objectifs. Comme Wildavsky l'a exprimé à propos du secteur public, ces buts « existent d'une certaine façon quelque part ; au dehors » et pour lui chacun d'entre eux est « étiqueté comme s'il sortait d'une grande machine qui serait située dans le ciel » (1973:134). L'hypothèse qui est faite ensuite, c'est que la fonction objectif, et par conséquent les buts, resteront stables pendant toute la période de planification, et qu'ils ne seront influencés ni par des changements dans les conditions externes, ni par un réajustement des coalitions de pouvoir.

La planification a fait l'expérience de ses plus dramatiques échecs là où les hypothèses présentées ci-dessus sont le moins valides, c'est-à-dire à l'évidence dans le domaine de la planification gouvernementale mais de façon similaire dans tout système de pouvoir complexe, ce qui doit inclure une bonne partie des grandes entreprises. Mais le succès dans ce domaine peut parfois être plus onéreux car il signifie généralement que les valeurs des cadres dirigeants prennent le pas sur celles des autres sources d'influence. Il paraît assez raisonnable de demander à des cadres dirigeants d'indiquer ce que sont les valeurs globales de l'organisation, mais il faut reconnaître que ces personnes ont aussi leur propre grain à moudre, par exemple une préférence pour la croissance de l'organisation au détriment de la maximisation de la valeur pour les actionnaires (voir, par exemple, Berle et Means, 1968). Ainsi, Van Gunsteren a soutenu que les planificateurs sont conduits à « respecter les inégalités de pouvoir existantes » ou à « reproduire ou renforcer les configurations de pouvoir existantes » (1976:10).

Cyert et March font une suggestion sur la façon dont les organisations s'y prennent pour réconcilier différents buts, par exemple le profit à court terme et le profit à long terme, la croissance et le risque. Ils ont appelé cette méthode « l'attention séquentielle vis-à-vis des buts » (1963:118). Différents buts sont favorisés chacun pour un temps, ou même pour une seule décision, de telle sorte qu'au fil du temps plutôt qu'à chaque moment donné il existe une sorte d'équilibre global qui est maintenu. Mais ce type d'adaptation est incompatible avec la planification conventionnelle, qui, elle, requiert la cohérence de l'action.

Il existe un problème beaucoup plus sérieux que celui qui concerne l'identité de ceux qui expriment les buts ou la façon dont on s'y prend pour exprimer ces buts : le fait même d'exprimer des buts produit d'après nous un biais systématique majeur. La planification, comme nous l'avons noté, est orientée vers les moyens, non vers les fins. Mais ses moyens préférés sont l'articulation, idéalement la quantification, et certains buts s'y prêtent plus facilement que d'autres.

Par conséquent, la planification favorise ces buts. Comme Marsh *et alii* l'ont trouvé dans leur étude du processus d'élaboration des budgets d'investissement, « l'analyse financière exclut de façon typique les coûts et les bénéfices qui sont difficiles à quantifier » (1988:26).

Ackerman (1975) et d'autres ont montré que, au moins pour ce qui concerne les entreprises, ce sont les buts économiques, et en particulier les buts à plus court terme – comme le profit immédiat et la croissance des ventes – qui sont le plus facilement quantifiés. D'autres buts, les buts à long terme et dans certains cas les buts sociaux (qui vont de la qualité des produits à l'implication des salariés) sont moins facilement quantifiables alors qu'ils peuvent en fait contribuer au développement des profits d'une façon plus durable. Ainsi des organisations qui favorisent la planification peuvent être conduites à se focaliser sur le futur économique à court terme d'une façon qui gêne l'atteinte non seulement des buts sociaux mais aussi, de façon paradoxale, celle de la performance économique à long terme[9].

Il y a plusieurs conséquences à ce qui précède. D'abord l'entreprise peut avoir tendance à favoriser des stratégies de « domination par les coûts » (qui mettent l'accent sur les efficiences opérationnelles internes, qui sont généralement mesurables) au détriment de stratégies de domination par les produits (qui mettent l'accent sur une conception innovatrice ou sur une meilleure qualité, qui ont tendance à être moins mesurables). Ensuite elles ont tendance à ignorer des stratégies qui se préoccupent d'autres parties-prenantes que les actionnaires, dans la

[9] Hayes soutient que la focalisation vers le futur économique à court terme n'assure pas la promotion d'un « avantage concurrentiel réellement durable », qui, lui, prend du temps à développer. « Les buts qui peuvent être atteints au cours d'une période de cinq années sont en général trop faciles à atteindre ou fondés sur l'achat et la vente de quelque chose. Cependant, tout ce qu'une entreprise peut acheter ou vendre est probablement disponible à l'achat ou à la vente également pour ses concurrents » (1985:113).

mesure où leurs besoins sont moins facilement exprimés puisqu'il s'agit d'objectifs qualitatifs. Dans l'ensemble l'effet peut être de réduire les stratégies à leurs éléments de base et de les éloigner d'une perception riche et intégrée de ce que l'organisation peut faire.

Nous trouvons ainsi toutes sortes de biais systématiques possibles dans la planification : un biais en faveur de la planification comme une fin en soi (« c'est le processus qui compte ») et un biais en faveur de la forme étroite de rationalité qu'elle représente ; un biais qui éloigne la planification de l'intuition, de la créativité, et d'autres modes d'expression ; un travers en faveur de changements permanents de type incrémentaux plutôt qu'en faveur de changements périodiques « quantiques » et donc un biais qui éloigne du risque et de l'audace ; un biais en faveur de la centralisation du pouvoir dans l'organisation et des intérêts qui maintiennent le *statu quo*, un biais qui éloigne des besoins exprimés par les sources d'influence dont les enjeux dans l'organisation ne sont pas formellement économiques ; un biais en faveur des buts économiques à court terme, qui éloigne des buts à plus long terme liés à la qualité, à l'innovation, aux besoins sociaux, et même à la performance économique à long terme ; et un biais en faveur de stratégies qui elles-mêmes sont plus simples et qui sont appauvries.

L'aspect politique de la planification

Les études qui se focalisent sur un « climat adapté à la planification » citent inévitablement l'activité de type politique comme nuisible à la planification. L'argument se développe comme suit : comme la planification est objective et globale, l'activité politique, qui elle est subjective et corporatiste, la menace. Wildavsky, par exemple, nous indique que « McKean et Anshen utilisent à propos de l'activité politique les termes "ajustements à la pression et ajustements expédients", "actes aléatoires... insensibles à l'analyse planifiée des besoins d'une conception efficace de la décision". De la part d'une structure politique ils s'attendent uniquement à "de la résistance et de l'opposition"... » (1966:309).

Mais si nous considérons quelques-uns des effets réels de la planification (la promotion de la stabilité au nom du changement, la rigidité au nom de la flexibilité, le détachement au nom de l'implication, etc.), nous pouvons aussi commencer à nous demander dans quelle mesure la planification elle-même n'amène pas le développement du conflit au nom de l'harmonie. Ici encore, par conséquent, nous voulons retourner le piège contre lui-même, et suggérer que le type particulier d'objectivité développé par la planification peut, entre autres choses, être subjectif et corporatiste, et qu'il peut encourager le climat même qu'il considère comme inadapté à sa propre pratique.

Nous savons tous que les problèmes sont souvent plus faciles à résoudre dans des contextes spécifiques que dans le cadre de principes généraux. Par exemple, il peut être impossible d'obtenir que des responsables de marketing et des responsables de production se mettent d'accord sur les importances relatives à accorder à la maximisation des ventes et à la minimisation des coûts. Mais ces mêmes personnes se mettent d'accord sans problème chaque jour sur des objectifs de vente et des objectifs de coût pour des produits spécifiques, peut-être au travers de la méthode décrite par Cyert et March consistant à apporter une attention séquentielle à leurs buts respectifs. Cet effet est encore plus net dans le domaine de la politique politicienne : la droite et la gauche peuvent très bien ne jamais tomber d'accord sur des principes indiquant quels efforts doivent être accordés à la stimulation de l'économie par opposition au développement des programmes sociaux, mais ils parviennent en permanence à des compromis *ad hoc* sur ces questions.

En forçant les managers à décider de compromis concernant les buts d'une façon abstraite plutôt que d'une façon appliquée à des choix contextuels, la planification « peut avoir pour effet d'accroître les différences que chaque participant perçoit entre lui-même et les autres, et par conséquent augmenter le niveau de conflit dans l'organisation » (Whitehead, 1967:164). Cela, par exemple, peut faire surgir « un grand nombre de conflits couramment réprimés » (Gluntz, 1971:7). En d'autres termes, l'action même qui consiste à établir des objectifs à l'intérieur du processus de planification peut accroître l'activité de type politique parmi le groupe des managers.

Il y a également des chemins plus directs par lesquels la planification, à travers sa propre pratique, peut produire une activité de type politique dans les organisations, comme nous l'avons déjà vu à plusieurs reprises dans notre discussion. Lorsque les planificateurs dévalorisent l'intuition des cadres dirigeants, lorsqu'ils lancent leurs systèmes centralisés contre les responsabilités décisionnelles des cadres de niveau intermédiaire, lorsqu'ils agissent comme chien de garde pour la direction générale, ils créent un niveau élevé de conflit dans l'organisation. Une partie du problème vient du fait que « la planification dérive très facilement vers un mode de fonctionnement dans lequel elle est dirigée par les fonctionnels » :

> La proximité entre les planificateurs et la source ultime du pouvoir, l'accès qu'ont les planificateurs à ce pouvoir, la connaissance qu'ils ont de l'information stratégique globale de l'entreprise, la supériorité cognitive qu'ils montrent dans les jeux de la planification et de l'analyse, tout cela leur donne de nombreuses occasions de jouer le rôle de remplaçant du PDG, et d'être perçus comme tels. Certains responsables opérationnels les ménageront, et montreront de la déférence vis-à-vis de leurs jugements ; d'autres essaieront de les coopter, et de gérer les nombres et les processus qui leur apparaissent comme importants et pertinents. Ce goût du pouvoir et de l'autorité a enivré plus d'un fonctionnel de la planification... (1990:113)

De fait, la planification signifie le contrôle : au moins le contrôle sur les processus par lesquels les décisions sont prises et reliées les unes aux autres, mais plus couramment encore le contrôle sur les hypothèses qui sous-tendent ces décisions, si ce n'est le contrôle sur les décisions elles-mêmes. Maintenant, s'il pouvait être démontré de façon empirique que la planification est supérieure à d'autres méthodes de prise de décision et d'élaboration de stratégies, alors les planificateurs pourraient utiliser des arguments logiques pour retirer le contrôle d'entre les mains des responsables opérationnels. Mais, parce que, comme nous l'avons vu, aucune preuve de cette nature n'existe, les planificateurs se sont parfois tournés vers des arguments, qui, quand ils ne sont pas purement basés sur la foi, s'avèrent être de nature politique. Nous avons déjà vu de nombreux exemples de ce type : affirmer de façon arbitraire la supériorité de la planification, éliminer l'intuition, et utiliser l'objectivité comme une massue pour écraser ceux qui résistent à la planification.

Les commentaires de Ringbakk, même s'ils restent courtois, illustrent ce point : « Si le style de la direction générale consiste à prendre des décisions *à la dernière minute*, à décider de façon *précipitée* sur un mode intuitif, la planification ne marchera pas. On arrivera *naturellement* à la planification si la gestion utilise une analyse *saine* » (1971:17, italique ajouté). Chakraborty et David, dans un article de *Planning Review*, utilisent des termes moins polis à propos des managers qui « se précipitent sur des solutions simplistes et naïves », qui « en viennent à emprunter la ligne de moindre résistance pour se couvrir », qui « font ce qu'il faut pour être saturés de travail », tout ceci pour éviter un processus de planification qui « met en lumière les incohérences intuitives » (1979:19,18 ; aucun italique n'est nécessaire !). On peut encore citer le commentaire de Kyogoku, qui prétend que le processus d'élaboration de la stratégie « ne peut plus demeurer le résultat aléatoire de quelque processus vague, non structuré, ou contrôlé par l'ego » (dans Heirs et Pherson, 1982 ;xxi). Et les planificateurs accusent les managers de provoquer un conflit de nature politique !

Quand la bataille est déclenchée entre l'analyse et l'intuition, le conflit de nature politique intervient presque inévitablement parce que les deux côtés campent sur un sol instable. Il ne peut y avoir aucun argument logique pour écarter ou pour soutenir l'intuition dans la mesure où elle ne fonctionne pas selon les règles de la logique conventionnelle. C'est un processus subconscient, que personne ne comprend réellement, sauf par certaines de ses caractéristiques, comme la vitesse avec laquelle il produit parfois des réponses. Ainsi, écarter l'intuition en disant qu'il s'agit d'un processus irrationnel est une attitude elle-même irrationnelle, tout comme s'y engager en disant qu'il s'agit d'un processus supérieur à la logique formelle est une attitude illogique.

Les aspects positifs de l'activité de nature politique

Il nous reste un dernier point à traiter à propos des relations entre planification et activité de type politique. Tout comme la planification peut susciter l'apparition du climat même qu'elle considère comme impropre à sa pratique, un climat de type politique peut être impropre à la planification et s'avérer approprié pour l'efficacité de l'organisation. En d'autres termes, l'activité de type politique a également des rôles fonctionnels à jouer dans les organisations (même si elle a aussi beaucoup de rôles dysfonctionnels), parfois au-delà de la résistance à la planification.

Comme nous l'avons indiqué ailleurs (Mintzberg, 1983:229-230), le système politique dans une organisation peut promouvoir les changements stratégiques nécessaires qui sont bloqués par les systèmes d'influence les plus légitimes. Le système le plus légitime est bien entendu le système d'autorité formelle. Une faille majeure de ce système est qu'en concentrant le pouvoir à l'intérieur d'une hiérarchie unitaire, il tend à assurer la promotion d'un seul point de vue, en général celui dont on croit qu'il a les faveurs du sommet. En d'autres termes, un seul individu situé au sommet de la hiérarchie, le PDG, peut bloquer les changements stratégiques nécessaires, consciemment ou non. Comme nous l'avons déjà vu, la planification repose sur ce système d'autorité, à la fois pour les buts qu'il injecte dans son processus, pour le soutien nécessaire à son processus, et pour les plans qui en sont le produit ; par conséquent la planification respecte, même si ce n'est pas toujours de bon gré, le pouvoir central situé au sommet de l'organisation. Ainsi la planification est amenée à renforcer le concept de hiérarchie unitaire et centralisée.

Mais d'un autre côté la véritable réorientation stratégique, le changement majeur de perspective, qui par nature est « quantique », exige d'ordinaire qu'il y ait une personne qui se fasse le champion d'un nouveau point de vue et le challenger des hypothèses établies, donc aussi le challenger des catégories établies de stratégie et de structure. Cela doit donc souvent prendre place en dehors des procédures formelles de planification aussi bien qu'en dehors des structures formelles d'autorité. L'endroit où cela se produit parfois est ce que l'on peut appeler de façon appropriée l'arène politique, un qualificatif qui désigne le système d'influence qui est illégitime, ou plus exactement *a*légitime, c'est-à-dire situé en dehors des mécanismes d'influence disposant d'une sanction formelle. Mais cette non-légitimité a trait aux *moyens* de l'activité politique, car lorsqu'elle est utilisée pour défier l'autorité formelle qui elle-même résiste à un changement nécessaire pour l'organisation, alors il faut considérer que ses *fins* sont légitimes.

Un exemple courant de ce type de phénomène se produit lorsqu'une direction aveugle à des changements qui se produisent dans le marché est politiquement défiée par un groupe de « jeunes Turcs ». Ils peuvent par exemple passer par-dessus la tête du PDG et présenter leur position directement au conseil d'administration ou même au public dans son ensemble. Ou ils peuvent simplement prendre sur eux de faire évoluer la stratégie de l'organisation d'une façon clandestine (et émergente). De fait, il est surprenant de voir à quel point le changement stratégique majeur dans les grandes organisations est initié par une activité de type politique. Notre conclusion est que l'activité de type politique, tout comme l'intuition, peut être une alternative viable et, dans certaines circonstances, préférable à la planification formelle pour encourager le changement. Bien entendu des planificateurs peuvent aussi être, et ont souvent été, ces jeunes Turcs ; mais pas à cause de leurs procédures formelles. Nous reviendrons à ces planificateurs « non conventionnels » au chapitre 6.

Pour conclure cette discussion, nous ne soutenons pas que la planification doit être éliminée en faveur de l'activité de type politique. Mais soutenir que cette activité de type politique interfère avec la pratique de la planification, c'est d'abord ignorer les effets politiques de la planification, et ensuite ignorer les effets positifs de l'activité de type politique.

Planification et contrôle

Plus haut, nous avons fait allusion à l'intérêt que la planification porte au contrôle. Ici, en concluant cette discussion sur les pièges de la planification, nous voulons développer ce point plus avant, dans la mesure où il intègre nombre de points que nous avons notés à propos des caractéristiques de la planification.

L'obsession du contrôle

George Bernard Shaw a un jour prétendu que « être en enfer, c'est dériver ; être au paradis, c'est piloter ». Telle pourrait être la devise du planificateur conventionnel.

Le thème qui apparaît peut-être le plus clairement dans la littérature sur la planification est son obsession du contrôle : contrôle des décisions et des stratégies, du présent et du futur, des pensées et des actions, des exécutants et des cadres, des marchés et des consommateurs. Ainsi Dror, citant Friedman, écrivait que « la planification est une activité par laquelle l'homme en société entreprend d'acquérir la maîtrise de lui-même et de donner forme à son futur collectif par le pouvoir de sa raison » (1971:105)[10].

Une bonne indication de cela peut probablement être trouvée dans les commentaires d'un responsable de la planification de l'entreprise AT&T qui se demandait « pourquoi, si la planification d'entreprise est

[10] Il semblerait que la planification y parvienne honnêtement, si l'on en croit la description que Jelinek donne de Frederick Taylor comme le père réel de la planification. Sur Taylor, J.C. Worthy écrit :

> La personnalité de Taylor émerge très clairement de ses écrits. L'obsession virtuelle qu'il avait de contrôler son environnement était exprimée dans tout ce qu'il faisait ; dans sa vie domestique, sa façon de faire le jardin ou de jouer au golf ; même sa promenade de l'après-midi n'était pas une détente mais quelque chose qui devait être soigneusement planifié et suivi avec rigueur. Rien ne devait être laissé au hasard si par un moyen ou par un autre le hasard pouvait être évité. Chaque action personnelle était pensée avec soin, toutes les contingences possibles étaient examinées, et des mesures étaient prises pour se garder contre des développements externes. Et quand, malgré toutes les précautions prises, quelque chose arrivait qui perturbait ses plans, il montrait tous les signes d'une grande détresse interne : une détresse qui s'exprimait parfois par des explosions de rage, et parfois par une dépression noire. (1959:74)

si importante », n'est-elle pas « déjà apparue dans la Bible ? » Il concluait qu'en fait « les éléments d'une bonne planification » y sont en fait apparus, car Moïse « connaissait tellement bien l'environnement qu'il pouvait le prédire facilement et le changer sur commande » (Exode : 7-14,14:2, Blass, 1983:6-3). Il n'est pas étonnant de voir que Kets de Vries et Miller, dans leur analyse de « l'organisation névrosée », ont caractérisé ce qu'ils appellent « l'entreprise compulsive » comme celle qui a un « département de planification substantiel », ce qui assure que « chaque mouvement est planifié avec un grand soin » (1984:29-30).

Une obsession du contrôle paraît généralement refléter une peur de l'incertitude. Bien entendu les planificateurs ne sont pas dans cette mesure fondamentalement différents de n'importe qui d'autre[11]. Nous avons tous à un certain degré peur de l'incertitude ; une façon de faire face à la perception d'un manque de contrôle ou de s'assurer qu'il n'y ait pas de surprise, consiste à rechercher le contrôle sur tout ce qui pourrait nous surprendre. À la limite, bien entendu, cela englobe tout, les comportements aussi bien que les événements, et quelques planificateurs au moins donnent l'impression de vouloir s'approcher de cette limite. En un sens, la réduction de l'incertitude est leur profession, ou au moins elle l'est devenue. Ainsi C. West Churchman a noté que « ceux qui sont enthousiastes vis-à-vis de la planification », quand on leur demande pour quelle raison il faut planifier, « font remarquer le besoin absolu qu'il y a de se préparer pour toutes les contingences », à « minimiser la surprise, parce que pour les planificateurs la surprise est un état de choses non satisfaisant » (1968:147). Ou pour citer les termes (comme d'habitude) plus emphatiques de Wildavsky :

> La planification est liée aux efforts de l'homme pour modeler le futur à son image. S'il perd le contrôle de sa propre destinée, il a peur d'être précipité dans les abysses. Seul et effrayé, l'homme est à la merci de forces étranges et imprévisibles, il se réconforte donc par tous les moyens qui lui sont accessibles pour défier les destins. Il hurle ses plans dans la tempête de la vie. Même si ce qu'il entend n'est que l'écho de sa propre voix, il n'est plus

[11] Worthy traite cependant Taylor à part :

> À partir de ses écrits et de sa biographie, on a l'impression d'une personnalité rigide et non sûre de soi, désespérément effrayée de ce qui est inconnu et non prévu, qui n'est capable de faire face au monde avec un calme raisonnable que si tout ce qui est possible a été fait pour maintenir le monde à sa place et pour se garder contre tout ce qui pourrait perturber ses plans, élaborés laborieusement et avec soin. (1959:75)

> seul. Abandonner sa foi dans la planification, ce serait déchaîner la terreur qui est enfermée en lui. (1973:151-152)

Une obsession du contrôle conduit à toutes sortes de comportements, comme nous l'avons vu à travers toute notre discussion. L'un de ces comportements est l'aversion du risque, c'est-à-dire une hésitation à prendre en considération les idées effectivement créatives et les changements qui sont réellement « quantiques », car tous deux ont des effets imprévisibles et sont trop éloignés de la planification formelle. Un autre comportement est le conflit avec ceux qui sont sujets à la planification, qui n'apprécient pas la perte de contrôle dont ils sont eux-mêmes victimes. Les planificateurs peuvent concevoir leurs procédures comme simplement destinées à apporter de l'ordre et de la rationalité, en fait de la coordination, au processus de prise de décision. Mais la coordination, c'est du contrôle, comme le notait Worthy :

> L'obsession du contrôle provient d'un échec dans le fait de reconnaître ou d'apprécier la valeur de la spontanéité, que ce soit dans le travail de tous les jours ou dans le processus économique. D'où le besoin pour la planification. D'où la machine comme concept pour l'organisation humaine. Car la machine n'a pas de volonté propre. Ses parties n'éprouvent aucun besoin pour une action indépendante. Il faut lui injecter du dehors, ou d'en haut, la pensée, la direction, et même la raison d'être. (1959:79)

« Notre époque est turbulente »

L'obsession du contrôle peut aussi conduire à quelques comportements curieux, aucun d'entre eux n'étant plus curieux que l'attitude de la planification vis-à-vis de la prétendue « turbulence » dans l'environnement. La littérature sur la planification a pendant longtemps fait un fantastique remue-ménage autour de cette turbulence ; tout se passe comme si chacun des auteurs dans le domaine avait dû à un moment ou à un autre payer son tribut à cette idée. « C'était précisément l'aube de l'Âge de la discontinuité lorsque la General Electric a commencé son processus de planification stratégique en 1970 », écrivait Michael Allen, responsable de la planification de cette entreprise (1977:3). Au milieu des années quatre-vingt, deux consultants ont consacré leurs écrits à « l'environnement des affaires qui est aujourd'hui turbulent » (Benningson et Schwartz, 1985:1). Et vers la fin de cette décennie, un universitaire a, dans l'introduction de son livre sur la planification, présenté un commentaire sur les environnements « de plus en plus turbulents » des organisations publiques et à but non lucratif (Bryson, 1988:1). Ce sont bien entendu Alvin Toffler, dans son ouvrage de 1970 *Future Shock*, et Igor Ansoff, dans la masse des écrits qu'il a produit dans les années soixante-dix et quatre-vingt, qui ont rendu populaire cette notion de turbulence. Mais l'idée initiale paraît réellement provenir de deux articles des années soixante, l'un dû à Emery et Trist (1965), et l'autre à Terreberry en 1968.

Si on lit cette littérature une décennie à la fois, on peut avoir l'impression que le monde de la planification a toujours été turbulent. Bien entendu la question qui vient naturellement est : Comment pouvons-nous avoir survécu à tant de turbulence ? Cependant si on lit cette littérature rétrospectivement, on obtient une réponse. Car de même que les auteurs sur la planification ont eu tendance à décrire leur propre époque comme turbulente, de même ils ont également tendance à qualifier de stable l'époque précédente, celle-là même que leurs prédécesseurs considéraient comme turbulente. À propos des entreprises industrielles et des entreprises de service, « qui font l'expérience de la turbulence », Freeman écrivait en 1984 que « le "bon vieux temps" est terminé » (4) ; « les temps ont changé » écrivait Leff la même année (1984:88). Schon et Nutt, qui ont étudié « la consensualité et la turbulence dans la planification publique américaine » (1974:183), ont montré qu'il y avait de la consensualité jusqu'en 1963, et « une zone de turbulence » depuis cette année jusqu'à l'année de leur publication (juste au moment où la crise de l'énergie frappait ; comment alors caractériser les années suivantes ?)

Pourquoi est-ce toujours notre propre époque qui est si turbulente ? Dans les années soixante, on suppliait les organisations de planifier parce que la stabilité des années cinquante était terminée ; dans les années soixante-dix, on leur disait à quel point les années soixante avaient été stables ; dans les années quatre-vingt, certains auteurs ont prétendu que des techniques telles que la matrice taux de croissance et parts du marché du Boston Consulting Group avaient fonctionné dans les années soixante-dix parce que, à la différence de se qui se passait dans les années quatre-vingt, il s'agissait d'années stables.

Ansoff s'est également exprimé dans ce domaine. Souvenons-nous de ses commentaires sur « les nouvelles conditions de la turbulence » quand il écrivait « aujourd'hui, aux alentours de 1977, ce problème est significativement différent de ce qu'il était il y a dix ans, quand mon premier ouvrage [sur le problème stratégique] est apparu » (1979b:5).

Mais dans ce premier ouvrage, publié en 1965, Ansoff faisait référence aux changements stratégiques comme étant « si rapides que les entreprises doivent examiner continuellement avec attention l'environnement produit-marché à la recherche d'occasions d'investissements », et il établissait un contraste entre les industries « fortement dynamiques » et « les autres, qui ont bénéficié d'une stabilité relative dans le passé » (125,126).

Bien entendu, il y avait une porte de sortie, et Ansoff le reconnaissait. « Au cours du XXe siècle le niveau de turbulence a progressivement augmenté dans la plupart des industries » (1984:57). En d'autres termes, la courbe du changement a été exponentielle, une condition sans doute proche de celle que Schon et Nutt (1974) ont appelée « la turbulence endémique ». Mais encore une fois, si telle était la vérité, la dérivée première de cette courbe serait une droite, n'est-ce pas, et la dérivée seconde serait horizontale ? C'est-à-dire que la turbulence serait devenue la stabilité, l'état stable, la normalité. « Plus ça change, plus c'est la même chose », non ? Citons sans commentaire un extrait du *Scientific American* :

> Peu de phénomènes ont été plus remarquables, et pourtant moins remarqués, que le degré avec lequel la civilisation matérielle – le progrès de l'humanité dans tous ces dispositifs qui mettent de l'huile dans les rouages et assurent le confort de la vie quotidienne – a été concentré dans la dernière moitié de ce siècle. Il n'est pas excessif de dire que dans ce domaine plus a été accompli, des découvertes plus riches et plus prolifiques ont été faites, des réussites plus grandes ont été obtenues, dans le courant des cinquante dernières années qu'au cours de toutes les périodes précédentes de l'histoire de l'humanité prises ensembles. (Cette citation est extraite du numéro de septembre 1868.)

En fait, l'argument concernant la turbulence toujours croissante ou endémique est aussi erroné que ce qui est prétendu à propos de la turbulence d'aujourd'hui. Toffler écrivait son ouvrage *Future Shock* dans les années soixante, quand Terreberry et Emery et Trist publiaient également leurs articles sur la turbulence. À propos de cette période, Makridakis, une des plus grandes autorités dans le domaine de la prévision, écrit qu'« il n'est pas exagéré de dire que les années soixante étaient la période la plus stable dans l'histoire des pays industrialisés du monde occidental » (1979:18). Il remarque que les États-Unis ont fait l'expérience de « la plus longue période de croissance ininterrompue [105 mois] qu'aucun pays ait jamais connu depuis que des statistiques existent » (18).

Allez raconter les histoires sur la turbulence des années soixante, ou même celle des années soixante-dix – quand l'augmentation des prix du pétrole a provoqué certaines perturbations – aux personnes qui ont fait l'expérience de la grande dépression des années trente, à ceux qui ont vécu le siège de Leningrad au cours de la Seconde Guerre mondiale, ou même aux soldats qui ont été soumis à la planification lors de la bataille de Passchendaele. Ce qui est peut-être le commentaire le plus étonnant dans ce domaine est celui de Katz et Kahn : « Avant même que la turbulence ne caractérise de nombreux secteurs de l'environnement, les organisations faisaient fréquemment face à de nouveaux problèmes, par exemple ceux créés par la guerre ou par la dépression économique » (1978:132). En 1986, quand Toffler est intervenu à la *Planning Forum Conference* en disant que « la planification de la troisième vague » était « marquée par une discontinuité rapide, dramatique, et souvent erratique »[12], nous nous sommes demandé comment le monde avait été capable de faire face aux seize années de turbulence qui s'étaient déroulées depuis la publication de son livre initial, et avec « l'hyperturbulence » qui était soudainement apparue en 1984 (au moins dans le titre d'un article de McCann et Selsky). Comment diable Toffler a-t-il pu prendre l'avion pour Montréal dans de telles conditions ? Et comment McCann et Selsky ont-ils réussi à publier leur article ? En fait, peu d'entre nous ont connu quoi que ce soit ressemblant réellement à de la turbulence au cours de leur vie, quelle que soit la signification que l'on donne à ce terme. Après tout, le jour qui a suivi l'augmentation des prix du pétrole en 1973, et chaque jour par la suite, les planificateurs se sont levés plus ou moins à la même heure, sont montés dans une voiture qui était plus ou moins la même, et qui avait plus ou moins le même type de moteur que celui qui existait depuis cinquante ans (peut-être en ayant de temps à autre à prendre la file d'attente pour faire le plein d'essence), ont allumé leurs radios pour écouter plus ou moins les mêmes stations, et se sont rendus au travail dans des endroits qui étaient plus ou moins les mêmes. À moins, bien entendu, qu'ils n'aient été licenciés par des entreprises qui pensaient que la planification serait plutôt moins utile dans des conditions aussi « turbulentes ».

Le fait est que les « environnements » varient, entre les secteurs et au fil du temps. Quelques organisations peuvent de temps à autre faire

[12] Cette citation est tirée d'un document distribué lors de la Planning Forum Conference, Montréal, 5 mai 1986.

l'expérience de perturbations sévères. Mais au même moment, beaucoup d'autres font l'expérience d'une relative stabilité. (Quand la *Harvard Business School* a-t-elle pour la dernière fois changé sa perspective stratégique ? De fait, Toffler lui-même a traité du même thème pendant des décennies). Toffler a édité son livre sur le choc du futur en 1970, à peu près de la même façon que les livres ont été publiés pendant des années, si ce n'est des siècles. Et Ansoff a vécu confortablement dans les années soixante-dix sans beaucoup se soucier de toute la turbulence qui l'entourait.

Dans ce contexte, il est ridicule de dire que la totalité du monde dans lequel les organisations fonctionnent est turbulent, et tout particulièrement de prétendre que nous avons fait l'expérience de beaucoup de « turbulence » à quelque époque que ce soit depuis la Seconde Guerre mondiale. De telles conditions auraient sapé toute activité organisationnelle, auraient dissout toute bureaucratie et rendu toute stratégie inutile (car la stratégie, quelque définition que l'on en donne, impose de la stabilité à une organisation). Dire qu'un environnement est turbulent de façon permanente est aussi ridicule que de le qualifier de stable d'une façon permanente : les environnements sont toujours changeants dans quelques-unes de leurs dimensions, et demeurent stables dans d'autres ; ils changent rarement totalement d'un seul coup, et ils ne changent jamais totalement de façon permanente. Dans tous les cas, ceux qui en font l'expérience sont rarement les meilleurs juges du degré de leur changement.

Pour revenir à un point qui est plus important pour notre propos, la planification a généralement obtenu le plus fort soutien lorsque les organisations étaient relativement stables. Le processus est devenu de plus en plus populaire au cours de ces années soixante que Makridakis a décrites comme étant caractérisées par une croissance économique tellement stable. Et il a subit ses plus importants revers quand les conditions ont changé de façon imprévisible, particulièrement après les augmentations du prix de l'énergie des années soixante-dix. Mais cela ne devrait pas nous surprendre, parce que c'est cohérent avec les conclusions que nous avons tirées dans ce chapitre : la planification fonctionne le mieux lorsqu'elle extrapole le présent ou lorsqu'elle a affaire à des changements de type incrémentaux dans le cadre de perspectives stratégiques existantes ; elle fonctionne moins bien dans des situations instables, imprévisibles, ou lorsqu'il faut considérer des changements « quantiques » dans l'organisation. Ainsi, lorsque les conditions sont devenues imprévisibles (un terme qu'Emery et Trist eux-mêmes ont utilisé pour leurs « champs turbulents », à cause d'« une augmentation importante » de l'« incertitude pertinente » (1965:26), les départements de planification ont eu tendance à être les premiers éliminés.

Pourquoi l'école de la planification fait-elle donc un tel remue-ménage à propos de la turbulence, alors même qu'elle ne peut pas la traiter ? Essayons de fournir quelques explications. L'une d'entre elles pourrait être que la planification croit qu'elle peut traiter la turbulence, ou au moins qu'elle peut convaincre la direction générale qu'elle en est capable. Sa prescription devient alors : quand l'environnement devient « turbulent », « planifiez, ou tout ira mal ». Et cela peut être un argument d'une grande puissance. Parce que si le ciel nous tombe réellement sur la tête, alors il y a effectivement intérêt à ce que quelqu'un s'en préoccupe. Et qui peut mieux le faire que les planificateurs ?

En un sens restreint, cet argument peut avoir été valable. Si toutes les entreprises dans un secteur donné acceptent cette prescription et se mettent à planifier avec diligence, alors toutes les stratégies seront stables et personne n'aura aucune mauvaise surprise. La « turbulence » disparaîtra comme par enchantement, grâce à la planification. Tel est en fait l'élément qui sous-tend la conception que Galbraith (1967) a développé des « nouveaux États industriels », ces oligopoles géants qui contrôlent leurs marchés et se contrôlent les uns les autres par l'intermédiaire de la planification. Pendant un certain temps cette méthode a semblé fonctionner de façon merveilleuse dans certaines situations, comme l'industrie automobile américaine. Mais ça n'a pas duré quand quelques concurrents ont refusé les règles du jeu. Lorsque certains ont préféré développer une capacité de réponse rapide plutôt que de faire de la planification d'une façon stable, nous savons très bien ce qui est arrivé si l'on considère les expériences de l'industrie automobile et d'autres industries. La magie de la planification a disparu.

Essayons maintenant de proposer une autre explication pour toutes ces affirmations à propos de la turbulence. Cette explication sera cette fois plus cynique. Elle consiste simplement à dire que nous nous glorifions nous-mêmes en décrivant notre propre époque comme turbulente parce que cela nous permet de nous sentir importants. Cela rappelle le cas des personnes, qui, en répartissant en catégories les périodes de l'histoire, réservent toujours une catégorie pour leur propre époque, par exemple l'époque de la qualité totale des années quatre-vingt-dix, l'ère des dinosaures, ou la dynastie Ming. En d'autres termes, ce que nous avons, ce ne sont pas des époques turbulentes, mais des egos enflés.

En fin de compte, cependant, bien que nous pensions que les explications précédentes soient correctes, nous en préférons une troisième, qui contredit la première. La planification est tellement orientée vers la stabilité, tellement obsédée par le fait d'avoir toutes choses sous contrôle, que toute perturbation quelle qu'elle soit engendre une vague de panique et des perceptions de turbulence. Ainsi quand l'industrie américaine a rencontré une certaine concurrence de la part de l'étranger, en bonne partie parce qu'elle avait passé de nombreuses années à se mettre collectivement la tête dans le sable de la planification « rationnelle », ses planificateurs se sont mis à courir affolés dans toutes les directions en criant : « L'environnement est turbulent ! L'environnement est turbulent ! ».

Mais qu'était cette turbulence ? Rien de plus qu'un changement que la planification ne pouvait pas traiter, des conditions situées au-delà de la capacité de ses procédures[13]. Et des conditions qui jetaient à bas les plans qu'elle avait créés avec soin. Le monde imposait « des discontinuités » que la planification n'a aucun moyen formel de prédire (comme nous le verrons au début du chapitre suivant). Mais quelle était la source de ces discontinuité ? Aucun dieu malveillant, mais d'autres organisations, qui elles-mêmes se contrôlaient, merci bien, sans avoir recours à la planification stratégique. Ce qui était une turbulence aux États-Unis était simplement une opportunité au Japon.

On pourrait donc conclure que les planificateurs des pays occidentaux ont été des enfants gâtés par les conditions favorables des années soixante, époque à laquelle la planification a percé sa première dent. Chaque fois que les cheikhs augmentaient le prix du pétrole ou que les Japonais introduisaient un meilleur produit à un prix moins élevé, les planificateurs se mettaient à courir en criant à la « turbulence ». De façon paradoxale, par conséquent, alors que c'était la *planification* qui faisait l'expérience de la turbulence, c'était *l'environnement* que l'on qualifiait de turbulent ! En d'autres termes, alors que pour d'autres le monde évoluait en conformité avec leurs souhaits, le ciel était réellement en train de s'écrouler sur la tête des planificateurs !

[13] « La turbulence est la perception [à la fois par un individu et en général] de l'absence de chemins clairs et stables, de lignes directrices qui permettent de comprendre les problèmes de façon à proposer et à mettre en œuvre avec succès des solutions » (Schon et Nutt, 1974:181).

La vision stratégique et l'apprentissage stratégique

À plusieurs reprises nous avons fait allusion à des méthodes qui, sans être de la planification formelle, peuvent servir pour développer une stratégie. Au début de cet ouvrage, nous avons présenté neuf autres écoles de pensée sur la formation de la stratégie. Pour notre présent propos, nous pouvons nous focaliser sur deux de ces approches en particulier, l'une qui est appelée l'approche *visionnaire,* l'autre qui est appelée l'approche de l'*apprentissage* ; la première repose sur un seul stratège créatif, la seconde sur un ensemble d'acteurs capables d'expérimenter puis d'intégrer.

Bien qu'à notre avis les trois processus peuvent et doivent travailler de concert pour qu'une organisation quelle qu'elle soit soit efficace, une importance exagérée apportée à la planification, c'est-à-dire en fait une croyance selon laquelle des stratégies peuvent être créées par le moyen de procédures formelles, a tendance à éliminer les deux autres approches. Et avec la disparition de l'approche visionnaire, on assiste aussi à la disparition de la vision elle-même, à mesure que des perspectives stratégiques larges et intégrées sont progressivement réduites à des positions stratégiques étroites et décomposées.

L'approche visionnaire est une méthode plus flexible pour faire face à un monde incertain. La vision définit le cadre général d'une stratégie, tout en laissant les détails spécifiques aux bons soins d'une élaboration ultérieure. En d'autres termes, la perspective globale peut être délibérée alors que les positions stratégiques peuvent en même temps être émergentes. Alors quand l'inattendu arrive, en supposant que la vision est suffisamment robuste, l'organisation peut s'adapter : elle apprend. Elle s'accommode donc facilement d'un certain changement. Bien entendu, quand même la vision ne peut pas faire face, l'organisation peut devoir en revenir à une approche qui est purement d'apprentissage : en expérimentant dans l'espoir de comprendre quelques-uns des messages de base et de faire converger les comportements dans leur direction. Si l'entreprise utilise un plan bien spécifié, par contraste, une adaptation sérieuse devient beaucoup plus difficile, comme nous l'avons vu plus haut.

Ainsi des changements qui apparaissent turbulents dans des organisations qui se reposent fortement sur la planification peuvent apparaître normaux et même bienvenus pour celles qui préfèrent une approche visionnaire ou une approche de l'apprentissage. Pour exprimer les choses d'une façon plus audacieuse, si vous n'avez aucune vision mais seulement des plans formels alors tout changement non prévu dans l'environnement vous donne l'impression que le ciel vous tombe sur la tête. Nous en avons une validation par conséquent dans le fait que les Japonais ont été capables d'imposer tant de cette « turbulence » aux entreprises américaines en bonne part parce qu'ils ont plus utilisé l'apprentissage stratégique informel que la planification stratégique formelle[14].

L'illusion du contrôle ?

Dans *Le Petit Prince* de Saint-Exupéry (1943), le roi prétend qu'il a le pouvoir d'ordonner au soleil de se lever et de se coucher. Mais seulement à certains moments de la journée. Le pouvoir de la planification est-il équivalent au pouvoir de ce roi ? *L'obsession du contrôle* ne reflète-t-elle pas essentiellement une *illusion du contrôle* ?

Il est amusant de constater que la planification manifeste cette illusion du contrôle de façon collective, pas de façon individuelle. En d'autres termes, les planificateurs préfèrent acquérir du contrôle, non en se battant individuellement pour en obtenir (comme le fait l'entrepreneur), mais au travers de la volonté collective de l'organisation. C'est ainsi que Koch a qualifié la planification de « volontarisme collectif » : les individus « veulent donner forme à leur destinée... et pourtant ils veulent aussi éviter les conséquences darwiniennes de la concurrence individuelle » (1976:371). Et ils veulent y parvenir moins en s'appuyant sur les actions tangibles de l'organisation qu'au travers des abstractions de ses plans et de ses déclarations d'intentions. Est-ce seulement une illusion du contrôle ?

Dans leur article « Prévoir et planifier : une évaluation », Hogarth et Makridakis ont trouvé une « ressemblance étonnante entre l'histoire – de la prévision et de la planification – et les expériences formelles de psychologie concernant "l'illusion du contrôle" » (1981:127). Dans un ensemble de ces expériences, par exemple :

[14] Cela ne signifie pas que les Japonais sont de bons planificateurs opérationnels. (Voir Pascale, 1984, pour un exemple particulièrement frappant de ce fait, dans le cas du succès initial de l'entreprise Honda dans le marché américain de la moto.) Quelques données empiriques informelles sur la tendance qu'ont les Japonais à favoriser l'apprentissage stratégique par rapport à la planification stratégique viennent du propre codage que j'ai effectué de tous les articles de recherche que j'ai rassemblés sur le processus stratégique ; j'ai classé chacun d'eux dans une ou plusieurs des dix écoles de pensée (sur la base de la lecture de leurs résumés, ou d'un examen rapide de leur contenu). En examinant récemment les piles de documents que j'avais rassemblés au cours de plusieurs années, j'ai réalisé que j'avais codé pratiquement tous les articles écrits par des auteurs japonais dans l'école de l'apprentissage stratégique !

> Langer... a montré que même dans des situations déterminées de façon aléatoire, par exemple des loteries, des individus qui observent au départ une séquence de « succès » peuvent être conduits à croire qu'ils ont un certain degré de contrôle sur les résultats. De même, si on permet à des personnes de développer des activités cognitives concernant le résultat avant qu'il ne soit connu, par exemple en choisissant un nombre, ils ont aussi tendance à croire qu'ils acquièrent un certain niveau de contrôle. Ces résultats sont entièrement cohérents avec le besoin de maîtriser et de contrôler l'environnement. (121)

Ces auteurs ont identifié des illusions de contrôle de ce type dans le succès de la planification au cours des années soixante : quand les choses se passaient bien et qu'il y avait une bonne dose de planification formelle, cette dernière devait être la cause du succès. « Les individus ont tendance à attribuer le succès à leurs propres efforts et leurs échecs à des facteurs externes » (127), et tel est, en fait, exactement le thème de tout ce qui concerne les « pièges » de la planification.

Gimpl et Dakin ont poursuivi cet arguments jusqu'à ses ultimes conséquences logiques dans un article intitulé « Gestion et magie ». « Les experts des techniques de planification et de prévision remplissent la fonction des magiciens dans les sociétés primitives. Ils fournissent une base pour la décision quand il n'y a pas de méthode rationnelle » (1984:130). Ces techniques « ne sont pas très éloignées des anciennes techniques » dont nous nous moquons aujourd'hui, comme celles qui consistent à lire les entrailles des animaux sacrifiés ou à regarder dans les boules de cristal (126). Ce commentaire paraît être terriblement exagéré, jusqu'à ce que l'on considère les déclarations d'une personne qui détient une position dominante dans le domaine de la prévision : « Si l'on regarde l'histoire des spécialistes de la prévision, on constate qu'ils se sont toujours trompés. Mais une prévision fausse est meilleure que pas de prévision du tout ». Pour planifier, « vous avez besoin d'une prévision d'une sorte ou d'une autre, qu'il s'agisse de préparer le budget du gouvernement fédéral ou celui d'une association à but non lucratif » (dans McGinley, 1983:1).

Pourquoi ? Peut-être pour les raisons mêmes qui poussaient ce que l'on appelle les sociétés primitives à la pratique de rites magiques. Comme l'indiquent Gimpl et Dakin, une prévision de caractère rituel peut encourager des actions aléatoires qui sont nécessaires :

> O. K. Moore nous dit que les Indiens du Labrador utilisent les os du caribou. Quand la chasse est mauvaise et que la nourriture vient à manquer, les

Indiens consultent un oracle pour déterminer la direction dans laquelle ils doivent aller pour chasser. L'omoplate d'un caribou est placée sur la braise ; les craquelures que la chaleur fait apparaître dans les os sont alors interprétées comme si elles constituaient une carte. Les directions indiquées par cet oracle sont fondamentalement aléatoires. Moore fait remarquer qu'il s'agit là d'une méthode très efficace : si les Indiens n'utilisaient pas un générateur de nombres aléatoires, ils seraient victimes de leurs biais habituels et auraient tendance à chasser de façon excessive dans certaines zones. De plus, toute forme régulière de chasse donnerait aux animaux la chance de développer des techniques leur permettant d'éviter les chasseurs. En rendant aléatoires leurs domaines de chasse, les Indiens augmentent leurs chances d'atteindre le gibier (1984:133)

De façon similaire, les concurrents peuvent bien entendu être induits en erreur lorsque les entreprises rendent aléatoires leurs actions (ce comportement fait peut-être partie de ce qui en gestion stratégique commence à devenir connu sous le nom d'« émission de signaux »). La validité de ce commentaire peut cependant être étendue lorsqu'on verra – nous en discuterons bientôt – que la plus grande partie de la prévision dans le domaine de la gestion est fondée sur l'extrapolation, en d'autres termes, plutôt sur le lissage de tendances établies que sur le choix aléatoires de tendances arbitraires.

Mais Gimpl et Dakin nous proposent une autre raison justifiant une planification de ce type : la planification « augmente la confiance en soi », « réduit l'anxiété », affirme l'action des décideurs, rend « l'encadrement... plus cohésif » (133,134). « Quand les individus ont le sentiment d'avoir perdu le contrôle de la situation, ils développent une tendance à l'inactivité » ; mais quand ils ont ne serait-ce que l'illusion du contrôle, ils peuvent agir (133). Pour reprendre les termes de Hofstede, avoir un système de planification « permet au cadre de dormir plus tranquille, même si ça ne marche pas réellement » (1980:160). De même, Huff attribue la popularité du « modèle rationnel » à « l'illusion de la simplification des structures qui rend notre monde complexe plus compréhensible » (1980:33).

Cela peut nous aider à expliquer en partie la planification dans les entreprises les plus grandes, en particulier celles qui sont les plus diversifiées et qui à certains moments ne paraissent pas avoir beaucoup d'idées sur la façon de se diriger elles-mêmes. Mais à quel prix ? « N'espérez pas que les plans soient exacts » nous avertissent Gimpl et Dakin (134). Et que se passe-t-il quand les plans ne sont pas exacts ?

De plus, bien que d'un côté les plans peuvent stimuler l'action, ils peuvent aussi la paralyser : les individus investissent tellement d'énergie pour concevoir sur papier ce que le futur sera, ou simplement pour manipuler des chiffres, et ceux qui sont supposés agir sont tellement engagés dans cette activité que les actions nécessaires ne sont jamais entreprises. Cela conduit à l'expression : « La paralysie par l'analyse. » Ensuite, les problèmes sont supposés être résolus, non parce que des solutions viables ont été mises en œuvre, mais simplement parce qu'ils ont été traités de façon systématique. En d'autres termes, si on l'a mise sur papier c'est que la situation est sous contrôle : « La réalité elle-même n'a pas d'importance... on "élimine" les problèmes [on les fait sortir de l'attention consciente] en demandant à d'autres personnes de les traiter et en y investissant de l'argent » (Slater appelle cela l'hypothèse de la toilette) (van Gunsteren, 1976:142). Nous avons ainsi une explication possible pour l'affirmation selon laquelle « c'est le processus qui compte » : « Comme il ne peut créer le futur qu'il désire que sur papier [l'homme] transfère sa loyauté au plan. Comme le but n'est jamais en vue, il sanctifie le chemin qui y mène ; le processus de planification devient sacro-saint » (Wildavsky, 1973:152). La planification devient alors une fin en soi et « un grand nombre des activités de planification consistent à rendre le monde adapté à la planification » (Van Gunsteren, 1976:20).

De même, la planification peut être au service de sources d'influence situées en dehors de l'organisation qui partagent la même obsession du contrôle et ont la même illusion du contrôle. Tout se passera bien si seulement l'organisation développe des plans formels. Les gouvernements se comportent souvent de cette façon, en imposant des processus de planification à leurs propres administrations, ainsi qu'aux organisations auxquelles ils donnent de l'argent (comme les écoles et les hôpitaux). Il n'en résulte pas beaucoup de conséquences, à l'exception du fait que les plans sont déposés aux moments prévus, et donc les planificateurs et les technocrates du gouvernement sont dûment satisfaits. Un grand nombre de sources d'influence qui entourent l'entreprise (les actionnaires, les banquiers, les analystes des marchés de capitaux, les membres du conseil d'administration, et même les cadres dirigeants vis-à-vis des divisions qu'ils ont sous leur responsabilité) diminuent l'anxiété qu'ils ont à cause du manque de connaissances, en exigeant des responsables opérationnels qu'ils s'engagent dans la planification formelle. Les entreprises doivent être gérées correctement si leurs responsables planifient de façon formelle :

> Les analystes boursiers disent qu'ils accordent une importance relativement forte à la planification stratégique de l'entreprise, qu'il s'agisse du caractère sain des plans stratégiques ou du caractère sain du système de planification stratégique... Si l'on peut en croire les résultats des enquêtes, on conclut que non seulement les analystes boursiers considèrent que la stratégie d'une entreprise est un élément important pour évaluer ses actions, mais qu'il s'agit d'un élément encore plus important que la performance trimestrielle. (Higgins et Diffenbach, 1985:67,65)

Nous avons vu ce type de comportement dans notre étude de la chaîne de supermarchés Steinberg (Mintzberg et Waters, 1982). La première fois que l'entreprise s'est adressée au marché de capitaux, elle a du élaborer des plans à long terme. Comme nous l'avons noté plus haut, le président fondateur de l'entreprise ne pouvait pas se permettre de dire « Ecoutez ! Je suis Sam Steinberg, et mon entreprise a eu dans le passé des performances fantastiques. Par conséquent soyez gentils de me donner cinq millions de dollars ». Non, il a été obligé d'élaborer des plans pour obtenir l'argent, de façon à montrer qu'il gérait de façon systématique, même si l'entreprise avait obtenu tout ses succès jusque-là par une gestion de type entrepreneurial, et pratiquement sans aucune planification de ce type ![15]. Il en va de même dans les réunions de conseil d'administration, dans les rapports annuels, dans les déclarations à la presse, dans les relations avec les institutions financières, dans les relations avec les administrations chargées de la réglementation, etc. S'il n'y a pas de plans, il n'y a pas de soutien.

De fait, plus les sources d'influence externes sont distantes des spécificités des opérations de l'organisation, plus elles paraissent croire que la planification fournira un contrôle nécessaire mais fuyant. Bien entendu, si l'on considère les choses sous cet angle, il n'en va pas différemment de ces cadres dirigeants des entreprises géantes, qui sont perchées au sommet de hiérarchies éloignées, détachées du monde réel dans lequel on fabrique et on vend des produits, et qui croient que la planification produira d'une façon ou d'une autre les stratégies alors qu'eux-mêmes n'y parviennent pas. De telles croyances peuvent relever de l'illusion, et pourtant elles ont des influences très fortes sur les comportements, donnant naissance à un rôle particulier joué par les planificateurs.

[15] Gupta a noté exactement le même phénomène pour une autre chaîne de supermarchés (1980:IV:32).

La planification comme relations publiques

Certaines organisations tournent ces demandes à leur avantage, et utilisent la planification comme outil non parce que qui que ce soit croit nécessairement à la valeur du processus en soi, mais parce que des personnes ou des institutions extérieures y croient. Une fois encore la planification devient un jeu. Cette fois-ci il s'agit du jeu des « relations publiques ».

Il existe de nombreuses données empiriques qui illustrent cette vision de la planification comme étant une façade destinée à impressionner l'extérieur. Comme exemple de ce qu'il appelle la planification comme « processus de gesticulation », destinée à suggérer « l'objectivité », Nutt cite les « municipalités [qui] embauchent des consultants pour faire de la "planification stratégique" de façon à impressionner les agences qui notent les obligations municipales », et les « entreprises [qui] se positionnent les unes vis-à-vis des autres et vis-à-vis du marché à l'aide de leurs déclarations concernant leur planification à long terme » (1984a:72). Dans le cadre des universités, Cohen et March ont décrit des plans qui « deviennent des symboles » : par exemple, « une organisation qui est en train de s'écrouler peut annoncer un plan destiné à lui assurer le succès », une organisation qui manque d'un équipement peut annoncer un plan pour l'obtenir. Ils discutent aussi de plans qui « deviennent des publicités », et notent que « ce qui est fréquemment appelé un "plan" par une université est en réalité une brochure sur les investissements », « caractérisée par des photos, par des déclarations d'excellence dogmatiques et par l'absence de pratiquement toute information pertinente » (1976:195). Langley a trouvé que cela était particulièrement vrai dans le secteur public en général, où les relations publiques étaient « probablement une motivation très courante pour la "planification stratégique" », bien que « le même genre de rôle est joué par les filiales et/ou par les divisions autonomes qui doivent produire des "plans stratégiques" pour leur société mère » (1988:48).

Au sens strict bien entendu, une certaine quantité de planification dans un but de relations publiques paraît être justifiée. Après tout, les supermarchés ont besoin de capital, les nations en développement ont besoin d'aide, les universités ont besoin de soutien. Parmi les nations les plus pauvres, la planification nationale « peut être justifiée sur la stricte base des liquidités : les planificateurs peuvent ramener plus d'argent de l'extérieur qu'il n'en coûte pour les payer à domicile » (Wildavsky, 1976:151).

Mais en un sens plus large, ce type de planification est-il justifié ? En laissant de côté le gâchis évident de ressources collectives (l'argent qui pourrait être épargné si tout le monde s'arrêtait de jouer le jeu), la planification dans un but de relations publiques induit probablement une distorsion des priorités dans l'organisation elle-même. Dans les nations pauvres, par exemple, elle alloue de façon inadéquate des compétences qui ne sont disponibles qu'en très petites quantités, et qui pourraient être consacrées à la résolution de problèmes réels (ou à des activités de planification utiles !). Et même dans des pays plus développés, pensez au temps et aux compétences qui ont été gaspillées tout au long des années. Tout particulièrement si Dirsmith *et alii* disent vrai lorsqu'ils prétendent que « le PPBS, la direction par objectifs, et le budget base zéro peuvent avoir été plus utilisés comme des stratégies politiques et des symboles rituels pour contrôler et diriger la controverse... [que comme] des outils de gestion dont le but était d'améliorer la prise de décision au sein de la bureaucratie fédérale américaine » (1980:303). Pire encore, ce qui est conçu dans un but de relations publiques peut être pris au sérieux alors qu'il ne devrait pas l'être. C'est ce qui est arrivé dans la chaîne de supermarchés Steinberg, où la planification formelle a commencé à prendre le pas sur l'initiative entrepreneuriale de son leader, qui avait été la base même de son succès.

Le fait que les organisations sont forcées d'articuler des stratégies qui n'existent pas réellement, parce que leurs directions n'ont pas la vision nécessaire ou parce qu'elles sont encore engagées dans des processus d'apprentissage complexes pour créer leurs stratégies, donne lieu à pas mal de gâchis. Par exemple, l'affirmation de platitudes – des stratégies déclarées que personne n'a l'intention de mettre en œuvre, même si la chose était possible. Comme Taylor l'a constaté dans une étude sur quatre petites organisations, « si l'organisation était en train de changer sa stratégie, ces déclarations [publiques] étaient si générales ou incomplètes qu'elles étaient presque inutiles pour comprendre ce que l'organisation était en réalité en train de faire » (1982:305).

Un autre gaspillage consiste à réitérer des stratégies existantes, peut-être formulées dans un nouveau langage, même si de nouvelles stratégies peuvent être en train d'émerger. Pour retourner à l'étude faite par Taylor, « En second lieu, on peut dire que lorsque des déclarations spécifiques étaient faites publiquement à propos de stratégies délibérées, elles étaient faites bien après l'événement, lorsque les changements annoncés étaient déjà largement en train d'être mis en œuvre » (305). De fait, si on lit la déclaration faite par le colonel Summers (1981) à propos de l'articulation de la stratégie militaire américaine depuis la Seconde Guerre mondiale, on a l'impression de déclarations qui passent leur temps à courir pour essayer de rattraper la réalité émergente. Par exemple, après la guerre de Corée, on reconnaît l'existence des « guerres à objectif limité » et on cesse de considérer la « victoire » comme un but nécessaire de la guerre (41) ; en 1962, on reconnaît la guerre froide comme une réalité ! (42).

Quelques-uns des effets dysfonctionnels les plus marquants de la planification comme relations publiques sont présentés dans la discussion que fait Benveniste de ce qu'il appelle « la planification triviale » :

> 1. Il existe une propension à utiliser les tendances passées pour prédire les développements futurs, c'est-à-dire à annoncer « plus de la même chose »... les experts ne posent aucune question difficile. Ils considèrent le *statu quo* comme une donnée. Ils ne présentent aucune option de politique générale...
> 2. Les exercices de planification triviale font l'objet d'une large publicité... Tout le monde est encouragé à participer et à donner son avis. Le plan est publié et largement distribué. Le document fait l'objet d'une impression de belle qualité, et moins il a de contenu, plus il devient long.
> 3. La planification triviale est séquentielle... Aussitôt qu'un ensemble d'experts a publié ses... recommandations, un autre ensemble d'experts se met à étudier le même problème ou une variante appropriée... La plus grande partie de la planification triviale est effectuée par des organisations éphémères : des groupes de projet, des commissions présidentielles, etc. Ces organisations ont le double avantage de s'appuyer sur des personnalités extérieures prestigieuses, ajoutant en cela à leur visibilité, et de donner à ces experts un délai qui leur est insuffisant pour trouver la façon par laquelle ils peuvent réaliser des changements...
> 4. La planification triviale a tendance à être utilisée par des conservateurs... Comme les mouvements de planification adoptent une idéologie modérément réformiste, et comme la planification est perçue comme une tentative faite pour amener des changements, assurer la légitimité technocratique est plus utile aux politiques générales qui préservent une position conservatrice. (1972:107-109)[16]

[16] Benveniste a aussi discuté de « la planification utopiste », qui est similaire à la première dans la mesure où « les plans n'affectent ni les comportements ni les décisions de qui que ce soit parce que personne ne les prend au sérieux ». Ces plans font eux aussi l'objet d'une « large publicité » (109), et il se pourrait qu'ils soient encore meilleurs pour les relations publiques à cause de leur nature glorificatrice : « Comme [le plan] n'a pas besoin d'être cohérent, chacun peut y trouver quelque chose qui lui convienne. » (110)

Dans son ouvrage sur l'expérience française de planification nationale, Cohen conclut que « la planification est ou bien politique ou bien décorative » (1977:xv). Mais la planification décorative, c'est-à-dire de type relations publiques, peut facilement devenir politique, lorsqu'elle oppose des personnes externes qui sont à la recherche du contrôle à des personnes internes qui sont à la recherche de protection. Le même phénomène peut se produire de façon interne lorsque la planification devient une méthode pour impressionner la direction générale, ce que Cohen et March ont appelé « un test administratif de volonté » :

> Si un département désire réaliser un nouveau programme avec assez de force, il consacrera des efforts suffisamment importants à « justifier » la dépense en la rendant cohérente avec un « plan ». Si un administrateur désire éviter d'avoir à dire « oui » à tout, mais qu'il n'a aucune base lui permettant de dire « non » à quoi que ce soit, alors il testera le degré d'implication du département en demandant un plan. (1976:195-196)

Si l'on réunit tout ce dont nous venons de traiter, alors la planification de type relations publiques devient un moyen par lequel pratiquement chacun, quelle que soit l'obsession du contrôle qu'il a, finit par le perdre. Des personnes et des institutions externes obtiennent des déclarations inutilisables, des cadres de niveau intermédiaire perdent leur temps à remplir des formulaires, et des cadres dirigeants sont distraits de questions plus importantes. Il n'y a que les planificateurs qui tirent leur épingle du jeu, et d'une façon quelque peu perverse, non par les bénéfices qu'ils apportent à l'organisation, mais plutôt par les bénéfices qu'ils apportent à eux-mêmes. Et c'est ce qui fait qu'un tel type de planification est pour eux fondamentalement de nature politique. Ainsi, en fin de compte, tout comme pour ce qui concerne les expériences des États communistes, la planification qui est utilisée de façon artificielle, plus pour son image que pour son contenu, n'aide ni les managers ni les sources d'influence externe à contrôler les organisations ou même les environnements de ces organisations. Ce type de planification ne permet pas plus aux planificateurs d'obtenir ce contrôle. Ce qui se passe plutôt, c'est que ce système inanimé appelé planification ligote tout le monde et finit donc par contrôler tout le monde !

Pour conclure cette discussion sur les pièges de la planification, nous restons sur notre faim vis-à-vis des explications les plus courantes données par les planificateurs de type conventionnel sur les échecs de la planification. Il arrive que des managers ne soutiennent pas la planification, et ce pour de très bonnes raisons ; et il arrive parfois que des climats qui induisent une planification efficace n'induisent pas une formation efficace de la stratégie ; et vice versa. La validité de façade de ces pièges dissimule le fait qu'ils sont d'une épaisseur des plus faibles. Ce que ces inconvénients révèlent en réalité, c'est un certain nombre de dysfonctionnements de la planification elle-même : la façon dont elle décourage l'implication dans les organisations, sa nature essentiellement conservatrice, ses propres biais, sa capacité à susciter une activité de type politique, son obsession du contrôle et son illusion du contrôle.

Mais à notre avis, même ces caractéristiques ne vont pas jusqu'à la racine du problème. Elles sont fondées sur les pièges qui ne font que refléter des difficultés de surface de la planification. Si nous voulons découvrir pourquoi la planification stratégique en particulier n'a pas réellement fonctionné, et pourquoi des individus raisonnables ont consacré de tels efforts à un processus qui n'a jamais amené les résultats désirés, il nous faut regarder au-delà des pièges, au-delà des symptômes.

5

Les erreurs fondamentales de la planification stratégique

Edelman (1972:14) a défini un expert comme étant une personne qui a assez de connaissances à propos d'un sujet pour éviter chacun des nombreux pièges sur le chemin qui l'amène à l'erreur fondamentale. Nous avons déjà discuté des efforts concertés effectués dans la planification pour éviter tous ces pièges. Dans le présent chapitre, nous traitons de ce que nous pensons être les erreurs fondamentales de la planification stratégique, erreurs que nous réduisons en conclusion à une Grande Erreur.

« Comment se peut-il », demandait Wildavsky, que « la planification ait échoué partout où on l'a essayée ? ». Après tout, « un homme raisonnable fait des plans pour l'avenir... rien ne paraît plus raisonnable que de planifier... Supposez... que les échecs de la planification ne soient ni périphériques ni accidentels, mais partie intégrante de sa nature » (1973:128). Tel est le thème dont nous traiterons ici. Nous considérerons d'abord quelques hypothèses de base qui sous-tendent la planification, et nous développerons des arguments contraires à chacune d'entre elles. Nous conclurons en fait que la rationalité qui est supposée être présente dans la planification stratégique peut être irrationnelle lorsqu'on la juge par rapport aux besoins de l'élaboration de la stratégie.

Quelques hypothèses de base cachées derrière la planification stratégique

Comme nous l'avons vu plus haut, et en particulier dans l'ouvrage de Jelinek *Institutionalizing Innovation,* la première et la plus importante des hypothèses sous-jacentes à la planification est ***l'hypothèse de formalisation,*** c'est-à-dire initialement que le **processus stratégique peut être programmé par l'intermédiaire de systèmes.** Ce sont moins les personnes que les systèmes qui créent les stratégies, à l'image de ceux de Frederick Taylor dont on considérait il y a un siècle qu'ils programmaient le travail manuel dans les usines.

Personne bien entendu n'affirme les choses d'une manière si tranchée ; mais, étant donnée la façon dont les choses sont écrites, c'est un message qui ressort. Comme nous l'avons vu plus haut, la littérature sur la planification décrit les individus comme étant idiosyncratiques. On ne peut pas avoir confiance en eux, tout particulièrement lorsqu'ils s'en remettent à l'intuition. Les systèmes, par contraste, sont fiables et cohérents. Pour Allaire et Firsirotu qui ont écrit à propos de ce qu'ils appelaient « la planification dirigée par les fonctionnels », il y « a l'impulsion rationnelle qui consiste à combattre la complexité à l'aide de l'analyse et à écraser toute incohérence à l'aide de politiques générales et de procédures » (1990:114). Dans cette mesure, la planification formelle n'est pas considérée comme une étape du processus de formation de la stratégie, ni comme un soutien pour cette étape ; elle est plutôt considérée comme le processus lui-même, tout au moins lorsqu'elle est conduite de façon correcte. La planification stratégique *est* le processus stratégique correct. C'est le système qui pense : « la planification est la clé d'éléments divers. *Elle* dirige le processus, développe des alternatives pour la politique générale, et les gère de façon à former un plan qui est approuvé » (Albert, 1974:249, italique ajouté). Ou, pour citer Michael Porter dans *The Economist* : « À mesure que les entreprises sont devenues plus grandes et plus complexes,... elles ont eu besoin d'une approche systématique pour définir la stratégie. La planification stratégique a émergé comme étant la réponse à ce problème » (1987:17). Même en 1990, le responsable de la planification de l'une des plus grandes entreprises américaines (Bell & Howell) pouvait prétendre que « c'est à la planification stratégique d'assurer que toute l'organisation connaît bien les exigences des consommateurs, les directions dans lesquelles les besoins et les attentes des consommateurs évoluent, la façon dont la technologie avance, et la manière dont les concurrents servent leurs clients » (Marquardt, 1990:4). Cette responsabilité n'est pas celle des individus, même des planificateurs : c'est la responsabilité de la *planification* !

De fait, quelques-unes des affirmations du courant principal de la littérature sont allées nettement au-delà de cette position. Selon les termes de George Steiner, « en un sens fondamental, la planification stratégique formelle est un effort pour reproduire ce qui se passe dans l'esprit d'un [dirigeant] brillant et intuitif » (1979:10)[1] Ou, pour citer un économiste du Stanford Research Institute, « en analysant les attributs et l'état d'esprit de "l'entrepreneur de génie" », ils ont créé un cadre de référence qui permet de « recréer » les processus de pensée de cette personne de façon à ce que « l'équipe dirigeante » puisse les exécuter (McConnell, 1971:2).

Comment cette recréation est-elle réalisée ? En réduisant cette intuition en une série d'étapes soigneusement délimitées, qu'il faut exécuter dans un ordre séquentiel. En d'autres termes, l'essence de l'intuition informelle peut être représentée par un processus qui est fondamentalement analytique. Ou, pour exprimer les choses différemment, et cela est la plus grandiose de toutes les hypothèses de la planification : **l'analyse peut fournir la synthèse**. Comme Porter l'a exprimé : « Je suis en faveur de techniques analytiques pour le développement de la stratégie... » (1987:21). Plus loin nous verrons que cette hypothèse a eu quelques partisans puissants, y compris au moins un lauréat du prix Nobel. Mais cela n'est pas une raison suffisante pour qu'il ait raison, et de fait nous parlerons d'un autre prix Nobel qui a une position diamétralement opposée. La plus importante de toutes les hypothèses de la planification, comme nous le soutiendrons, peut être l'un des problèmes les plus délicats de notre société contemporaine.

À la suite des premières hypothèses concernant la formalisation, on trouve ***les hypothèses concernant le détachement***. Si c'est le système qui pense, qui produit les stratégies qui devront être mises en œuvre, alors **il faut détacher la pensée de l'action, la stratégie des opérations, les penseurs de ceux qui agissent réellement, et par conséquent « les stratèges » des objets de leurs stratégies**. En d'autres termes les managers doivent gérer en utilisant le contrôle *à distance*, en ayant recours à des processus qui sont essentiellement cérébraux. Encore une fois, Jelinek l'exprime très clairement dans son ouvrage de 1979

[1] Steiner termine sa phrase avec le terme « planificateur », mais il a clairement en tête le dirigeant si l'on se réfère au texte qui précède et qui suit immédiatement cette citation.

lorsqu'elle place les cadres dirigeants – ceux qui sont reconnus comme stratèges, mais qui, tout comme les ouvriers de Taylor, sont dépossédés de la plus grande partie du contrôle qu'ils ont sur leur processus – et les planificateurs sur un piédestal hiérarchique. Ils sont ainsi suffisamment éloignés des pressions quotidiennes que l'on subit lorsqu'on fait tourner l'entreprise, pour pouvoir avoir des pensées élevées (ou faire en sorte que leurs systèmes puissent avoir ces pensées), alors que tous ceux qui sont en dessous travaillent laborieusement au détail de la mise en œuvre. Citant les expériences de Taylor comme un modèle pour la planification stratégique, Jelinek évoque « la coordination des détails sur une grande échelle : la planification et la pensée situées au niveau de la politique générale, au-dessus et au-delà des détails de la tâche elle-même » (1979:136).

Ce qui est difficile, bien entendu, c'est de faire en sorte que toute l'information pertinente parvienne au niveau du piédestal, pour que ceux qui l'occupent et leurs systèmes puissent être informés de tout ces détails sans avoir à s'y impliquer. Et c'est à cet endroit qu'intervient ***l'hypothèse de quantification***, qui est un corollaire de l'hypothèse du détachement : **le processus stratégique est piloté par des « données dures », c'est-à-dire des données quantitatives agrégées à partir des « faits » détaillés concernant l'organisation et son environnement**. S'il leur fallait entrer dans le monde désordonné des détails, les cadres dirigeants devraient descendre de leur piédestal et, ce qui est encore pire, les planificateurs seraient obligés de quitter le confort de leur position fonctionnelle et subir les pressions du monde opérationnel. Ces conséquences seraient évitées, bien entendu, si toutes les données nécessaires pouvaient être rassemblées et combinées, mises en forme d'une façon convenable, et fournies régulièrement. C'est ici qu'intervient le système d'information de gestion (en anglais MIS ou « Management Information System »), encore appelé sous sa dernière forme le « système d'information stratégique ». Pour citer une fois encore la description que Jelinek fait des expériences de Taylor : « La relation systémique qui existe entre les mesures quantitatives de performance et les indicateurs concernant l'environnement [éléments qui sont fortement abstraits, il faut le noter, et obtenus à partir des détails concernant l'exécution de la tâche] est ce qui permet le contrôle au niveau [de la direction] » (140) ; les « *systèmes* généralisent la connaissance bien au-delà de ce dont dispose la personne qui l'a découverte, ou de la situation où elle est apparue » (139, italique ajouté).

Correspondant à ce flux de données quantitatives qui remontent le long de la hiérarchie, on trouve l'hypothèse de l'existence d'un flux de stratégies explicites qui descendent, elles aussi en respectant un ordre bien défini. Pour reprendre les termes utilisés par deux consultants dans le domaine de la planification (dont l'un a été responsable de la planification stratégique dans l'entreprise General Electric), les systèmes de planification « définissent un agenda ordonné dans le cadre duquel on travaillera » (Roach et Allen, 1983:7-38). Et ce faisant, on fait en sorte que le monde se conforme aux plans, à travers un processus qui est appelé « la mise en œuvre ». Les bonnes pensées ont émané des sphères les plus élevées. Toutes les autres personnes n'ont plus qu'à agir pour les réaliser. Comme Van Gunsteren l'a exprimé pour ce qui concerne le secteur public, « la politique générale existe de façon complètement définie avant la mise en œuvre. L'invention et l'adaptation s'arrêtent avant que ne commence la mise en œuvre. La politique générale reste stable tout au cours du processus de mise en œuvre. Elle ne peut être changée que par le centre » (1976:19).

Une partie de ce qui précède vient de la croyance selon laquelle les différentes décisions doivent être prises, non localement ou sur quelque base *ad hoc*, mais longtemps à l'avance et en conjonction les unes avec les autres : « Pour choisir ses actions avec sagesse, la direction a besoin que ces actions soient disposées par avance ». Le plan est conçu « de façon à ce que [l'organisation] demeure sur la trajectoire définie par ses buts et sa stratégie » (Sawyer, 1983:6,82). Cela constitue ***l'hypothèse de prédétermination*** : **parce que le contexte du processus stratégique est stable, ou à tout le moins prévisible, le processus lui-même, et ses conséquences – les stratégies – peuvent être prédéterminés**. Le monde des organisations se développe donc d'une façon acceptable pour la planification... et pour les planificateurs.

> D'abord, [les planificateurs] ont supposé que le monde de la concurrence est prévisible, et que des routes peuvent être clairement dessinées dessus, tout comme un système d'autoroutes sur une carte routière... La logique managériale qui associe les objectifs, les techniques et les moyens, attribue aussi une certaine stabilité à l'entreprise elle-même. On s'attend à ce que les besoins et les valeurs de l'entreprise ne changent pas au cours de l'horizon de la planification... Les managers peuvent par conséquent se consacrer à « l'optimisation statique », c'est-à-dire prendre un petit nombre de décisions clés puis à s'y tenir. (Hayes, 1985:117)

Notre intention dans ce chapitre est simple : il s'agit de démontrer le caractère erroné de chacune de ces hypothèses : de formalisation, de détachement, et de prédétermination. Et donc d'expliquer les échecs de la planification stratégique.

Le message de Taylor a été oublié

Frederick Taylor était tout à fait clair sur une question qui a ici une grande importance : les processus de travail qui ne sont pas complètement compris ne peuvent pas être programmés de façon efficace. Les descriptions de ses propres efforts traitent longuement de ce point (voir, par exemple, ceux qui concernent le découpage à l'aide de machines-outils, et le chargement de charbon à la pelle [Taylor, 1913]).

Voici la façon dont Taylor décrivait en 1911 sa propre méthode pour améliorer le travail dans les usines :

> **Premièrement.** Trouver disons dix ou quinze hommes différents (de préférence travaillant chacun dans des établissements différents et dans des régions différentes du pays) qui ont une capacité, un talent tout particulier pour réaliser le travail qui doit être analysé.
>
> **Deuxièmement.** Étudier la série exacte des opérations élémentaires ou des mouvements que chacun de ces hommes utilise pour effectuer le travail [qui] est étudié, aussi bien que les moyens que chaque homme utilise.
>
> **Troisièmement.** Mesurer à l'aide d'un chronomètre la durée requise pour effectuer chacun de ces mouvements élémentaires, puis sélectionner la méthode la plus rapide pour l'accomplissement de chacun des éléments du travail.
>
> **Quatrièmement.** Éliminer tous les faux mouvements, tous les mouvements lents, tous les mouvements inutiles.
>
> **Cinquièmement.** Après avoir éliminé tous les mouvements inutiles, rassembler en une seule série les mouvements les meilleurs et les plus rapides, ainsi que les meilleurs moyens de travail. (1913:117-118)

Ainsi, en même temps qu'elle adoptait sans réserve le concept de programmation selon Taylor, l'école de la planification passait à côté de ce qui pouvait bien être le plus important de ses messages, dans la mesure où l'on ne trouve nulle part dans la littérature sur la planification aucune indication concernant des efforts, quels qu'ils soient, qui auraient été faits pour comprendre la façon dont le processus stratégique fonctionne réellement dans les organisations. Nulle part dans les écrits que nous avons cités de Steiner, Ansoff, Ackoff, Lorange, ou dans l'ouvrage de Jelinek de 1979, on ne trouve les moindres données empiriques montrant qu'ils ont essayé de comprendre comment pensent réellement ceux qui, dans la réalité, sont impliqués dans le processus stratégique, ou comment des stratégies efficaces se forment réellement dans les organisations. Au lieu de cela, ils ont simplement supposé qu'il y avait une correspondance entre la planification stratégique, la pensée stratégique, et le processus stratégique, au moins dans le cas des pratiques qui sont les meilleures. Lorange (1980b:12) écrit que le PDG « peut sérieusement mettre en danger et même détruire les fruits de la pensée stratégique s'il ne suit pas avec constance la discipline de la planification stratégique... ». Mais il ne fournit absolument aucune donnée empirique à l'appui de cette affirmation.

En fait une sorte de naïveté normative a été présente dans toute la littérature sur la planification : des croyances confiantes concernant ce qui est le meilleur, fondées sur une ignorance de ce qui marche vraiment dans la réalité. Les déclarations faites par Steiner et par les membres du *Stanford Research Institute* disant qu'ils étaient capables de « dupliquer » ou de « reproduire » les processus intuitifs des managers (sans parler de leur forme « brillante » ou « géniale ») ne sont que des non-sens absolus, dans la mesure où aujourd'hui encore nous n'avons pratiquement aucune compréhension de la façon dont l'intuition fonctionne, et certainement aucune donnée nous disant qu'elle le fait par étapes. Ce que tous ces auteurs ont fait, par conséquent, a été ce que Taylor n'a jamais osé faire : sauter directement au niveau prescriptif. En toute ignorance du fonctionnement du processus stratégique, ils ont proposé un ensemble simpliste d'étapes comme étant leur « méthode optimale » pour créer la stratégie de l'entreprise, prétendant dans leurs écrits les plus naïfs que cette méthode stimule l'intuition, et dans leurs écrits les plus arrogants qu'elle lui est supérieure.

Alors que nous ne comprenons que peu de choses à propos de l'intuition, ou à propos de la création de la stratégie à l'intérieur d'un seul cerveau (deux processus sans doute reliés), nous avons certaines connaissances sur la façon dont le processus a tendance à se développer dans cette collectivité qu'est une organisation. Et aucune de ces connaissances ne valide la vision que ces théoriciens de la planification ont du processus stratégique. Les recherches effectuées par Quinn (1980a), Burgelman (1983c., 1988), Pascale (1984), aussi bien que nos propres recherches (Mintzberg, 1978, 1987 ; voir aussi les références citées plus haut dans le chapitre 3), parmi d'autres, dressent un tableau très différent de ce processus, aussi différent qu'une abstraction cubiste peut l'être d'un tableau de style Renaissance. Cette recherche nous dit que le processus stratégique est un processus immensément complexe, qui met en œuvre les processus les plus sophistiqués, les plus subtils, et parfois les plus subconscients parmi les activités cognitives et sociales. Nous savons également qu'il doit s'appuyer sur toutes sortes d'informations, dont beaucoup ne sont pas quantifiables et sont accessibles seulement aux stratèges qui sont liés aux détails plutôt que détachés de ceux-ci. Nous savons que la dynamique du contexte a défié de façon répétitive tous les efforts qui ont été faits pour forcer le processus à se mouler dans le cadre d'un calendrier d'activité ou d'une trajectoire prédéterminés. Les stratégies ont inévitablement quelques qualités émergentes et, même lorsqu'elles sont pour une large part délibérées, elles apparaissent moins comme étant formellement planifiées que comme informellement visionnaires. Et l'apprentissage, sous la forme d'ajustements, de démarrages, aussi bien que de découvertes relevant du hasard et de la reconnaissance de formes inattendues, joue inévitablement un rôle clé, sinon *le* rôle clé dans le développement de toutes les stratégies qui sont innovantes. De même nous savons que le processus requiert de l'intuition, de la créativité, des synthèses, toutes choses que la formalisation par essence décourage. À mesure que nous développerons notre propos, nous examinerons en détail quelques-uns de ces aspects du processus stratégique.

Il est intéressant de constater, par conséquent, que si les théoriciens de la planification avaient écouté le message de Taylor, ils n'auraient pas eu plus de succès dans leur tentative pour programmer le processus stratégique, mais ils auraient au moins réalisé la futilité qu'il y a à s'engager dans cette voie. En conservant à l'esprit cette indication concernant notre conclusion finale, reconsidérons maintenant les hypothèses de base de la planification, sous les titres de l'erreur de la prédétermination, de l'erreur du détachement, et de l'erreur de la formalisation. Nous les rassemblerons en conclusion toutes les trois sous le titre de la grande erreur de la planification stratégique.

L'erreur de la prédétermination

La planification suppose la prédétermination de plusieurs façons différentes : la prédiction de l'environnement par l'intermédiaire de la prévision, ou sa maîtrise par l'intermédiaire de l'action organisationnelle, le développement du processus de formation de la stratégie suivant un calendrier (« les stratégies sur demande »), et la capacité d'imposer les stratégies résultantes à un environnement qui les accepte, là encore selon un calendrier, avec une organisation qui, pour ce faire, est stabilisée par l'intermédiaire de la programmation. Comme l'ont noté Allaire et Firsirotu, « l'incertitude est le talon d'Achille de la planification stratégique. La planification stratégique telle qu'elle est pratiquée a très fortement tendance à faire face au futur sur un mode qui est de type "prédire et préparer". Le plan stratégique est une "carte routière" qui comporte un objectif fixe et bien défini, ainsi que les étapes qui permettent d'atteindre cet objectif » (1989:7)[2]. Examinons par conséquent avec attention ces aspects de la prédétermination.

William Dimma, PDG d'une des plus importantes institutions financières canadiennes, disait simplement : « Je ne connais que quatre façons de faire face au futur. 1. Vous pouvez l'ignorer. 2. Vous pouvez le prédire. 3. Vous pouvez le contrôler. 4. Vous pouvez y répondre » (1985:22). La première et la quatrième de ces façons – au moins en l'absence des deux autres – ne sont pas de la planification quel que soit le sens qu'on donne à ce terme, même avec la plus grande imagination possible. La plus grande partie de la planification paraît relever de la deuxième réaction, la prédiction, bien que comme nous le soutiendrons plus loin, il est possible que la planification utilisant la troisième attitude soit la plus courante. Tournons-nous par conséquent vers une discussion de la prévision comme moyen utilisé par la planification pour faire des prédictions.

La performance de la prévision

Pratiquement tout ce qui est écrit sur la planification insiste sur l'importance d'une prévision précise. Comme il lui est impossible de contrôler l'environnement, la planification repose sur une capacité à prédire ce qu'il sera au cours de l'exécution des plans. Bien entendu si l'environnement ne change pas et si les planificateurs réagissent de façon appropriée – la prévision par extrapolation – alors il n'y aura pas de problèmes. Par contre, si l'environnement change, alors ces changements doivent être prévus. Ils peuvent être réguliers, ou cycliques, comme dans le cycle annuel des saisons, ou discontinus, ce qui veut dire qu'ils se produiront un à la fois sur une base *ad hoc*. Cela, comme nous le verrons, fait une énorme différence.

[2] « Une stratégie est une carte routière qui permet d'atteindre les objectifs ; c'est-à-dire un ensemble d'éléments qui, lorsqu'ils sont reliés d'une façon efficace, permettent d'élaborer un plan qui fera évoluer l'entreprise vers les aboutissements spécifiques qu'elle a choisi d'essayer de réaliser » (Sawyer, 1983:37).

Une partie du problème bien entendu consiste à prédire quelles sortes de changements surviendront, sans parler de la prédiction des changements eux-mêmes. Au moment où nous commençons notre discussion sur cette question, par conséquent, il serait bon de conserver en mémoire l'argument désarmant de simplicité selon lequel « le futur n'existe pas ; comment pourrait-il y avoir de la connaissance à propos de quelque chose qui n'existe pas ? » (op. perd., 1973:190). Ansoff aurait pu considérer ce point lorsqu'il écrivait dans son ouvrage originel *Corporate Strategy* : « Nous appellerons horizon de planification de la firme la période pour laquelle l'entreprise est capable de construire des prévisions avec une précision de, disons, plus ou moins 20 % » (1965:44). Mais comment diable une entreprise quelle qu'elle soit peut-elle prévoir la précision de ses prévisions (et comment peut-elle tout simplement effectuer ses prévisions) ? Comment en d'autres termes la prévisibilité peut-elle être prévue ?

Spiros Makridakis est l'un des meilleurs chercheurs dans le domaine de la prévision, l'auteur de plusieurs manuels connus sur le sujet (par exemple Makridakis, Wheelwright et McGee, 1983 ; Makridakis et Wheelwright, 1989 ; Makridakis, 1990). Dans son ouvrage de 1990, Makridakis indique :

> La capacité à prédire avec exactitude est essentielle pour les stratégies efficaces de planification. Si les prévisions se révèlent fausses, les coûts réels et les coûts d'opportunité... peuvent être considérables. D'un autre côté, si elles sont correctes elles peuvent apporter de grands bénéfices, si les concurrents n'ont pas suivi des stratégies planifiées similaires. (170)

Par conséquent, les données empiriques de Makridakis sur la capacité à prédire devraient avoir un intérêt considérable, tout particulièrement sous la forme sous laquelle elles sont présentées dans un article qu'il a publié avec le psychologue Robin Hogarth, article dans lequel il effectue une analyse critique des recherches sur le sujet (l'article est intitulé « Prévision et planification : une évaluation »). En résumé : « La prévision à long terme (à deux années ou à plus long terme) est notoirement inexacte » (1981:122).

Hogarth et Makridakis citent une recherche sur l'exactitude des prévisions dans les domaines de la population, de l'économie, de l'énergie, des transports et de la technologie, tous domaines « caractérisés par une grande expérience et une grande expertise dans la réalisation des prévisions, ainsi que par la disponibilité de données ». Ses « conclusions sont pessimistes ». Les erreurs variaient « de quelques pour cent à quelques centaines de pour cent », les biais étaient systématiques, et l'auteur « ne pouvait pas spécifier par avance quelle approche de la prévision, ou quels spécialistes de la prévision, auraient donné des prévisions exactes ou non ». Ainsi, « "choisir" une prévision peut être aussi difficile que de faire sa propre prévision ». Dans un autre article, Makridakis et Hibon (1979) ont utilisé un nombre important de séries temporelles pour examiner la précision de diverses méthodes de prévision : en général les méthodes les plus simples (l'extrapolation directe, les moyennes mobiles simples, etc.) avaient d'aussi bonnes performances que les méthodes statistiques les plus sophistiquées. Comme Pant et Starbuck l'ont exprimé dans leur récent article sur les « Méthodes de prévision et de recherche » : « Dans le domaine de la prévision, la simplicité marche en général mieux que la complexité. Les méthodes de prévision complexes confondent le bruit aléatoire avec l'information. Une expertise modérée s'avère aussi efficace qu'une grande expertise » (1990:433).

Hogarth et Makridakis concluent que « les activités de planification doivent accepter les inexactitudes qui sont inhérentes aux prévisions à long terme » (122). Mais comment les organisations peuvent-elles se conduire ainsi et continuer à planifier avec confiance ?

La prévision des discontinuités

George Sawyer a écrit :

> Les changements se produisent rarement de façon abrupte ou sans un contexte particulier. Le défi que doit relever le groupe qui effectue les prévisions c'est de définir le contexte pertinent, d'apprendre à lire son évolution, puis d'anticiper et de suggérer des changements qui éviteront les conséquences négatives sur les programmes de l'entreprise, à mesure que se produisent les changements externes. (1983:85)

Bien que l'affirmation concernant la rareté des changements abrupts puisse être contestée, la déclaration concernant la présence d'un contexte de support paraît raisonnable, et le besoin qu'il y a de le comprendre est certainement un défi. La question est de savoir dans quelle mesure ce défi peut raisonnablement être relevé.

Makridakis exprime une certaine confiance dans notre capacité à prédire des formes qui se répètent.

> Les humains peuvent prédire le futur en observant des régularités (des formes) dans certains phénomènes (le lever du soleil chaque jour, ou les

> saisons) ou des relations causales (plantation et récolte, ou relations sexuelles et grossesse). Une condition requise pour toute forme de prévision, qu'elle utilise le jugement ou les statistiques, est l'existence d'une forme ou d'une relation concernant les événements auxquels on s'intéresse. (1990:56)

Mais quand il s'agit d'événements uniques, de changements qui ne sont jamais arrivés auparavant, de ce qu'on appelle des discontinuités, comme des innovations technologiques, des augmentations de prix, des évolutions dans les attitudes des consommateurs, des décisions législatives, Makridakis soutient que la prévision devient « pratiquement impossible ». D'après lui, on ne peut faire que « peu de choses, ou rien d'autre que d'être préparé, d'une façon générale à... réagir rapidement une fois qu'une discontinuité est apparue » (1979:115).

Herbert Simon a écrit : « Il est probable que les prévisions ne sont fiables que quand elles sont faites dans le contexte d'un bon modèle structurel » (1973:2), c'est-à-dire, pour reprendre les termes de Makridakis et de Wheelwright (1981:122), dans le contexte d'une méthode « causale » de prévision fondée sur une bonne compréhension des relations entre les causes et les effets. Le problème avec les événements uniques est qu'une telle compréhension est en général absente : le modèle ne peut pas être construit. Comme Rhenman (1973:79) l'a remarqué, à moins que le contexte ne soit « plus ou moins fermé », un trop grand nombre de facteurs peuvent intervenir pour anéantir la prédiction. « L'approche rétrospective échoue souvent en partie parce que l'histoire fabrique des échantillons qui comportent un seul élément » (Pant et Starbuck, 1990:435). Ou comme Kundera l'a remarqué dans son roman *L'insoutenable légèreté de l'Être* (1989), le problème c'est que nous n'avons l'occasion de vivre notre vie qu'une seule fois : dès que nous avons fait l'expérience d'une chose et que nous l'avons finalement comprise, elle a tendance à ne plus jamais se produire !

Comme nous en avons discuté plus haut, Ansoff a consacré une bonne partie de son ouvrage de 1984 à l'hypothèse selon laquelle des systèmes peuvent être construits pour détecter les surprises stratégiques à travers des signaux faibles. Mais peut-on construire de tels systèmes ? En 1952, l'entreprise Steinberg fut invitée à faire une offre concernant le supermarché qui devait faire partie du premier centre commercial de Montréal ; Sam Steinberg, le fondateur et PDG de l'entreprise, décida immédiatement que cela lui était impossible : il ne pourrait pas atteindre le taux de croissance qu'il désirait s'il devait faire des offres pour des supermarchés dans chaque centre commercial nouveau. Il devait lui-même contrôler ses propres centres commerciaux. Ainsi, d'une façon tout à fait soudaine, il lança son entreprise dans les centres commerciaux et, pour la première fois, dut s'adresser aux marchés de capitaux pour avoir les fonds nécessaires (voir Mintzberg et Waters, 1982). De façon rétrospective, tout cela paraît très logique. Mais en 1952 le signal était faible : qui savait si les centres commerciaux seraient un succès ? Sam Steinberg paraissait savoir. Mais existe-t-il aucun système formel de prévision qui aurait pu le savoir ?

On peut comparer cette histoire avec la présentation que fait Ansoff de son système de « gestion des signaux faibles » :

> Le savoir concernant chaque menace-opportunité (M-O) progressera typiquement par étapes de la façon suivante : d'abord on a une impression de turbulence dans l'environnement, puis la source probable de la M-O est identifiée, puis une M-O particulière devient suffisamment concrète pour que l'on puisse la décrire mais pas suffisamment pour que l'on puisse estimer l'ensemble de ses conséquences pour l'entreprise. Dans l'étape suivante du processus il devient possible de développer des réponses à la M-O... Des conséquences en termes de profit peuvent faire l'objet d'une estimation à l'étape suivante, mais les estimations sont encore incertaines, ce qui fait qu'il est nécessaire d'assigner à chacune une probabilité. En fin de compte on aboutit à la certitude... (1984:369)

Quelle différences entre la citation ci-dessus et ce qui a pu se produire en un instant dans l'esprit d'un entrepreneur ! Ansoff continue en déclarant que : « Le choix de répondre ou de ne pas répondre, et le choix de la méthode avec laquelle il faut répondre, devrait être déterminé, d'abord, en comparant la dimension-temps de la M-O avec la dimension-temps requise pour la réponse et, en second lieu, en comparant les gains que l'entreprise qui répond peut en retirer aux coûts nécessaires pour mettre en œuvre la réponse » (369). Tout cela ressemble à ces formules complexes dont les mathématiciens ont besoin pour décrire la façon dont il faut s'y prendre pour rouler à bicyclette, une action que n'importe quel enfant de cinq ans peut réaliser facilement, merci beaucoup. Ansoff indique ensuite que « quand la gestion des problèmes par l'intermédiaire des signaux forts devient trop lente, elle doit être remplacée par la méthode des signaux faibles », comme si tout se réduisait à la question de la sélection formelle de systèmes formels. Allez dire ça à Sam Steinberg !

Bien entendu la perception d'une discontinuité subtile n'est pas du tout du même ordre de difficulté que le fait de rouler à bicyclette. Il s'agit d'un processus complexe de reconnaissance de forme, fondé sur une compréhension en profondeur d'un secteur et de son contexte.

Dans l'exemple de Steinberg, il s'agit des habitudes d'achat des consommateurs, de leurs mouvements vers la périphérie des villes et de leurs découvertes de nouvelles utilisations de l'automobile, etc. Cela requiert certainement un modèle causal très sophistiqué. Quel système, quelle technique a été capable de construire un tel modèle ? Il y a certainement eu une grande quantité de recherches sur « l'intelligence artificielle » et, récemment, quelques recherches sur ce qu'on appelle « les systèmes experts ». Et un certain nombre de déclarations plutôt ambitieuses ont été faites à propos de notre capacité à programmer de tels processus. Mais la conclusion à laquelle nous parvenons, et dont nous discuterons vers la fin de ce chapitre, est que nulle part on ne trouve de données empiriques qui montrent de façon convaincante qu'un tel type de reconnaissance de forme intervenant pour l'identification des discontinuités peut être réduit à la formalisation, ou pourra même l'être un jour. Même les systèmes qu'Ansoff appelle « quasi analytiques », dans la mesure où ils essaient de programmer le processus au moins de façon partielle, peuvent peut-être en réduire l'efficacité en interférant avec l'exercice informel du jugement humain.

Ainsi Ansoff a-t-il tort quand il s'attend à ce que des systèmes puissent détecter des signaux faibles à l'exception de ceux qui sont des types les plus simples et les plus répétitifs, comme les renversements dans la tendance à la croissance du PNB d'un pays. Pour citer Makridakis et ses collègues :

> La mise sous surveillance des signaux faibles (Ansoff, 1975) et la gestion de la surprise demeurent encore des idées académiques de faible valeur pratique. Il est évident qu'il existe constamment dans l'environnement un nombre pratiquement infini de signaux faibles. Sélectionner ceux des signaux dont l'influence sur l'organisation est critique requiert des capacités considérables qui sont aujourd'hui nettement au-delà des possibilités technologiques. (1982:5-6)

Et pourtant des personnes comme Sam Steinberg, sans utiliser plus que leurs processus de pensée informelle (intuition ?), y parviennent parfois de façon correcte. Ont-ils simplement de la chance ? Ou disposent-ils de modèles causaux très sophistiqués qui se sont construits dans leurs esprits au cours des années ? Qui peut être sûr de la réponse ? De fait, même les grands visionnaires se trompent parfois dans les domaines mêmes qui les rendent éventuellement célèbres. On rapporte que Thomas J. Watson, fondateur d'IBM, disait en 1948 : « Je pense qu'il y a un marché mondial pour environ cinq ordinateurs » ! Et l'opinion de Wilbur Wright en 1901 était apparemment qu'« il se passera au moins mille ans avant qu'un homme puisse voler » ! (dans Coffey, 1983). La clé dans la gestion des discontinuités ne consiste donc pas nécessairement à les détecter de façon immédiate, ou même à être le premier (bien que l'histoire de Sam Steinberg montre que cela ne nuit certainement pas) mais à les détecter suffisamment tôt pour agir, et à faire cela le premier ou au moins mieux que les autres. On rencontre aussi le comportement opposé, comme en témoigne ce commentaire d'une personne qui a été chercheur au ministère britannique des Affaires étrangères de 1903 à 1950 : « Année après année, les inquiets et les anxieux venaient me voir avec des prédictions alarmistes sur l'éventualité du déclenchement d'un conflit. À chaque fois je leur répondais qu'ils avaient tort. Je ne me suis trompé que deux fois ! » Deux fois en cinquante ans peut être beaucoup trop !

Compte tenu de ces résultats, on peut vraiment se demander pourquoi tant d'efforts ont été investis dans la prévision.

La prévision comme magie

Leonard Sayles a écrit : « Apparemment notre société, en cela pas très différente des Grecs avec leurs oracles de Delphes, trouve beaucoup de réconfort dans la croyance selon laquelle des "voyants" très talentueux et éloignés de toute l'agitation du monde réel peuvent prédire les événements à venir ». De fait cette démarche a même été formalisée dans ce que l'on a appelé « la technique du Delphi », dans laquelle les estimations subjectives obtenues d'un panel d'experts sont échangées entre les membres du panel et répétées jusqu'à ce qu'un consensus soit atteint. Van Gunsteren a qualifié les résultats obtenus par cette technique de « pseudo-information » utilisée en l'absence de toute information réelle. La technique du Delphi « nous donne l'estimation moyenne d'experts ignorants, que l'on utilise ensuite comme si elle était la meilleure prévision scientifique disponible. Les planificateurs oublient que le savoir pseudo-scientifique est beaucoup plus dangereux que l'ignorance totale ou le bon sens » (1976:24).

Dans l'article sur « Gestion et magie » dont nous avons discuté plus haut, Gimpl et Dakin accordent une attention spéciale à la prévision. Ils commencent avec une citation du *Natal Daily News* : « Avant de partir il faut obtenir une prévision météorologique à long terme, dans la mesure où les conditions météorologiques sont extrêmement imprévisibles » ! (1984:125). Nous espérons que celui qui écrivait voulait dire « variables » mais le commentaire lui-même s'applique très bien à une bonne partie de la prévision qui est associée à la planification stratégique. Pour citer un autre planificateur de la General Electric : « Le changement de nature fondamentale est tellement rapide [que] la planification doit regarder beaucoup plus loin dans le futur, et doit fonctionner avec un horizon temps beaucoup plus éloigné qu'auparavant » (Wilson, 1974:2).

Gimpl et Dakin notaient le « paradoxe fondamental du comportement humain : plus le monde devient imprévisible, plus nous sommes à la recherche de, et plus nous nous appuyons sur, des prévisions et des prédictions pour déterminer ce que nous devrions faire » (125). L'explication qu'ils proposent consiste à dire qu'une bonne partie de la prévision est simplement proche de la magie, réalisée pour des raisons superstitieuses et parce qu'une obsession du contrôle devient une illusion du contrôle. Pour reprendre leurs termes :

> Nous soutenons que l'engouement des managers pour les rites magiques de la planification à long terme,la prévision, et quelques autres techniques orientées vers le futur est la manifestation d'un comportement superstitieux visant à se libérer de l'anxiété, et que la prévision et la planification ont la même fonction que les rites magiques... Ils font en sorte que le monde paraisse plus déterministe et nous donnent confiance dans notre capacité à faire face. Ils unissent la tribu des managers, et nous incitent à entreprendre des actions, au moins lorsque les présages sont favorables. De plus, ces rites peuvent agir de façon à préserver le *statu quo*. (125)

Il peut paraître étrange de suggérer que les spécialistes de la prévision dans les organisations d'aujourd'hui ont un rôle semblable à celui des jeunes filles dans les grottes de l'ancienne Delphes. Mais quelques-unes des données empiriques dont nous disposons font peu pour réfuter cette assertion.

La prévision comme extrapolation

Il existe bien entendu une condition sous laquelle toutes ces difficultés disparaissent : la stabilité. Si le monde se tient tranquille, ou au moins s'il continue à changer exactement comme dans le passé, alors la prévision peut fonctionner correctement. La prévision n'a après tout que les données empiriques du passé comme base de travail. Ansoff, lorsqu'il faisait équipe avec Eppink et Gomer, parlait de : « Projeter dans le futur la structure des performances passées » (1975:13). C'est sans doute la raison pour laquelle les techniques d'extrapolation simples marchent si bien par rapport aux techniques plus sophistiquées. Pour produire une prévision précise sous condition de stabilité, il suffit aux spécialistes de la prévision de conclure que le futur sera juste comme le passé[3]. La prévision peut aussi fonctionner de façon raisonnablement bonne si les tendances changent d'une façon qui est favorable à l'organisation, par exemple si les marchés croissent plus vite qu'il n'est prédit. Dans ce cas au moins l'extrapolation fait peu de mal. De façon typique, c'est la *sur*estimation qui cause les problèmes, par exemple lorsque la projection donne pour les produits de l'entreprise une demande plus forte que celle qui se matérialise en réalité.

Cela peut aider à expliquer pourquoi les années soixante étaient tellement bonnes pour les spécialistes de la prévision et les planificateurs : pas parce que leurs techniques étaient, en aucune façon, meilleures, mais parce que les tendances à cette époque étaient plus stables ou à tout le moins plus favorables au monde des entreprises. (Souvenons-nous du commentaire de Makridakis, que nous avons cité au chapitre 4, à propos des 105 mois de croissance continue du PNB). Ainsi, dans un article intitulé « La précision de la planification à long terme », Vancil nous rapporte des données sur seize entreprises dont les prévisions à cinq ans effectuées en 1964 « se sont avérées représenter seulement 84 % du volume réellement généré en 1969 » (1983:308). « La planification à long terme », en conséquence, « s'est développée et est devenue florissante dans les années soixante » (Hogarth et Makridakis, 1981:122).

Par contre, à mesure que les années soixante-dix passaient, et tout particulièrement après que la secousse dans les prix du pétrole en 1973 fut suivie par de nouvelles formes de récession, la prévision commença à rencontrer des difficultés croissantes. De fait, un certain type de comportements dysfonctionnels devint tellement répandu dans le domaine qu'il lui fut donné une appellation spécifique : la prévision « en crosse de hockey ». Des tendances à la baisse étaient extrapolées pour une courte période, suivies par des prédictions de forte hausse, les premières étant des prévisions, les secondes des espoirs. Les choses devaient éventuellement (ou devrions-nous dire par magie) s'améliorer ! La Figure 5-1 montre les prévisions en crosse de hockey pour les

[3] Cependant, un problème subtil demeure dans ce domaine. Brumbaugh peut soutenir qu'« il n'y a aucune possibilité passée, et [qu']il n'y a aucun fait futur » (dans Bolan, 1974:16), mais comme Chester Barnard l'a remarqué dans une critique de la planification formelle comme étant un « exercice d'illusion » (1948 :164), le passé est lui aussi incertain : « La signification de l'histoire et de l'expérience » (168) doit être interprétée, et cela n'est pas chose facile à faire.

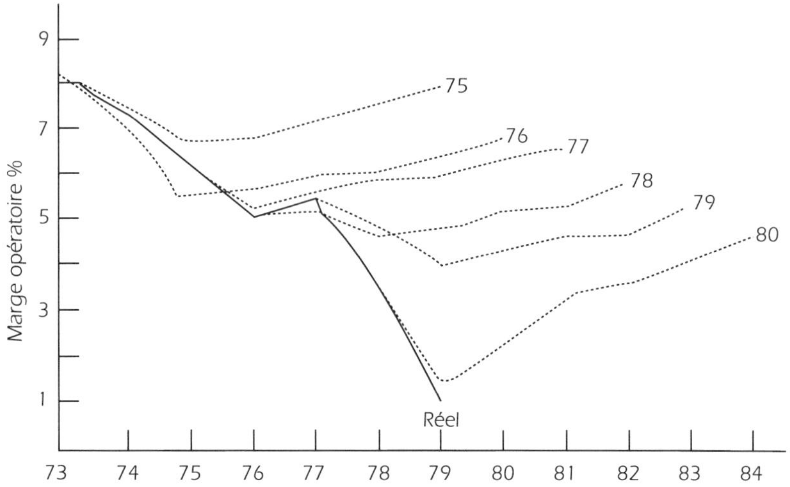

FIGURE 5-1
Les prévisions en « crosse de hockey »
(D'après « Une des cinquante premières entreprises multinationales américaines », dans Roach et Allen, 1983:7-13)

marges opérationnelles d'une entreprise multinationale : pendant six années de suite, ils ont prévu une remontée des marges alors que les conditions continuaient pour l'essentiel à décliner. Malheureusement, la magie avait abandonné leurs prévisions !

Prévision et « turbulence »

Il est amusant de constater la capacité qu'a la prévision d'extrapoler des tendances connues par opposition à son incapacité à prédire de nouvelles discontinuités, parce que la condition même à propos de laquelle la littérature sur la planification a fait le plus de battage – la turbulence dans l'environnement – est celle qui est caractérisée par de telles discontinuités, et par conséquent celle-là même que la planification peut le moins bien traiter[4].

[4] Dans son ouvrage *Scenarios and Strategic Management*, Godet a écrit :

> La crise profonde que traverse le monde industrialisé ne fait que commencer. Tel est le fait frappant qui balaie les illusions qu'on peut conserver à propos des prévisions officielles. Non seulement cette crise n'a pas été prévue, mais elle est ici pour durer et pour s'approfondir, contrairement à ce qui a été proclamé et continue de l'être. (1987:3)

Un exploit merveilleux de la logique : Les discontinuités forment les structures, qui ensuite deviennent elles-mêmes prévisibles. D'où la « prévision officielle » de Godet lui-même : la turbulence !

Plus haut nous avons suggéré que tout ce battage effectué autour de la turbulence dissimule en réalité la préférence qu'ont les planificateurs de type conventionnel pour la stabilité, si ce n'est leur peur de l'incertitude – et de la perte de contrôle. Nous pouvons maintenant voir pourquoi. Les organisations peuvent avoir besoin de planifier dans des conditions de stabilité, de programmer les conséquences de leurs stratégies courantes dans leurs opérations futures. Mais elles n'ont pas besoin de planifier pour des conditions d'instabilité. Tout au contraire, comme nous l'avons vu de la façon la plus claire dans les recherches de Gomer, ou dans le commentaire de Koch : « Les planificateurs ne pouvaient que rester assis et désespérés alors même que des phénomènes comme la crise de l'énergie mettaient leurs prédictions en pièces » (1976:381). En fait, les planificateurs avaient crié au loup pendant si longtemps à propos des environnements turbulents que lorsque des conditions qui y ressemblaient un tant soit peu sont finalement survenues, elles ont tué la planification, ne laissant derrière que les entrailles du processus budgétaire. Ils ont tenté de reconstituer la planification en ayant recours à des méthodes encore plus imaginatives de prévision, des procédures pour faire face aux surprises, des analyses des parties-prenantes, etc., mais toutes ces méthodes n'ont fait que rendre le processus de planification plus obèse, fournissant encore plus de chair délectable au loup de la turbulence.

Comme nous l'avons soutenu plus haut, l'environnement turbulent est généralement le produit de l'imagination des planificateurs conventionnels. Les conditions qui méritent un label aussi extrême sont rares, au moins dans le monde des affaires occidental. Mais il est vrai que des changements inattendus surviennent. Un environnement peut être stable pendant des années, et même des décennies, puis soudainement se désagréger ; alors les planificateurs doivent cesser d'extrapoler.

Comme nous l'avons noté au chapitre 4, ces conditions appelées turbulence peuvent très bien n'être rien d'autre qu'une concurrence sérieuse, dans les années récentes celle venant des entreprises d'Extrême-Orient moins éprises de la planification. En d'autres termes, un concurrent agressif peut annihiler le meilleur des plans. Témoin le nombre de guerres qui ont été perdues par ceux qui s'attachaient rigidement à un plan. Dans le domaine des entreprises, Rhenman note la réticence qu'ont des entreprises à incorporer « l'idée selon laquelle il existe des "opposants" » à l'intérieur de leur planification (1973:139). Comme un ancien employé de Texas Instruments disait à propos de leur fameux système de planification nommé OST : « Ils ont créé une usine à papier qui rend absolument impossible de répondre à quoi que ce soit qui bouge rapidement » (dans *Business Week*, 1983:57). Même dans un environnement aussi contraint qu'un jeu d'échecs, Alexander Kotov écrit dans son livre *Think Like a Grandmaster* :

> Quand une personne apprend à jouer, la conception d'un plan est probablement le concept stratégique qu'elle se met le plus en tête...
>
> J'ai essayé de jouer d'une façon planifiée, en élaborant dès l'ouverture un plan qui devait me mener jusqu'à la fin, mais malgré tous mes efforts et mes réflexions approfondies sur le sujet, je n'arrivais à rien de précis.... Quand vous rencontrez un adversaire fort et inventif, et qu'il contre toutes vos intentions non seulement par des mesures défensives mais également par des contre-attaques, il est loin d'être simple de mettre en œuvre un plan unique. (1971:147,150)

Bien entendu, il existe des forces beaucoup plus simples et moins exigeantes que la concurrence qui peuvent aussi saper la planification. Tout comme ces conditions météorologiques « imprévisibles ». Les Soviétiques l'ont découvert quand ils contrôlaient tout dans leurs plans sauf le temps qu'il ferait. La nature intervenait, les récoltes étaient mauvaises, et le plan rencontrait des problèmes. Mais les États n'ont pas besoin d'être communistes pour souffrir des conséquences du temps. Comme nous l'avons dit plus haut, les Britanniques ont subi d'énormes pertes à la bataille de Passchendaele lors de la Première Guerre mondiale parce que le temps avait changé alors que les plans étaient restés les mêmes.

La dynamique de la formation de la stratégie

Une partie de l'hypothèse de prédétermination dans la planification stratégique est la notion selon laquelle les choses restent tranquilles. Pendant qu'on est en train de faire le plan, et que les données historiques sont analysées, le monde reste tranquille. Ensuite il demeure stable, ou au moins il se développe comme il était prédit, de façon à ce que les plans puissent être convenablement mis en œuvre. Ici nous voulons montrer que cela également est une erreur, et que le processus d'élaboration de la stratégie existe en général précisément parce que le monde ne se tient pas tranquille.

En l'absence d'une capacité à contrôler l'environnement, la planification doit se reposer sur la prévision. Et comme la prévision se résume à l'extrapolation d'états connus, de tendances existantes ou de structures récurrentes, la planification fonctionne mieux sous des conditions de relative stabilité. D'un autre côté, il s'avère que la stratégie elle-même, quelque définition qu'on en donne, est associée à cette même condition de stabilité. La stratégie intentionnelle est associée à l'effort fait pour imposer à l'organisation une direction *stable* de ses actions, alors que la stratégie réalisée est liée à l'obtention d'une structure *stable* dans le comportement d'une organisation. Ainsi, qu'elle soit intentionnelle ou émergente, la stratégie est toujours liée à la stabilité dans le comportement d'une organisation. Et il en est de même de la planification conçue comme moyen pour aider à stabiliser ce comportement. La stratégie et la planification peuvent donc parfois être en phase d'une façon tout à fait naturelle. Mais pas la planification et l'*élaboration* de la stratégie.

Conservons à l'esprit la raison pour laquelle la planification stratégique a été développée : un processus formalisé qui est conçu non pour utiliser la stratégie mais pour la créer. Le problème cependant est que si la stratégie peut être associée à des conditions de stabilité, l'élaboration de la stratégie est généralement associée à des périodes de changement, et souvent de changements qui sont caractérisés par leur discontinuité. Les organisations développent parfois de nouvelles stratégies dans des périodes de stabilité, peut-être parce que leurs membres ont eu de nouvelles idées, ou simplement parce qu'elles n'avaient pas dans le passé compris des changements précédents. Mais le plus souvent on constate que les stratégies sont modifiées parce que les conditions changent, et plus de façon discontinue que de façon cyclique ou régulière. En d'autres termes, les stratégies sont en général modifiées parce que quelque chose de fondamental a changé dans l'environnement, d'une façon non répétitive. Et le fait même de changer la stratégie crée sa propre discontinuité à la fois dans l'organisation et dans l'environnement auquel ce changement est imposé.

Personne n'a jamais vu ni touché une stratégie. Les stratégies n'existent pas en tant qu'entités tangibles. Elles sont des concepts abstraits situés dans l'esprit des individus. Et le meilleur dans les stratégies paraît être ce qui a la nature d'une *gestalt*, fortement intégrée. Les structures synthétisées des préférences préalables à l'engagement des actions[5] sont de telles structures pour les stratégies intentionnelles,

[5] Andrews par exemple utilise le terme structure dans sa définition des stratégies délibérées : « Pour nous, la stratégie c'est la structure des objectifs, des intentions et des buts, des politiques générales essentielles et des plans développés pour réaliser ces buts, présentée de façon à définir dans quel métier l'entreprise est ou doit être, et le type d'entreprise qu'elle est ou doit être (dans Learned *et alii*, 1965:17).

et les structures synthétisées existant déjà entre les actions sont de telles structures pour les stratégies réalisées. Un changement sérieux de stratégie signifie donc généralement une évolution de structure : la *conception* d'une nouvelle vision du monde, généralement fondée sur un changement permanent des conditions, ou à tout le moins la *perception* d'un tel changement. Des deux côtés par conséquent, dans l'esprit des individus et en dehors, un changement sérieux de stratégie a tendance à être associé avec une discontinuité, la chose même que la planification est le moins capable de traiter.

La conséquence importante de ce qui précède est la suivante : quelle que soit la compatibilité que la planification puisse avoir avec la stratégie, elle a tendance à être incompatible avec l'élaboration de la stratégie. Comme nous l'avons vu dans l'étude sur Steinberg au chapitre 3, la planification stratégique a moins créé la stratégie qu'aidé à poursuivre la stratégie créée par d'autres moyens : elle a programmé les conséquences d'une stratégie donnée, en termes de fonds à lever, d'installations à construire, de salariés à recruter, de budgets à préparer, etc. Nous pouvons appeler cela la *planification déterministe* : spécifier une trajectoire déterminée pour l'organisation (Ackoff disait plutôt « la planification de l'engagement » [1970:16]).

Les conditions entourant le processus d'élaboration de la stratégie peuvent être dynamiques, mais une hypothèse générale située derrière la plus grande partie de la littérature sur la planification est que le processus lui-même n'est pas dynamique : c'est un processus qui se développe sans hâte, selon un calendrier prédéterminé, avec une formulation effectuée avec soin, suivie d'une mise en œuvre étroitement contrôlée. Pour réaliser les intentions à long terme de la planification, ou peut-être les prétentions à court terme des planificateurs de type conventionnel, les organisations sont censées prendre du recul et travailler à leur futur à un rythme tranquille mais en suivant le planning. Les stratégies apparaissent donc à des dates prédéterminées, jaillissant quand on les attend, pleinement développées, toutes prêtes pour la mise en œuvre, ce dernier processus se déroulant lui-même en suivant le planning. C'est presque comme si les stratégies devaient être le produit d'une immaculée conception, sauf qu'ici, paradoxalement, une forme bureaucratique de contrôle des naissances paraît être fermement en place. Nous obtenons ces « stratégies sur demande ».

Et bien, tout ceci est de la fiction. Si la recherche empirique nous a appris quoi que ce soit sur la formation des stratégies, c'est que le processus est fondamentalement dynamique, correspondant aux conditions dynamiques qui le dirigent. Il se développe à son propre rythme, au travers de ce qui est le mieux décrit comme une forme d'apprentissage (voir, par exemple, Quinn, 1980a ; Pascale, 1984 ; Mintzberg, 1978 ; Mintzberg et McHugh, 1985 ; voir aussi notre critique de l'école de la conception dans Mintzberg, 1990). Si les stratégies représentent la stabilité, alors la formation de la stratégie est de l'interférence : elle a tendance à survenir de façon irrégulière et inattendue, remettant en cause des structures stables à cause de discontinuités non prévues, qu'elles aient pour origine des menaces externes ou des opportunités qui apparaissent dans l'esprit des managers. Comme l'écrivait Anthony en 1965 (39) : « Les nouvelles idées n'apparaissent pas à des dates prévues dans un planning ».

Ainsi, lors d'un week-end mémorable de 1933, après que Sam Steinberg eût découvert que l'un de ses huit magasins perdait de l'argent, il le ferma le vendredi soir, le convertit en self-service, diminua ses prix d'environ 25 %, changea son nom, fit imprimer et diffuser des tracts annonçant l'information dans la région, et réouvrit le lundi matin. Voilà un changement stratégique ! Après ce changement, selon ses termes, « nous avons eu une croissance phénoménale » (Mintzberg et Waters, 1982:482-483). C'est une bonne chose pour Sam Steinberg qu'il n'ait pas eu à tenir compte d'un système de planification !

Ce qui précède remet en cause la distinction, qui est acceptée dans le domaine de la planification, entre les questions qui sont stratégiques et de long terme et celles qui sont tactiques et de court terme. Les décisions qui sont prises pour répondre à des objectifs immédiats, qu'il s'agisse de faire face à une crise ou de saisir une opportunité, peuvent avoir des conséquences stratégiques et à longue échéance (comme dans l'exemple de Steinberg). De même des décisions « stratégiques » qui paraissent importantes se dégonflent parfois comme un ballon percé. Le problème avec la distinction entre stratégie et tactique est qu'on ne peut jamais être sûr de ce qui est l'un ou l'autre tant que toute la poussière n'est pas retombée. Et pourtant la planification doit supposer que la réponse est connue avant même que la tempête ne fasse voler la poussière.

Les planificateurs de type conventionnel sont rapides à réagir lorsqu'il s'agit de condamner « la gestion par les crises ». Leur réponse consiste à « corriger » de tels comportements, par exemple en introduisant dans le planning de longues sessions consacrées à la planification à long terme, par exemple sous forme de retraites dans un lieu situé à la campagne. Dans cette veine, Blass en appelle à « un changement général du style de management », et demande qu'on « introduise de façon délibérée dans l'emploi du temps des périodes d'une durée significative loin des affaires courantes et du téléphone de façon à ce que la précipitation et la réaction soient remplacées par la pensée et l'anticipation » (1983:6-7). Lorsqu'ils n'y arrivent pas, et qu'ils trouvent que « beaucoup de managers sont mal équipés et mal disposés pour planifier », comme Abell et Hammond l'ont écrit (1979:434), quelques planificateurs essaient de court-circuiter les managers, en faisant autant de « planification stratégique » que possible par eux-mêmes. Par cette méthode, comme nous l'avons vu, les cadres dirigeants peuvent examiner simplement les documents qui en résultent (sous forme résumée) pendant un jour ou deux et les planificateurs prétendent alors qu'ils ont créé la stratégie, jusqu'à ce que le président se précipite et procède lui-même à une acquisition majeure[6].

Le problème, c'est que les managers travaillent dans un « chaos calculé » (F. Andrews, 1976). Ils ne se comportent pas de cette façon parce qu'ils sont désorganisés ou parce qu'ils ne savent pas utiliser leurs secrétaires pour filtrer les interruptions, ni même parce qu'ils ne parviennent pas à reconnaître l'importance de la planification réfléchie, mais pour la raison opposée : parce qu'ils savent que c'est seulement en travaillant de cette façon qu'ils peuvent espérer être capables de développer des stratégies dans une situation dynamique. Et s'ils n'y parviennent pas, ce n'est pas par manque de planification formelle ; c'est parce que leurs capacités sont insuffisantes ou, comme nous le verrons, parce qu'ils sont détachés de leur contexte. Par exemple nous avons été frappé, au cours de notre propre étude sur les PDG, par la fréquence des interruptions dans leur travail, et nous avons constaté qu'ils encourageaient ces interruptions. Ils subissaient sans nul doute en partie les pressions et le rythme de leur travail (leur inévitable lot

[6] Tel est en fait le cas de Reginald Jones qui, en tant que PDG de la General Electric, pourrait bien avoir été le plus grand supporter de la planification que l'on ait jamais rencontré. En ignorant complètement les plans de sa propre entreprise, il réalisa « ce qui était à l'époque... la plus grande acquisition jamais faite aux États-Unis » :

> Le plus significatif des mouvements stratégiques réalisé par Reg Jones, l'acquisition faite en 1976 de l'entreprise Utah International, n'a pas été faite à cause des analyses fournies par l'approche par portefeuille de la planification stratégique qui était utilisée à l'époque par la General Electric. Jones expliquait : « C'était en quelque sorte une décision *ad hoc* qui est intervenue à cause du développement d'une opportunité fortuite.... Il est vrai que, quand nous avons mis en place notre planification stratégique et que nous avons commencé à rechercher des zones de croissance et de diversification, le secteur minier n'est pas l'un des secteurs qui est apparu à la suite de nos exercices de planification stratégique. Il est apparu parce que Ed Littlefield (le PDG de Utah) était un membre estimé de notre conseil d'administration. » (Hammermesh, 1986:195)

d'obligations). Mais ils étaient aussi sensibles au caractère imprévisible des situations qui les entouraient, au besoin qu'il y avait de rester en état de répondre aux changements qui se développaient sans cesse. De même, nous avons trouvé que l'information orale était favorisée parce qu'elle était plus rapide, plus courante, plus riche de contenu (comme nous le verrons plus loin).

Ainsi, alors que les stratégies sont par définition stables et que les environnements le sont plus ou moins, le processus de création de la stratégie doit toujours être dynamique, précisément parce qu'il est lié aux changements et que personne ne peut jamais savoir quand et comment les environnements évolueront. (Dans nos propres recherches, les situations sont parfois demeurées à peu près stables pendant des décennies, mais se sont en fin de compte effondrées en quelques semaines.) Cela est une autre raison pour laquelle la planification échoue dans le domaine de la création de la stratégie.

La prévision comme contrôle (et la planification comme création)

Il existe une condition sous laquelle tous les arguments qui précèdent semblent s'effondrer, et les arguments en faveur de la planification paraissent valables. C'est la situation dans laquelle l'organisation a le pouvoir d'imposer ses propres plans à son environnement. Pour employer l'un des termes favoris de Karl Weick (1979), elle peut créer[7] son environnement. Elle peut donc planifier à loisir et mettre en œuvre les plans selon un calendrier qu'elle décide ; elle peut même si elle le désire persister dans son action et ignorer les signaux qui viennent de l'extérieur. De fait, une telle organisation n'a même pas à se soucier de la prévision, dans la mesure où ses plans sont ses prévisions ! Ce qu'elles spécifie détermine ce que fait l'environnement[8]. Par là même, la planification retourne aussi à sa condition préférée de stabilité, mais dans ce cas, par la vertu de ses propres efforts : elle définit la forme de stabilité désirée puis l'impose à un environnement qui l'accepte. Dans le cadre de ce que nous pouvons appeler la *planification créatrice*, l'obsession du contrôle est parfaitement dans son élément.

[7] Nous traduirons respectivement « to enact », « enactment » et « enactment planning » par « créer », « création » et « planification créatrice ».

[8] Makridakis et Wheelwright préfèrent appeler cela de la prévision « normative » ou « téléologique », qui « suppose que les individus ne sont pas des agents passifs, mais plutôt qu'ils peuvent et qu'ils devraient prendre un rôle actif dans la formulation du futur » (1981:122). Cela, par contre, paraît prendre des libertés excessives avec le terme prévision.

Beau travail si vous pouvez y arriver. Quelques-uns essaient, et même avec succès pour un temps. L'Union soviétique a essayé de tout contrôler par l'intermédiaire de la planification et y a réussi dans une certaine mesure – en réalisant ses plans, si ce n'est en augmentant sa productivité grâce à l'utilisation de ses plans –, tant que les conditions météorologiques et la population ont été d'accord. La planification créatrice requiert un certain type de système fermé, au moins dans une direction : l'organisation doit être capable d'influencer l'environnement, mais l'environnement ne doit pas pouvoir sérieusement affecter l'organisation. Le temps qu'il fait doit être contrôlable (ou alors il doit être une donnée non pertinente), les citoyens ou les employés doivent travailler avec diligence, les concurrents doivent coopérer (c'est-à-dire qu'il ne doit pas y avoir réellement de concurrence), etc. Dans la « théorie moderne de la planification.... le Gouvernement est représenté comme un "système fermé" qui doit être organisé en termes cybernétiques » (Dyson, 1975:170)[9].

Hélas, les systèmes parfaitement fermés n'existent pas. Quand le temps change de façon imprévisible ou que l'économie trébuche soudainement, que les salariés ou les citoyens ou les concurrents développent des idées qui leur sont propres, la planification soigneusement réalisée peut s'effondrer, comme elle l'a fait, dans les États communistes aussi bien que dans les entreprises américaines.

Malgré toutes ces expériences, la planification créatrice a toujours eu ses supporters, même pour ce qui concerne le secteur privé. Par exemple, Ackoff a écrit dans un article intitulé « Au-delà de la prédiction et de la préparation » qu'« il est évidemment plus désirable de contrôler, que de prédire et de se préparer à ce que nous ne pouvons pas contrôler » : « le futur est largement sujet à création ; il peut être préparé. Plus nous pouvons le créer, moins nous avons besoin de le prévoir ou de le prédire » (1983:62,61). Ou, comme l'exprime de façon plus succinte le philosophe Eric Hofer : « La seule façon de prédire le futur c'est d'avoir du pouvoir sur le futur » (dans Ansoff, 1979:196).

Mais quand cela marche, nous devons demander : Création, à quel prix ? Planification, à quel prix ? Quel type de société créons-nous lorsque nous assurons la promotion d'une telle planification ?

[9] Voir également notre discussion de la configuration de pouvoir de type « système fermé » (dans Mintzberg, 1983 : chapitre 19), la forme de bureaucratie mécaniste qui cherche à s'isoler elle-même de l'influence extérieure.

Les États communistes nous fournissent une réponse pour ce qui concerne le secteur public (voir aussi notre discussion sur « la planification et la liberté » dans les pages 177-180). Et la réponse pour ce qui concerne le secteur privé n'est pas très différente. John Kenneth Galbraith a écrit un livre entier pour montrer que les entreprises géantes – qu'il considérait comme des oligopoles relativement libérés de toute concurrence sérieuse – s'engageaient dans la planification de façon à créer leurs environnements. Utilisant à leur propos le terme de « nouveaux États industriels », il soutenait qu'elles étaient ce qui avait rendu la planification si populaire aux États-Unis.

> En plus de décider de ce que le consommateur voudra et paiera, l'entreprise doit prendre toutes les mesures possibles pour s'assurer que ce qu'elle décide de produire est désiré par le consommateur à un prix rémunérateur. Et elle doit s'assurer que la main-d'œuvre, les matières premières et l'équipement dont elle a besoin seront disponibles à un coût cohérent avec le prix qu'elle percevra. Elle doit exercer son contrôle sur ce qui est vendu. Elle doit exercer son contrôle sur ce qui lui est fourni. Elle doit remplacer le marché par la planification. (1967:23-24)[10]

Notez l'année de la publication de Galbraith : 1967. C'était la période idéale pour la planification créatrice aux États-Unis. Depuis cette date cependant, la période a été toujours moins propice, avec la crise de l'énergie, l'arrivée de la concurrence japonaise, un certain degré de déréglementation, et la perte de dynamisme des économies occidentales. Cela ne veut pas dire que la planification créatrice ait disparu : il reste des organisations qui se trouvent dans des niches confortables (par exemple protégées par des brevets), quelques entreprises dans des secteurs comme l'eau, le gaz, l'électricité, les télécommunications qui ont un monopole, certaines administrations qui peuvent imposer leurs stratégies aux citoyens, etc.[11]. Mais pour le reste des entreprises,

[10] Steiner nous fournit un exemple parfait de cette façon de penser, bien que son vocabulaire relève à un certain degré de l'euphémisme. « L'entreprise Franklin Mint... a découvert une demande non satisfaite pour des pièces et objets en métal produits spécifiquement pour être collectionnés, mais il a fallu un effort de marketing substantiel pour convaincre les collectionneurs qu'ils avaient ce besoin » (1979:185-186).

[11] Hydro Quebec, une puissante entreprise canadienne de production et de distribution d'électricité possédée par l'état du Québec, nous a fourni un exemple merveilleux au début de l'année 1987. Elle a demandé que le Gouvernement lui garantisse une hausse régulière de tarif de 5 % par an au cours des vingt prochaines années ! (Et cela sur la base de déclarations concernant le besoin qu'elle avait de se gérer elle-même à la manière d'une entreprise privée ! Quelle entreprise réelle (lisez concurrentielle) peut contrôler ses prix au cours des vingt prochains mois, sans parler des vingt prochaines années ?).

c'est-à-dire la vaste majorité – celles qui ne peuvent ni créer leurs environnements ni les prédire – la vie n'a pas été aussi facile dans le domaine de la planification. Plutôt que d'abandonner, cependant, beaucoup d'entre elles ont choisi de complexifier : de remplacer la prévision directe par la méthode plus sophistiquée de construction de « scénarios », et la planification simplement déterministe par des méthodes plus complexes de « planification contingente ».

Des scénarios à la place de prévisions

On prêche pour le développement de scénarios (un autre « outil » dans « l'arsenal du stratège » pour reprendre les termes de Michael Porter [1985:481]) en s'appuyant sur l'hypothèse selon laquelle si vous ne pouvez pas prédire *le* futur, alors vous pouvez très bien tomber sur le bon futur en faisant des spéculations sur une variété de futurs possibles. Porter a consacré à ce sujet un chapitre de son ouvrage de 1985. Selon lui, un scénario n'est pas « une prévision, mais... une structure possible du futur », qui implique l'identification d'incertitudes, la détermination de facteurs qui les influencent, et la formation d'un ensemble d'hypothèses possibles à propos de chacun de ces éléments, combinées ensemble dans le scénario (448, 449).

L'intérêt porté à la construction de scénarios s'est notablement développé depuis quelques années, stimulé en partie par l'article de Pierre Wack sur le développement d'un scénario pour l'entreprise Royal Dutch Shell. Celui-ci décrivait la nature (sinon le séquencement) de l'évolution du marché du pétrole qui est survenue en 1973. Dans la relation que fait Wack de l'expérience de la Shell, le lecteur apprend à quel point un tel exercice peut être complexe et subtil, ne reposant pas moins sur le jugement que sur l'analyse formelle. Comparés à la planification traditionnelle, « les scénarios s'intéressent moins à la prévision des résultats, et plus à la compréhension des forces qui éventuellement induiront un résultat ; moins aux nombres et plus à l'intuition » (1985a:84).

Cependant, ce n'est pas un travail facile. D'abord il faut décider combien de scénarios construire. Plus on en fait, plus on a de chances que l'un d'entre eux soit correct. Mais le temps de travail des planificateurs n'est pas sans limite, ni la capacité mentale qu'ont les managers de considérer toutes les possibilités. En d'autres termes les planificateurs ont besoin d'assez de scénarios pour couvrir non seulement toutes les contingences probables, mais aussi les contingences qui peuvent survenir ; d'un autre côté, il faut suffisamment peu de scénarios pour que l'ensemble reste gérable (pratiquement au sens propre du terme). Dans une note de bas de page, Wack nous avertit : « six scénarios, c'est beaucoup trop » (82). Mais quel est le nombre de configurations possibles qu'un environnement peut jeter à la face d'une organisation ? Existe-t-il quelqu'un qui puisse le savoir ?

Un autre problème est celui de savoir quoi faire quand plusieurs scénarios ont été construits. Porter suggère cinq possibilités : parier sur le scénario le plus probable, parier sur celui qui est le meilleur pour l'entreprise, diversifier les risques de façon à obtenir des résultats satisfaisants quelque soit le scénario qui se produit, préserver la flexibilité, ou se retrousser les manches de façon à ce que le scénario le plus désirable devienne une réalité. Si la dernière de ces possibilités (qui correspond à la planification créatrice) n'est pas accessible, le choix n'est pas facile. Diversifier les risques ou demeurer flexible sont des comportements qui ont leurs propres coûts, essentiellement le manque d'implication des membres de l'organisation vis-à-vis d'une stratégie claire. Mais parier fait courir des risques. Qui peut savoir dans quelle mesure l'un de ces scénarios se produira ? Et comme Wack l'a développé assez longuement, même si les planificateurs sont tout à fait sûrs que l'un de leurs scénarios est sur la bonne piste (comme il prétendait que c'était le cas à la Shell) le problème demeure de convaincre la direction d'en tenir compte.

Le scénario qui avait les faveurs du groupe de Wack « divergeait fortement de la vision implicite du monde qui était alors dominante à la Shell », qu'il « caractérisait en gros de la façon suivante : explorer et forer, construire des raffineries, commander des pétroliers, et faire croître les marchés » (82). Dans le cadre du scénario que le groupe de Wack croyait le plus probable, les cadres responsables de l'exploration et de la production devaient accepter la possibilité de perdre leur base de profit traditionnelle et devaient développer de nouvelles relations avec les nations productrices, alors que les managers responsables du raffinage, du transport, et du marketing devaient faire face à une croissance moins forte. Changer la vision du monde qu'avaient les managers s'est avéré être « une tâche beaucoup plus délicate » (84) que construire le scénario. Ils ont dû, entre autres, construire des scénarios « défis » et des scénarios « fantômes » (82, 86). Son groupe a fini par réussir, comme il le rapporte, et les croyances des managers ont changé. Mais, ce qui est peut-être plus important, l'évolution de la vision du monde qu'avaient les managers de cette entreprise décentralisée leur a permis, d'après Wack, de faire face de façon plus efficace à la crise lorsqu'elle est survenue, en 1973.

> Les stratégies sont le produit d'une vision du monde. Quand le monde change, les managers ont besoin de partager une certaine vision commune du monde nouveau. Si ce n'est pas le cas, des décisions stratégiques décentralisées auront pour conséquence une anarchie dans la direction. Les scénarios expriment et communiquent cette vision commune, une compréhension des nouvelles réalités partagée par toutes les parties de l'organisation. (89)

Shell, dans son expérience telle que Wack l'a décrite, est une compagnie qui a eu de la chance, peut-être une chance peu commune, compte tenu de la sophistication des personnes qui ont construit les scénarios et de leur capacité à convaincre la direction du besoin de changement. Peut-être pouvons-nous conclure que ceci est un exemple de ce que les *planificateurs* peuvent faire de mieux, mais pas la *planification* dans la mesure où l'exercice a produit des données analytiques pour les managers (en réalité Ansoff les aurait appelées des données quasi analytiques), mais n'a pas constitué une tentative pour formaliser le processus de création de la stratégie par lui-même. De fait, il n'est même pas sûr qu'il ait réellement été un exercice de construction de scénarios, car selon le rapport qu'en fait Wack, en cours d'activité le groupe s'est saisi d'une vision particulière du futur et en a assuré une promotion énergique : « Maintenant nous voyions la discontinuité comme étant prédéterminée » (84).

Le texte de Wack ne fait pas remarquer à quel point de tels exercices échouent d'ordinaire, dans les scénarios construits ou dans les comportements évités. D'un côté, peu de groupes paraissent être aussi capables que Wack et ses collègues d'atteindre la cible avec autant d'exactitude, particulièrement dans un ensemble de circonstances aussi complexes. (Peut-être est-ce à cause de ce caractère exceptionnel que la *Harvard Business Review* a choisi de publier l'article de Wack et qu'ensuite il est devenu aussi connu). D'autres groupes sont parfois moins astucieux, s'appuient plus sur des données quantitatives à l'exclusion de jugements qualitatifs, ou sont peut-être seulement moins informés. À moins qu'ils ne soient confrontés à des environnements qui sont sujets à des perturbations plus aléatoires : percées technologiques inattendues, guerres soudaines, remplacements d'acteurs clés, etc. Pour Wildavsky le futur « est constitué d'une infinité de possibilités de branchements » (1971:104). Ou comme l'exprime March :

> Parce que l'on peut imaginer un nombre tellement important d'événements futurs improbables, et parce que chacun d'eux est si improbable, nous les excluons d'habitude de nos prévisions les plus soigneuses, bien que nous sachions que quelques événements très improbables se produiront certainement. En conséquence nos plans sont fondés sur un futur dont nous savons, avec certitude, qu'il ne sera pas réalisé. (1981:572)

D'un autre côté il y a les groupes qui font le travail correctement dans des conditions dans lesquelles il peut être fait, comme celui de Wack, mais qui ensuite échouent parce qu'ils ne parviennent pas à obtenir le comportement nécessaire, c'est-à-dire convaincre la direction d'être d'accord avec la prédiction et d'agir en conséquence. Wack, en fait, a rencontré des problèmes avec les cadres de second niveau de la Shell. À un moment donné, « le scénario avait suscité un certain intérêt intellectuel mais n'avait pas changé le comportement dans la plus grande partie de l'organisation de la Shell » (84). Wack est finalement parvenu à surmonter cette difficulté, mais il existe des histoires célèbres de planificateurs qui n'y sont pas arrivés :

> Depuis au moins 1936 des jeux de guerre et des exercices militaires dans les îles Hawaï avaient été planifiés sur la base d'une attaque surprise sur Pearl Harbour... définie comme un raid aérien surprise effectué par le Japon. G-2 avait un plan connu sous le nom de plan « Orange » pour fournir une défense contre une telle attaque. Le général et l'amiral responsables des unités aériennes à Hawaï avaient approuvé les évaluations des ressources nécessaires pour cette défense. Mais les routines organisationnelles réelles ont continué sans s'intéresser à cet exercice de planification... Malgré deux alertes en juillet et en octobre 1941, « avant le 7 décembre, Short [le général en chef commandant l'armée] n'a organisé aucun exercice ni aucune alerte dans lesquelles les boîtes de munitions ont été ouvertes. (Allison, 1971:92, citant Wholstetter)

Ansoff remarquait dans son ouvrage de 1984 que « l'observation, aussi bien que quelques études récentes des réponses à la crise du pétrole, ont montré que beaucoup d'entreprises qui effectuent des prévisions ont le même comportement – qui consiste à reporter les décisions à une date ultérieure – que les entreprises réactives », même celles qui utilisent « des scénarios » et d'autres techniques « spécifiquement conçues... pour faire face à des discontinuités stratégiques » (317). Il attribue le problème à quatre types de délais : ceux qui sont dus aux systèmes, à l'attente de vérification, aux comportements politiques, et au rejet de ce qui n'est pas familier. Un délai dû aux systèmes comprend « le temps nécessaires pour observer, interpréter, collationner, et transmettre l'information aux cadres responsables » (316). Les autres délais peuvent provenir du fait que la direction considère « l'information déclenchante... comme étant une conjecture », considérant qu'il est « imprudent et stupide de répondre à des éléments qui ne sont que des spéculations sur le futur » ; parce que la direction peut se sentir politiquement menacée par l'information ; et parce que psychologiquement les managers « peuvent refuser de prendre au sérieux une vague menace qui n'a aucun précédent » (318). Toute chose étant considérée, la probabilité que tout se passe bien dans la construction de scénarios ne paraît pas élevée, cela expliquant peut-être pourquoi « la planification utilisant la méthode des scénarios s'est très peu développée » (Wack, 1985b:139).

La planification contingente au lieu de la planification déterministe

La construction de scénarios n'est bien entendu que la première étape. Si la planification stratégique doit prévaloir, alors les scénarios doivent être formellement factorisés dans les plans de l'organisation. Transformer un ensemble de scénarios en un plan déterministe ne serait bien entendu pas très sensé, sauf si l'on peut avoir une confiance totale dans l'un d'entre eux (comme dans l'expérience de Shell). Ce qui correspond à la construction des scénarios, par conséquent, c'est la *planification contingente*[12], la création de plans alternatifs conçus pour faire face aux différents scénarios[13]. L'organisation peut alors se préparer pour faire face à chacun des scénarios possibles.

Tout cela paraît convenir en théorie. La mise en pratique par contre présente plusieurs problèmes. La planification contingente peut fonctionner quand les possibilités sont circonscrites et quand chacune d'entre elles est bien structurée, fondée sur une longue expérience, comme dans le cas des tempêtes de neige dans les villes du nord ou de l'impact des taux d'intérêt gouvernementaux sur les banques. Mais la planification contingente pose plusieurs problèmes dans des contextes qui sont plus ouverts, où la connaissance des contingences possibles est

[12] Nous traduisons « contingency planning » par « planification contingente » ; une expression plus exacte serait « planification pour diverses contingences ».

[13] Cela peut être ajouté comme sixième élément à la liste des possibilités de Porter, bien que ce dernier la mentionne dans le début de sa discussion sur la construction des scénarios, en l'écartant comme « rare en pratique » parce que les entreprises « qui font face à une incertitude considérable... ont tendance à sélectionner des stratégies qui conservent la flexibilité... » (1985:446).

limitée. Comme nous l'avons déjà noté, quelle que soit la quantité de ressources qui est investie dans ce type de planification, la contingence qui survient peut n'avoir jamais été considérée, ni traitée dans le cadre d'un plan. Pour citer Makridakis, « des considérations pratiques empêchent de prendre en considération tout sauf quelques-unes des innombrables possibilités qui peuvent survenir » (1979:106). Et il s'avère parfois que celles qui ont été prises en considération sont des « programmes préencapsulés pour répondre de façon précise à des stimulus qui ne se sont jamais produits exactement comme il était attendu » (Quinn, 1980:122). Bien entendu, dans certains cas, les conséquences sont tellement importantes que le travail doit être fait de toute façon, comme dans le cas de la planification pour la contingence que peut représenter le décès subit d'un cadre dirigeant qui occupe une position clé.

La planification contingente pose un problème plus délicat : elle peut saper l'implication. Car il est difficile d'agir quand on est face à plusieurs scénarios (même si on tient compte de la suggestion de Porter, pour qui les scénarios mettent en place de façon anticipée un mécanisme de protection contre le risque). Les organisations fonctionnent sur la base de l'implication des individus et d'idées arrêtées. En d'autres termes, ce sont des individus déterminés et inspirés qui réalisent les choses. Faire face à des possibilités du type « d'un côté..., de l'autre côté... » n'engendre pas ce type d'état d'esprit. C'est sans doute l'une des raisons pour lesquelles, comme l'a noté Wack, les managers « souhaitent fortement que tout soit d'une façon ou d'une autre "défini" » (1985b:139). La planification contingente risque de causer « la paralysie par l'analyse » car les managers sont encouragés non pas à agir mais à attendre. Comme Weick l'a exprimé, les individus qui « cultivent leur adaptabilité future et sacrifient l'adaptation courante... vivent dans un état permanent de préparation et de solitude, et sont capables de faire face à n'importe quoi, sauf au prochain consommateur qui passe la porte » (1979:247). Cela nous rappelle les travaux de Dubé (1973) qui a trouvé que les forces armées canadiennes planifiaient quand elles n'avaient rien d'autre à faire, puis jetaient leurs plans aux orties lorsqu'elles devaient agir.

Le problème opposé à l'implication des individus est plus subtil, mais souvent plus grave : l'organisation exécute un plan de contingence non pas parce qu'elle en a besoin mais parce qu'elle en dispose. Nous avons tous une roue de secours dans notre voiture en cas de crevaison, comme Ackoff (1983:63) l'a noté à titre d'exemple de plan de contingence. Mais nous n'allons pas crever un pneu qui est en bon état de façon à pouvoir utiliser la roue de secours. Il n'en va pas toujours de même dans les organisations, pour lesquelles l'équivalent d'une roue de secours peut être un département dont l'une des fonctions est de mettre en œuvre un plan de contingence, et qui est motivé pour ce faire. Dans cette veine, il y a quelques années (le 17 décembre 1971), le magazine *Time* nous a rapporté l'histoire de quelques pompiers du Texas qui ont mis le feu à des bâtiments abandonnés parce qu'ils s'ennuyaient. Sur un registre moins frivole, on trouve le cas des Bérets Verts qui ont été créés comme « force spéciale » pour combattre les guérillas en cas de besoin. Malheureusement, au Vietnam, ils ont fait en sorte d'être nécessaires : le plan de contingence a ainsi répondu à une contingence qu'il a créée lui-même.

Pour conclure notre discussion à propos de cette première erreur de la planification, la prédétermination fonctionne correctement quand l'environnement de la planification est stable, ou au moins quand les tendances sont favorables, de telle sorte que les organisations peuvent extrapoler les prévisions aussi bien que les stratégies existantes. Elle fonctionne également de façon correcte (au moins pour l'organisation) quand le monde est sous le contrôle de l'organisation et de ses plans, de telle sorte que les stratégies peuvent être imposées à un environnement qui les accepte, en « réalisant » n'importe quelles « prévisions » qui ont été élaborées. La construction de scénarios suivie de planification contingente peut fonctionner correctement quand les incertitudes du monde sont peu nombreuses et sont certaines, en d'autres termes quand elles se réduisent à une incapacité de savoir laquelle parmi plusieurs options bien définies apparaîtra en fait (en supposant qu'un tel type de planification n'entraînera pas l'inaction, ni la décision de mettre en œuvre un plan juste parce qu'il existe). Il est possible qu'elle fonctionne aussi quand elle peut être pratiquée avec le degré de sophistication décrit par Wack, ce qui est probablement loin d'être courant. Dans toutes les autres conditions, et cela comprend la plupart des cas, l'hypothèse de prédétermination qui est à la base de la planification se révèle être une erreur.

L'erreur du détachement

Comme nous l'avons vu, une hypothèse clé dans la planification est celle du détachement, en particulier celle du détachement entre la stratégie et les opérations et, par conséquent, celle du détachement entre ce qu'on appelle la gestion stratégique et la gestion opérationnelle. Plus haut nous avons cité les commentaires de Jelinek sur les bénéfices d'une gestion qui est « abstraite » des opérations quotidiennes : « La véritable planification » devient « possible seulement parce que la direction n'est plus totalement immergée dans les détails de la tâche elle-même » (1979:139). Au lieu de cela, elle peut se concentrer sur les questions « stratégiques » réellement importantes de long terme.

Le nombre des conseillers de direction générale qui ont repris ce flambeau n'est pas faible. « Un cabinet de conseil... disait à ses clients que les cadres dirigeants de l'entreprise devraient abandonner la gestion opérationnelle quotidienne à leurs subordonnés et consacrer la plus grande partie de leur temps à planifier pour le futur » (Blass, 1983:6-7). Ou, mieux encore, « quelques entreprises ont sérieusement considéré la possibilité de coder leurs banques de données de façon telle que si un cadre dirigeant posait une question de détail, la réponse qui lui serait apportée serait : "Vous êtes au-dessus du niveau hiérarchique vous permettant d'avoir cette information" » (Tilles, 1972:68). Ce qui est peut-être le plus fort des commentaires de cet ordre nous est rapporté par un dirigeant britannique :

> Le PDG d'un groupe mondialement connu de consultants en gestion a essayé avec une grande énergie de me convaincre (au début des années soixante) qu'il serait idéal que les cadres dirigeants de niveau plus élevé connaissent le produit aussi peu que possible. Ce grand homme croyait réellement que cette qualification leur permettait de faire face de façon efficiente à toutes les questions de gestion d'une façon détachée et sans inhibition[14].

En fait, cette vision est construite au cœur même du modèle de planification stratégique, dans la distinction tranchée qu'elle opère entre la formulation de la stratégie (une tâche qui est l'apanage des personnes importantes de l'organisation, dont font nécessairement partie les cadres dirigeants mais aussi les planificateurs stratégiques) et la mise en œuvre de la stratégie, qui est le travail de tous les autres membres de l'organisation.

La justification de cette distinction se ramène à ce que March et Simon ont, il y a des années, appelé une « loi de Gresham de la planification : le travail routinier élimine la planification » (1958:185). En conséquence, les planificateurs de type conventionnel ont considéré

[14] Hopwood (1981:173).

qu'il était de leur devoir d'essayer d'éliminer toutes les pressions quotidiennes (le terme « routinier » ne s'appliquant pas du tout au travail du manager), de façon à ce que les managers puissent se concentrer sur la planification[15]. Ils établissent un planning d'activités et programment des « retraites » de façon à être sûrs que cela arrive. Ou, s'ils n'y parviennent pas, comme nous l'avons vu, ils prennent eux-mêmes le contrôle de la plus grande partie du processus qu'il leur est possible. (Une version plus récente de cela a été la création du poste de « responsable de la stratégie », une sorte d'hybride entre un poste de responsable opérationnel et un poste de planificateur fonctionnel, dont la responsabilité formelle concerne la stratégie, et rien de plus).

Mais est-ce que l'une quelconque des mesures précédentes a résolu le problème ? De fait, le problème a-t-il lui-même été correctement défini tout d'abord ? Le problème du temps de travail consacré à la planification ou à la « stratégie » en était-il réellement un ? Nous pensons que tel n'est pas le cas, et nous croyons que le problème réel n'a pas été celui du manque de *planification* stratégique, ni même peut-être celui du manque de *pensée* stratégique par lui-même, mais celui du manque d'*action* stratégique. Quelques organisations n'ont pas réussi à s'adapter. Loin de résoudre ce problème, la planification stratégique formelle peut l'avoir aggravé là où il existait, ou l'avoir créé là où il n'existait pas.

Voir la forêt et les arbres

Il n'y a aucun doute sur le fait que les organisations ont besoin de bons penseurs stratégiques, au moins dans certains cas. Il n'y a aucun doute non plus sur le fait que de bons penseurs stratégiques sont réfléchis ; ce sont des personnes qui peuvent s'élever au-dessus des arbres pour voir la forêt, et peuvent développer une vision large et à long terme. Mais prétendre qu'une réponse stratégique efficace repose

[15] Compte tenu du texte placé entre parenthèses, il est amusant de voir comment March et Simon ont reformulé leur loi : un individu « qui fait face à la fois à des tâches hautement programmées et à des tâches hautement non programmées » aura tendance à permettre aux premières de « prendre le pas » sur les secondes (195). Le problème par conséquent, c'est de préserver la capacité à effectuer le travail non programmé qui est nécessaire. Mais la planification, comme nous l'avons vu, repose sur la programmation, alors que le travail du cadre est, par sa nature même, pour une large part non programmé. Les managers, par conséquent, suivent-ils correctement le conseil de March et Simon en résistant à la planification ?

sur le fait que ces types de personnes sont perchées de façon permanente dans les airs (sans doute sur la plate-forme d'un système formel) est selon nous une erreur qui s'est avérée extrêmement coûteuse pour beaucoup d'organisations. Pour citer l'expression sobre d'un responsable de la planification : « L'idée selon laquelle une stratégie efficace peut être construite par quelqu'un qui est dans une tour d'ivoire est une faillite totale » (dans *Business Week*, 1984:64). Ou, comme Dean Acheson disait en réponse au besoin supposé qu'avait le président Eisenhower de plus de temps lui permettant de s'isoler pour penser :

> Cette identification du dirigeant au « penseur » d'Emerson entouré d'un gouvernement fait de statues de Rodin, perdu dans une infinité de pensées... ne me paraissait pas naturelle. Il est sûr que la pensée n'est pas aussi difficile que tout cela, si difficile à obtenir, si solennelle. (dans Sayles, 1964:209)

Les stratèges efficaces ne sont pas des personnes qui s'isolent du détail quotidien, mais tout le contraire : ce sont des personnes qui *s'immergent* elles-mêmes dans le détail, et qui sont capables d'en abstraire les *messages stratégiques*. Voir la forêt à travers les arbres n'est pas du tout la bonne métaphore, par conséquent, parce que les opportunités ont tendance à être cachées sous des feuilles. Une meilleure métaphore peut être celle de la détection d'un diamant au sein d'une veine diamantifère. Ou, pour mélanger les métaphores, personnes n'a jamais trouvé un diamant en volant au-dessus de la forêt. Vue des airs, une forêt ressemble à un simple tapis de verdure, et pas au système vivant complexe qu'elle est en réalité.

Jusqu'ici notre discussion a présenté bien des raisons pour lesquelles le détachement travaille à l'encontre de la gestion stratégique. Dans l'exposé que nous avons fait sur les pièges, nous avons remarqué comment le détachement peut décourager l'implication alors que celle-ci peut s'avérer si cruciale à la réalisation efficace d'une stratégie voulue. Dans le présent chapitre, nous avons déjà noté les problèmes qu'il y a à distinguer *a priori* la stratégie des tactiques, dans la mesure où ce qui apparaît comme tactique de prime abord (comme les conditions météorologiques dans le cas de la bataille de Passchendaele) peut se révéler stratégique. En mettant une distance entre les managers qui sont supposés faire la stratégie et les éléments qui ont été prédésignés comme tactiques, la planification réduit les chances de reconnaître le tactique qui en fin de compte se révélera stratégique. Comme nous l'avons noté lors de la discussion sur la bataille de Passchendaele, alors que la bataille peut avoir été « stratégiquement désirable », elle était « tactiquement impossible ». Mais les stratèges détachés ne l'ont jamais su, et en conséquence 250 000 soldats britanniques sont tombés au combat.

Ici nous émettrons plusieurs doutes quant à l'hypothèse du détachement, le plus significatif concernant le caractère artificiel de la séparation entre la pensée et l'action. Nous considérerons cette question après avoir discuté de ses manifestations à deux endroits du modèle de base : l'évaluation des forces et des faiblesses et la dichotomie entre formulation et mise en œuvre. Mais nous voulons d'abord examiner la validité d'un corollaire clé de l'hypothèse du détachement : celui selon lequel des managers et des planificateurs détachés des détails opérationnels peuvent être informés de façon correcte à l'aide de données quantitatives. Si ce corollaire apparaît faux, alors il doit en être de même de l'hypothèse du détachement.

Le bas-ventre mou des données quantitatives

La croyance selon laquelle les gestionnaires stratégiques et leurs systèmes de planification peuvent être détachés du sujet de leurs efforts repose sur une hypothèse fondamentale : ils peuvent être informés par des moyens formels. Pour être plus spécifique, le détachement n'est possible que si l'information nécessaire peut être fournie de façon pratique. Le monde confus du bruit aléatoire, de la rumeur, de l'inférence, de l'impression et du fait, doit donc être réduit à des données fermes qui sont « durcies » et agrégées de façon à pouvoir être fournies de façon régulière sous une forme digérable. « La planification ne peut être efficace qu'à partir du moment où les dirigeants apprennent à se contenter de rapports plus agrégés, en laissant les cadres de niveau intermédiaire s'occuper des détails » (Tilles, 1963:111-121). Peut-être cette affirmation n'est-elle que trop vraie.

La littérature sur la planification a suggéré que de telles données sont non seulement des substituts valides pour des données plus qualitatives, mais qu'en fait elles leur sont supérieures. Ce message était évident dans les premières années de la littérature sur la planification, qui mettait l'accent sur la prévision et les analyses quantitatives des coûts et des bénéfices ; il est toujours évident aujourd'hui, avec l'intérêt que suscite actuellement l'analyse concurrentielle et l'analyse de la valeur de l'entreprise pour les actionnaires (qui suppose l'existence de relations mesurables entre les stratégies et les prix des actions).

Le fait que des données soient « dures » signifie qu'elles sont documentées de façon non ambiguë, ce qui veut en général dire qu'elles ont déjà été quantifiées. Les planificateurs et les managers peuvent ainsi rester assis dans leurs bureaux et être informés. Pas besoin de sortir et de rencontrer les troupes, ou les consommateurs, pour découvrir comment on achète des produits ou comment on livre les combats, ou pour trouver ce qui relie les stratégies au prix de l'action ; toutes choses qui ne font que gâcher un temps précieux. Nous sommes après tout à l'âge de l'ordinateur. Des systèmes feront le travail, qu'on les nomme (en remontant le fil du temps) « technologies de l'information », « systèmes d'information stratégiques », « systèmes experts », « systèmes totaux », ou tout simplement qu'on les appelle les « systèmes d'information de gestion » (en anglais MIS, « Management information systems »).

Nous avons déjà considéré quelques-uns des problèmes liés aux données quantitatives dans notre discussion sur les pièges de la planification, en notant par exemple comment le calcul peut bloquer l'implication, et en montrant comment un biais en faveur du quantitatif peut permettre à l'économique de déplacer le social et au financier de déplacer le créatif. L'accent que les planificateurs de type conventionnel mettent sur « l'objectivité » se retrouve non seulement dans des biais concernant des buts qui sont favorisés mais également dans les données qui font l'objet du traitement. Mais nous voulons ici aller au-delà de ces points, et suggérer que tout processus stratégique qui s'appuie de façon excessive sur des données quantitatives peut être sérieusement biaisé et déformé.

Recherche après recherche, il a été démontré que les managers de tous types s'appuient essentiellement sur des formes orales de communication, et y consacrent de l'ordre de 80 % de leur temps (voir Mintzberg, 1973:38-44 ; notre statistique favorite dans ce domaine est celle qui montre que même les gestionnaires des systèmes d'information s'avèrent ne pas être moins dépendants de la communication orale, qui consomme 76 % de leur temps (Ives et Olson, 1981) ; la même étude montre qu'ils n'utilisent pas d'ordinateurs dans leurs propres bureaux !). Qu'est-ce qui fait que parler et écouter est aussi important pour les managers ? Nous pensons que la réponse primordiale ne réside pas dans de mauvaises habitudes ou dans des personnalités grégaires, mais dans le type d'information véhiculé par le média oral. Il y a plusieurs années, dans une monographie élaborée pour la *National Association of Accountants* et intitulée : « Les facteurs gênant l'utilisation des informations de gestion » (Mintzberg, 1975b), nous avons présenté un certain nombre de conclusions concernant les limites de l'information fournie par les systèmes formels de gestion. Nous les résumons ci-dessous :

1. L'information quantitative est souvent limitée dans son ampleur, elle manque de richesse, et souvent elle ne parvient pas à inclure des facteurs importants qui sont non économiques et non quantitatifs. L'information formelle a tendance à fournir la base d'une description mais pas la base d'une explication, par exemple en révélant que des ventes ont été perdues, mais pas ce qui a fait s'enfuir les acheteurs. C'est la raison pour laquelle une conversation avec un seul consommateur mécontent peut parfois avoir plus de valeur qu'un volumineux rapport de recherche marketing. De plus, mettre l'accent sur la quantification tend à décourager la prise en considération de tout un ensemble de facteurs, moins quantitatifs mais non moins critiques pour l'élaboration de la stratégie. L'argument à retenir est qu'une grande partie de l'information importante pour l'élaboration de la stratégie ne prend jamais la forme d'une donnée quantitative. L'expression sur le visage d'un consommateur, l'ambiance dans l'usine, le ton de voix d'un haut fonctionnaire, peuvent être de l'information pour le manager, mais pas pour le système d'information de gestion.

Les managers ont bien entendu un accès naturel à l'information qualitative de cette nature à l'intérieur de leurs propres organisations, pour autant qu'ils ne s'en détachent pas. Ils peuvent lire sur les visages de leurs collègues, parcourir à pied les usines, prêter attention au ton des voix dans les réunions.

2. Une grande partie de l'information quantitative est trop agrégée pour pouvoir être efficacement utilisée dans l'élaboration de la stratégie. La solution évidente pour un manager qui est surchargé d'information et qui ne dispose pas du temps nécessaire pour la traiter est d'obtenir l'information sous une forme agrégée. Et à mesure que l'organisation devient plus grande, le niveau managérial plus élevé, de plus en plus d'informations doivent être agrégées. On en revient à la forêt au lieu d'avoir les arbres. Après tout, comment pouvez-vous gérer une grande forêt si vous ne voyez qu'un arbre à la fois ?

L'erreur que l'on commet en se reposant sur l'information quantitative est située dans l'hypothèse selon laquelle rien n'est perdu dans le processus d'agrégation. En réalité beaucoup est perdu, souvent l'essence même de l'information, parfois à un point tel que la direction perd le contrôle du processus d'élaboration de la stratégie. Il peut être bien de voir les forêts, mais seulement dans la mesure où rien ne se passe entre les arbres. Même les entreprises forestières ne peuvent pas élaborer leur stratégie en regardant seulement les forêts. Elles ont besoin d'étudier le bois et le terrain, et beaucoup d'autres détails.

3. Une grande partie de l'information quantitative arrive trop tard pour pouvoir être utilisée dans l'élaboration de la stratégie. Il faut du temps pour que l'information « durcisse », pour que les tendances, les événements, et les performances soient enregistrés comme des « faits » ; il faut plus de temps encore pour que ces faits soient agrégés dans des rapports, et encore plus de temps si ces rapports doivent être présentés en respectant un calendrier préétabli. L'information quantitative est par conséquent fondamentalement de nature historique : elle est le reflet de choses qui se sont produites dans le passé. Mais l'élaboration de la stratégie, comme nous l'avons décrite plus haut, est un processus actif et dynamique, qui se développe souvent rapidement en réaction à des stimulus immédiats. Par conséquent, les managers ne peuvent souvent pas attendre que les informations durcissent. Car pendant ce temps, des concurrents peuvent s'enfuir avec des clients importants, des salariés peuvent organiser des grèves sauvages, et de nouvelles technologies peuvent saper des lignes de produits existantes. Le monde ne peut attendre que l'information prenne une forme acceptable pour les planificateurs et leurs systèmes.

4. En fin de compte, une quantité surprenante d'informations quantitatives est non fiable. L'information qualitative est supposée être non fiable, sujette à toutes sortes de biais. L'information quantitative, par contraste, est supposée être tangible et précise ; elle est après tout transmise et enregistrée de façon électronique. En fait, l'information quantitative peut ne pas être meilleure et elle est souvent bien pire que l'information qualitative.

Il y a toujours quelque chose de perdu dans le processus de quantification (avant que ces électrons ne soient activés) et pas seulement dans le processus qui consiste à arrondir les nombres, mais tout d'abord dans le processus par lequel on convertit des événements confus en tabulations numériques. Comme le notaient Ijiri, Jaedicke, et Knight (1970) à propos du domaine de la comptabilité, les mesures quantitatives ne sont que des « substituts » pour la réalité. Et certaines d'entre elles sont des substituts plutôt grossiers. Les comptes en vies humaines dans la guerre du Vietnam étaient précis mais peu fiables. Comment ceux qui établissaient ces comptes pouvaient-ils faire la distinction entre les guérilleros ennemis et les passants innocents ? De fait, quelle incitation avaient-ils à opérer cette distinction, compte tenu de la compréhension qu'ils avaient de ce que les planificateurs de Washington voulaient lire. Toute personne qui a, ne serait-ce qu'une fois, effectué une mesure quantitative (qu'il s'agisse de compter les rebuts comme substitut pour la qualité des produits, de compter les publications dans une université comme substitut pour la performance en matière de recherche, ou d'estimer les coûts et les bénéfices futurs lors de l'élaboration d'un budget d'investissement) sait quelle quantité de distorsions peut se produire, de façon intentionnelle aussi bien que de façon non intentionnelle.

À cet égard, la présentation que fait Devons « des statistiques et de la planification » (1950 : chapitre 7) au ministère de l'Air du gouvernement britannique au cours de la Seconde Guerre mondiale nous procure une lecture fascinante. « Sans statistiques il ne peut pas y avoir de planification » commence-t-il, car « la planification est pour l'essentiel fondée sur l'examen des tendances passées et leur extrapolation dans le futur ». Il note que « la première étape dans la planification d'un programme de production doit par conséquent être la collecte des données sur la production réelle effectuée dans le passé ». Mais, « aussi élémentaire et fondamental que ce point puisse apparaître, la collecte » des statistiques concernant la production « conduisait à des difficultés innombrables » (133).

Devons continue ensuite par une litanie d'histoires horribles. La récolte de telles données était extrêmement difficile et subtile, exigeant « un haut niveau de qualification », et pourtant elle « était traitée... comme un travail inférieur, dégradant et routinier pour lequel le personnel administratif le plus inefficace pouvait être employé » (134). Des erreurs entraient dans les données de toutes sortes de façons, ne serait-ce qu'en considérant chaque mois comme normal bien que pratiquement tous les mois comprenaient un ou plusieurs jours de vacances. « Les nombres n'étaient souvent qu'une façon utile de résumer le jugement », et ils étaient parfois fondés sur « des hypothèses tout à fait arbitraires », ou même développés à travers une « négociation statistique », dans laquelle les officiels faisaient des compromis à propos de leurs estimations (155). Un nombre mis « au hasard » dans le passé d'une façon « tout à fait brutale » était parfois saisi et utilisé de façon continue (156). Mais, « une fois qu'un nombre était écrit... il était rapidement accepté comme "le nombre sur lequel on est d'accord", dans la mesure où personne n'était capable de développer des arguments rationnels montrant qu'il était inexact et de suggérer un meilleur nombre pour le remplacer » (155). Et quand ces nombres étaient présentés sous forme de graphiques et utilisés par des personnes qui ne les comprenaient pas, il en résultait toutes sortes de comportements étranges, incluant le cas d'un officiel qui un jour jeta un coup d'œil sur une ligne, indiqua qu'elle était « trop pentue à la fin », et demanda qu'on baisse de 10 % pour les mois suivants. Cela « devint le programme officiel pour les avions militaires » ! (163).

Le problème provenait d'une tendance forte « à supposer que tout ce qui est exprimé sous forme de nombres doit nécessairement être précis » :

> C'était une erreur commune que d'attribuer aux nombres une précision et une fiabilité plus importantes que celles que l'on pouvait se permettre, avec l'interprétation la plus généreuse, en tenant compte des bases utilisées pour parvenir à ces nombres. Et une fois que les nombres étaient appelés « statistiques », ils acquéraient l'autorité de l'écriture Sainte. (155)

Bien entendu l'information qualitative pose aussi des problèmes. La plus grande partie d'entre elle est de nature spéculative ; elle est fondée sur la mémoire humaine, qui peut être floue ; elle est sujette à toutes sortes de distorsions psychologiques. De façon idéale, l'élaboration de la stratégie repose sur les deux sortes d'information, qualitative et quantitative. Mais il existe aussi des périodes au cours desquelles les managers doivent s'appuyer sur l'information de type qualitatif. Par exemple, quel responsable de marketing qui fait face au choix entre la rumeur d'aujourd'hui, qui dit qu'un de ses clients majeurs a été vu en train de déjeuner avec un concurrent, et le fait qui apparaîtra demain montrant que le client a été perdu, hésiterait à agir tout de suite sur la base de la première information ? Ou, comme nous l'avons suggéré plus haut, un entretien unique avec un consommateur mécontent peut valoir plus que toutes ces ramettes de données provenant de recherches marketing : alors que les secondes peuvent avoir identifié un problème, c'est le premier qui peut suggérer la solution.

Ainsi, compte tenu du fait que l'information quantitative a tendance à être limitée, agrégée, en retard, et parfois non fiable, on ne devrait pas être surpris de constater que les managers montrent généralement une préférence en faveur de l'information qualitative. Elle leur permet au moins de tester l'information quantitative. Mais de façon plus importante, elle les aide à expliquer et à résoudre les problèmes qui arrivent, elle leur donne les bases dont ils ont besoin pour la construction de leurs modèles mentaux du monde, et elle leur permet de répondre plus tôt au développement des événements. Dans l'ensemble, notre opinion est donc la suivante : bien que les données quantitatives puissent informer l'intellect, c'est pour une large part les données qualitatives qui engendrent la sagesse. Elles peuvent être difficiles à « analyser », mais elles sont indispensables pour « la synthèse », la clé de l'élaboration de la stratégie.

Un certain nombre de termes couramment utilisés indiquent que de tels processus mentaux sont fondés sur l'information qualitative : jugement, intuition, aussi bien que sagesse. Chacun d'entre eux suggère qu'il existe une forme de connaissance qui est plus profonde que l'analyse, plus profonde que ce qui est offert par la manipulation mécanique de données quantitatives. C'est la raison pour laquelle l'hypothèse de l'école de la planification concernant les données quantitatives est une erreur, et c'est pourquoi, en conséquence, il est aussi une erreur de faire l'hypothèse selon laquelle les stratèges devraient être détachés des détails de leur contexte.

Le détachement entre les planificateurs et l'élaboration de la stratégie

Plutôt que d'avoir besoin de détacher « les gestionnaires stratégiques » des opérations, nous voudrions maintenant soutenir quelque chose de tout à fait différent : que la planification stratégique détache les planificateurs et (dans la section suivante) détache les managers qui s'appuient sur elle, du processus d'élaboration de la stratégie.

Alors que l'information quantitative peut être disponible de façon égale à toutes les parties (en supposant l'accès à un ordinateur ou à une photocopieuse), l'information qualitative, dont une bonne part est d'importance critique pour l'élaboration de la stratégie, est disponible seulement pour ceux qui y sont directement exposés, ceux qui sont, pourrait-on dire, « au contact ». Et les planificateurs ne sont en général pas au contact de cette façon. Par exemple, « Washington est une communauté dirigée par l'oral plutôt que par l'écrit. En dernière analyse, le téléphone et la petite réunion sont des instruments opérationnels, et de fait ils excluent le planificateur » (Cooper, 1975:229).

Être au contact signifie avoir un accès personnel aux sources de l'information : les consommateurs, les usines, les hauts fonctionnaires. En général, ce sont les managers opérationnels qui ont cet accès, par la vertu de leur autorité formelle. Comme nous l'avons déjà soutenu ailleurs (Mintzberg, 1973:56-57,65-72), cette sorte d'autorité transforme chaque manager en « centre nerveux » de sa propre unité. Avoir un accès personnel à chacun de ses subordonnés donne au manager la base d'information la plus large à propos de l'unité elle-même, et avoir le statut formel le plus élevé dans l'unité lui donne un accès à l'information vis-à-vis de pairs qui travaillent à des niveaux équivalents dans d'autres organisations, dont ils sont eux-mêmes les centres nerveux.

Cela est un facteur crucial dans le travail du manager, et un élément clé dans la capacité qu'il a d'élaborer la stratégie. Nous pensons que beaucoup de planificateurs n'ont pas de ce fait une appréciation correcte. De nombreux planificateurs ont tendance à s'intéresser surtout à des données quantitatives : données provenant de recherches marketing, analyses de concurrents, statistiques sur les cycles économiques, rapports sur les performances, etc. Ces données sont sûrement souvent nécessaires pour une élaboration efficace de la stratégie, mais elles sont rarement suffisantes. Ces planificateurs deviennent donc nécessairement détachés du processus d'élaboration de la stratégie ou, dans ces organisations qui croient que les stratégies peuvent être planifiées de façon formelle, le processus devient détaché de la réalité[16].

Bien entendu, les planificateurs mettent naturellement en avant leur propre avantage comparatif, c'est-à-dire le fait qu'ils sont les seuls à avoir le temps et la technique pour analyser les données quantitatives. Mais leur problème est le suivant : alors que les managers opérationnels peuvent facilement avoir accès à ces données (ou au moins aux résultats de leurs analyses), les planificateurs, eux, ne peuvent pas obtenir facilement l'accès aux données qualitatives des managers, qui ont tendance à être stockées uniquement en mémoire naturelle (c'est-à-dire dans les cerveaux humains). Les données quantitatives peuvent être partagées au moyen d'un photocopieur, pas les données qualitatives. Au mieux elles peuvent être écrites sous la forme de rapports, ou partagées de façon orale au cours de « debriefing ». Mais les managers

[16] Ce problème n'apparaît pas seulement pour les planificateurs, mais devrait être commun à tous les spécialistes dont les croyances à propos de ce qu'est « un professionnel » vont jusqu'à un détachement du sujet de leur travail, par exemple les médecins qui perdent « contact » avec leurs patients, et les enseignants qui « savent mieux » que leurs étudiants.

évitent souvent de faire de telles choses parce qu'elles peuvent prendre un temps considérable.

De plus, une grande partie de la connaissance des managers paraît être « tacite », pour utiliser le terme de Polyani (1966) ; les managers (comme le reste d'entre nous) en savent plus qu'ils ne peuvent exprimer. Ils paraissent être capables d'utiliser ce savoir dans leurs prises de décision (c'est sans doute autour de cela que tourne « l'intuition »), mais ils ne peuvent pas le transmettre aisément de façon directe aux autres, y compris aux planificateurs et à leurs processus. Ainsi, quand Keane écrit, dans son article sur « le facilitateur externe de la planification », qu'un tel poste de travail peut être « inapproprié » quand, « dans certaines occasions, la planification stratégique requiert une familiarité avec un savoir qui est inhabituellement complexe » (1985:153,157), nous répondons qu'excepté pour les organisations les plus triviales, ou celles qui seraient disposées à accepter les stratégies les plus triviales, le savoir requis pour l'élaboration de la stratégie doit toujours être « inhabituellement complexe » pour une personne extérieure.

Et nous pouvons donc conclure : compte tenu du fait que *i.* l'élaboration de la stratégie requiert à la fois de l'information qualitative et de l'information quantitative et que *ii.* les managers et les planificateurs ont tous deux accès à l'information quantitative, mais que les managers sont en général les seuls à avoir efficacement accès à l'information qualitative ; il s'ensuit que *a.* les managers doivent prendre une part active au processus d'élaboration de la stratégie ; que *b.* ce faisant, ils doivent être capables d'utiliser leur savoir tacite ; ce qui signifie *c.* qu'ils doivent donner libre cours à leurs processus intuitifs ; et, pour que cela se produise, *d.* ils doivent être en contact intime plutôt que détachés des opérations de leur organisation et de son contexte.

Le détachement entre les managers qui s'appuient sur la planification et le processus d'élaboration de la stratégie

Notre discussion a supposé que par la nature de leur activité fonctionnelle les planificateurs sont nécessairement déconnectés de l'élaboration la stratégie ; mais que les managers, parce qu'ils sont dans une activité opérationnelle, ne le sont pas nécessairement. Ici, par contre, nous voulons soutenir que ceux qui prennent au sérieux la planification stratégique, et en particulier ses hypothèses à propos des données quantitatives, deviennent réellement déconnectés. Alors que le premier de ces points a été quelque peu développé, en particulier dans les dix dernières années, le second, qui concerne le détachement des managers, paraît avoir été moins largement reconnu. Mais, à notre avis, il est beaucoup plus sérieux.

Pourquoi un cadre dirigeant devrait-il prendre au sérieux la planification stratégique ? À la lumière de décennies de littérature sur le sujet, la réponse appropriée paraît être : comment pourrait-il ne pas le faire ? Nous pensons avoir déjà dûment répliqué à cette réponse trop évidente. L'approche par apprentissage et l'approche visionnaire paraissent être supérieures à la planification comme moyen pour créer la stratégie. Mais, pour un nombre croissant de cadres dirigeants, ces approches deviennent malheureusement interdites. Coupés des données qualitatives parce qu'ils sont perchés au sommet de hiérarchies qui ont trop grandi et d'opérations qui sont trop diversifiées, de tels managers se trouvent eux-mêmes incapables d'utiliser ces autres approches. L'apprentissage stratégique est un processus inductif ; il ne peut pas se produire en l'absence d'une connaissance détaillée et intime de la situation. Et la *vision* stratégique repose sur la capacité de *voir* et de *ressentir* ; elle ne peut pas être développée par des personnes qui ne font pratiquement rien d'autre que de traiter des mots et des nombres écrits sur du papier. Cernés par des appels anxieux leur demandant « une certaine vision », des dirigeants détachés se tournent par conséquent vers la planification, comme si les systèmes formels pouvaient faire ce que leurs cerveaux privés d'information ne peuvent pas faire (Rice, 1983:59 ; Brunsson, 1976:214). D'où la solution que propose Porter au problème qui, prétend-il, est que « la pensée stratégique se produit rarement de façon spontanée », tout particulièrement dans l'organisation complexe de grande taille : « La *planification* formelle donnait la discipline permettant de s'arrêter de façon occasionnelle pour *penser* à des questions stratégiques » (1987:17, italique ajouté).

Mais à notre avis elle a fait exactement le contraire. S'appuyer à ce point sur la planification n'a fait qu'aggraver le problème qu'elle était supposée résoudre, détachant encore plus les managers des contextes qu'ils avaient désespérément besoin de comprendre. En cherchant à faire taire le chaos calculé du travail du manager, et en mettant l'accent sur les données quantitatives, la planification a empêché plutôt qu'aidé les managers à être « au contact » pour créer des stratégies viables. Nous concluons donc que les managers qui s'appuient sur la planification stratégique formelle ne peuvent pas être des stratèges efficaces.

C'est pire encore quand la planification devient un « jeu des nombres », de telle sorte que les managers prétendent qu'ils font de la stratégie quand tout ce qu'ils font en réalité c'est manipuler des chiffres. Les données quantitatives éliminent les données qualitatives, pendant que cette sacro-sainte « ligne de bas de bilan » détruit la capacité qu'ont les personnes à penser de façon stratégique. L'hebdomadaire *The Economist* (11 juin 1988, page 71) décrit cela comme jouer au tennis en regardant le tableau de marque au lieu de regarder la balle !

Beaucoup de grandes stratégies sont simplement de grandes visions, « de grandes images ». Mais on ne voit pas la grande image dans des classeurs, ou dans des rapports venant du système d'information de gestion, ou dans des états financiers. Elle doit être construite dans des esprits fertiles. Et comme toutes les grandes images, elle doit être créée à partir de myriades de petits détails. Nourris seulement d'abstraction, les managers ne peuvent rien construire d'autre que des images floues, des photographies prises avec une mauvaise focale qui ne clarifient rien. Comme nous l'avons noté dans notre étude de Steinberg :

> Un aspect frappant de Sam Steinberg et de bien des dirigeants clés de l'entreprise était leur apparente capacité à s'investir avec la même passion et la même implication dans la qualité d'une livraison de fraises que dans l'ouverture d'une chaîne de restaurants. L'analyste de la stratégie accorde explicitement moins d'importance aux premières de ces questions pour se concentrer sur les secondes, les « grandes » questions. D'une certaine façon, cette distinction paraît moins tranchée pour les managers de cette étude. De fait, leur implication approfondie dans les questions quotidiennes (comme la qualité des fraises) leur apportait la connaissance intime même qui nourrissait leur vision plus globale. C'est la raison pour laquelle les analystes peuvent développer des plans, mais qu'il est improbable qu'ils parviennent à des visions. (Mintzberg et Waters, 1982:494-495)

Ou, en utilisant les termes plus directs de Konosuke Matsushita, (le fondateur de l'entreprise qui porte son nom) : « Mon travail, c'est les grandes choses et les petites choses. Les arrangements de niveau intermédiaire peuvent être délégués » !

Bien entendu, créer une nouvelle vision requiert plus que des données qualitatives et de l'implication : créer une nouvelle vision requiert une capacité mentale pour la synthèse, avec de l'imagination. Certains managers n'ont tout simplement pas ces capacités. Dans notre expérience, il s'agit souvent de ceux qui sont les plus enclins à s'appuyer sur la planification, comme si le processus formel pouvait d'une façon ou d'une autre compenser leurs propres incapacités. Les planificateurs ont, bien entendu, depuis longtemps encouragé ce comportement : témoins les citations que nous avons effectuées plus haut de Steiner et du *Stanford Research Institute* à propos de la planification qui est nécessaire en l'absence d'une intuition brillante. Si un manager ne pouvait pas ou ne voulait pas penser de façon stratégique, alors les planificateurs étaient là avec leurs procédures pour le faire à sa place. Bien entendu, c'était complètement faux. La planification formelle n'a jamais, au grand jamais, fourni la pensée stratégique, elle n'a jamais offert une alternative viable au jugement ordinaire des managers, sans parler d'intuition brillante. Elle était tout entière fondée sur l'espoir, jamais sur le fait, simplement parce que *les systèmes ne pensent pas*, même quand les personnes ne peuvent pas le faire.

Quand la pensée stratégique nécessaire ne surgit pas dans une organisation, des questions fondamentales doivent être posées : à propos de la structure de l'organisation, de l'identité des personnes qui sont supposées élaborer sa stratégie, des capacités de ces personnes, et du statut de l'organisation elle-même.

Si les cadres dirigeants ne peuvent pas penser de façon stratégique, et l'organisation qui en est à ce point a réellement besoin d'une telle pensée (ce n'est pas toujours une conclusion évidente, dans la mesure où les stratégies sont souvent correctes comme elles sont), alors il n'y a qu'une seule alternative viable, celle de trouver d'autres personnes qui peuvent penser de cette façon[17]. Ou bien les managers doivent être remplacés, ou bien on doit trouver quelqu'un d'autre dans l'organisation qui a cette capacité, peut-être plus bas dans l'organisation, là où les individus sont plus étroitement en contact avec les opérations.

Parfois, bien entendu, les cadres dirigeants ont la capacité de penser de façon stratégique mais sont trop détachés des détails des opérations de l'organisation. Il leur faut alors trouver les moyens pour retrouver le contact, ou bien (encore une fois) faire en sorte que le pouvoir qui s'exerce sur l'élaboration de la stratégie soit décentralisé et aux mains

[17] Dans son numéro du 19 mars 1984, le magazine *Fortune* rapporte que Roger « Smith ne paraissait pas être un révolutionnaire probable lorsqu'il prit la responsabilité (de la General Motors) en 1981 » (Fisher, 1984:106). On se demande pourquoi le conseil d'administration de l'entreprise la plus grande des États-Unis pouvait avoir effectué un tel choix à ce moment particulier, alors que l'entreprise faisait face à une concurrence internationale tellement sévère. L'article continue en disant que heureusement, si ce n'est par inadvertance, Smith s'avéra être un penseur stratégique. Mais le lecteur a sûrement été étonné du mélange de stratégies disjointes qui lui est attribué dans cet article, même en laissant de côté les événements qui se sont produits par la suite.

de ceux qui ont ce contact. L'élaboration d'une stratégie efficace dans des conditions difficiles requiert, ou bien que celui qui formule la stratégie soit également celui qui en assure la mise en œuvre, ou bien que ceux qui assurent la mise en œuvre de la stratégie en prennent en charge de façon personnelle la formulation. Le pouvoir qui s'exerce sur le processus doit résider entre les mains des personnes qui ont un sens intime du contexte dans lesquelles les stratégies doivent fonctionner. Ou bien les leaders doivent être capables de sonder profondément l'organisation, ou bien des personnes situées dans les profondeurs de l'organisation doivent être capables d'influencer les stratégies qui sont formées.

Enfin, il y a la situation dans laquelle on ne peut pas espérer que qui que ce soit pense de façon stratégique : l'organisation est simplement trop complexe pour développer des stratégies viables. En d'autres termes, le problème ne réside ni dans les individus ni dans les structures, mais dans l'organisation elle-même. Certaines organisations sont tout simplement trop grandes et/ou trop diversifiées. Les individus en contact étroit avec des opérations particulières sont nécessairement restreints à des fragments de petite taille et ne peuvent parvenir à se réunir, alors que les leaders au sommet ne peuvent jamais espérer connaître assez du détail pour créer des stratégies viables (ou même pour réconcilier et intégrer les stratégies disjointes qui surgissent d'en bas).

À notre avis, cela est loin d'être un petit problème, mais c'est un problème qui est courant pour un grand nombre des entreprises les plus importantes et des gouvernements de notre époque. Il est certain que les vagues de consolidation des entreprises diversifiées reflètent un effort pour traiter ce problème. Mais il nous reste à réaliser que la société se porterait mieux sans beaucoup de ses organisations les plus grandes et les plus disséminées (voir Mintzberg, 1989 : chapitre 17).

Gray a évoqué le cas de « cadres dirigeants » qui, quand « on les invite à s'essayer au détail des actions... trouvent souvent qu'il s'agit là d'un exercice inconfortable ». Ils proposait par conséquent la participation de personnes situées plus bas dans la hiérarchie : « La direction générale connaît la direction dans laquelle l'entreprise doit aller, ceux qui sont au-dessous connaissent le terrain » (1986 :94). Mais la société peut-elle se permettre d'avoir des organisations qui sont dirigées par des personnes qui définissent la direction mais qui ne connaissent pas le terrain ? Pour l'exprimer d'une autre façon, quel type de stratégie obtient-on de la part d'une personne qui sait ce qu'est une forêt vue d'hélicoptère mais qui n'a jamais vu un arbre ?

L'apprentissage sur les forces et les faiblesses

Jusqu'ici nous avons critiqué l'hypothèse du détachement d'une façon directe et générale. Mais la racine du problème va au-delà d'un simple manque de données et du détachement des acteurs, qu'il s'agisse des planificateurs fonctionnels ou des managers opérationnels. Cette racine est au cœur même du modèle de la « conception » (voir Figure 2-1, page 57) qui sous-tend presque toutes les approches prescriptives de l'élaboration de la stratégie. Ici nous traitons de deux parties essentielles de ce modèle, d'abord l'évaluation des forces et des faiblesses, et ensuite la dichotomie entre la formulation et la mise en œuvre. Dans les deux cas, le problème fondamental concerne la séparation entre la pensée et l'action.

Qu'elle se manifeste sous la forme plus lâche qui est celle de l'école de la conception, ou dans une version plus formalisée comme celle de l'école de la planification, l'évaluation des forces et des faiblesses est inévitablement décrite comme de la pensée indépendante de l'action, et le processus stratégique comme un processus de conception plutôt qu'un processus d'apprentissage. Le modèle est tout à fait clair sur la question de savoir comment une organisation *connaît* ses forces et faiblesses : par considération, évaluation, analyse ou jugement, en d'autres termes par un processus de pensée conscient. On en tire l'image des managers et des planificateurs : des personnes assises autour d'une table en train de faire la liste des forces, des faiblesses et des compétences distinctives d'une organisation, tout comme le font les étudiants de MBA dans une étude de cas. Lorsqu'ils ont décidé de ce que sont les forces, les faiblesses et les compétences distinctives, ils sont alors prêts à développer leurs stratégies. Quelques auteurs (comme Ansoff, 1965:98-99 et Porter, 1980:64-67) ont présenté des listes exhaustives de forces et de faiblesses potentielles, valables pour toutes les organisations. D'autres, bien que n'offrant pas de telles listes en elles-mêmes, paraissent néanmoins supposer que les forces et les faiblesses existent *en général*. Et d'autres auteurs encore (comme Andrews, 1971, 1987) ont tendance à associer des forces et des faiblesses avec des organisations particulières : pour utiliser les expressions traditionnelles, leurs compétences sont *distinctives*, elles leur appartiennent en propre (Selznick, 1957), ou dans la littérature plus récente, elles existent dans leurs *cœurs* mêmes (Prahalad et Hamel, 1990).

Mais cela constitue-t-il une spécification suffisante ? Les compétences peuvent-elles aussi être spécifiques à une époque, ou même particulières à une application ? De fait, une organisation peut-elle être sûre de ce que sont ses compétences, même dans le contexte étroit d'une seule application ?

Dans un article sur « la capacité stratégique », Lenz (1980a) remarque les difficultés d'un « cadre de référence organisationnel » qui se focalise sur quelque idéal abstrait ou sur une comparaison avec la situation passée. Lenz croyait qu'il y avait également besoin d'un cadre de référence externe, par exemple d'une comparaison avec les autres organisations. En d'autres termes, les forces et les faiblesses sont situationnelles : les capacités internes peuvent être évaluées seulement par rapport au contexte externe – les marchés, les forces politiques, les concurrents, etc. Comme l'a noté Radosevich, « une force dans une alternative stratégique peut très bien être une faiblesse dans une autre alternative », avec ce résultat que « des déclarations génériques » concernant les forces sont « rarement faites de façon correcte » (1974:360). Ainsi Hofer et Schendel remarquent-ils que l'« on ne peut pas dire si c'est une force ou une faiblesse de mesurer deux mètres dix tant qu'on n'a pas spécifié ce que l'individu est supposé faire », par exemple « jouer au basket » par opposition avec « être jockey dans une course de chevaux » (1978:150).

Mais même tout ce qui précède peut ne pas aller assez loin. Même vis-à-vis d'un contexte particulier, les organisations peuvent ne pas savoir par avance ce que sont leurs forces et leurs faiblesses de façon générale. Pour s'exprimer différemment, comment pouvons-nous savoir qu'une force est une force sans agir dans une situation spécifique pour le découvrir ?

Ce point est traité de la façon la plus claire, même si c'est par inadvertance, dans une recherche réalisée par Howard Stevenson (1976) et décrite dans un article intitulé : « Définir les forces et les faiblesses de l'entreprise ». Commençant avec la vision conventionnelle que l'école de la conception a de ces termes (53), Stevenson a demandé à des dirigeants d'évaluer les forces et les faiblesses de leurs entreprises en général. Dans l'ensemble, « les résultats de l'étude ont amené à remettre sérieusement en question la valeur des approches d'évaluation formelle ». En général, « il y avait peu des membres de la direction qui étaient d'accord de façon précise sur les forces et les faiblesses de leurs entreprises ». « La réalité objective », quelle que soit la signification qu'on attache à ce terme, « avait tendance à être submergée » par des facteurs individuels, comme la position des managers dans leur organisation (55). En particulier, alors que des managers de niveau élevé percevaient les facteurs organisationnels comme des forces, les managers de niveaux moins élevés se focalisaient sur des facteurs marketing et financiers. « Dans l'ensemble une tendance à un plus grand optimisme existe aux niveaux les plus élevés de l'organisation » (61), ce qui peut être le reflet type de personnes qui progressent dans la hiérarchie, ou provenir d'un détachement des cadres dirigeants d'avec les détails opérationnels. Par ailleurs, les forces avaient tendance à être évaluées essentiellement sur la base de données historiques et concurrentielles, alors que les faiblesses étaient évaluées sur des bases normatives (les opinions de consultants, etc.), ce qui suggère que les managers peuvent être plus réalistes lorsqu'ils évaluent les forces, et que leurs pensées et leurs désirs se confondent lorsqu'ils considèrent les faiblesses[18].

L'impression d'ensemble laissée par cette étude est que l'évaluation détachée des forces et des faiblesses peut être non fiable, étant mélangée avec des aspirations, des biais, et des espoirs. De façon plus sérieuse, ces distorsions paraissent être plus marquées aux niveaux plus élevés de direction, là où les stratégies sont supposées être formulées. En fait, les managers, dans l'étude de Stevenson, paraissaient bien comprendre le message de sa recherche.

> La critique la plus commune faite par des managers qui ne pensaient pas que la définition des forces et des faiblesses avait un sens était que ces éléments doivent être définis dans le contexte d'un problème. Un manager a exprimé son opinion de façon succincte :

[18] Un biais en faveur des forces par rapport aux faiblesses, et des opportunités par rapport aux menaces, marque aussi la littérature. Par exemple, Learned et Sproat estiment en 1966 qu'Ansoff, dans son ouvrage *Corporate Strategy* (1965), a « montré un intérêt plus exclusif vis-à-vis des stratégies qui reflètent les forces et les opportunités de l'entreprise, et a de façon correspondante moins développé d'intérêt pour les stratégies répondant aux faiblesses et aux risques », ce qu'ils attribuaient à « sa propre expérience dans des entreprises de grande taille en expansion au cours d'une période de croissance », par contraste avec « la pensée de Harvard [qui] reflète l'héritage d'une longue tradition d'un intérêt pour la stratégie, qui s'étend dans le passé à travers de bonnes comme de mauvaises périodes... » (1966 :38). Pourtant, le principal manuel de Harvard a reflété les mêmes biais au fil des années (voir, par exemple, Christensen *et alii*, 1982:182-187), où des sections intitulées « l'opportunité comme déterminant de la stratégie », « identifier la compétence et les ressources du groupe », « les sources de capacités », « identifier les forces », et « faire correspondre l'opportunité et la compétence » n'étaient pas associées à des sections qui en parallèle traitaient des faiblesses et des risques.

> Comme je vois les choses, la seule valeur réelle qu'il y a à effectuer une appréciation des capacités de l'organisation se fait sentir dans le cadre d'une opération spécifique. Pour le reste, c'est juste un exercice académique. (65)

Le message paraît être que l'évaluation des forces et des faiblesses de l'organisation ne peut pas être juste un exercice cérébral détaché[19]. Il doit s'agir par dessus tout d'un exercice *empirique*, par lequel ces choses sont apprises en étant testées dans leur contexte[20].

Tout changement stratégique implique quelques nouvelles expériences, un pas en avant vers l'inconnu, la prise de quelque nouvelle sorte de risque. Aucune organisation ne peut par conséquent jamais être sûre par avance dans quelle mesure une capacité établie s'avérera être une force ou une faiblesse, et en fin de compte une aide ou une gêne dans la réalisation de ce changement[21].

Ainsi la chaîne de supermarchés que nous avons étudiée (Mintzberg et Waters, 1982) a découvert que les magasins de type « discounter », qui paraissaient si semblables à ses opérations existantes, ne lui convenaient pas, alors que les points de restauration rapide qui paraissaient si différents, marchaient bien. Malgré les apparences, les premiers paraissaient avoir de sérieuses différences dans le domaine de la mode et de l'obsolescence, alors que les seconds faisaient la démonstration du fait que les compétences de l'entreprise résidaient dans la distribution de produits génériques périssables. Et un exemple encore plus surprenant est celui de l'entreprise de production de films que nous avons étudiée (Mintzberg et McHugh, 1985), qui a échoué dans ses efforts initiaux pour produire des films pour la télévision, alors que la seule différence évidente était celle de la taille de l'écran ! Moins

[19] Ce message n'était peut-être pas reçu par Stevenson lui-même, qui fait suivre cette citation par un certain nombre de prescriptions de type usuel destinées aux managers qui procèdent à des évaluations internes : développer des listes, prendre les mesures explicites, etc. (66).

[20] Cela explique probablement ce qui paraît être une tendance des planificateurs (en particulier dernièrement, sous la forte influence des travaux de Porter) à accorder plus d'attention à l'appréciation externe de l'environnement et des concurrents qu'à l'appréciation interne des forces et des faiblesses de l'organisation. Les premières sont à l'extérieur, elles sont objectives, et en principe non affectées par ce qui se passe à l'intérieur.

[21] Comme Perutz l'a remarqué, être petit et ne pas avoir de ressources naturelles sont considérés comme des faiblesses pour des États, et pourtant la Suisse les a transformées en forces. Par contraste avec l'idée dominante selon laquelle « on veut améliorer ce que l'on fait déjà », il y a la vision selon laquelle « les faiblesses déclenchent souvent les efforts les plus grands » (1980:14,15).

évident, cependant, était le fait que ces efforts pour produire de façon régulière pour la télévision se sont avérés incompatibles avec ses capacités hautement créatives et très nettement de type *ad hoc* dans la réalisation de films. Cette entreprise a aussi appris la leçon par la méthode dure (est-ce la seule ?), et a fini par se stabiliser dans la réalisation exclusive d'émissions spéciales pour la télévision. Comme nous l'avons noté dans l'étude concernant le supermarché, « la recherche que fait l'entreprise » du métier dans lequel elle devrait être ne pouvait pas être réalisée sur papier. Pour découvrir ses forces et ses faiblesses... l'entreprise a du s'engager dans une exploration empirique qui a duré plusieurs dizaines d'années (489)[22].

Les organisations s'avèrent être des instruments hautement spécialisés, dont les capacités pour les extensions latérales sont souvent de fait étroites. Quand elles effectuent des changements stratégiques, elles doivent s'appuyer sur des forces, c'est certain ; mais parce qu'elles s'engagent nécessairement sur de nouveaux territoires, elles doivent inévitablement aussi rencontrer de nouvelles zones de faiblesse. Qui peut dire, sans qu'il y ait réelle tentative, si les forces permettront à l'organisation de passer, ou si les faiblesses saperont ses efforts ? Comment par conséquent une organisation, quelle qu'elle soit, peut-elle s'appuyer sur quelque exercice conceptuel abstrait effectué dans un siège social ? Les compétences doivent être situées « au cœur », sans aucun doute ; elles doivent être « distinctives », également ; et elles doivent aussi « correspondre à une demande ». Mais par-dessus tout, les compétences doivent être applicables, et on ne peut jamais le savoir avec certitude sans essayer. Nous concluons par conséquent que les forces et les faiblesses ne peuvent être ni détachées les unes des autres, ni détachées des contextes spécifiques ou des actions vers lesquelles elles sont dirigées. La pensée doit prendre sa place dans le contexte de l'action.

La myopie de la « myopie du marketing »

La littérature de gestion a traité il y a quelques années, et parfois avec des conséquences bizarres, d'un thème qui nous amène bien au point que nous voulons établir ici. Lancé dans un article célèbre intitulé : « La

[22] Voir Miles pour une description détaillée des expériences de diversification des entreprises américaines du secteur des tabacs, et ses conclusions sur le fait que la diversification doit être un processus d'apprentissage (1982, en particulier 186-189).

myopie du marketing » par Theodore Levitt (1960), un professeur de marketing à la *Harvard Business School*, il fut repris de façon enthousiaste par les planificateurs comme par les managers.

L'argument de base était que les entreprises devraient se définir elles-mêmes en termes de grandes orientations d'industries, de « besoin générique sous-jacent » pour reprendre les termes de Kotler et Singh (1981:39), plutôt qu'au sens étroit de produit ou de technologie. Pour prendre les exemples favoris de Levitt, les entreprises de transport ferroviaire devaient se voir elles-mêmes comme situées dans le métier du transport, les raffineurs de pétrole dans le métier de l'énergie.

Les entreprises se sont ruées sur l'idée, et se sont redéfinies de toutes sortes de façons exotiques : par exemple la mission articulée d'une entreprise de fabrication de roulements à bille devint « réduire la friction », et une « simple entreprise d'édition » (McGraw-Hill), après avoir « pris la décision stratégique de décider qui nous sommes » d'après son PDG (Dionne, 1988:24), devint « une "turbine à information" (apparemment avec l'aide de Porter, d'après le magazine *Forbes* [Oliver, 1990:37]) ». C'était encore mieux pour les « business schools ». Y a-t-il de meilleure façon pour stimuler les étudiants que de les faire rêver à propos de la façon qui peut amener une entreprise de production de poulets à être dans le métier de fourniture d'énergie humaine, ou une entreprise de collecte des ordures dans le métier de l'embellissement ? Malheureusement tout cela était trop facile, encore une fois un exercice cérébral qui, bien qu'il ouvre des perspectives, pouvait aussi détacher les individus du monde concret dans lequel on plume des poulets et dans lequel on compacte les ordures ménagères. (D'après le magazine *Forbes* (1990:37), la « turbine à information » a dépensé 172 millions de dollars pour trouver qui elle était réellement.)

Pour revenir à l'évaluation des forces et des faiblesses, le problème est le suivant : alors que la nouvelle définition du métier peut paraître merveilleuse, elle peut être basée sur des hypothèses extrêmement ambitieuses à propos des capacités stratégiques de l'organisation, savoir que ces dernières sont presque sans limites, ou tout au moins très adaptables. (Il faut se souvenir du fait que l'article de Levitt a été écrit au plus haut de l'enthousiasme pour la diversification conglomérale et la gestion « professionnelle ».) Nous avons ainsi l'exemple présenté sous une apparence sérieuse par George Steiner, l'auteur le plus prolifique dans le domaine de la planification, disant que « les fabricants de fouets pour buggys seraient encore en activité s'ils avaient dit que leur métier n'était pas de fabriquer des fouets pour carrioles mais des démarreurs automatiques pour véhicules de transport » (1979:156). Mais qu'est-ce qui aurait pu les rendre capables de faire cela ? Ces produits n'ont rien en commun : aucune fourniture, aucune technologie, aucun processus de production, aucun canal de distribution, à l'exception de la pensée qui existe dans la tête d'un individu concernant l'idée de faire se mouvoir des véhicules. Pourquoi des démarreurs auraient-ils constitué une diversification-produit plus logique pour eux que par exemple des courroies de ventilateurs, des avertisseurs, ou des pompes à essence ? Comme Heller l'a suggéré, avec juste une pointe de sarcasme, « au lieu d'être dans le métier d'accessoires de transport ou de systèmes de guidage », pourquoi n'auraient-ils pas défini leur métier comme étant celui de la « flagellation » ? ! (cité par Normann, 1977:34).

Pourquoi un certain nombre de mots habilement posés sur du papier permettraient-ils à une entreprise de transport ferroviaire de faire voler des avions, ou de gérer des taxis ? Levitt écrivait : « Une fois qu'elle *pense* profondément à son métier comme étant celui qui consiste à s'occuper de besoin de transport des individus, rien ne peut l'empêcher de créer sa propre croissance, extraordinairement profitable » (1960:33, italique ajouté). Rien, bien entendu, excepté les limitations de ses propres compétences distinctives. Ce qui s'est avéré extravagant était le concept de myopie du marketing lui-même, une pensée remarquable mais déconnectée du monde de l'action. Comme l'ont écrit deux autres professeurs de marketing : « N'importe quelle organisation astucieuse peut identifier un besoin du marché ; mais seulement une minorité d'entre elles peut délivrer un produit sain qui s'adresse à un besoin particulier » (Bennett et Cooper, 1981:58). Ce que nous avons ici est l'hypothèse selon laquelle une organisation peut se transformer elle-même par des mots : qu'« une nouvelle "activité" peut être créée à la suite de l'exercice intellectuel d'un groupe de managers » (Normann, 1977:34). Tout cela peut être réalisé sur papier : sur cette « surface plane » de la planification.

L'intention de Levitt était d'élargir la vision des managers. À cela il peut avoir réussi, et même trop bien. Comme Kotler et Singh, eux aussi spécialistes de marketing, l'ont soutenu : « Il y a peu de choses au monde... qui ne soient pas potentiellement le métier de l'énergie » (1981:34). De façon ironique, en redéfinissant en fait la stratégie, en la faisant passer de la position à la perspective, Levitt a en réalité réduit la largeur de la perspective. La capacité interne a été perdue ; seule l'opportunité marketing avait de l'importance. Les produits ne comptaient pas (les dirigeants des entreprises de transport ferroviaire définissaient leur industrie de « mauvaise » façon parce qu'« ils avaient une orientation produit au lieu d'avoir une orientation consommateur » (45). La production ne comptait pas non plus : « La forme particulière de la production, du process, ou de tout ce que vous voulez, ne peut pas être considérée comme un aspect vital de l'industrie » (55). Mais qu'est-ce qui fait que le marché est intrinsèquement plus important que le produit ou que la production, ou qu'un contact au Pentagone, ou que Werner dans le laboratoire ? Le fait est que les organisations sont contraintes de s'appuyer sur toutes les forces dont elles peuvent faire usage, tout en évitant d'être submergées par des faiblesses auxquelles elles peuvent ne jamais avoir pensé, y compris des faiblesses dans le domaine du marketing. Et cela signifie qu'elles doivent aller au-delà de simples mots sur du papier, au-delà de « trucs » verbaux, pour découvrir ce que ces choses sont dans la réalité, en reliant leur pensée à leur action.

Les critiques de l'article de Levitt ont eu leur propre jour de gloire avec la terminologie, en faisant remarquer les dangers de « l'hypermétropie du marketing », dans laquelle « la vision est meilleure pour les objets distants que pour les objets proches » (Kotler et Singh, 39), ou de la « macropie du marketing », dans laquelle « des segmentations de marchés et des définitions de produits qui étaient autrefois contraintes sont transgressées au-delà de l'expérience et de la prudence » (Baughman, 1974:65). Nous préférons conclure simplement que le concept de myopie du marketing de Levitt s'est lui-même avéré myope.

Rattacher la formulation à la mise en œuvre

C'est la pensée et l'action qui sont séparées de la façon la plus flagrante dans la dichotomie entre la formulation et la mise en œuvre, qui est au centre de toutes les écoles prescriptives de l'élaboration de la stratégie, qu'il s'agisse de l'école de la conception, de l'école du positionnement, ou de l'école de la planification. En d'autres termes, la prescription ultime est que les organisations devraient compléter leur pensée avant de commencer à agir[23]. Même quand l'affirmation n'est pas faite de façon aussi brutale, le fait même d'identifier seulement

[23] Bien qu'on devrait noter que la mise en œuvre telle qu'elle est conçue dans cette littérature n'est pas du tout liée à de l'action réelle, mais à de la pensée détaillée à propos des budgets, des plannings, des programmes, etc

certaines personnes comme des stratèges, et notamment les cadres dirigeants et les planificateurs, force à séparer ceux qui pensent d'abord, et ceux qui agissent ensuite.

Mais comment est-il possible à quiconque de remettre en question cette hypothèse ? Tout comme la maternité, cette hypothèse est si profondément enracinée dans la base philosophique même de la société occidentale qu'elle paraît indiscutable. N'est-il pas vrai, après tout, que les organisations ont, comme les individus, des têtes pour penser et des corps pour agir ? Ce type de pensée n'est-il pas l'élément pour lequel les managers sont payés, les politiciens sont élus, les généraux sont nommés ? N'est-il pas vrai qu'ils élaborent les stratégies de façon à ce que tous les autres membres de l'organisation puissent s'occuper des tactiques ?

Souvenons-nous de l'histoire de la bataille de Passchendaele. Ici les généraux ont formulé la stratégie pour que tous les autres la mettent en œuvre, et tous ces soldats sont tombés au combat pour gagner sept kilomètres. Qui doit être blâmé pour une telle tragédie ? Le général Haig, commandant britannique en poste ? Sans nul doute. Mais pas seulement. Derrière lui il y avait une longue tradition, tout particulièrement, mais pas seulement, dans l'organisation militaire, de séparation entre stratégie et tactique, formulation et mise en œuvre, pensée et action. L'ennemi ultime, une fois de plus, c'est nous-mêmes : pas seulement la façon dont nous nous comportons, mais comment nous *pensons* notre comportement. Comme Feld le note dans son article sur les dysfonctionnements de l'organisation militaire traditionnelle, une distinction nette est faite entre les officiers de l'arrière, qui ont le pouvoir de formuler les plans et de diriger leur exécution, et les troupes du front qui, malgré leur expérience de première main, ne peuvent que mettre en œuvre les plans qui leur sont donnés. L'un décide alors que l'autre obéit. Les « organisations accordent une plus grande valeur à l'exercice de la raison qu'à l'acquisition de l'expérience, et donnent aux officiers engagés dans la première activité de l'autorité sur ceux occupés dans la seconde » (1959:15) :

> La supériorité des planificateurs est fondée sur l'hypothèse selon laquelle leur position leur sert à se maintenir informés de ce qui se passe dans l'armée dans son ensemble, alors que celle de l'exécutant limite le savoir à sa propre expérience personnelle. Cette hypothèse est validée par la structure hiérarchique de l'organisation militaire qui établit de façon spécifique et détaillée les étapes et la direction du flux d'information. Selon les termes de

cette hiérarchie, l'homme qui reçoit l'information est supérieur à l'homme qui la transmet... (22)

Nous avons déjà discuté de l'erreur contenue dans cette hypothèse si critique pour la dichotomie entre formulation et mise en œuvre, l'hypothèse qui dit que les données peuvent être « durcies » et envoyées vers le haut, vers la hiérarchie, sans pertes ni distorsions significatives. Passchendaele représente simplement l'un de ses échecs les plus dramatiques. Les données critiques ne sont jamais parvenues à la hiérarchie (pas plus qu'elles ne sont venues des conseillers de McNamara au Vietnam), et la stratégie intentionnelle n'a pas non plus été révisée comme c'était nécessaire. Malheureusement, « les conditions les plus favorables à l'activité rationnelle, le calme et le détachement, sont l'antithèse directe de la confusion et de l'engagement du combat. Par conséquent les conditions qui entrent dans l'élaboration des plans sont d'un ordre différent de celles qui déterminent leur exécution... » (Feld, 15). Ainsi, comme nous l'avons noté plus haut, la bataille de Passchendaele était « stratégiquement désirable » ; elle s'est juste révélée « tactiquement impossible ». En d'autres termes, tout a marché merveilleusement bien, mais seulement en théorie. Cependant ceux qui ont formulé la stratégie ne se sont jamais donné les moyens de le découvrir, jusqu'à ce qu'il soit trop tard. « L'affrontement continu sans vainqueur possible imposé par le fil de fer barbelé et les armes automatiques a amené une dissociation presque complète entre la pensée stratégique et la pensée tactique ». Mais si aucun des deux « n'était en position de guider l'autre », la pensée stratégique avait « une domination totale » (21). D'où la tragédie.

L'exemple de Passchendaele peut être extrême, mais l'histoire qu'il raconte n'est que trop courante. Dans combien d'organisations contemporaines « les conditions les plus favorables à l'activité rationnelle, le calme et le détachement, sont l'antithèse directe de la confusion et de l'implication » qui règnent dans les usines, le bureau de vente, le service de l'hôpital ? Dans combien d'entre elles la formulation détachée rend-elle l'organisation inefficace ? Dans combien d'entre elles l'information critique est-elle ignorée parce qu'elle est supposée être « tactique » ? Parlant du Japon, Kenichi Ohmae est allé jusqu'à suggérer que la « séparation entre le muscle et le cerveau peut bien être une cause radicale du cercle vicieux du déclin de la productivité et de la perte de la compétitivité internationale dans lesquelles l'industrie américaine paraît être prise » (1982:226).

Ce dans quoi nous « paraissons être pris » est une métaphore mal inspirée. C'est le modèle de l'organisation comme machine, ou modèle « cybernétique », qui comprend un haut et un bas, une tête qui pense et un corps qui agit, avec entre les deux des flux régulés, le flux descendant du commandement et le flux montant des résultats. Conservez à l'esprit ce à quoi cette abstraction ordonnée ressemble dans la réalité : un ensemble de bâtiments, qui ne sont pas empilés verticalement, mais qui sont répartis horizontalement à travers le pays, avec des appellations comme usine, bureau commercial, et entrepôt, chacun d'entre eux habité par des personnes qui ont leurs propres têtes et leurs propres corps, et aussi un bâtiment situé à un endroit ou à un autre et appelé quartier général, le « sommet » ostensible, dont les occupants en fait ressemblent en tous points aux autres. N'est-il pas étrange, donc, que chaque fois qu'une personne s'enquiert à propos d'une organisation, la première chose qu'on lui montre est un organigramme, en fait une liste de managers rangés par statut. Qui peut dire à partir d'un de ces diagrammes ce que fait réellement l'organisation, quels produits elle fabrique, quels consommateurs elle sert ? C'est comme si le programme pour un jeu de base-ball consistait à faire simplement la liste des entraîneurs et des managers. Ainsi le modèle cybernétique est-il juste une métaphore et, si l'on en juge d'après ce qui se passe en réalité dans les systèmes collectifs que l'on appelle des organisations, une métaphore qui est plutôt dangereusement mal inspirée.

Souvenons-nous du commentaire de Kiechel (1984:8) à propos du taux de succès de 10 % dans la mise en œuvre des stratégies (que Peters qualifiait de « sauvagement exagéré »). La méthode qui a habituellement été utilisée pour résoudre ce problème a consisté à essayer d'améliorer la mise en œuvre. « Gérez la culture », a-t-on conseillé aux dirigeants, ou « resserrez vos systèmes de contrôle ». Tout un segment de l'industrie du conseil s'est développé pour aider les organisations à devenir meilleures dans la mise en œuvre.

Il est bien possible que tout ceci se trompe de cible, en se fondant sur un diagnostic erroné du problème. Ce qui peut également refléter l'identité de ceux qui ont fait ce diagnostic : les penseurs, qu'il s'agisse des cadres dirigeants ou des planificateurs centraux, ou des consultants qui les conseillent, toutes les personnes qui peuvent avoir utilisé leur « domination totale » non seulement pour créer le problème dans un premier temps, mais ensuite pour en attribuer la responsabilité à quelqu'un d'autre. Se voyant eux-mêmes « au sommet » de la hiérarchie métaphorique, ils pointent le doigt vers tous les autres, « là-dessous ». « Si seulement vous, les idiots, aviez apprécié nos brillantes stratégies, tout aurait bien marché ». Mais les idiots habiles pourraient bien répondre : « Si vous êtes si malins, pourquoi n'avez-vous pas formulé des stratégies que nous, les idiots, pouvions mettre en œuvre ? Vous saviez qui nous sommes : pourquoi n'avez-vous pas incorporé nos incompétences dans votre réflexion ? » En d'autres termes, *tout échec dans la mise en œuvre est, par définition, également un échec dans la formulation.*

Mais selon nous, cette façon d'exprimer les choses est aussi inexacte, parce qu'elle suppose encore la dichotomie traditionnelle : un échec dans la pensée au centre pourrait être corrigé par une pensée encore meilleure au centre lui-même : une pensée encore plus globale et plus rationnelle. Ce pourrait être trop demander à des cerveaux qui ne parviennent même pas à s'occuper de la simple formulation. Selon nous, par conséquent, la plupart du temps le blâme ne doit être attribué ni à la formulation ni à la mise en œuvre, mais à *la séparation même entre les deux*. C'est la dissociation entre la pensée et l'action qui est plus proche de la racine du problème[24].

Parfois l'environnement change simplement de façon qui n'avait pas été prédite, et ceux qui ont formulé la stratégie ne veulent pas effectuer des changements, peut-être parce qu'ils sont têtus (amoureux de leurs propres stratégies) ou peut-être parce qu'ils ne sont même pas conscients des changements externes (comme ce fut le cas à Passchendaele). Dans d'autres cas, ce sont ceux qui font la mise en œuvre qui résistent, cette fois aux changements qui sont formulés, peut-être parce qu'ils sont trop obtus pour rompre avec leur façon de faire traditionnelle, pour reconnaître une bonne stratégie quand elle est placée devant eux, ou trop « sanguins » pour suivre le programme élaboré par quiconque sauf eux-mêmes. Mais souvent ils résistent parce qu'ils ont raison : parce qu'ils sont suffisamment informés pour reconnaître les limitations des stratégies qui leur sont imposées. De fait, à un certain degré, il s'agit toujours d'une réaction appropriée. Même les meilleures des stratégies intentionnelles doivent être ajustées à toutes sortes de circonstances qui n'étaient pas concevables lors de leur formulation initiale. En d'autres termes, toute stratégie intentionnelle doit être

[24] Ainsi Majone et Wildavsky font-ils référence à cette dichotomie en utilisant l'expression « le modèle de la mise en œuvre par planification et contrôle », avec sa notion selon laquelle « l'idée de politique générale parfaitement préformée... ne requiert que l'exécution, et que les seuls problèmes qu'elle soulève sont ceux du contrôle » (1978:114).

interprétée par un grand nombre de personnes qui font face à un spectre large de réalités (Rein et Rabinovitz, 1979:327-328). Comme Majone et Wildavsky l'ont exprimé, « la mise en œuvre à la lettre est littéralement impossible » (1978:116). C'est la raison pour laquelle on ne peut pas délimiter une dichotomie nette entre les têtes qui sont au sommet et les corps qui sont en-dessous, et on ne peut pas de façon correspondante établir une distinction nette entre la formulation et la mise en œuvre.

Ceux qui font la mise en œuvre ne sont pas des robots, non plus que les systèmes qui les contrôlent étroitement. Chaque personne qui participe à la mise en œuvre doit inévitablement disposer d'une certaine marge de manœuvre, pour interpréter les stratégies intentionnelles à sa propre façon (Wildavsky, 1979:223). De plus, comme nous l'avons soutenu précédemment à propos de l'évaluation des forces et des faiblesses, quelques-unes des limitations réelles de toute stratégie intentionnelle ne peuvent être découvertes que quand on s'est finalement engagé dans les actions (Majone et Wildavsky, 106).

Le résultat n'est pas simplement que les stratégies intentionnelles « dérapent » et « dérivent » pour emprunter des termes qui sont populaires dans le secteur public (Majone et Wildavsky, 1978:105 ; Kress, Koehler, et Springer, 1980 ; Lipsky, 1978), ce qui signifie que les intentions stratégiques subissent une distorsion ou une déflection au cours de leur mise en œuvre. Cela signifie plutôt que l'ensemble du processus par lequel les stratégies sont créées doit être reconçu. Au lieu de la dichotomie entre formulation et mise en œuvre qui a si souvent été avancée dans la littérature prescriptive, nous croyons que le processus d'élaboration de la stratégie est mieux caractérisé comme un processus d'apprentissage : comme une formation de la stratégie et non une formulation de la stratégie, si vous voulez. Les gens agissent pour penser et pensent pour agir. Les deux procèdent de concert, comme deux pieds qui marchent, convergeant éventuellement en des structures de comportements viables (c'est-à-dire des stratégies réalisées).

Dans un tel processus d'apprentissage, la dichotomie entre formulation et mise en œuvre s'effondre de l'une ou l'autre de deux façons différentes : l'une centralisée, l'autre décentralisée. Dans la première, ceux qui formulent la stratégie la mettent en œuvre. C'est-à-dire qu'un leader assure personnellement et de près le suivi de l'impact de ses décisions, de façon à ce qu'une stratégie formulée puisse être évaluée et reformulée en continu au cours de la mise en œuvre. Ici, le leader demeure en contact intime (« qualitatif ») avec les opérations, en suivant les événements de près de façon à être capable de répondre rapidement à des changements non anticipés. Nous appelons ceci une approche centralisée, « entrepreneuriale » ou « visionnaire », parce qu'elle a tendance à être associée à des leaders forts qui ont des visions claires.

Cependant, quand les situations sont plutôt complexes – disons dans le cas d'un laboratoire de recherche par opposition à une chaîne de supermarchés – la pensée stratégique ne peut pas être concentrée en un seul centre. Par conséquent la dichotomie doit s'effondrer de la façon contraire : ceux qui assurent la mise en œuvre doivent assurer la formulation. Pour citer Lipsky, la mise en œuvre est « retournée tête en bas », de telle sorte que la stratégie est « effectivement élaborée par les personnes qui la mettent en œuvre » (1978:397). Ils se font les champions de propositions qui peuvent s'avérer stratégiques et donc faire évoluer la direction de l'organisation. À la limite, l'organisation peut poursuivre ce que nous avons appelé un modèle jardinier de la formation de la stratégie :

1. *Les stratégies se développent initialement comme les mauvaises herbes dans un jardin, elles ne sont pas cultivées comme les tomates dans une serre.* En d'autres termes, le processus de formation de la stratégie peut être trop géré ; parfois il est plus important de laisser des structures émerger que d'imposer une cohérence artificielle de façon prématurée sur une organisation. La serre, si on en a besoin, peut venir plus tard.

2. *Ces stratégies peuvent prendre racine dans toutes sortes d'endroits, pratiquement partout où des individus ont la capacité d'apprendre et les ressources nécessaires pour soutenir cette capacité.* Parfois un individu ou une unité qui est en contact avec une opportunité particulière crée sa propre structure. Cela peut arriver par inadvertance, quand une action initiale crée un précédent. Même des cadres dirigeants peuvent devenir des stratèges en expérimentant des idées jusqu'à ce qu'elles convergent en quelque chose qui fonctionne (bien qu'il puisse apparaître à un observateur extérieur que le résultat final ait été délibérément conçu). À d'autres époques, une variété d'actions converge vers un thème stratégique par le biais de l'ajustement mutuel entre divers individus, de façon graduelle ou spontanée. Et enfin l'environnement externe peut imposer une structure sur une organisation qui ne s'y attend pas. L'élément central est que les organisations ne peuvent pas toujours planifier le moment où leurs stratégies émergeront, sans parler des stratégies elles-mêmes.

3. *De telles stratégies deviennent organisationnelles quand elles deviennent collectives, c'est-à-dire quand les structures prolifèrent de façon telle qu'elles envahissent le comportement de l'organisation dans son ensemble.* Les mauvaises herbes peuvent proliférer et couvrir tout un jardin ; il est alors possible que les plantes conventionnelles paraissent inappropriées. De même, des stratégies émergentes déplacent parfois des stratégies délibérées qui existent. Mais, bien entendu, qu'est-ce qu'une mauvaise herbe sinon une plante à laquelle on ne s'attendait pas ? En changeant de perspective, la stratégie émergente, comme la mauvaise herbe, peut devenir ce qui est apprécié (juste comme les Européens adorent les salades faites des feuilles de ce qui est pour les Américains la plus notoire des mauvaises herbes, le pissenlit !).

4. *Les processus de prolifération peuvent être conscients mais ils n'ont pas besoin de l'être ; ils peuvent être gérés mais ils n'ont pas besoin de l'être.* Les processus par lesquels les structures initiales se frayent un chemin à travers l'organisation n'ont pas besoin de résulter d'une intention consciente, de la part de leaders formels ou même de leaders informels. Les structures peuvent simplement proliférer par le biais de l'action collective, tout à fait comme les plantes elles-mêmes prolifèrent. Bien entendu, une fois que la valeur des stratégies est reconnue, les processus par lesquels elles prolifèrent peuvent être gérés, tout comme on peut rendre sélective la propagation des plantes.

5. *Les nouvelles stratégies, qui peuvent émerger de façon continue, ont tendance à envahir l'organisation au cours de périodes de changements, qui ponctuent des périodes de continuité plus intégrée.* Pour s'exprimer de façon plus simple, les organisations, comme les jardins, peuvent accepter la maxime biblique d'un temps pour les semailles et d'un temps pour les moissons – bien qu'elles puisent parfois récolter ce qu'elles n'avaient pas eu l'intention de semer. Des périodes de convergence, au cours desquelles l'organisation exploite ses stratégies prévalentes et établies, ont tendance à être interrompues de façon périodique par des périodes de divergence, au cours desquelles l'organisation expérimente puis accepte de nouveaux thèmes stratégiques. Le fait que cette séparation entre ces deux types de périodes s'estompe peut avoir le même effet sur une organisation que le caractère progressivement plus estompé de la séparation entre les semailles et les moissons sur un jardin : la destruction de la capacité productive du système.

6. *Gérer ce processus, ce n'est pas préconcevoir des stratégies, mais reconnaître leur émergence et intervenir lorsque c'est approprié.* Il est

préférable de déraciner immédiatement une herbe destructrice, une fois qu'on l'a remarquée. Mais une herbe qui semble capable de porter des fruits vaut la peine qu'on l'examine, et parfois même la peine qu'on construise une serre autour d'elle. Gérer, dans ce contexte, c'est créer le climat dans lequel une large variété de stratégies peuvent se développer (établir des structures flexibles, développer des processus appropriés, encourager des cultures qui apportent leur soutien, et définir des stratégies « en ombrelle » qui servent de lignes directrices) puis regarder ce qui en fait se développe. Les initiatives stratégiques qui apparaissent peuvent en fait avoir pour origine tout point de l'organisation, bien que souvent elles apparaissent à des niveaux inférieurs de celle-ci, là où réside le savoir détaillé concernant les produits et les marchés. Pour réussir, ces initiatives doivent parfois être reconnues d'abord par les cadres de niveau intermédiaire et trouver parmi eux quelqu'un qui s'en fasse « le champion » en les combinant les unes avec les autres ou avec des stratégies existantes avant d'en assurer la promotion auprès de la direction générale. De fait, les responsables encouragent celles des initiatives qui paraissent avoir un potentiel, et découragent les autres. Mais ils ne doivent pas supprimer trop rapidement ce qui est inattendu : il est parfois meilleur de prétendre qu'on n'a pas remarqué une structure émergente de façon à lui laisser plus de temps pour se développer. De même, il existe des époques au cours desquelles il est sensé de faire évoluer ou d'élargir une ombrelle pour inclure une nouvelle structure : en d'autres termes, de laisser l'organisation s'adapter à l'initiative plutôt que vice versa. De plus, une direction d'entreprise doit savoir quand il faut résister au changement pour des raisons liées à l'efficience interne, et quand promouvoir le changement pour des raisons liées à l'adaptation externe. En d'autres termes, elle doit sentir quand il faut exploiter une récolte établie de stratégies et quand il faut encourager de nouvelles tensions qui les déplaceront. C'est l'excès dans l'un des deux qui fait le plus de mal aux organisations : l'échec dans la focalisation (courir à l'aveugle) ou l'échec dans le changement (l'inertie bureaucratique). (Mintzberg, 1989:214-216)

Ce modèle peut paraître extrême, il ne l'est certainement pas plus que le modèle pur de la planification (l'expression « le modèle de la serre » est peut-être un meilleur qualificatif). Les deux définissent les points extrêmes sur un *continuum* le long duquel doit se situer le comportement d'élaboration de la stratégie du monde réel. Parfois les organisations doivent tendre à aller vers l'extrémité la plus délibérée, dans laquelle la pensée claire doit précéder l'action, parce que le futur paraît être grossièrement prévisible et que l'apprentissage requis a déjà pris place. La formulation, en d'autres termes, doit précéder la mise en œuvre. Mais malgré cela, il doit y avoir « mise en œuvre comme évolution », pour reprendre le titre d'un article de Majone et Wildavsky (1978), parce que la pensée initiale ne peut jamais spécifier toutes les actions qui suivent. Mais en des périodes de changement difficiles, quand de nouvelles stratégies doivent être élaborées alors que l'apprentissage est en cours, le tendance doit aller vers l'extrémité émergente. Alors la dichotomie entre la formulation et la mise en œuvre doit s'effondrer, que l'on soit dans le cas où ceux qui formulent la stratégie la mettent en œuvre d'une façon plus centralisée, ou dans le cas dans lequel ceux qui mettent en œuvre la stratégie la formulent d'une façon décentralisée, comme dans le modèle « jardinier » décrit plus haut. Dans les deux cas, la pensée est reconnectée directement à l'action[25].

Connecter la pensée et l'action

Pour conclure cette discussion sur l'erreur du détachement, examinons de façon proche et directe, même si elle est brève, une question sous-jacente, la déconnexion entre la pensée et l'action.

Un de nos étudiants qui avait travaillé dans un département d'ingénierie d'une entreprise manufacturière a un jour présenté en classe une histoire personnelle. Impliqué dans les opérations, il lui est arrivé d'approcher avec certaines idées le chef de son département, qui les appréciait. Pour l'encourager, le chef de département lui a demandé de laisser de côté ses responsabilités opérationnelles de façon à ce qu'il puisse se focaliser sur ces idées. En conséquence il fut nommé à une position de planificateur, dans ce tout petit département. Plus tard il écrivit ce qu'il avait dit en classe :

> J'étais par conséquent séparé des pressions quotidiennes et placé dans un bureau, tout seul, et on me demandait d'écrire des rapports sur tout ce qui me paraissait approprié. Je restai occupé pendant environ trois mois. Je formulai la plupart des idées que j'avais eues lorsque j'étais opérationnel.

[25] Pour plus de détails sur ces approches centralisée, visionnaire et décentralisée par apprentissage de la stratégie, voir Mintzberg (1973, 1987, 1989:121-130, 210-217, et 1990b:137-141, 146-159).

> Cependant, à la fin des trois mois, je me « desséchai ». Il me devint de plus en plus difficile d'identifier des zones de problèmes. Le réseau de communications que j'avais établi et entretenu avec les diverses personnes accomplissant un travail opérationnel se rouillait de plus en plus. Pour ce qui me concerne, cette approche particulière avait été un échec. (S. K. Darkazanli, en correspondance personnelle avec l'auteur)

Être « libre de penser », comme les planificateurs sont supposés l'être et comme ils incitent les managers à l'être, peut s'avérer être sa propre prison. Ansoff a écrit plus tard que la planification stratégique est un « processus non opérationnel comparé avec le caractère en temps réel » de ce qu'il appelait « la gestion des questions stratégiques » (1975:32). Nous préférons appeler cette dernière la *pensée stratégique*, et mettre l'accent sur le fait qu'elle suppose plutôt l'implication que le détachement. Apparemment, une telle pensée doit non seulement être informée sur les détails mouvants de l'action, mais doit être pilotée par la présence même de cette action. Ce peut être une raison principale pour laquelle le travail du manager révèle une « orientation vers l'action » tellement forte (Mintzberg, 1973:35-38).

Une décision est un engagement dans des actions futures, qu'il s'agisse du futur dans dix minutes ou dans dix ans. La planification, de même, est orientée vers le futur, pas vers le présent. Mais le futur est toujours une abstraction, « dans un avenir indéterminé » comme dit l'expression. Il n'arrive jamais. Donc la survie de toute organisation dépend de ses actions dans un présent mouvant. Ainsi la planification future déconnectée de l'action présente est futile. Toute seule, par conséquent, la planification est inutile. Les plans devient « des listes de vœux », l'expression de vagues espoirs. À la limite, comme nous l'avons noté dans notre discussion sur l'illusion du contrôle, la réalité cesse d'avoir de l'importance ; les choses sont réputées être sous contrôle parce qu'elles sont écrites sur papier. Pour citer cette phrase fameuse (attribuée tantôt à William Gaddis et tantôt à John Lennon), « la vie c'est ce qui se passe pendant que vous faites d'autres plans ». C'est seulement lorsque ces processus – la planification aussi bien que la décision, la pensée, *et* la gestion – sont connectés de façon intime et interactive avec les activités opérationnelles qui prennent place dans le présent (un consommateur que l'on sert, un produit que l'on fabrique, etc.) qu'ils deviennent vivants.

Peters et Waterman (1982:119) ont rendu célèbre la phrase : « Prêt-Tirez-Visez » prononcée par un dirigeant de Cadbury. En fait cette phrase est très sensée si on a l'occasion de tirer plus d'une fois, ce qui est normalement le cas. Si l'on étend cette phrase, on obtient la formation de la stratégie comme processus d'apprentissage : « Prêt-Tirez-Visez-Tirez-Visez-Tirez-Visez », etc. Tout comme la structure doit toujours suivre la stratégie, de la façon dont le pied gauche doit toujours suivre le pied droit quand on marche, de même l'action qui consiste à tirer doit aussi toujours suivre l'action qui consiste à viser, et aussi la précéder, de façon à effectuer les corrections nécessaires. Les planificateurs peuvent avec raison être soucieux vis-à-vis des comportements de type Rambo dans le domaine de la gestion : « Tirez-Tirez-Tirez » dans toutes les directions, sans viser. Mais les managers doivent également se préoccuper des comportements de planification qui en reviennent à : « Prêt-Visez-Visez » !

Cela nous amène à un argument curieux et intéressant développé par Karl Weick sur la relation entre l'action et la génération du sens. Dans toutes les « situations réellement nouvelles », dont celles qui sont au centre de la réelle élaboration de la stratégie, Weick soutient que tout ce qu'un individu « peut faire, c'est agir ». *Ensuite* « on fait en sorte » que l'action « ait un sens », qu'elle apparaisse « comme étant sous le contrôle du plan » (1979:102). En d'autres termes, la planification n'induit pas tant des changements significatifs dans l'organisation qu'elle ne fait face au changement lorsqu'il est introduit par d'autres moyens. (Comme nous l'avons conclu à la fin de notre discussion sur les pièges de la planification.)

Mais en l'absence de ces autres moyens, « imposer un délai supplémentaire à l'action, alors que la planification continue, pourrait s'avérer dangereux. Si l'on impose un délai à l'action, on impose un délai à la signification, et toute chance que l'on a de clarifier la situation va décroître, simplement parce qu'il n'y a rien dont on dispose qui puisse être clarifié ou à quoi on puisse donner un sens ». Dans ces circonstances, la planification « peut se développer en spirales de plus en plus larges, et devenir une fin plutôt qu'un moyen... [Les planificateurs] peuvent perdre de vue ce pour quoi à l'origine ils faisaient des plans » (103). La planification peut devenir un rituel.

Bien entendu, quand il n'y a aucune action à entreprendre, comme Dubé l'a conclu dans son étude de l'armée canadienne, la planification peut être un moyen de se maintenir occupé. Mais le danger est que trop de planification détaillée dans une organisation surchargée de travail peut tuer l'incitation à agir (c'est la paralysie par l'analyse). « Je planifie donc j'agis » écrivait un Ansoff plus cynique en 1975 (avec Hayes, 11), en critiquant son approche « cartésienne ». Il aurait pu écrire à la place

« Je planifie parce que je n'agis pas » ou « Je n'agis pas parce que je planifie » !

Curieusement, cependant, Weick soutenait aussi qu'un plan pouvait parfois être un aiguillon nécessaire pour l'action. Nous avons vu cela plus haut, dans notre discussion sur l'illusion du contrôle, par exemple dans les commentaires de Gimpl et Dakin qui écrivent dans leur article de 1984 sur « Gestion et magie » que dans des situations ambiguës la planification augmente la confiance en soi, resserre les liens de l'encadrement, et réduit l'anxiété. Dans cette perspective, Weick (1990:4) aime à raconter l'histoire de l'escadron perdu dans les Alpes en hiver, sur le point d'abandonner lorsqu'il découvrit une carte. Stimulés pour agir, ils ont trouvé leur chemin pour s'en sortir, et n'ont découvert que lorsqu'ils étaient de retour au camp qu'il s'agissait d'une carte des Pyrénées ! C'est une belle histoire (et qui peut induire en erreur d'une façon dangereuse, comme le sait bien toute personne qui a essayé de faire une randonnée avec une mauvaise carte), mais son argument de base est correct. N'avoir aucun sens de la direction à prendre peut parfois être pire que d'en avoir un qui est déterminé avec précision. Chacun des deux empêche le choix. Disposer d'une orientation globale permet aux individus, en un sens, d'écarter le futur et de s'occuper du présent. En d'autres termes, si l'orientation est bonne, on peut se sentir en sécurité si l'on croit que tout ce qui arrive sera gérable.

Mais ceci n'est pas un argument déterminant en faveur de la planification, car encore une fois nous devons remarquer la différence qu'il y a entre avoir un plan et s'engager dans la planification. Un plan n'est pas nécessairement le produit d'une planification formelle (comme c'était le cas pour cette carte que l'escadron a trouvée). De fait un plan comme vision, exprimé même de façon imagée ou métaphorique, peut s'avérer être une incitation plus grande à agir qu'un plan qui est formellement détaillé, parce qu'il peut être plus attirant et moins contraignant. C'est sans doute la raison pour laquelle il y a eu tellement d'attention accordée à la vision pendant les dix dernières années. De plus, la vision comme stimulant pour l'action peut être plus facile à créer, dans la mesure où elle émerge de la tête d'un seul leader au lieu de devoir obtenir l'accord collectif d'un groupe de cadres dirigeants et de planificateurs. Comme nous en avons discuté dans le chapitre précédent, devoir obtenir un tel accord *par principe* (plutôt que sur des actions spécifiques) peut en fait paralyser l'action.

Notre conclusion est donc la suivante : si la pensée doit certainement précéder l'action, elle doit aussi suivre l'action, et de très près, ou courir le risque de l'empêcher ! La planification formelle fait courir le danger de distendre la connexion entre les deux, et par conséquent de décourager l'action. C'est pourquoi, au moins dans les conditions difficiles, la planification peut être mieux conçue comme un interpréteur de l'action plutôt que comme un pilote de l'action[26], et c'est pourquoi l'action elle-même peut être mieux pilotée par une pensée d'une nature moins formalisée et plus impliquée.

L'erreur de la formalisation

Graduellement nous convergeons vers l'essence du problème, la grande erreur de la planification. Plus proche du cœur de ce problème, et constituant en réalité une combinaison des points qui ont été traités jusqu'ici, on trouve l'erreur de l'hypothèse selon laquelle le processus de formation de la stratégie peut être formalisé, ou, pour reprendre les termes de Jelinek de 1979, que l'innovation peut être institutionnalisée. L'hypothèse essentielle sous-jacente est que des systèmes peuvent faire le travail : qu'ils peuvent détecter des discontinuités, tenir compte des parties-prenantes, fournir de la créativité, programmer l'intuition. Comme Jelinek elle-même l'a exprimé plus tard dans un article révisé qu'elle a écrit avec David Amar : « Si les managers suivent les check-lists, ils créeront le plan requis » (1983:1). Ou souvenons-nous des déclarations de l'économiste du *Stanford Research Institute* (SRI) (citées au début de ce chapitre) à propos de la capacité à « recréer » les processus de pensée de « l'entrepreneur de génie ».

L'échec de la formalisation

Les données empiriques ne fournissent pas l'ombre d'un soutien à cette hypothèse : ni le SRI ni aucune organisation ou aucun individu n'a jamais réussi à recréer le moindre processus intuitif de cette nature, de génie ou pas. Dans notre discussion sur la prévision, nous avons vu combien les systèmes sont incapables de détecter des discontinuités,

[26] Notez que Weick présente sa conclusion sous des conditions de nouveauté, ou d'incertitude. Sous des conditions de stabilité ou de certitude supposées, quand le futur paraît être connu, la planification pourrait sembler capable de se développer de façon efficace. Mais qu'il n'y ait pas d'erreur : cette stabilité supposée n'est rien de plus que l'extrapolation des conditions passées.

bien que certaines personnes paraissent pouvoir le faire ; plus haut nous avons vu comment la planification formelle décourage la créativité, bien que certaines personnes soient évidemment hautement créatives ; dans la dernière section, nous avons vu comment les managers internalisent facilement les données qualitatives, alors même que les données quantitatives perdent une bonne partie de leur richesse, et comment la dynamique nécessaire à l'élaboration de la stratégie, dont on s'accommode si naturellement de façon informelle, paraît être violée lorsque le processus est formalisé.

D'une certaine façon, la formalisation n'est jamais apparue comme tout à fait adaptée à l'élaboration de la stratégie, qu'il s'agisse de l'articulation formalisée des buts (ou des besoins des parties-prenantes), de l'évaluation formalisée des forces et des faiblesses, de la détermination formelle des portefeuilles d'activités par la manipulation des vaches à lait et autres animaux d'étable du Boston Consulting Group, ou des systèmes « quasi analytiques » élaborés par Ansoff pour faire face aux signaux faibles. Même l'acte simple qui consiste à isoler quelqu'un dans une fonction de planification, comme dans l'expérience de Darkazanli décrite plus haut, ou de convoquer une réunion officielle pour discuter de stratégie – en fait de simplement formaliser le temps pour la pensée stratégique – a parfois le même effet :

> En fait, les réunions de réflexion sur la stratégie organisées comme partie de la planification sont souvent ennuyeuses pour les participants : ils ont l'impression de répéter ce qui a déjà été dit et décidé dans les études stratégiques précédentes. Ou bien la discussion n'aboutit nulle part parce que les études qui devraient fournir les données ne sont pas disponibles. (Sarrazin, 1975:89)

Plus les procédures de planification sont devenues élaborées en réponse aux échecs des procédures plus simples, plus grands sont devenus apparemment leurs échecs. Cela était particulièrement évident dans le domaine de la prévision et des efforts héroïques entrepris pour mettre en œuvre le PPBS dans le Gouvernement. De fait, même le système OST de Texas Instruments qui a fait l'objet d'une large publicité (c'est ce système sur lequel Jelinek a basé ses conclusions à propos de l'institutionnalisation de l'innovation) n'a pas moins échoué que les fameux systèmes de la General Electric. *Business Week*, dans un article intitulé « Texas Instruments : mitraillé et en convalescence » (1984), rapporte qu'en 1982 (juste trois ans après que Jelinek ait publié son ouvrage) la direction générale « a éliminé le système de gestion matricielle de Texas Instruments et a redonné le contrôle des produits à leurs managers » (83). (Un article de *Business Week* publié plus tôt (1983 :56) avait utilisé à propos de l'OST l'expression « le système de gestion en train de craquer »). L'article remarquait que :

> C'était Haggerty qui avait introduit les contrôles financiers stricts et la planification stratégique pour contrôler à Texas Instruments la croissance rapide et le portefeuille d'activités de plus en plus complexe. Mais Haggerty s'était aussi fait le champion de l'écurie d'entrepreneurs de Texas Instruments, comprenant que ce sont les individus, pas les systèmes rigides, qui produisent l'innovation. (83)

On en déduit que Jelinek a attribué à tort la capacité d'innovation de l'entreprise à son système de planification. Ce dernier paraît avoir été conçu pour le contrôle, pas pour la création de la stratégie. « Un système de gestion trop complexe, incluant la gestion matricielle et une planification stratégique dominée par les données quantitatives, a tendance à étouffer l'esprit d'entreprise » (82). De fait, qui peut-on citer de mieux sur cette question que Jelinek elle-même qui, dans son livre écrit avec Schonhoven en 1990, note que sous les dirigeants qui ont suivi Haggerty, « d'une certaine façon la focalisation paraissait se faire sur le système lui-même plutôt que sur l'innovation qu'il était supposé créer. L'OST était *complètement institutionnalisé* » et cela, avec d'autres aspects de la formalisation, « paraissait supprimer à Texas Instruments l'étincelle de l'innovation » (1990:410, italique ajouté !)[27]. Jelinek et Schoonhoven concluent dans un chapitre précédent :

> Une stratégie d'innovation est contenue non dans des « plans », mais dans la structure des engagements, des décisions, des approches, et des comportements persistants qui facilitent l'accomplissement de nouvelles actions... Par conséquent, alors que le matériau du présent chapitre est peu lié avec les plans formels ou les procédures de planification, il est totalement lié avec la création d'une stratégie d'innovation. (203,204)

Et plus loin, « Les systèmes formels opèrent de façon plus explicite après que la stratégie a été développée, pour en suivre la réalisation, en mesurer l'adéquation continuelle avec la réalité, et signaler les nouvelles intentions majeures... On ne s'attend pas de la part de ces systèmes à ce qu'ils se substituent à la créativité ou à l'attention des

[27] Ils notaient que le système est revenu en usage à la fin des années quatre-vingt, mais comme un outil destiné à faciliter plutôt qu'à contrôler.

managers, qui doivent venir en premier » (212). Finalement, à la fin de ce chapitre particulier, elles font le commentaire suivant : « La réalité fait fréquemment intrusion pour "maintenir humbles les managers" » (215). Pas seulement les managers !

Ainsi, nous n'avons aucune donnée empirique montrant que l'un quelconque des systèmes de planification stratégique, quelque élaboré ou quelque célèbre qu'il soit, ait réussi à comprendre la nature des processus confus et informels par lesquels les stratégies sont réellement développées (sans parler de les améliorer). Tous les efforts de programmation n'ont apparemment pas donné de meilleurs résultats pour imiter l'intuition que les techniques de psychanalyse ne l'ont fait pour imiter l'empathie. Il y a clairement eu quelque chose de mauvais dans la formalisation. Elle peut avoir fonctionné de façon admirable pour les tâches hautement structurées et répétitives de l'usine ou du bureau administratif, mais, quelle que soit la raison pour laquelle ça a marché dans ce contexte, elle a été perdue en chemin sur la route menant aux bureaux de la direction générale.

La formalisation a-t-elle réellement été tentée ?

Bien entendu, on pourrait soutenir avec beaucoup de force que l'ensemble de l'effort de la planification stratégique a échoué parce qu'il n'a jamais essayé sérieusement de formaliser le comportement en question. On ne peut pas dire qu'on ait programmé quoi que ce soit lorsqu'on s'est contenté de mettre sur des diagrammes des encadrés intitulés « soyez créatifs » ou « développez une pensée audacieuse » (cette pratique est courante dans le monde de la planification, même si les exemples précédents sont les pires que l'on puisse trouver). Décomposez n'importe quel modèle de la planification stratégique, encadré par encadré, et, au cœur du processus par lequel les stratégies sont supposées être créées, vous ne trouverez qu'un ensemble de platitudes, aucune simulation de processus complexes de gestion. C'est le « détail manquant » que nous avons évoqué au chapitre 2. « Au mieux les planificateurs ont offert des check-lists : "analysez le problème", "sélectionnez la trajectoire d'action préférée", etc. », écrivaient Ansoff et Brandenburg en 1967 (B-224), bien que la pratique ne leur était pas inconnue. Comme nous l'avons noté plus haut, les partisans de la planification, à la différence de Frederick Taylor, n'ont jamais « fait leur devoir de classe » fondamental : ils n'ont jamais essayé d'aller à l'intérieur du processus de formation de la stratégie pour découvrir comment il fonctionne dans la réalité. Ici encore on peut citer Ansoff et Brandenburg pour ce qu'ils ont dit, si ce n'est pour ce qu'ils ont fait : « Une grande partie de la littérature sur la planification s'est focalisée sur la programmation des activités de l'entreprise, et non sur la façon dont les décisions sous-jacentes sont obtenues » (B-224). Les prescriptions n'ont donc jamais reflété une compréhension de la réalité, et elles sont par conséquent demeurées pour l'essentiel dépourvues de tout contenu réel.

Plus haut, nous avons cité l'hypothèse de Wildavsky selon laquelle tout ce que vous avez à faire pour répondre à une question, c'est de la poser. La planification peut avoir essayé de poser une question. Mais la planification a-t-elle jamais réellement essayé d'y répondre ?

La nature analytique de la planification

Même si la planification a tenté de répondre à cette question, ou s'y essaie encore dans le futur, est-ce que cela pourrait fonctionner ? Cela est une autre façon de se demander dans quelle mesure les planificateurs de type conventionnel ont posé la bonne question, sans parler de savoir dans quelle mesure ils y ont répondu. Nous pensons que la réponse est négative. Nous concluons donc que les efforts sérieux qui ont été faits pour formaliser le processus d'élaboration de la stratégie peuvent s'être révélés plus nocifs que les efforts modérés, parce qu'ils ont été pris plus au sérieux. Nous pensons qu'il y a quelque chose de fondamentalement faux dans l'application de la formalisation à des processus comme l'élaboration de la stratégie, qui constitue la grande erreur de la planification. Cette erreur fondamentale est liée à la nature réductionniste et analytique de la planification.

La formalisation est accomplie à travers la décomposition, opération par laquelle un processus est réduit à une procédure, une série d'étapes dont chacune est spécifiée. Cela est essentiellement analytique : la décomposition d'un tout en ses parties constitutives. « Le terme analyse lui-même... vient d'une racine grecque qui signifie subdiviser » (Wildavsky, 1979:8)[28]. C'est par conséquent l'analyse qui est la base de la planification stratégique. Les processus stratégiques devaient donc être décomposés en catégories d'étapes spécifiées composées de procédures formalisées.

[28] La racine grecque signifie également « défaire ou délier » ! (402).

Mais rien de cela n'a jamais fonctionné. Comme nous l'avons vu au chapitre 3, cela a produit « l'échec patent » de la rénovation urbaine sur grande échelle, la « non-planification non démocratique » du gouvernement français, le rejet dramatique de la planification à la General Electric, et le spectacle burlesque du PPBS qui d'après Wildavsky « a échoué partout et tout le temps ». Même les promesses de salut qui sont venues ensuite (« attendez encore un peu ») n'ont conduit à rien d'autre qu'à perdre plus de temps et plus d'argent. À un certain moment « l'approche-systèmes » est devenue populaire. Ackoff a écrit sur le thème : attaquer les problèmes « de façon holistique, avec une approche-systèmes globale » (1973:670). Forrester a proposé des modèles encore plus grandioses ; il a d'abord écrit *Industrial Dynamics* (1961), puis *Urban Dynamics* (1969), pour finir avec *World Dynamics* (1973). D'une certaine façon les techniques analytiques allaient synthétiser toutes les dimensions dans des systèmes de plus en plus grands et de plus en plus élaborés. Mais il fallait qu'il y ait une compensation. À mesure même que les procédures étaient plus larges, elles devenaient plus superficielles. L'extension des bornes du contexte avait pour conséquence l'agrégation du contenu (Sharp, 1977:491). Dror soutenait qu'« une bonne planification globale limite le degré de globalité en le maintenant entre les bornes d'un système gérable » (1971:122). Mais comme ni lui ni personne d'autre n'a jamais suggéré comment cela pouvait être réalisé, ces mots se sont transformés en une autre platitude.

À un certain moment il devint clair que les systèmes n'offraient aucune amélioration aux moyens disponibles pour faire face à la surcharge d'information des cerveaux humains ; de fait ils rendaient souvent la situation pire encore. La combinaison mécanique de l'information ne résolvait aucun problème fondamental lié à l'intuition humaine. Et toutes ces promesses qui avaient été faites à propos des bénéfices de « l'intelligence artificielle », « des systèmes experts », etc. ne se sont jamais matérialisées au niveau de la stratégie. Les systèmes formels pouvaient certainement traiter plus d'informations, à tout le moins d'informations quantitatives ; ils pouvaient la consolider, l'agréger, la transférer d'un endroit à un autre. Mais ils ne pouvaient ni l'*internaliser*, ni la *comprendre*, ni la *synthétiser*. L'analyse n'a jamais été à la hauteur du travail qu'elle devait effectuer. En un sens littéral, la planification n'a jamais appris.

Considérez la créativité. Dans notre chapitre sur les pièges de la planification, nous avons vu comment la créativité pouvait être gênée par la planification. Développons maintenant cette conclusion. La planification par sa nature même définit et préserve des catégories. La créativité, par sa nature même, crée des catégories ou réarrange des catégories établies. C'est la raison pour laquelle la planification formelle ne peut ni fournir de la créativité ni traiter la créativité lorsqu'elle émerge par d'autres moyens. C'est pourquoi des individus de type entrepreneurial ont combattu les systèmes à Texas Instruments et à la General Electric, et que l'innovation n'a jamais été institutionnalisée.

De fait, des impératifs comme « soyez créatifs » ou « pensez de façon audacieuse » reflètent exactement le même problème : la créativité devient une étape isolée, un encadré de plus sur un diagramme. Imaginez des managers assis autour d'une table et à qui leur direction demande de « penser de façon audacieuse » : quel meilleur moyen de les empêcher de le faire[29] ! Si nous n'avons jamais appris quoi que ce soit à propos de la créativité, c'est qu'elle ne peut apparaître ni de façon isolée, ni selon un calendrier préétabli, sans parler de la faire apparaître sur demande (ce n'est pas plus vrai pour la créativité que pour la formation de la stratégie, la meilleure partie d'entre elles étant dans tous les cas une forme de créativité). « On compromet la créativité en essayant de faire rentrer les pérégrinations de l'esprit dans le cadre d'une séquence d'activités » (Wildavsky, 1979:8). Ou, pour revenir à la notion développée par Weick de relation entre la pensée et l'action avec un point qui a une importance critique :

> La pensée de type scientifique est probablement un mauvais modèle pour la pensée managériale et pourtant, à quelques exceptions près... les théoriciens encouragent ce mythe en fournissant des formats analytiques par étapes... qui exigent des managers qu'ils prennent du temps sur ce qu'ils sont en train de faire pour penser plus comme les scientifiques pensent... Le problème vient fondamentalement de ce que nous traitons *penser* comme un verbe d'action alors qu'il s'agit en fait d'un verbe adverbial qui requiert qu'il y ait quelque autre activité en cours si on veut que la pensée se produise. La pensée est la qualification d'une activité, pas une activité en elle-même. (1983:225)

Des recherches concernant les individus qui ont une orientation analytique viennent renforcer cette conclusion. Elles montrent qu'ils ont tendance à favoriser la pensée convergente et déductive, à

[29] Mitroff *et alii* relatent un exercice de « planification stratégique » dans lequel des membres d'une grande agence gouvernementale se sont vus demander de « penser de façon audacieuse » dans la création de scénarios pour le futur à long terme. Mais ils n'ont pas pris « l'injonction suffisamment au sérieux », et n'ont fait que produire des rapports qui étaient « trop bornés par le présent »... « trop timides » (1977:47).

rechercher les similarités entre les problèmes plutôt que les différences, à décomposer plutôt que créer (Leavitt, 1975a et b). Une de ces recherches nous rapporte « que les personnes qui ont tendance à se spécialiser dans une forme de pensée de type analytique (convergente) ont tendance à moins se souvenir de leurs rêves que les personnes qui ont la tendance opposée (divergente) ; [le chercheur] caractérise ces derniers comme étant plus imaginatifs et plus aptes à traiter ce qui est non rationnel » (dans Ornstein, 1972:65).

Une faiblesse particulière de « l'esprit analytique », mentionnée dans le chapitre 4, est sa tendance à la « fermeture prématurée » : les problèmes sont structurés tôt, les alternatives sont définies de façon prématurée, de façon à ce que l'attention puisse se concentrer sur leur évaluation (McKenney et Keen, 1974:83). En d'autres termes, l'analyste a tendance à vouloir se consacrer à l'étape plus structurée qui consiste à évaluer les alternatives, et a donc tendance à n'accorder que peu d'attention à l'étape moins structurée, plus difficile, mais généralement plus importante qui consiste dans un premier temps à faire un diagnostic de la question et à développer des alternatives possibles. Il a tendance à en résulter une résolution de problèmes conservatrice, fortement biaisée en faveur du *statu quo* : les problèmes sont approchés comme ils ont toujours été conçus, dans les termes des alternatives déjà disponibles.

N'est-ce pas exactement ce que nous avons vu dans l'approche conventionnelle de la planification, qui est toujours apparue comme ayant plus tendance à réaliser son travail dans le cadre bien défini de catégories et d'étapes plutôt qu'à développer d'abord son propre cadre de référence ? Dans les premiers temps de la planification, Meyerson et Banfield ont noté dans le cadre du secteur public que :

> Certaines personnes sont par tempérament incapables de réflexion, incapables de faire face aux aspects les plus larges des questions, incapables de voir les éléments d'une situation dans leurs relations mutuelles, ou de voir des affaires dans une perspective de long terme... Il y a en fait une sélection naturelle qui a tendance à affecter à de telles personnes les postes de responsabilités les plus importants dans le domaine de la planification. (1955:277)

Cela paraît terriblement curieux, n'est-ce pas ? En fait, comme nous le verrons plus tard, le point est exagéré, car on trouve dans le domaine de la planification différentes sortes de personnes, et certaines qui sont moins formellement analytiques que d'autres. Mais cette tendance, qui a été notée en 1955, s'est clairement établie, dominant une bonne partie de la pratique de la planification aussi bien que le courant principal de la littérature dans ce domaine jusqu'à notre époque. C'est en ayant à l'esprit cette tendance que nous avons utilisé l'appellation de planificateur « conventionnel ». Plus loin, nous discuterons d'un autre type de planificateur, qui prend moins au sérieux l'analyse, la décomposition et la formalisation, de fait les prescriptions de l'école de la planification en général. Mais à notre avis les nombreux planificateurs qui prennent ces prescriptions au sérieux découragent les besoins mêmes qui sont essentiels pour une élaboration efficace de la stratégie.

Retournons à l'expérience de Texas Instruments, car elle illustre très clairement ces problèmes de la planification. Son système OST décomposait les choses de manière analytique, établissant des catégories *a priori* dans tous les domaines. L'objectif d'ensemble du groupe était factorisé en neuf sous-objectifs, chacun d'entre eux donnant naissance à plusieurs stratégies. Ensuite, « pour chaque objectif, il [y avait] un manager d'objectif... Pour chaque stratégie, il [y avait] un manager de la stratégie » (Galbraith et Nathanson, 1978:129). Les managers de stratégies avaient chacun de façon matricielle « un supérieur pour les opérations... et un supérieur pour la stratégie ». Les stratégies à leur tour « consistaient en plusieurs tactiques », qui faisaient chacune l'objet d'un rapport mensuel d'évolution (130). Et ainsi de suite jusqu'aux évaluations par le conseil d'administration, de deux jours chaque fois et ce trois fois par an, « pour établir la direction d'ensemble » (130-131). Comme un responsable de la planification, désabusé, devait l'exprimer plus tard : « L'une de nos erreurs était que nous avions tendance à substituer les mécanismes à la pensée... Les gens remplissaient des formulaires en pensant qu'ils faisaient des stratégies. C'était de la stratégie avec un livre de cuisine » (cité dans *Business Week*, 1983:57).

Notez que le problème dans de tels systèmes de planification ne vient pas tant d'une catégorie particulière que du processus de catégorisation lui-même. Quelle que soit la quantité de travail que l'on consacre au réarrangement des encadrés, on ne résoud pas le problème qui est celui de l'existence même des encadrés (une conclusion que l'on pourrait bien étendre aux réorganisations structurelles). La formation de la stratégie, comme la créativité (ou en tant que créativité), a besoin de fonctionner au-delà d'encadrés, de créer de nouvelles perspectives aussi bien que de nouvelles combinaisons. Comme quelqu'un l'a dit un jour : « La vie est plus large que nos catégories ». La planification ne s'est pas bien sentie car, comme l'a exprimé Weick « la pensée quotidienne ne présente presque jamais une série d'étapes... Même si des personnes essayaient de mettre en œuvre [des modèles linéaires et des modèles par étapes], ils trouveraient que ces modèles sont étrangers à ce qu'ils essaient de faire » (1983:240).

Hax et Majluf (1984:37) ont évoqué à propos de la planification l'existence d'un problème « de la poule et de l'œuf » : elle a besoin de catégories pour fonctionner, mais les catégories n'acquièrent du sens qu'à partir du moment où les stratégies sont établies. Mais cela n'est un problème que si la planification essaie de créer ces stratégies. La question évoquée par Hax et Majluf établit clairement que la planification n'a rien à faire dans ce domaine. Le problème disparaît quand la planification et l'élaboration de la stratégie sont perçues comme étant différentes. La formation de la stratégie (par d'autres processus) crée les catégories ; puis la planification peut prendre le relais pour les opérationnaliser, lorsque c'est nécessaire.

Nous concluons donc que la thèse soutenue par Jelinek en 1979 selon laquelle le travail du manager peut être maintenant programmé de la façon dont le travail de production a été programmé il y a un siècle, est fondamentalement fausse. « Le taylorisme de la pensée » n'est pas la même chose que « le taylorisme des choses » (de Monthoux, 1989). Taylor essayait d'éliminer le moindre élément de potentiel créatif qui demeurait dans les postes de travail qu'il programmait. Son souci était celui de l'efficience mécanique dans la production répétitive, pas celui de l'efficacité créative dans une pensée de type *ad hoc*. En *pre*scrivant les procédures des ouvriers, il *pro*scrivait leur marge de manœuvre. Comme lui-même l'exprimait : « Il faut éliminer la plus grande partie possible de travail intellectuel de l'atelier, et le centraliser dans le département de planification ou d'organisation » (1947). La planification stratégique s'est engagée dans la même voie, quoi qu'elle prétende, et lorsqu'elle l'a fait avec succès les résultats ont été dévastateurs. Le processus de formation de la stratégie a tout simplement des besoins différents : des besoins de créativité et de synthèse, qui reposent sur la marge de manœuvre d'acteurs informés. Le travail de création de la stratégie ne peut pas être programmé de la même façon que le travail de chargement du charbon avec une pelle. Les ingénieurs de Taylor pouvaient recomposer les étapes de façon à en faire un poste de travail efficient ; les planificateurs de Texas Instruments n'y sont jamais parvenus. Les spécialistes des procédures d'élaboration des budgets d'investissement n'y sont jamais parvenus non plus : leurs processus se sont avérés non seulement disjoints, mais également produisant la disjonction, qui est une dissuasion explicite à la synergie. Quelle ironie de voir que la « synergie » (le terme qu'Ansoff a apporté au management dans son ouvrage de 1965) ait pu être gênée par les procédures de planification rendues populaires par Ansoff lui-même dans son ouvrage ! Humpty Dumpty nous a appris que tout ce qui se démonte ne peut pas nécessairement être remonté. De toutes les formes de réductionnisme dans la planification, par conséquent, la forme que nous avons vue plus haut en revient à la *reductio ad absurdum* !

L'intuition distinguée

Herbert Simon a reçu le prix Nobel d'économie en 1978 ; en 1965 (et également en 1977), il écrivait : « Nous avons de grandes connaissances sur ce qui se passe dans le cerveau humain lorsqu'une personne est en train d'exercer son jugement ou d'avoir une intuition, à un point tel que nombre de ces processus peuvent être simulés sur un ordinateur » (1965:81-82 ; 1977:81). Roger Sperry a reçu le prix Nobel de physiologie en 1981 ; en 1974 il écrivait : « L'hémisphère droit [du cerveau humain], par contraste [avec le gauche] est spatial, muet, et fonctionne selon un type de traitement de l'information de type synthétique spatioperceptuel et mécanique qui n'est pas encore simulable sur ordinateur » (1974:30).

La contradiction frappante entre ces deux géants intellectuels définit l'une des questions les plus significatives auxquelles nous faisons face aujourd'hui : dans quelle mesure l'intuition existe-t-elle comme un processus de pensée distinct, différent de l'analyse rationnelle. Ses conséquences frappent au cœur de quelques-uns de nos soucis les plus pressants : par exemple le rôle des experts (comme les psychiatres, les conseillers en stratégie, et de façon générale les scientifiques) lorsqu'ils guident les vies des personnes ordinaires ; par exemple la base sur laquelle nous sommes éduqués (comme l'hypothèse largement répandue selon laquelle les langues étrangères peuvent être apprises de façon consciente, et plus généralement l'hypothèse selon laquelle le savoir formel devrait toujours prendre le pas sur le savoir tacite) ; et la façon dont nos institutions (les organisations, les systèmes de justice, etc.) sont conçues pour promouvoir la rationalité formelle à la place du « sentiment viscéral ». Le domaine de la planification, bien entendu, s'engage lui-même de façon très ferme sur le premier et le dernier de ces points, avec des conséquences qui n'ont pas été faibles au cours des quelques décennies passées. La planification a supposé, aux côtés de

Simon, qu'il n'existe pas deux formes distinctes et également importantes de la pensée humaine, mais en réalité une seule, qui est supérieure, et qui, en fait, peut inclure la seconde. De façon spécifique, des processus dits intuitifs peuvent être rendus explicites et ainsi améliorés par l'analyse systématique. Exprimé de façon plus simple, le pont qui existe entre l'analyse et l'intuition peut facilement être traversé par la simple action qui consiste à écrire des programmes (au moins sous la forme d'encadrés dans des diagrammes si ce n'est en réalité dans des ordinateurs).

D'une façon ou d'une autre, cette question a fait l'objet de débats animés au cours des siècles, sans qu'on puisse y répondre. La raison peut en être le fait que le débat, enraciné dans la pensée logique et rationnelle, est lui-même un processus analytique qui se développe étape par étape. Comment, par conséquent, pourrait-il être utilisé pour prouver l'absence de spécificité, ou prouver l'infériorité, d'un processus de pensée qui est lui-même subconscient et donc inaccessible à des méthodes directes de décomposition. En d'autres termes, « la preuve » biaise le dé en faveur de l'hypothèse de programmabilité, un peu comme quand on essaie d'analyser la couleur en utilisant une photographie en noir et blanc.

Que l'on ne dispose pas de preuves réelles ne signifie pas pour autant que nous n'ayons pas de données empiriques sur cette question. Considérons quelques-unes de ces données, d'abord certaines qui viennent de recherches en physiologie, puis d'autres qui viennent de l'étude des organisations, examinant entre les deux les arguments de Simon.

Les deux hémisphères du cerveau ont-ils un esprit qui leur est propre ?

On sait depuis longtemps que le cerveau humain a deux hémisphères distincts, l'un d'entre eux (le gauche) paraissant être le siège du langage (chez presque tous les droitiers). Mais des recherches récentes ont révélé beaucoup plus. La recherche a suggéré que l'hémisphère droit est très actif dans des processus associés à la perception spatiale, l'émotion, le rêve, l'interprétation des mouvements de visage et de corps et l'interprétation du ton de la voix (Ornstein, 1972:59). D'une façon fortement contrastée, l'hémisphère gauche paraît être associé tout particulièrement avec le langage, et en général avec diverses formes de processus de pensée logiques et systématiques. À mesure que ces découvertes apparaissaient, une structure centrale émergeait de façon évidente : au moins pour ce qui concerne la plupart des droitiers, l'hémisphère gauche paraît être la base d'un mode de pensée qui est linéaire, séquentiel, et ordonné, en d'autres termes analytique, alors que l'hémisphère droit paraît être spécialisé dans un mode de pensée simultané, global, relationnel, en d'autres termes synthétique. L'un paraît favoriser ce qui est explicite, l'autre ce qui est implicite ; l'un paraît orienté vers l'argumentation, l'autre vers l'expérience ; l'un paraît préférer décomposer, l'autre paraît préférer concevoir ; l'un cherche à analyser, l'autre à synthétiser.

Bien entendu, toute activité humaine complexe combine ces deux comportements en tandem. Dans le domaine de l'ingénierie par exemple, tout projet sérieux de conception requiert de l'analyse aussi bien que de la synthèse, même si la notion de conception elle-même (l'élaboration de quelque chose de nouveau) paraît plus étroitement associée à la description de l'hémisphère droit. Mais Sperry et d'autres chercheurs sont aussi parvenus à un résultat important : les processus de pensée des deux hémisphères du cerveau peuvent se combiner de façon productive, mais ils ne se fondent pas en seul processus ; et ils ne peuvent pas non plus se substituer facilement l'un à l'autre. Il existe entre les deux hémisphères un pont – le corps calleux – et leurs méthodes respectives de traitement de l'information ne peuvent pas passer ce pont, même si leurs résultats le peuvent.

Cette conclusion était bien entendu une inférence, que d'autres personnes n'étaient pas désireuses de tirer. Simon, par exemple, a accepté l'idée que les deux hémisphères du cerveau sont spécialisés l'un dans les capacités verbales l'autre dans les capacités spatiales, mais il n'a vu aucune raison d'extrapoler cette conclusion aux processus d'analyse d'un côté et de créativité de l'autre[30].

> Les données qui viennent appuyer cette extrapolation ne viennent pas de la recherche physiologique... cette recherche n'a montré qu'un certain degré de spécialisation entre les deux hémisphères. Cela ne signifie en aucune manière que l'un quelconque des hémisphères (en particulier le droit) soit capable de résolution de problèmes, de prise de décision, ou de découvertes de façon indépendante de l'autre. La donnée empirique qui montre l'existence de deux formes différentes de pensée, c'est essentiellement l'observation montrant que dans les questions quotidiennes les hommes et

[30] Voir dans Mintzberg (1989:58-61) la reproduction de la correspondance sur ce sujet entre Herbert Simon et l'auteur.

> les femmes parviennent souvent à un jugement compétent ou à une décision raisonnable de façon rapide, sans donnée indiquant qu'ils se soient engagés dans un raisonnement systématique, et sans qu'ils soient capables de faire état des processus de pensée qui les ont amenés à leur conclusion. (1986:58)

Il y a un problème si l'on veut se sortir de ce débat : pour les individus qui sont enclins à accepter l'inférence, l'inférence elle-même paraît être un processus piloté par le cerveau droit, alors que l'analyse des données s'appuie pour une large part sur des processus pilotés par le cerveau gauche. Doit-on donc faire confiance à l'analyse de Simon ou à l'inférence de Sperry ? Qui en fait peut être neutre dans cette bataille sur les deux hémisphères ?

Il se peut en fait que le terme bataille ne soit pas totalement inapproprié, dans la mesure où, dans ses travaux, Sperry a trouvé des données empiriques montrant l'existence d'un conflit entre les deux hémisphères, spécifiquement des circonstances dans lesquelles l'hémisphère gauche déplore le comportement de l'hémisphère droit. Comme Pines (1973) l'a résumé dans l'étude qu'elle a faite des travaux de Sperry dans son article du *New York Times* :

> L'hémisphère [gauche] n'a clairement pas confiance en son jumeau, au moins chez les patients qui ont les hémisphères séparés, et il préfère en général l'ignorer, sinon l'abaisser. L'hémisphère gauche niera en général que la main gauche soit capable de faire quelque chose comme retrouver un objet qu'elle a déjà touché parmi d'autres objets contenus dans un sac . Quand on leur demande d'effectuer cela pour la première fois, les sujets de Sperry se plaignent généralement du fait qu'ils ne peuvent pas « travailler avec cette main », que la main est « insensible », ou qu'ils « ne peuvent rien sentir du tout » ou qu'ils « ne peuvent rien faire avec cette main ». Si ensuite la main gauche effectue le travail correctement, et que l'on fait remarquer cette performance à la moitié parlante, celle-ci répond : « Et bien, je dois l'avoir fait inconsciemment. » Elle ne reconnaît même jamais l'existence de son jumeau.

Pour Ornstein, dont l'ouvrage *The psychology of Consciousness* a diffusé les travaux de Sperry, cela reflète une tendance ancestrale qu'a l'hémisphère verbal d'abaisser son jumeau muet, cette tendance se manifestant de façon sociale par les connotations négatives qui sont associées avec le mot « gauche » (on se souvient que nous percevons les côtés de notre corps, pas les côtés de notre cerveau, et que chacun de ces derniers contrôle les mouvements sur le côté opposé, par exemple le bras gauche est contrôlé par l'hémisphère droit). Dans toutes sortes de cultures, notre appareil verbal a décrit « gauche » comme « mauvais », « sombre », « profane » (1972:51). De fait, alors que le mot anglais « right » signifie à la fois ce qui est du côté droit et ce qui est correct, et que le mot « droit » signifie en français aussi bien le côté (par opposition à gauche), la ligne droite (par opposition à la ligne courbe) et ce qui est juridique, le mot anglais « gauche » signifie malhabile, et les mots français et italien pour « left » sont respectivement gauche (qui signifie aussi malhabile), et sinistra (qui est évidemment lié au qualificatif sinistre) !

La vision analytique qu'a Simon de l'intuition

Regardons de plus près la façon dont Simon traite de l'intuition. Une grande partie de sa recherche sur la prise de décision a été effectuée dans des situations de jeu comme le jeu d'échecs et les jeux crypto-arithmétiques dans le cadre d'un laboratoire de psychologie (voir Newell et Simon, 1972). Dans ce cadre, Simon s'est appuyé sur « des protocoles », c'est-à-dire des déclarations verbales effectuées par des sujets à mesure qu'ils prenaient leurs décisions. « La technique de verbalisation [penser tout haut pendant que l'on agit] peut maintenant être utilisée de façon fiable pour obtenir des données à propos des comportements des sujets dans une large variété de situations » (dans Simon *et alii*, 1987:21). De cette recherche, Simon tire la conclusion suivante :

> La première chose que nous avons apprise, et la preuve empirique de cela est maintenant substantielle, c'est que ces processus humains [la résolution de problèmes, la pensée, et l'apprentissage] peuvent être expliqués *sans* que l'on ait à faire le postulat de l'existence de mécanismes situés à un niveau subconscient qui seraient différents de ceux qui sont partiellement conscients et partiellement verbalisés. Une grande partie de l'iceberg est en fait en-dessous de la surface et inaccessible à la verbalisation, mais sa masse cachée est faite de la même sorte de glace que la partie que nous pouvons voir... Le secret de la résolution de problèmes, c'est qu'il n'y a pas de secret. Cette activité est accomplie à travers des structures complexes composées d'éléments familiers et simples. La preuve en est que nous avons été capables de la simuler, sans utiliser autre chose que ces éléments simples comme parties constitutives de nos programmes. (1977:69)

La « preuve » que Simon avance est en fait sujette à discussion (voir Mintzberg, 1977). De fait, il prétendait également dans l'édition de 1977 de son ouvrage *The New Science of Management Decision* que « c'est seulement au cours des vingt dernières années que nous avons commencé à avoir une bonne compréhension scientifique des processus informationnels que les humains utilisent dans la résolution de problèmes et dans la prise de décisions non programmées » (64). Néanmoins la première édition de cet ouvrage, dix-sept années plus tôt, contenait presque le même passage que celui cité plus haut (Simon, 1960:26-27 ; le seul changement substantiel de l'édition 1977 étant l'addition de la phrase « et inaccessibles à la verbalisation »).

Bien entendu, si les combinaisons mystérieuses de l'esprit subconscient ne sont pas pertinentes, alors il y a quelque chose d'autre qui doit expliquer la complexité apparente des processus de décisions, même de ceux qui sont de nature individuelle (comme jouer aux échecs). Et pour cela, Simon avait une réponse toute prête : « L'homme dans son ensemble, comme la fourmi, si on le considère comme un système de comportements, est tout à fait simple. L'apparente complexité de son comportement au fil du temps reflète pour une large part la complexité de l'environnement dans lequel il se trouve lui-même » (dans Weizenbaum, 1976:260). En d'autres termes, « L'homme est le miroir de l'univers dans lequel il vit... » (Newell et Simon, 1972:866).

Mais l'est-il ? N'y a-t-il rien qui vienne de l'intérieur, d'un endroit qui est inaccessible à l'articulation verbale ? Pourquoi étudier des individus qui sont des maîtres au jeu d'échecs si les joueurs d'échecs sont simplement des miroirs de leurs univers ?

Mario Bunge (1975) a écrit un ouvrage réputé intitulé *Intuition and Science* qui décrit une variété d'utilisations qui sont faites du terme intuition : comme perception (identification rapide, compréhension claire, capacité d'interprétation) ; comme imagination (capacité de représentation, habileté dans l'élaboration de métaphores, imagination créative) ; comme raison (inférence catalytique, pouvoir de synthèse, bon sens) ; et comme évaluation (jugement correct, phronèse, discernement, ou vision « de l'intérieur »). Simon, cependant, n'a reconnu que l'un des sens précédents de l'intuition, l'identification rapide[31].

[31] Dans une correspondance personnelle (25 juin 1986), Simon a répondu, après réception de ce passage de l'ouvrage de Bunge, de la façon suivante :

> Bunge a raison lorsqu'il fait remarquer que le terme intuition est utilisé de nombreuses façons par les personnes de langue anglaise. Mais parfois l'enrichissement d'un mot est son appauvrissement, et cela en est un bon exemple. Pour transformer le terme « intuition » en un concept utile pour la psychologie, nous devons établir une distinction entre les différents processus qui sont parfois associés sous ce terme, puis utiliser des termes différents pour faire référence à chacun d'entre eux. Ainsi je restreins

Dans un article de 1987 intitulé « Prendre des décisions en gestion : le rôle de l'intuition et de l'émotion », Simon discute de « l'intuition de l'expert », en particulier de la capacité qu'ont les grands maîtres dans le domaine des échecs à jeter un coup d'œil à un échiquier et à évaluer rapidement la situation. Il soutient que l'expert reconnaît des « structures familières, des vieux amis reconnaissables », que « le secret de l'intuition ou du jugement des grands maîtres » est « l'apprentissage au cours duquel ils ont précédemment stocké les structures et l'information qui leur sont associées » (60). Simon conclut de ceci que « le manager expérimenté, également, a en mémoire une large quantité de connaissances, acquises à partir de la formation et de l'expérience, et arrangée sous la forme de "lots" (en anglais "chunks") reconnaissables et de l'information qui leur est associée ». Ainsi l'essence de l'intuition réside dans l'organisation du savoir pour une identification rapide, et non dans son utilisation pour une création inspirée. Il cite par exemple une étude dans laquelle des cadres d'entreprise expérimentés pouvaient identifier les éléments clés d'un cas bien plus rapidement que des étudiants de MBA. Et bien entendu une fois que l'identification a été faite et que les lots ont été isolés, le processus de programmation a pu commencer. Comme Simon l'a écrit dans un autre article, « Sur la base de... modèles et d'expériences, il apparaîtrait que le processus nommé "intuition" par les psychologues de l'école Gestalt n'est rien d'autre que notre vieille amie la "reconnaissance"[32], et que les processus de reconnaissance peuvent être modélisés par des programmes informatiques » (1986:244).

Le mot clé est « lots » dans la mesure où l'hypothèse fondamentale est que le savoir continu peut être décomposé en éléments discrets, c'est-à-dire décomposé pour les besoins de l'analyse. Cela constitue dans le domaine de la psychologie cognitive une croyance de longue date, ou au moins une prémisse, qui a été articulée le mieux par

généralement « intuition » à « l'identification rapide » de Bunge. J'appellerai ses seconde et troisième catégories « compréhension ». Pour la quatrième, j'utilise le terme « repré- sentation » et parfois le terme « imagerie ». Le cinquième est « analogie ». Le sixième paraît inutile en tant que catégorie séparée car un produit créatif est le résultat d'une résolution de problème qui utilise les processus déjà mentionnés. Le septième est lié au premier, mais aussi à la possession de représentations qui sont associées à des opé- rateurs puissants d'inférence. Le huitième est aussi un mélange de toutes les catégories précédentes, en particulier la seconde et la troisième. Le septième est « savoir ».

[32] Le terme reconnaissance est utilisé ici au sens de reconnaissance de formes, ou de reconnaissance d'un élément déjà vu.

George Miller (1956) dans un article célèbre intitulé : « Le nombre magique sept plus ou moins deux : quelques limites à notre capacité de traitement de l'information ». Intrigué par le fait que le nombre sept apparaisse si souvent dans nos schémas de catégorisation (les sept merveilles du monde, les sept jours de la semaine, etc.), Miller conclut en disant que sept est le nombre de « bits » ou « lots » d'information dont nous pouvons nous souvenir dans notre mémoire à court terme et notre mémoire à moyen terme. Nous créons nos schémas de catégorisation en conséquence. Mais cela n'est que l'une des sortes de mémoires. Nous nous souvenons également d'autres choses, comme des images, qui ne peuvent pas être réduites à des lots discrets.

Faisant néanmoins l'hypothèse de la réduction du savoir en lots, Simon conclut dans son article de 1987 que « l'intuition n'est pas un processus qui opère de façon indépendante de l'analyse » (61).

> C'est une erreur que d'établir un contraste entre les styles de gestion « analytique » et « intuitif ». L'intuition et le jugement (au moins le bon jugement) sont simplement *des analyses gelées sous la forme d'habitude*, et sous la forme d'une capacité de réponse rapide par l'intermédiaire de la reconnaissance. (63, italique ajouté)

Projeter l'intuition vers l'analyse à travers la barrière entre les deux hémisphères

Ainsi l'intuition est réduite à l'analyse, juste comme la formation de la stratégie a été réduite à la planification. Encore une fois, sans être capable d'analyser cette conclusion, le lecteur peut souhaiter y réfléchir de façon intuitive. Cette conclusion « a-t-elle l'air correcte » pour ce qui concerne la créativité, l'intuition, pour des formes plus élevées de synthèse, comme la construction d'une nouvelle vision stratégique ? Voici la façon dont Edwin Land a expliqué son développement du Polaroid :

> Un jour, alors que nous étions en vacances à Santa Fé en 1943, ma fille Jennifer, qui alors avait trois ans, me demanda pourquoi elle ne pouvait pas voir la photographie que je venais de prendre d'elle. Comme je marchais à travers cette ville charmante, j'entrepris le travail qui consiste à résoudre le puzzle qu'elle avait placé devant moi. En une heure, l'appareil photo, le film, et la physico-chimie sont devenus si clairs qu'avec une grande excitation je me suis précipité vers un endroit où résidait un ami pour lui décrire en détail un appareil qui produirait une photo immédiatement après l'exposition. Dans mon esprit, elle était si réelle que je passais plusieurs heures à la description. (cité dans *Time Magazine*, 1972:84)

Quelle analyse était gelée en quelles habitudes dans cette ville charmante ? De fait, qu'allons-nous faire de la méthode du protocole elle-même quand Land nous dit qu'au cours de sa période d'intuition créative « des compétences qui ont le caractère d'atavismes paraissent comme remonter d'un puits. Vous manipulez toutes ensembles un nombre tellement grand de variables à un niveau à peine conscient que vous ne pouvez pas vous permettre d'être interrompu » (dans Bello, 1959:158), et encore moins sans doute par un psychologue avec un magnétophone ! La technique peut fonctionner dans le cas des exercices classiques au cours desquels on fait résoudre un problème arithmétique simple à un étudiant de première année d'université. Mais peut-elle marcher même dans le cas d'une activité structurée comme le jeu d'échecs, quand le jeu est joué avec inspiration par un grand maître ?

> Supposons qu'à un moment dans votre jeu vous ayez le choix entre deux mouvements, R-Q1 ou N-KN5. Lequel devez-vous jouer ? Vous vous asseyez confortablement sur votre chaise et vous commencez votre analyse en silence en évoquant en vous-même les mouvements possibles. « D'accord je pourrais jouer R-Q1 et il jouerait probablement B-QN2, ou il pourrait prendre mon QRP qui maintenant n'est pas défendu. Alors que faire ? » Vous avancez d'une étape de plus dans votre analyse puis vous tirez un visage d'un pied de long : le roque ne vous plaît plus. Puis vous regardez le mouvement du cavalier. « Que se passe-t-il si je fais N-KN5 ? Il peut l'écarter par P-KR3, je fais N-K4, et il le prend avec son fou. Je reprends, et il attaque ma reine avec son roque. Ça n'a pas l'air très bien... donc le mouvement du cavalier n'est pas bon. Regardons encore le roque ». (plus d'analyse) « Non, [ça] n'est pas bon. Je dois regarder de nouveau le mouvement du cavalier. (plus encore d'analyse) Ça n'est pas bon ! Donc je ne dois pas bouger le cavalier. Essayons encore le roque... » À ce moment vous jetez un coup d'œil à l'horloge « Mon Dieu ! J'ai déjà passé trente minutes à réfléchir au choix entre roquer ou jouer le cavalier. Si vous continuez comme ça vous allez finir par avoir des problèmes avec la durée de jeu. Et soudainement vous êtes frappé par la bonne idée : pourquoi roquer ou bouger le cavalier ? Pourquoi ne pas jouer B-QN1 ? » Et sans plus tergiverser, sans analyse du tout, vous bougez le fou. Juste comme ça pratiquement sans aucune considération du tout. (Kotov, 1971:15-16)

Le livre de Kotov est intitulé *Think Like a Grandmaster*. Mais quand nous arrivons réellement au cœur de la question, quand cette intuition frappe, savons-nous réellement comment pensent les grands maîtres ?

« Je le verrai quand je le croirai », disais Karl Weick. Des individus épris des ordinateurs et des analyses peuvent-ils se permettre eux-mêmes de « voir » d'autres types de processus de pensée ? La fameuse parabole de Nasrudun, qui cherche la clé qu'il a perdue sous le lampadaire où il y a de la lumière plutôt que dans l'obscurité où il l'a perdue, a été utilisée au sujet de la recherche sur les deux hémisphères (Ornstein, 1972). Nous avons cherché pendant longtemps la clé perdue de l'intuition à la lumière de l'analyse détaillée de l'hémisphère gauche. Peut-on s'étonner du fait que nous soyons encore en train de chercher ?

N'est-il pas possible que le véritable problème soit situé dans la perspective réductionniste elle-même, l'insistance à considérer le savoir comme un ensemble de « lots » discrets à l'exclusion d'images continues ? Simon a fait référence au « goulot d'étranglement » de la mémoire à court terme au travers duquel doivent passer « presque toutes les entrées et les sorties » de la pensée humaine (1986:250). Mais les individus font des dessins et ils établissent aussi des contacts visuels, par lesquels d'énormes quantités d'informations mystérieuses paraissent passer. C'est vrai, nous communiquons de façon formelle, à travers des mots articulés, un par un, en lots discrets, comme dans le cas d'Edwin Land, qui s'est précipité pour expliquer sa découverte à son ami. Mais même ceci est la conséquence de la pensée, pas le processus lui-même. Land, en fait, qui a conçu son idée extraordinaire « en moins d'une heure », a eu besoin « de plusieurs heures » pour l'expliquer en mots. Derrière ces lots décomposés, il y a des processus de pensée que nos avons à peine commencé à comprendre. Nous les appelons « intuition » ou « jugement » de façon à « nommer » notre ignorance comme Simon (1977) l'a remarqué. Mais écarter cette ignorance n'est pas expliquer le comportement.

Certains processus se prêtent naturellement à une « division en lots ». Le chargement du charbon à la pelle peut être l'un d'entre eux, et même le jeu d'échecs : au moins quand il est joué sans inspiration. Après tout, les pièces du jeu d'échecs sont tout autant des entités discrètes que les pelletées de charbon. Mais d'autres processus impliquent moins facilement une information décomposée. Même le simple comportement qui consiste à reconnaître un visage, que chaque bébé peut avoir, pose des problèmes formidables à un ordinateur. (Curieuse, par conséquent, est l'utilisation que Simon fait de l'expression « des vieux amis reconnaissables », pour la reconnaissance instantanée que le joueur d'échecs fait de la configuration de l'échiquier. Apparemment, différentes personnes ont différentes sortes d'amis !).

L'information qui entre dans l'élaboration de la stratégie est-elle facilement décomposée ? Michael Porter, avec son enthousiasme pour les stratégies génériques et pour les check-lists de toutes sortes, peut être enclin à répondre par l'affirmative. C'est sans doute pourquoi il considérait que « la pensée stratégique » était synonyme de « planification stratégique », pourquoi il s'est déclaré en faveur d'« un ensemble de techniques analytiques pour développer la stratégie », et pourquoi il a soutenu que « la pensée stratégique surgit rarement de façon spontanée » (1987:17,21). Encore une fois, l'intuition (*voir* les choses « de l'intérieur ») ne peut pas être *vue* dans l'analyse, parce qu'on n'y croit pas. La *vision* stratégique non plus. Les catégories de la planification stratégique peuvent être des aides utiles, des outils conceptuels qui aident à réduire la complexité de la réalité. Mais elles ne sont pas la réalité elle-même. Aucune catégorie ne peut se substituer à la synthèse qui intègre les différentes perceptions de cette réalité (les images continues aussi bien que les faits discrets) en une vision stratégique intégrée. D'où vient cette synthèse, nous ne pouvons pas en être sûrs. Mais il est une chose dont nous pouvons être sûrs : la question face à laquelle se trouve la gestion stratégique n'est pas seulement de savoir quel est le degré de formalisation dont nous avons besoin, mais aussi quel degré de pensée consciente de quelque sorte que ce soit[33].

John Bryson (1988) commence un chapitre de son ouvrage sur la planification dans le secteur public par le commentaire d'un joueur de hockey, Wayne Gretzky, qui disait : « Je patine jusqu'à l'endroit où je pense que le palet sera » (46). Bryson continue en présentant un processus de planification en huit étapes (par exemple : accord initial, stratégies, propositions majeures, programmes de travail, etc., 50-51) et soutient qu'on « peut facilement s'imaginer [Gretzky] parcourant à toute vitesse de façon quasi intuitive l'ensemble des huit étapes », qui servent selon lui « *seulement* [à] rendre plus ordonné le processus de pensée et d'action stratégiques, et à permettre à plus de personnes de participer » (62, italique ajouté). Mais ces étapes produisent-elles cet effet ?

Il est un peu difficile d'imaginer Gretzky recueillant l'accord initial de ses équipiers après avoir obtenu le palet, ou en train de développer des programmes de travail, quelle que soit la rapidité qu'il y mette. De fait, est-ce que se comporter de cette façon rendrait le jeu de Gretzky plus « ordonné » (quel que soit le sens que ce terme puisse avoir dans ce contexte), sans parler de permettre à ses équipiers de mieux « partici-

[33] En d'autres termes, quelle importance voulons-nous donner à la perspective de l'école de la conception, sans parler de l'école de la planification ? Voir Pascale (1984) sur la tendance qu'ont les Américains à « se jeter sur la stratégie comme les Français se jettent sur la bonne nourriture » (1982:115).

per» à sa magie ? Simon et Bryson et beaucoup d'autres dans ce domaine ont essayé de donner l'impression que l'intuition peut être projetée de l'autre côté du corps calleux jusqu'à l'analyse de la façon dont Gretzky envoie le palet sur la glace jusqu'à l'un de ses équipiers. Mais cela n'a jamais « paru » correct à l'intuition, quelle que soit la quantité de « preuves » que l'analyse ait essayé d'aligner. Gretzky patine effectivement jusqu'à l'endroit où le palet sera (là où est l'action) presque par magie. La planification, par contraste, a eu tendance à patiner dans l'autre sens.

Planifier du côté gauche et gérer du côté droit

Il n'y a pas plus de Wayne Gretzky dans la gestion qu'il n'y en a dans le hockey. Mais la gestion a, comme le hockey, son lot d'individus compétents qui ont de bonnes performances, et qui non seulement savent comment utiliser leur intuition, mais apprécient pleinement le fait qu'ils doivent souvent en faire usage. L'analyse formelle, tout simplement, ne suffit pas pour beaucoup d'aspects de la gestion d'une organisation. Pour la question qui nous concerne, bien que personne n'ait *prouvé* que la planification stratégique ne peut pas programmer les processus intuitifs de « l'entrepreneur de génie », ou même du manager ordinaire, les données montrent sans doute possible que la planification a jusqu'ici échoué à le faire. Les systèmes, que ce soit à la General Electric ou à Texas Instruments, ou qu'il s'agisse du PPBS dans le Gouvernement, n'y sont jamais parvenu. Ils n'ont jamais franchi cette faille délicate, que ce soit au siège social ou dans le cerveau humain.

Notez que nous incluons ici tous les efforts qui ont été faits pour formaliser, y compris les approches dites « quasi analytiques » proposées par Ansoff. C'est l'hypothèse fondamentale de la nécessité de formaliser, très nette dans les écrits d'Ansoff, que nous mettons en question ici. Les systèmes peuvent certainement faciliter les processus informels, comme Jelinek et l'entreprise Texas Instruments ont fini par le conclure, et comme nous en discuterons dans le chapitre 6. Mais ils ne peuvent pas se substituer à eux.

Il y a quelques années, inspiré par les découvertes de Sperry *et alii* en physiologie, nous avons publié un article intitulé : « Planifier du côté gauche et gérer du côté droit » (Mintzberg, 1976). Le point était le suivant : « Il peut y avoir une différence fondamentale entre la planification formelle et la gestion informelle, une différence qui ressemble à celle qui existe entre les deux hémisphères du cerveau humain ». Alors que la planification formelle « paraît utiliser des processus similaires à ceux identifiés à l'hémisphère gauche du cerveau », nous « faisions l'hypothèse... que les processus importants de politique générale servant à gérer une organisation s'appuient à un degré considérable sur les facultés identifiées à l'hémisphère droit du cerveau » (53). Cette recherche a fourni un support physiologique à l'argument que nous avons développé tout au long de cet ouvrage, selon lequel il y a quelque chose de fondamentalement différent entre, d'un côté (si l'on peut s'exprimer ainsi), les processus managériaux informels et « intuitifs » comme l'internalisation de l'information qualitative et la création d'une nouvelle stratégie et, de l'autre côté, les processus managériaux de type analytique, comme la planification, fondés sur la décomposition et la formalisation. La phrase de Sperry, selon lequel les premiers « ne sont pas encore simulables sur ordinateur » est une phrase clé dans la mesure où elle suggère que l'un de ces processus ne peut pas être substitué à l'autre.

Notre article de 1976 peut avoir été spéculatif, mais à la même époque, Robert Doktor (1978 ; voir aussi Doktor et Bloom, 1977) était en train de faire passer un électroencéphalogramme (EEG) à trois individus spécialisés dans l'analyse de gestion (dans les domaines de la comptabilté et de la recherche opérationnelle, chacun d'entre eux étant titulaire d'un doctorat) et à sept directeurs généraux responsables de divisions (trois de ces derniers ayant eu une formation dans des domaines analytiques, la comptabilité et les finances, et étant qualifiés de « dirigeants/analystes » par les chercheurs). Doktor recueillit ensuite leurs ondes cérébrales alors qu'ils étaient en train d'accomplir deux ensembles de tâches, l'une de type intuitive et spatiale (percevoir un dessin global à l'aide de lignes partielles), l'autre de type analytique et verbal (des syllogismes). Les observations étaient plutôt surprenantes : les quatre managers sans formation analytique faisaient montre d'une tendance relative à réaliser toutes les tâches de type intuitif spatial dans leur hémisphère droit (comme on s'y attendrait de la part de presque tous les droitiers), mais *aussi* 75 % des tâches analytiques verbales (ce à quoi on ne s'attendrait pas). Les analystes, de façon fortement contrastée, montraient une tendance relative à effectuer toutes les tâches analytiques verbales dans leur hémisphère gauche (encore une fois, comme on s'y attendrait) mais 67 % des tâches de type spatial *également* (encore une fois comme on ne s'y attendrait pas). Les dirigeants-analystes étaient situés entre les deux, avec des réponses plus équilibrées.

À la lumière des arguments que nous avons développés ici, ces découvertes sont plutôt frappantes. Elles suggèrent que non seulement les hémisphères individuels du cerveau humain paraissent être spécialisés, mais encore qu'il en est de même de cerveaux entiers, qui paraissent favoriser un hémisphère au détriment de l'autre à cause de leur formation et de leur expérience (ou peut-être d'abord à cause de leur autosélection dans un type de travail)[34]. Comme Sperry l'indiquait : « L'excellence dans un (des modes de pensée) a tendance à interférer avec la performance de niveau le plus élevé dans l'autre mode de pensée » (dans Pines, 1973).

Cela nous fournit une base physiologique pour distinguer les managers intuitifs des planificateurs analytiques (et de fait, comme nous le ferons bientôt, les planificateurs analytiques des planificateurs intuitifs). Il se peut que les processus de planification favorisent le côté gauche du cerveau et les processus de gestion le côté droit. Ces découvertes viennent également appuyer quelques-unes des conclusions que nous avons tirées plus haut à propos des individus de type analytique : leur prédisposition envers des processus de pensée convergents et déductifs, leur tendance à fermer les alternatives de façon prématurée, etc. De fait, ces traits mêmes peuvent expliquer pourquoi les penseurs analytiques, dans la littérature sur la planification et ailleurs, ont été tellement enclins à écarter les processus de pensée intuitifs[35].

Harold Laski (1930) a traité de l'incapacité éduquée de l'expert, dans un effort pour expliquer pourquoi les experts peuvent parfois être si étroits d'esprit. Ici, peut-être, avons-nous une certaine explication : ces experts évitent les pièges clairement délimités, tout en tombant dans les erreurs plus fondamentales – et moins tangibles. En d'autres termes, ils ne peuvent reconnaître que ce qui peut être facilement « mis en lot ». Un expert a également été défini comme une personne qui a de plus en plus de connaissances à propos d'un domaine de moins en moins étendu jusqu'à ce que finalement il sache tout sur rien. Peut-être cela

[34] Leavitt (1975b:17-18) cite des données empiriques qui sont tirées de deux thèses de doctorat et viennent à l'appui de la première interprétation : la créativité déclinait au cours de la formation dans les sciences de l'ingénieur, alors qu'elle augmentait au cours de l'éducation artistique, au détriment des capacités analytiques.

[35] De fait, l'accusation portée par les analystes qui disent que les managers sont irrationnels et émotionnels, et la contre-accusation disant que les analystes sont froids et détachés, prend une signification physiologique avec la suggestion faite dans la recherche selon laquelle l'émotion est liée à l'hémisphère droit (Restak, 1976).

signifie-t-il que si vous ne comprenez que certains lots discrets, au bout du compte vous ne comprenez rien. (Bien entendu, un manager peut être une personne qui a des connaissances de moins en moins importantes à propos d'un domaine de plus en plus vaste, jusqu'à ce qu'il ou elle finisse par connaître rien à propos de tout !). Finalement, un expert a été défini comme une personne qui n'a aucune connaissance élémentaire. Le savoir intuitif est certainement élémentaire.

Bien entendu, il y a également d'autres sortes d'experts, moins étroits ou « conventionnels », de même qu'il y a des managers qui sont assez experts pour connaître leurs limites. Tous deux mélangent de façon naturelle l'analytique et l'intuitif, chacun d'entre eux (pour utiliser un terme que nous discuterons plus loin) faisant montre d'au moins une « mineure » dans le mode de pensée de l'autre. Il est clair que nous sommes dans la meilleure situation quand de tels experts travaillent en coopération avec de tels managers.

Parmi les découvertes les plus intrigantes de la recherche sur les hémisphères du cerveau, on trouve celle concernant la façon dont les individus écoutent la musique : les individus ordinaires ont tendance à favoriser l'hémisphère droit tandis que des musiciens ont tendance à favoriser l'hémisphère gauche (voir Fincher, 1976:70-71). L'implication semble être que les généralistes écoutent la structure (ils abordent la musique en un certain sens comme une totalité) alors que les experts ont tendance à décomposer (ils écoutent les notes individuelles). Cela est également en accord avec une grande partie de ce qui a été discuté ici. Mais il est certain que les grands musiciens, et en particulier les grands compositeurs, doivent faire les deux. Le mélange de l'analyse et de la synthèse doit être une source de leur grandeur. De fait, dans un commentaire réellement étonnant, voici comment Mozart décrit son acte de composition créatrice :

> D'abord des bouts et des miettes du morceau viennent et graduellement se rejoignent dans mon esprit ; puis l'âme s'échauffant au travail, la chose grandit de plus en plus, et je l'entends de façon plus large et plus claire, et enfin elle devient pratiquement terminée dans ma tête, même si c'est un long morceau, de façon telle que je peux le voir dans son ensemble d'un seul coup d'œil dans mon esprit, comme si c'était un beau tableau ou une belle personne ; quand cela se produit, je ne l'entends pas du tout dans mon imagination comme une succession (cela vient plus tard) mais tout d'un coup si l'on peut dire. C'est une rare fête. Toute l'invention et la réa- lisation se passent en moi comme dans un rêve beau et fort. Mais le meilleur de tout ceci, c'est le fait de l'écouter dans sa totalité en une seule fois.

L'image du manager en activité

La recherche sur le travail du manager (voir Mintzberg, 1973) nous fournit d'autres données empiriques sur le caractère distinctif de l'intuition et sur l'importance qu'elle a ici. Caractérisé comme un « chaos calculé » et comme un « désordre contrôlé » (Andrews, 1976), le travail du manager apparaît comme étant plus simultané, global, et relationnel que linéaire, séquentiel, et ordonné. Les managers préfèrent probablement les formes orales de communication, non seulement parce qu'elles ont tendance à apporter de l'information plus tôt et plus facilement, mais aussi parce qu'elles fournissent un sens de l'expression faciale, de l'expression gestuelle et du ton de la voix : ces entrées d'informations qui ont été associées avec l'hémisphère droit du cerveau. Si les managers doivent « voir la grande image » et créer des « visions » stratégiques (il s'agit clairement plus que de simples métaphores) alors leurs perceptions requièrent l'information qualitative et spéculative qu'ils préfèrent, qui est plus adaptée à la synthèse qu'à l'analyse. Et, bien entendu, beaucoup de cette information vient de sources orales et doit nécessairement demeurer « tacite », comme nous l'avons noté plus haut. Ce qui la rend inaccessible, non seulement aux autres personnes par le moyen de l'articulation verbale, mais également à l'esprit conscient du manager. D'où le besoin qu'il y a de traiter cette information de façon subconsciente, ce qui signifie probablement de façon intuitive.

Les managers adorent l'ambiguïté et ont peu de structures dans leur travail, sans doute parce qu'ils consacrent une quantité tellement grande de leur temps à fonctionner sur le mode de la synthèse. De la même façon, les mystères qui entourent des aspects clés de leurs processus de décision et d'élaboration de la stratégie comme le diagnostic, la conception, le « timing » et la négociation (voir Mintzberg, Raisinghani et Théorêt, 1976) peuvent peut-être être expliqués par le fait qu'ils s'appuient sur les processus de pensée de l'hémisphère droit muet du cerveau, qui sont inaccessibles à l'appareil du langage, c'est-à-dire qui sont perdus pour l'analyse. De fait, la nature de l'élaboration de la stratégie dans son ensemble (des processus dynamiques, irréguliers, difficiles à saisir, interactifs, avec une insistance sur l'apprentissage et la synthèse) force les managers à préférer l'intuition. C'est probablement pourquoi toutes ces techniques analytiques de planification sont si mal ressenties. « Il se peut que les individus résistent à des structures organisées par étapes parce que la procédure qu'ils préfèrent est fondamentalement globale en ce sens que toutes les étapes sont considérées de façon simultanée » (Weick, 1983:240).

En particulier, les stratégies qui sont nouvelles et exigeantes paraissent chacune être les produits d'un seul cerveau créatif, un type de cerveau capable de synthétiser une vision. La clé de cela paraît être l'intégration plutôt que la décomposition, fondée sur des images globales plutôt que sur des mots linéaires. Westley a bien capté cette notion avec sa « thèse selon laquelle une bonne partie de ce qui arrive dans toutes les réunions de politique générale est lié à de l'élaboration d'images », qu'elle caractérisait comme « une sorte de bricolage, l'élaboration d'une image de groupe à partir de bouts et de morceaux d'imagerie individuelle ». Elle cite Tom Peters, qui avait remarqué que « lorsqu'une entreprise, dans une réunion de planification, exigea que ses collaborateurs parlent en prose au lieu de parler avec des nombres, ceux-ci en devinrent sans voix » ; Westley suggère que « sans image aurait pu être l'expression appropriée » ! (1983:16,25).

Il y a par conséquent une grande différence entre un plan formel et une vision informelle. Une image ne peut pas simplement être rendue par des mots et des nombres. Quand des organisations essaient de faire ainsi, la perspective intégrée a tendance à être réduite à des positions décomposées, et beaucoup est perdu. Comme le psychologue Bartlett l'indiquait il y a longtemps : « Les mots sont par essence plus explicitement analytiques que les images ; ils sont forcés de traiter les situations morceau par morceau » (1932:304). Ainsi un manager de Texas Instruments indique à propos des successeurs de Haggerty : ils « n'avaient évidemment ni la capacité de voir l'avenir ni l'esprit stratégique d'Haggerty, et ils n'avaient certainement pas la vision qu'avait celui-ci... Nous avons complètement perdu la vision. Tout le travail est devenu un travail de contrôle, et cela a fondamentalement tué l'ensemble de l'opération semi-conducteurs, et presque l'entreprise » (dans Jelinek et Schoonhoven, 1990:413). En s'appuyant à l'excès sur des mots et des nombres, la planification peut tuer la vision. « Comme la myopie, les catégories rendent la vision moins nette » (Pant et Starbuck, 1990:449). À plus d'une titre, la planification peut simplement avoir trop compté.

L'incapacité du mode analytique à synthétiser et à percevoir de façon spatiale pourrait expliquer pourquoi la planification a eu autant de difficultés avec l'élaboration de la stratégie, pourquoi des observateurs du monde des affaires ont pu évoquer « la confusion entre la pensée stratégique et la planification à long terme » (Tregoe et Zimmerman,

1980:23), et pourquoi le chef planificateur de la General Electric a pu finalement établir sa « distinction entre la planification et la stratégie : il s'agit de deux choses différentes... Historiquement l'approche de la General Electric a mis l'accent plus sur la planification que sur la stratégie » (Carpenter, dans Allio, 1985:18). En décomposant un processus intégré en une séquence d'étapes, la planification a fait passer ce processus du royaume de la synthèse à celui de l'analyse, et par conséquent l'a rendu incapable d'exécuter le travail qu'il devait faire.

Ainsi la planification formelle n'avait pas à déconsidérer la gestion informelle, aussi ancienne que puisse être la bataille entre le cerveau droit et le cerveau gauche. Concevoir la gestion informelle comme « gauche » (au sens de malhabile) si ce n'est en réalité « sinistre », était une description fausse, même si elle était *littéralement* vraie : les processus informels de gestion ont toujours été largement « gauches » et par conséquent inaccessibles aux formalités de la planification. Mais c'est la planification qui s'est en fin de compte avérée être elle-même gauche en les écartant de cette façon.

La grande erreur

Nous arrivons ainsi à la grande erreur de l'école de la planification : **Parce que l'analyse n'est pas la synthèse, la planification stratégique n'est pas la formation de la stratégie**. L'analyse peut précéder et soutenir la synthèse, en définissant les parties qui peuvent être combinées en totalités. L'analyse peut suivre et élaborer la synthèse, en décomposant et en formalisant ses conséquences. Mais l'analyse ne peut pas se substituer à la synthèse. Aucun effort consistant à considérer les choses plus en détail ne permettra jamais à des procédures formelles de prévoir des discontinuités, d'informer des managers qui sont détachés de leurs opérations, de créer des stratégies nouvelles. En fin de compte, l'expression « planification stratégique » s'est avéré être autocontradictoire.

6

La planification, les plans, les planificateurs

Jusqu'à présent nous avons été très critique, préoccupé par le fait qu'en cherchant à tout faire en même temps la planification risquait d'être considérée comme sans valeur. Cependant, nous n'avons pas cherché à écarter la planification, même si le ton de notre discussion a pu le laisser penser. Au contraire, en exagérant nos critiques, nous avons essayé d'amener le débat sur la planification à un niveau intermédiaire, loin de la conclusion selon laquelle la planification peut tout ou rien. Pour passer d'une extrémité – où nous pensons que la planification s'est toujours trouvée – et arriver au centre, on doit tirer vers l'autre extrémité – tout comme pour essayer d'équilibrer une balance dont tout le poids se trouve à une extrémité, il faut mettre un poids de l'autre côté et non pas au milieu. Ayant réussi, nous l'espérons, à amener le lecteur à ce milieu, nous pouvons maintenant nous y placer aussi pour examiner les rôles que la planification, les plans et les planificateurs peuvent jouer efficacement dans les organisations. Par conséquent, le ton de la discussion change maintenant, et passe d'un ton critique à un ton constructif.

Coupler l'analyse et l'intuition

Le dilemme de la planification

Il y a quelques années, nous avons écrit à propos d'un « dilemme de la planification » (Hekimian et Mintzberg, 1968 ; Mintzberg, 1973:153-155). Les planificateurs possèdent certaines techniques pour faire des analyses systématiques, et, de façon plus importante, disposent de temps pour étudier à loisir les questions stratégiques. Ce dont ils ont tendance à manquer, c'est de l'autorité pour élaborer une stratégie et, ce qui a des conséquences beaucoup plus importantes, de l'information critique qualitative aussi bien que des relations nécessaires pour l'obtenir. Ce sont les managers opérationnels qui possèdent ces éléments, et qui ont la flexibilité nécessaire pour répondre de façon dynamique aux questions stratégiques. Mais ils manquent de temps pour se concentrer sur ces questions, et particulièrement pour absorber, et parfois pour traiter, certaines informations quantitatives nécessaires. La nature même du travail managérial favorise l'action plutôt que la réflexion, le court terme plutôt que le long terme, les données qualitatives plutôt que quantitatives, le fait d'obtenir des informations rapidement plutôt que d'avoir des informations exactes. Ces tendances sont inévitables et même nécessaires dans le travail du manager, mais elles le conduisent à négliger des éléments analytiques, qui jouent également un rôle important dans le processus stratégique.

Il en résulte que le manager comprend la nécessité de s'adapter à ce qui se passe, alors que le planificateur ressent le besoin d'analyser ce qui devrait se passer. Le manager à tendance à faire la chasse aux opportunités quand il n'est pas lui-même pourchassé par des crises, il produit des plans qui n'existent que vaguement dans son esprit, et il encourt un « risque professionnel » de superficialité dans son travail : « [se] surcharger de travail, faire les choses brusquement, éviter de perdre du temps, participer seulement quand cela représente une valeur tangible, éviter de trop s'impliquer dans une question quelle qu'elle soit » (Mintzberg, 1973:35). Mais le planificateur est l'avocat d'un processus qui semble exagérément simplifié et stérile comparé à la complexité de l'élaboration de la stratégie. De plus, comme nous l'avons vu dans notre discussion sur les deux hémisphères du cerveau, en particulier d'après les découvertes de Robert Doktor (1978), les planificateurs et les managers pourraient aussi être cognitivement différenciés, l'un étant plus prédisposé à l'analyse associée à l'hémisphère gauche, l'autre à la synthèse, plus étroitement associée à l'hémisphère droit. À la limite, il semble que nous ayons à choisir entre « l'extinction par l'instinct » et « la paralysie par l'analyse » (Kast et Rosenweig, 1970:390). En d'autres termes, « les personnes [intuitives] ont tendance à agir avant de penser, si jamais elles pensent ; et les personnes [analytiques] pensent avant d'agir, si jamais elles agissent » (tiré de Wade, 1975:9).

On a donc un dilemme fondamental : comment coupler les capacités, le temps et les inclinations du planificateur avec l'autorité, l'information et la flexibilité du manager, pour avoir l'assurance que le processus d'élaboration de la stratégie est informé, répond aux besoins et est complet.

L'analyse et l'intuition dans l'élaboration de la stratégie

La conclusion évidente de ce qui précède est que, pour être efficace, toute organisation doit coupler l'analyse et l'intuition dans son processus d'élaboration de la stratégie aussi bien que dans ses autres processus. Quel que soit le désaccord que nous ayons avec Herbert Simon sur la nature de l'intuition, nous sommes d'accord sans réserve avec sa conclusion sur la place qu'occupe l'intuition à côté de l'analyse :

> Tout manager doit être capable d'analyser les problèmes de façon systématique (et avec l'aide de l'arsenal moderne des outils analytiques fournis par les sciences de gestion et la recherche opérationnelle). Tout manager doit également être capable de réagir aux situations rapidement, une capacité qui requiert qu'il cultive l'intuition et le jugement pendant de nombreuses années d'expérience et de formation. Le manager efficace n'a pas le choix entre les approches « analytique » et « intuitive » des problèmes. Se comporter comme un manager signifie avoir la maîtrise de tous les savoir-faire de gestion, et les appliquer là où ils sont appropriés. (1987:63)

Le « dilemme de la planification » suggère en fait sa propre solution, par l'identification des avantages comparatifs des planificateurs (plus analytiques) et des managers (plus intuitifs). Dans les termes de la grande erreur de la planification, l'analyse ne peut pas être la synthèse, et donc la planification ne peut pas être la formation de la stratégie, mais la formation efficace de la stratégie, en particulier dans les grandes organisations, dépend réellement de façon importante de l'analyse, à la fois en ce qui concerne les données d'entrée du processus et les moyens de traiter ses résultats. Les données qualitatives peuvent être indispensables, mais on ne peut ignorer les données quantitatives. Certaines questions reposent sur des modèles qui sont verrouillés au plus profond des cerveaux intuitifs des managers, mais d'autres sont mieux traitées par des modèles qui ont, au sens de Forrester, été rendus formellement cohérents. Et, bien entendu, s'il est possible que l'intuition soit nécessaire pour valider l'analyse, l'analyse doit examiner les résultats de l'intuition.

Les planificateurs ont le temps et la technique pour s'engager dans l'analyse qui est nécessaire ; ils sont enclins à trouver les messages importants dans les données quantitatives et à appliquer les modèles systématiques. Ainsi l'analyste qui est capable de développer un bon rapport avec les managers peut remplir le rôle important qui consiste à s'assurer que ces derniers obtiennent ces apports analytiques. De tels apports accroissent les bases de connaissance des managers et augmentent la quantité de matériau qu'ils peuvent prendre en considération dans l'élaboration de la stratégie. De façon plus importante, l'analyse peut fournir aux managers de nouveaux concepts et des façons alternatives de considérer les problèmes, les libérant parfois des œillères imposées par des années d'expérience.

On doit cependant mettre l'accent sur le fait que l'approche analytique ne fournit pas une solution mais une perspective, une autre façon de considérer les problèmes. Les analystes qui espèrent fournir des formulations puis attendre la mise en œuvre attendront longtemps (sauf s'ils ont affaire à des managers déconnectés de leurs contextes). Mais ceux qui adoptent une vision large sont plus susceptibles de servir leurs organisations, car même les meilleurs des managers peuvent bénéficier de ce type de support de la part des planificateurs (et de la part d'autres personnes qui ont la même structure d'esprit). Par conséquent, le dilemme de la planification peut être résolu en combinant ces deux modes de pensée, l'un pour une large part représenté par le manager, l'autre par le planificateur.

Une stratégie pour la planification

Pour exprimer les choses de façon un peu différente, le domaine de la planification a besoin d'une stratégie qui lui soit propre, d'une niche viable qui fasse les meilleurs usages de ses réels avantages comparatifs. Nous voulons ici proposer une telle stratégie, sous la forme d'un ensemble de rôles que peuvent jouer la planification, les plans, et les planificateurs vis-à-vis du processus de formation de la stratégie.

En fait le processus stratégique, que les stratégies soient formulées de façon délibérées ou se forment seulement de façon émergente, doit être vu comme une « boîte noire » impénétrable pour la planification aussi bien que pour les planificateurs, *autour* de laquelle, plutôt que *dans* laquelle, ils travaillent. Comme le montre la Figure 6-1, ceux-ci peuvent être impliqués dans les éléments qui entrent *dans* le processus, le soutiennent, ou entraînent les conséquences de celui-ci. Nous

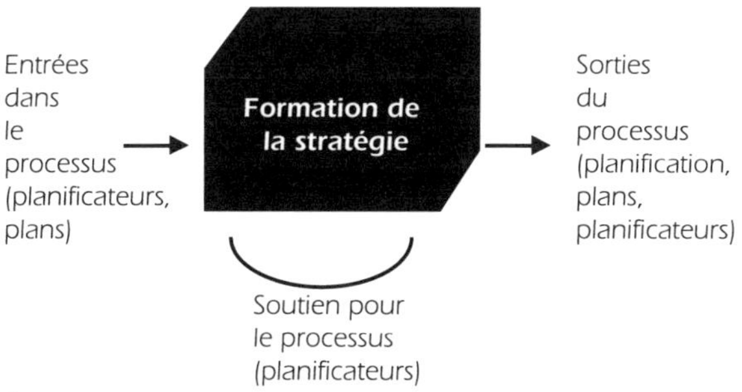

FIGURE 6-1
La planification, les plans et les planificateurs autour de la boîte noire de la formation de la stratégie

décrirons des rôles pour chacun de ces éléments dans ce chapitre, après un bref commentaire sur la nature de l'analyse réalisée pour le processus d'élaboration de la stratégie.

L'analyse « qualitative »

Admettons-le, nous avons eu tendance jusqu'ici à donner des planificateurs une image stéréotypée, en utilisant l'adjectif « conventionnel » pour qualifier les types de planificateurs auxquels nous pensons. Mais les planificateurs ne sont bien entendu pas plus monolithiques dans leurs prédispositions cognitives que les managers. En particulier en ce qui concerne l'orientation analytique, les planificateurs vont du type cartésien obsessionnel jusqu'au type intuitif joueur. Nous présenterons des rôles qui correspondent à toutes les orientations placées le long de ce *continuum*. Cependant, il est important de noter que les planificateurs qui peuvent le mieux servir les cadres dirigeants font probablement montre de ce que Doktor et Hamilton (1973:887) ont appelé une « mineure » dans le domaine de la pensée intuitive. Ils sont, en d'autres termes, capables de tempérer une prédisposition à l'analyse par une appréciation pour l'intuition, et même peuvent en faire eux-mêmes un certain usage. Leur type ressort de l'*analyse qualitative.*

L'analyse qualitative suggère une approche dans laquelle il est plus important de poser la bonne question que de trouver la réponse précise, d'incorporer une appréciation des données qualitatives aux côtés de la nécessaire analyse des données quantitatives. Le jugement prend sa place aux côtés des procédures formelles, et permet à une compréhension mutuelle de se développer entre les planificateurs fonctionnels et les cadres opérationnels, à mesure que l'analyse devient « un dialogue continu plutôt qu'un service rendu en une seule fois » (Whitehead, 1967:57). L'analyse qualitative oublie l'optimisation, accepte l'absence de buts précisément définis, accorde moins d'importance à l'élégance dans la technique. Chaque question est abordée comme un défi unique et créatif. L'approche est systématique mais rarement rigoureuse, et fait la distinction entre « la pensée analytique » et « la technique analytique » (Leavitt, 1975a:6). Elle repose sur des personnes qui sont à l'aise avec les nombres sans en avoir l'obsession, des individus qui ont des capacités analytiques mais aussi des savoir-faire intuitifs et qui n'hésitent pas à les utiliser, des personnes d'origines différentes qui peuvent ouvrir les questions au lieu de les fermer prématurément.

Dans l'esprit d'une analyse qualitative de ce type, nous délimitons ici les rôles, d'abord pour la planification, puis pour les plans, et enfin pour les planificateurs, les rassemblant en un cadre unique. Nous croyons que ce cadre de référence constitue une définition opérationnelle de la planification, définition dont ce domaine a besoin, comme nous l'avons soutenu au début de cet ouvrage.

Le rôle de la planification : la programmation stratégique

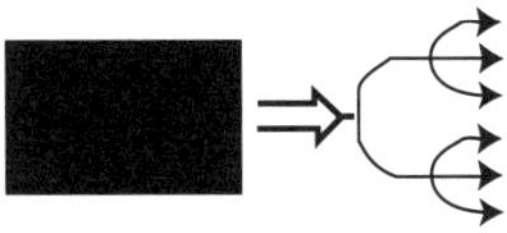

Pourquoi les organisations s'engagent-elles dans la planification formelle ? En d'autres termes, compte tenu de toutes les difficultés, en particulier celles qui concernent la formation des stratégies, pourquoi persistent-elles à pratiquer la planification sur une base formelle ? La réponse est évidente, et elle a été suggérée à de nombreuses reprises au cours de notre discussion. **Les organisations s'engagent dans la planification formelle, non pour créer des stratégies mais pour programmer celles dont elles disposent déjà, c'est-à-dire pour élaborer et opérationnaliser de façon formelle leurs conséquences.** En fait, nous devrions dire que les organisations efficaces s'engagent dans la planification de cette façon, au moins lorsqu'elles ont besoin de l'articulation formelle de leurs stratégies intentionnelles. Ainsi la stratégie n'est pas une conséquence de la planification mais juste le contraire : son point de départ. La planification aide à transformer les stratégies intentionnelles en stratégies réalisées, en faisant le premier pas qui peut conduire à leur mise en œuvre efficace. Nous présentons ceci non comme notre premier rôle pour la planification mais comme le seul. Tous les autres rôles dont nous discuterons sont relatifs aux plans et aux planificateurs mais pas à la planification.

La planification comme programmation est apparue clairement dans le dépistage des stratégies auquel nous avons procédé dans notre recherche sur la chaîne de supermarchés Steinberg. Cette entreprise a été gérée d'une façon purement entrepreneuriale pendant des décennies, jusqu'à ce qu'elle doive s'adresser aux marchés financiers pour obtenir des capitaux. Il lui a fallut alors « planifier », c'est-à-dire produire un document précisant où elle avait l'intention d'aller et comment.

De la même façon, nous avons nettement vu apparaître la planification comme programmation dans le cas d'Air Canada, qui s'est engagée dans une programmation très détaillée de la structure de sa flotte, de la structure de ses lignes, ainsi que dans l'ordonnancement de ses opérations régulières.

Notons que les définitions de la planification dont nous avons discuté au début sont valables ici. La planification comme programmation est clairement une procédure systématique dont l'objectif est de produire un résultat articulé. Elle relève nettement de la prise de décision, ou plus exactement d'un ensemble de processus de décisions coordonnés déclenché sur ordre de la stratégie. Et elle inclut certainement une pensée sur le futur, et souvent aussi le contrôle du futur : la création des états finaux auxquels on désire parvenir. Mais rien de tout cela ne requiert qu'il s'agisse de formation de la stratégie.

Quelques praticiens de la planification sont au bout du compte arrivés à la même interprétation. Dans la période qui a suivi la malheureuse expérience de la General Electric, une des personnes qui avait été son responsable de la planification – et qui est devenu plus tard un consultant en gestion – pouvait soutenir dans une interview :

> Je fais une distinction entre planification et stratégie : il s'agit de deux choses différentes. La stratégie signifie réfléchir de façon approfondie à ce qu'est la base de l'avantage concurrentiel d'une entreprise... La planification, de l'autre côté, se focalise sur l'action qui consiste à faire marcher la stratégie : par exemple augmenter la capacité de production ou augmenter la taille de la force de vente. Historiquement, l'approche stratégique de la General Electric a plus mis l'accent sur la planification que sur la stratégie. (Michael

Allen, cité dans *Planning Review*, 1985:18 ; pour d'autres visions de la planification comme programmation qui sont liées à la précédente, voir Anthony, 1965 et Quinn, 1980:38,41 ainsi que Jelinek et Schoonhoven, 1990:212)

Nous devrions cependant mettre l'accent sur le fait que même cette *programmation stratégique*, comme on pourrait correctement l'appeler, ne devrait pas être vue comme « la meilleure façon de faire ». Il ne s'agit pas d'un processus obligatoire qui suit l'élaboration de la stratégie, et dans certaines circonstances il ne s'agit même pas d'un processus désirable. Ce n'est que quand une organisation a besoin d'une articulation claire de sa stratégie (comme dans le cas de la compagnie aérienne avec tous les détails complexes de ses activités qui doivent être coordonnés de façon précise) que la planification comme programmation est une démarche sensée. À la fin de ce chapitre, nous considérerons les conditions sous lesquelles ceci est vrai.

La programmation stratégique peut être considérée comme composée d'une série d'étapes. Nous détaillerons ci-dessous trois de ces étapes en particulier : la *codification* d'une stratégie donnée, comprenant entre autres sa clarification et son articulation ; l'*élaboration* de cette stratégie en sous-stratégies, en programmes *ad hoc*, et en plans d'action de diverses sortes ; et la conversion de ces sous-stratégies, programmes et plans, en budgets et en objectifs routiniers. (On pourrait ajouter deux étapes de plus : l'*identification* de la stratégie avant qu'elle ne soit codifiée, et l'*examen attentif* de la stratégie après qu'elle ait été codifiée. Mais nous traiterons de ces étapes de façon séparée quand nous aborderons les rôles du planificateur, parce que ces étapes ne viennent pas nécessairement à la suite dans la séquence de la planification comme programmation, et parce que la première au moins n'est même pas prise en considération dans le modèle traditionnel de la planification). Dans ces étapes, nous concevons la planification comme prenant le contrôle après que la stratégie ait été identifiée de telle sorte que les deux éléments de notre dilemme de la planification se combinent et se suivent. L'un crée la direction par l'intermédiaire de la synthèse, l'autre clarifie et ordonne cette direction à travers l'analyse. Une telle séquence de rôles est, en fait, fortement enracinée dans notre propre constitution cognitive, comme Ornstein le note dans son ouvrage sur la recherche concernant les deux hémisphères du cerveau :

> Nos réalisations créatives les plus élevées sont le produit du fonctionnement complémentaire des deux modes de fonctionnement. Notre connaissance intuitive n'est jamais explicite, jamais précise dans le sens scientifique du

terme. C'est seulement quand l'intellect peut commencer à traiter les sauts en avant réalisés par l'intuition, à expliquer et à « traduire » l'intuition en un savoir opérationnel et fonctionnel, que la compréhension scientifique devient complète. C'est la fonction de l'intellect verbal scientifique que de transposer l'intuition dans le mode linéaire, de telle sorte que les idées puissent être explicitement testées et communiquées d'une façon scientifique. (1972:12)

Première étape : codifier la stratégie

Si l'on suppose l'existence de la stratégie sous une forme ou sous une autre (qu'il s'agisse d'une perspective générale ou de positions spécifiques, d'un plan intentionnel ou d'une structure qui est progressivement apparue) la première étape de la programmation stratégique est de « codifier » cette stratégie ou de la « calibrer » (le premier de ces termes a été utilisé par le responsable de la planification d'une très grande entreprise métallurgique lors d'une conversation privée avec l'auteur, le second a été utilisé par Quinn [1980:38]). En fait, la stratégie est clarifiée et exprimée en des termes suffisamment précis pour la rendre formellement opérationnelle, de telle sorte que ses conséquences puissent être spécifiées en détail. Selon les termes de Hafsi et Thomas, la planification rend « explicites... toutes les hypothèses implicites », examine les « barrières majeures », fait en sorte que l'on soit sûr que « tout a été pris en compte » et que les incohérences et les inconsistances soient découvertes et éliminées (1985:32,7). Par là même, la planificaton apporte de l'ordre à la stratégie, et la met sous une forme convenable pour qu'elle soit articulée au reste de l'organisation.

Sous cet angle, Quinn traite d'un usage de la planification qui consiste à « raffiner [les concepts stratégiques centraux de la gestion] en un nombre relativement faible d'impulsions principales autour desquelles l'organisation peut structurer l'engagement de ses ressources et mesurer la performance de ses managers » (1980:176).

Une image qui vient à l'esprit ici est celle d'un planificateur qui est assis avec un PDG qui assiste à une réunion du comité directeur. Les décisions qui viennent d'être prises sont symboliquement éparpillées sur la table. Le PDG fait remarquer le désordre et dit au planificateur : « Voilà les décisions ; nettoyez moi ça, mettez moi ça en paquets de façon nette de telle sorte que nous puissions informer tout le monde ». Ainsi Sawyer fait-il référence au rôle du planificateur comme « scribe » (« celui qui essaie de mettre [les] idées sur papier » (1983:159)), et aussi comme « documenteur » (« quelqu'un [qui résume] les conclusions et les fait circuler, de façon à ce que le groupe se souvienne de ce qu'il a décidé et puisse la prochaine fois construire à partir de ce point » [164]).

Bien entendu il ne s'agit nullement d'une tâche mécanique, mais d'une tâche qui peut exiger une bonne dose d'interprétation. La codification de la stratégie peut causer toutes sortes de problèmes si elle est mal effectuée ou faite de façon inappropriée ou prématurée. Ce qui est peut-être le plus grand danger – à côté de la fermeture prématurée – vient de ce qui peut être perdu dans l'articulation : la nuance, la subtilité, la qualification. Convertir des pensées générales en directives spécifiques est comparable au fait d'aller de buts globaux vers des objectifs précis, ou de données qualitatives à des données quantitatives : quelque chose est inévitablement perdu dans la traduction.

Les stratégies peuvent être des visions riches, des images interpénétrées de façon complexe créant parfois des perspectives profondément enracinées. Tant qu'elles sont articulées dans leurs propres termes (ce qui signifie souvent sous la forme d'images ou de métaphores plutôt que d'appellations concrètes) et de façon idéale par les personnes qui les connaissent le mieux (et notamment leurs créateurs), elles peuvent maintenir cette richesse. Mais une fois qu'elles sont décomposées et exprimées de façon formelle, par des mots ou, pire, par des nombres (ce qui peut être nécessaire pour communiquer au travers d'une hiérarchie bureaucratique dense), alors l'imagerie riche et les interconnections complexes se perdent parfois. L'âme de la stratégie peut par conséquent être réduite à un squelette, d'une façon comparable à ce qui se passe lorsqu'un tableau de maître est décrit par un nombre limité de caractéristiques : la taille, la couleur, la texture. Ainsi, quand Goold et Quinn disent : « Autant qu'il est possible, les objectifs devraient être précis et mesurables, autrement il y a danger que le plan manque de substance et de spécificité » (1990:44), la réponse évidente est que la qualité des plans n'a pas autant d'importance que la qualité de la performance de l'organisation.

Par conséquent, quand la codification est réellement nécessaire, ceux qui la font doivent être pleinement conscients de ses conséquences. De cette façon, ils sont au moins en mesure de travailler avec soin (avec subtilité et nuance) quand c'est nécessaire et, plus important encore, ils peuvent remettre en question la pratique dans le cas contraire. Il existe des circonstances, en fait, dans lesquelles il est parfois préférable d'avoir recours à des images pour communiquer des stratégies, comme dans l'exemple de Jan Carlzon, le PDG de la SAS, qui a utilisé un « petit livre rouge » de dessins humoristiques pour décrire sa stratégie de revitalisation. Ou au moins certaines stratégies peuvent être transmises de façon figurative et orale, par l'intermédiaire d'anecdotes ou d'autres moyens. Ce que nous voulons dire, c'est que les stratégies n'ont pas toujours besoin d'être directement transmises dans des documents formels comprenant des mots et des nombres, elles peuvent aussi être diffusées par des processus plus osmotiques.

Deuxième étape : préciser la stratégie

Une fois qu'elle est codifiée, la stratégie peut être détaillée : ses conséquences décomposées en une hiérarchie qui commence avec les sous-stratégies, continue par les programmes *ad hoc* de diverses sortes, et finit par des plans d'action qui spécifient ce que les individus doivent faire pour réaliser la stratégie voulue. Ceci constitue ce que dans notre discussion des quatre hiérarchies (voir Figure 2-6) nous avons appelé la *planification de l'action* : l'organisation parcourt les liens en descendant le long de la hiérarchie des stratégies, puis traverse et descend la hiérarchie des programmes.

La première étape est la décomposition de la stratégie en diverses sous-stratégies, que ce soit au niveau du groupe, au niveau de l'activité, ou au niveau fonctionnel. Ensuite les programmes d'investissement nécessaires sont définis, puis les programmes d'action et les plans opérationnels qui détaillent les actions spécifiques qui devront être conduites sur une base *ad hoc* (une seule fois), en incluant l'ordre de ces mouvements et leur date (ou planning). Newman, Warren et Schnee ont écrit ce qui suit sur « l'établissement d'une hiérarchie de plans » :

> Les impulsions stratégiques requièrent une série d'actions, comme l'ouverture d'un bureau à Sao Paulo ou l'émission d'actions de l'entreprise. Chaque impulsion peut être sous-divisée en étapes et en sous-étapes qui sont attribuées à des individus. Cette décomposition est poursuivie jusqu'à ce que, pour reprendre l'exemple du bureau de Sao Paulo, une personne trouve le site, une autre détermine l'équipement et la disposition, et une troisième embauche le personnel. (1982:40)

Le résultat d'ensemble est « une séquence temporellement spécifiée de mouvements conditionnels de déploiements de ressources » (Katz, 1970:356).

Lorsque les circonstances l'exigent, ces plans doivent aussi être élaborés sur une base contingente, de façon à pouvoir être utilisés, non selon un calendrier prédéterminé mais seulement lorsque le besoin s'en fait sentir. Une planification de ce type est coûteuse, mais peut être pertinente quand, comme nous l'avons noté précédemment, les conséquences d'un faible nombre de contingences probables et significatives peuvent être délimitées.

Tout ce qui précède donne sans aucun doute l'impression que nous avons redécouvert le modèle conventionnel de la planification que nous paraissons avoir juste fini d'écarter. Mais nous ne voulions l'écarter que lorsqu'il est hors contexte, c'est-à-dire que nous l'acceptons ici avec deux conditions clés. D'abord la formation de la stratégie est expressément exclue du modèle ; nous prétendons que celui-ci est pertinent pour la programmation ou la mise en œuvre de la stratégie, mais pas pour la création initiale de la stratégie. Ensuite, la programmation stratégique est présentée ici, non comme une sorte d'impératif, mais comme un processus qui n'est approprié que sous certaines conditions spécifiques (que nous allons bientôt préciser).

Troisième étape : convertir la stratégie détaillée

Il existe un impératif lié également au modèle conventionnel : il faut déterminer les conséquences des changements stratégiques (ou programmatiques) *ad hoc* sur les opérations routinières de l'organisation. C'est la traversée de ce que nous avons appelé plus haut la grande faille, de la hiérarchie des stratégies et de celle des programmes (la planification de l'action) à la hiérarchie des budgets et à celle des objectifs, c'est-à-dire au contrôle de la performance. Les objectifs sont reformulés et les budgets retravaillés, les politiques générales et les procédures opérationnelles standard sont reconsidérées, de façon à prendre en compte les conséquences des changements spécifiques de l'action.

Comme nous l'avons fait remarquer dans notre discussion sur les quatre hiérarchies, cette étape qui franchit la faille n'est facile ni à comprendre ni à exécuter. Pour sa part, la littérature est notoirement faible sur la façon dont ceci devrait être fait, esquivant généralement le processus comme s'il s'agissait d'une conclusion certaine. Les organisations s'en sortent d'une façon ou d'une autre : après tout, les budgets finissent effectivement par être changés en réponse à des modifications dans la stratégie. Mais comment cela se produit-il, ou comment faire pour que cela se produise de façon plus rapide et plus efficace, n'apparaît pas dans les données empiriques publiées par l'école de la planification. Une exception (qui est aussi un modèle du type de recherches dont l'école de la planification a grand besoin) apparaît dans la discussion classique que fait Devons (1950) de la planification en temps de guerre au ministère britannique de la Production aéronautique. Dans ce travail, Devons a consacré une attention considérable aux problèmes et aux ambiguïtés de la programmation stratégique, illustrant à quel point il est difficile de faire fonctionner ce qui paraît être un processus tellement simple. Cairncross, dans son introduction à la publication ultérieure des papiers de Devons (1970), nous donne un bon résumé : « Il a trouvé que ce qui était élevé à la dignité de planification s'avérait être en pratique à peine plus que de l'improvisation » (18).

Pour conclure, nous avons positionné le modèle conventionnel de « planification stratégique » dans le processus de mise en œuvre, et non dans le processus de formulation, de la stratégie. Mais nous voulons mettre l'accent sur le fait que nous le plaçons ici seulement sur une base contingente : il est sensé de programmer la stratégie de façon formelle (de la codifier, puis de la préciser, et finalement de la convertir en opérations routinières) seulement quand des stratégies viables sont disponibles, c'est-à-dire quand on s'attend à ce que le monde se tienne tranquille ou change de façon prévisible pendant que les stratégies intentionnelles se déploient, de telle sorte que la formulation puisse logiquement précéder la mise en œuvre. La programmation stratégique n'a de sens qu'*après* que tout l'apprentissage stratégique nécessaire a été réalisé, et que la pensée stratégique a convergé vers des structures appropriées. En dehors de ces circonstances, la programmation stratégique peut faire du mal aux organisations en diminuant la flexibilité parfois nécessaire pour réagir à un environnement changeant[1]. Ainsi, nous concluons que le modèle conventionnel était plutôt mal appliqué que mauvais.

[1] Voir dans le chapitre précédent la discussion sur les dangers qu'il y a à séparer la formulation de la mise en œuvre.

Les conditions de la programmation stratégique

Bien qu'il soit clair que la planification comme programmation stratégique ne soit pas « la meilleure façon de faire » pour toutes les organisations dans toutes les circonstances, les praticiens et les théoriciens de la planification ont été très réticents à spécifier ce que sont de telles circonstances. Ainsi Huff et Reger, dans leur étude de la recherche sur le processus stratégique, indiquent dans leur commentaire qu'ils ont été « surpris de voir dans le domaine des prescriptions sur la planification le faible nombre d'articles discutant d'environnements spécifiques » (1987:215), et Chakravarthy (1987), dans une enquête effectuée auprès de cadres dirigeants, est de même surpris de constater que leurs systèmes de planification paraissaient souvent n'être en harmonie ni avec le contexte externe ni avec les besoins internes de l'organisation, surpris en outre de constater que ces manques d'adéquation paraissaient « sans importance » aux dirigeants eux-mêmes. Les « miettes » de données empiriques sont néanmoins suffisantes pour préciser les conditions qui paraissent être les plus favorables à la programmation stratégique. Nous les passons en revue ci-dessous.

La stabilité. Dans le chapitre 3 nous avons discuté assez longuement des conditions de stabilité, de contrôlabilité, et de prédictabilité, concluant qu'elles étaient nécessaires pour une planification efficace. Ici nous nous intéressons plus particulièrement à la stabilité, parce que, comme nous l'avons déjà dit, même si la contrôlabilité de l'environnement est encore meilleure, à la limite elle en revient à une forme de stabilité imposée, alors que le problème avec la prédictabilité est qu'elle ne peut pas être prédite.

Si l'on s'engage dans la planification, au sens de programmation stratégique, pour fixer la stratégie (« le plan est gelé à un certain moment » est la façon dont Sawyer [1983:2] l'a exprimé dans sa monographie sur la planification), alors on a intérêt à ce que les conditions soient stables (Allaire et Firsirotu, 1991:14). Ainsi Gomer (1974) et Murray (1978) ont-ils trouvé que les systèmes de planification étaient mal adaptés aux conditions dynamiques prévalant après la crise du pétrole de 1973, alors que Frederickson (1984, voir aussi Frederickson et Mitchell, 1984) a trouvé que le « caractère global » des processus de décision (lié à leur intégration et à leur formalisation dans la planification) était positivement relié à la performance dans des environnements stables, et négativement dans des environnements instables[2]. Et dans une enquête informelle effectuée auprès de vingt et un planificateurs, Armstrong (1982) n'en a trouvé qu'un seul qui considérait que la planification formelle est utile dans « toutes les situations », alors que quatorze « citaient des changements dans l'environnement comme un facteur important » et que onze d'entre eux « pensaient que la planification formelle est moins appropriée lorsque le changement est rapide » (202 ; voir aussi Capon *et alii* : les personnes qui ont répondu à son enquête ont le plus souvent cité « une incertitude substantielle dans l'environnement » comme facteur « décourageant la planification d'entreprise » [1980:171]). Mais peut-être ce point est-il le plus clairement établi par un dirigeant latino-américain : « La planification, c'est formidable. Mais comment pouvez-vous planifier, sans parler de planifier à long terme, si vous ne savez pas quel type de gouvernement vous aurez l'année prochaine ? » (dans Stieglitz, 1969:22).

La maturité de l'industrie. Les industries « matures » ont tendance à être particulièrement stables : les technologies et les lignes de produits se sont stabilisées autour de « conceptions dominantes » (Abernathy et Utterback, 1978) ; la croissance du marché s'est ralentie et est devenue plus régulière ; les procédures opérationnelles sont devenues standard, souvent au point d'être désormais « des recettes de l'industrie » (Grinyer et Spender, 1979) ; même les stratégies ont tendance à devenir « génériques » dans des segments de l'industrie (que l'on appelle des « groupes stratégiques »). De même, la concurrence tend à se modérer avec la maturité, dans la mesure où les entreprises survivantes se stabilisent dans des relations plus ou moins bien définies, avec des leaders et des suiveurs, les premiers étant souvent capables d'exercer un pouvoir assez fort sur le marché. Tout cela incite évidemment au rangement en catégories que la planification elle-même favorise. Ainsi Khandwalla (1977) a-t-il trouvé une forte corrélation négative stable entre la planification et le taux de croissance de l'industrie ; les industries

[2] Kukalis (1988, 1989) a trouvé qu'il existe une relation entre « les complexités de l'environnement » et divers aspects du processus de planification, en particulier son « caractère extensif », la présence d'horizons de planification plus courts, et une plus grande fréquence de réexamen du plan. Mais un certain nombre de ces mesures de complexité étaient en fait des mesures de stabilité (par exemple la capacité à prédire des changements dans la demande, la fréquence des introductions de nouveaux produits). Des horizons-temps plus courts et des études plus fréquentes pourraient être cohérents avec les conclusions que nous tirons ici, alors que sans doute un caractère plus extensif ne le serait pas.

à forte croissance favorisant des modes opératoires plus entrepreneuriaux et plus adaptatifs. Il a aussi trouvé que les entreprises qui voyaient leur environnement comme restrictif avaient tendance à utiliser l'approche planificatrice pour la prise de décision[3].

Nous avons constaté tout cela clairement dans nos recherches sur Air Canada jusqu'en 1976, qui est devenu un gros utilisateur de la planification une fois que sa structure de lignes, ses procédures opérationnelles, et ses relations avec les autres compagnies aériennes ont été établies. Air Canada s'est installé dans une position dominante sur son marché domestique et, sur le marché international elle a rejoint le club des compagnies aériennes de classe mondiale comme la compagnie porte-drapeau du Canada. Pour citer l'un de ses dirigeants, « Nous pouvions prédire le futur avec une grande précision » (dans Mintzberg *et alii*, 1986:37). Il est vrai qu'à cette époque c'était possible : les revenus de la compagnie aérienne ont augmenté de façon presque parfaitement exponentielle pendant des dizaines d'années. Paradoxalement, pour se libérer du contrôle gouvernemental, cette entreprise nationale s'est enfermée toujours plus profondément dans la structure de son secteur, où la planification des entreprises individuelles se combinait de façon implicite pour créer leur environnement collectif[4].

L'intensité en capital. Un fort investissement en capital fournit une autre incitation à s'engager dans la planification. Plus l'engagement de ressources sur un seul programme est important, plus il est nécessaire de contrôler ces ressources avec soin (aussi bien que le contexte de leur application), et par conséquent plus le besoin de programmation stratégique est important (Denning et Lehr, 1972:5 ; Kukalis, 1988, 1989 ; Al-Bazzaz et Grinyer, 1983), et, comme l'a noté Channon (1976:54), plus le cycle de la planification est long. Compte tenu de l'irréversibilité de ces engagements majeurs (les coûts extrêmement forts qu'il y a à quitter l'industrie) les entreprises à haute intensité en capital ne peuvent tout simplement pas se permettre les risques associés aux environnements dynamiques. Elles doivent avoir un certain sens de ce que leurs marchés leur apporteront au cours de la vie de l'investissement ; si elles ne

[3] Kukalis (1991) a trouvé des résultats qui ne vont pas dans le même sens.

[4] Gardons à l'esprit que dans ce cas il y avait deux marchés fortement contrôlés, le marché domestique étant très fortement régulé (pendant la période que nous avons étudiée), le marché international étant généralement considéré comme un cartel, avec une association professionnelle fixant les tarifs, les compagnies aériennes elles-mêmes concluant des accords avec des transporteurs avec lesquels elles étaient ostensiblement en concurrence.

prévoient pas cette stabilité, elles doivent essayer de l'imposer. Woodward (1965) a exprimé ce point de façon claire dans la description qu'elle a faite des entreprises manufacturières à technologie de production « en continu » qui ont une intensité en capital beaucoup plus grande que les technologies de production « à l'unité » ou « de masse » : elles doivent assurer les marchés pour leurs produits avant de construire leurs installations.

Une grande taille. Une organisation n'a pas besoin d'être grande pour planifier, mais cela aide certainement. Comme Newman l'a noté dès 1951 : « la planification coûte cher » (65)[5]. De plus, quelques-uns des facteurs dont nous avons déjà discuté, notamment l'intensité en capital et le contrôle du marché, ont tendance à être plus présents dans des organisations de grande taille. Ainsi des recherches effectuées par Sheehan (1975), Sapp (1980), Lorange (1979:234), Al-Bazzaz et Grinyer (1981, 1983), ainsi que Denning et Lehr (1972) ont toutes fourni des données empiriques montrant de façon convaincante la relation entre la taille d'une organisation et sa tendance à s'engager dans la planification, ou le degré de formalisme de sa planification.

La planification formelle requiert généralement des mécanismes administratifs élaborés, sous la forme de budgets et de procédures de diverses sortes, sans parler d'un ensemble de fonctionnels de la planification qui ne gagnent pas leur salaire en s'occupant des factures impayées. Et puis il y a le temps que les managers opérationnels doivent consacrer au processus. De plus, « Les planificateurs ont tendance à être extrêmement dépensiers » ; ils « ont très fortement intérêt à augmenter la taille de l'investissement », et sont enclins « à chercher ce qui est grand et tonitruant de préférence à ce qui est petit et calme. Leurs talents sont plus appropriés à l'analyse de gros projets qui ont un impact substantiel... et qui, par leur coût, justifient une attention analytique coûteuse » (Wildavsky, 1973:149-150). Ainsi John Kenneth Galbraith fait-il référence à « l'alliance sans complexes » de la planification « avec la taille » (1967:31), qu'il croyait être tout particulièrement vraie quand la planification est utilisée pour créer (en anglais « enact ») l'environnement :

[5] Roach et Allen ont soutenu que « "l'entreprise de plus petite taille" doit planifier de façon plus formelle, rigoureuse, analytique, et donc plus stratégique que l'entreprise plus grande, et ce au moins pour la raison suivante : parce qu'elle dispose de moins de ressources humaines et matérielles avec lesquelles travailler » (1983:7-26). Les raisons ci-dessus ressemblent à de bonnes raisons pour les petites entreprises d'***éviter*** la planification formelle !

> La taille de la General Motors n'est pas au service du monopole ou des économies d'échelle, mais au service de la planification. Et pour cette planification (contrôle de l'offre, contrôle de la demande, obtention de capitaux, minimisation du risque) il n'y a pas de limite supérieure claire à la taille désirable. Il se peut que le plus gros soit le mieux. (76)

Il se peut que les organisations de grande taille ne soient pas seulement celles qui peuvent le plus facilement se permettre la planification du point de vue financier, celles qui sont le mieux capables de l'utiliser, mais soient également celles qui en ont le plus besoin. Les petites organisations peuvent toujours s'en tirer avec des moyens informels pour obtenir la communication et le contrôle, mais les données empiriques montrent nettement que les grandes organisations doivent plus s'appuyer pour ce faire sur des moyens impersonnels et formels, qui comprennent des systèmes de planification (voir Mintzberg, 1979a:233-234).

Une structure élaborée. On s'engage dans la programmation stratégique pour spécifier ce qui doit être fait pour réaliser une stratégie intentionnelle. La programmation stratégique y parvient en décomposant la stratégie, par des programmes, en activités spécifiques de diverses sortes. Mais cela suppose une organisation qui peut elle-même être décomposée en un système de sous-unités, décomposées à leur tour en postes de travail qui sont à leur tour décomposés en tâches spécifiques sur lesquelles on peut faire reposer les plans d'action. Il en va de même pour le contrôle de la performance : les budgets et les objectifs doivent correspondre à des sous-unités spécifiques, et finalement peut-être à des individus dont le travail a été clairement défini et différencié. Ainsi, l'organisation idéale pour les deux types de planification est l'organisation fortement structurée. Des organisations faiblement structurées peuvent transformer en désordre les résultats très ordonnés du processus de planification.

Des opérations étroitement couplées. Si des activités fortement structurées peuvent faciliter la planification de l'action, des activités étroitement couplées les unes aux autres, tout particulièrement dans le centre opérationnel, peuvent exiger cette planification. Considérons une organisation qui remplit la première condition mais pas la seconde, par exemple un coiffeur qui a cent salariés. Chacun d'entre eux travaille d'une façon très structurée, mais ils travaillent de façon tout à fait indépendante les uns des autres. Le besoin de planification de l'action (de communication formalisée sinon de contrôle) n'est pas du tout critique. Mais si nous considérons une chaîne d'assemblage avec une centaine de salariés qui fabriquent des fauteuils de coiffeur (qui font un travail hautement structuré et étroitement couplé) le besoin de planification de l'action devient plus évident : en standardisant les activités de chaque salarié, une telle planification fournit un moyen pour coordonner et contrôler leur travail de façon étroite (Mintzberg, 1979a, 152-154). Ainsi nous nous attendrions à trouver une intensité beaucoup plus forte de planification dans une entreprise du type General Motors (avec ses chaînes d'assemblage et ses réseaux de fournisseurs) ou du type Air Canada (avec son besoin extrême d'obtenir une coordination précise entre les avions, les lignes, les équipages, et les horaires de vols), que dans une entreprise du type 3M (avec sa multitude de produits indépendants) ou du type MIT (avec son agglomération de départements universitaires indépendants)[6].

Notons que, les opérations internes mises à part, le couplage étroit peut aussi s'appliquer aux produits (« produits liés » étant le terme actuellement utilisé, comme lorsqu'une entreprise informatique offre du logiciel avec son matériel), et aussi aux éléments externes, comme la fourniture de bauxite, de carbone, et d'électricité à un fondeur d'aluminium (Clark, 1980:7). Comme Rhenman l'a exprimé, les organisations qui peuvent considérer « les changements de l'environnement comme indépendants les uns des autres » (1973:4) peuvent survivre et réussir sans planification de l'action, bien qu'elles doivent parfois utiliser le contrôle de la performance (ou même le modèle d'élaboration des budgets d'investissement) pour effectuer du contrôle si ce n'est de la coordination.

[6] Tita et Allio décrivent en fait le système de planification de l'entreprise 3M comme « ascendant » de façon à renforcer « l'esprit entrepreneurial ». Le manager de chacune des quelques centaines d'entreprises dont est composé le groupe est « autorisé à planifier comme il le souhaite, à collecter toute quantité de données qui lui paraît appropriée » et à présenter les plans « à n'importe quel moment de l'année ». De plus, « 3M ne s'est jamais engagée dans la planification "fonctionnelle", avec un ensemble de services de planification » (1984:12). Dans un article publié plus tard sur l'entreprise, Carol Kennedy (1988) décrit une entreprise 3M qui prenait la planification stratégique un peu plus au sérieux, faisant tourner chacun des trois vice-présidents à la tête du comité de groupe pour la planification stratégique. Mais l'entreprise cherchait à maintenir une « approche pragmatique », avec une « mise en question constante des hypothèses des planificateurs » (11), et le développement de plans « dans le véritable style "ascendant" de 3M, en conjonction avec les managers opérationnels clés » (12). Tout en reconnaissant la valeur du système « pour l'analyse et la direction des activités existantes », Kennedy a noté le scepticisme qu'avait la direction générale à propos de sa capacité à « générer de nouvelles activités » (16), mettant ainsi en question son appellation « stratégique ».

Des opérations simples. En tant que moyen de réaliser un couplage étroit des activités, comme nous en avons discuté au chapitre 4, la planification de l'action devient une force pour la centralisation dans l'organisation. Elle dicte les décisions relatives à un certain travail, retirant la marge de manœuvre sur le travail dont disposent les personnes qui sont chargées de le faire pour la placer entre les mains de ceux qui le conçoivent, c'est-à-dire les planificateurs de l'organisation. Mais la capacité de la planification à effectuer une telle coordination centrale n'est pas très sophistiquée. Comme nous l'avons vu, ses pouvoirs de synthèse sont faibles alors que ses pouvoirs d'analyse sont peu sophistiqués. La planification demeure essentiellement ce qu'elle a toujours été : un modèle simple (celui de l'école de la conception) décomposé en étapes simples détaillées par une variété de check-lists simples elles aussi et soutenues par les procédures également simples d'établissement du planning et du budget.

Nous devons donc ajouter une condition importante, même si elle est sujette à controverse, au point concernant le couplage étroit : la planification dans cette situation n'est faisable que si les opérations sont relativement aisées à comprendre. Les activités à coupler peuvent être nombreuses et leur coordination délicate (comme dans le cas des opérations d'une compagnie aérienne), mais ces activités et leur environnement doivent être faciles à comprendre si l'on veut qu'elles soient accessibles à la technologie de la planification (ces activités doivent aussi être exécutables par des individus qui n'ont aucun contrôle sur elles).

Comme l'écrivait Zan (1987:192), la planification est « un moyen de réduire la complexité externe à des formes "gérables" ». La planification est nécessaire, non parce qu'une quelconque de ces tâches est complexe, mais parce que la myriade de tâches qui doivent être exécutées de concert avec précision dépasse la capacité d'un seul cerveau ou d'une procédure informelle suivie par de nombreux cerveaux. En d'autres termes, le système dans son ensemble peut paraître complexe, mais la décomposition rend nécessairement chacune de ses parties simple, aisée à comprendre sinon facile à gérer. Par exemple, tout le monde peut facilement comprendre une chaîne d'assemblage automobile, qu'il s'agisse de chaque activité ou de l'ensemble de la chaîne. Mais personne ne peut de façon informelle organiser tous les détails qui sont associés à la gestion de cette chaîne d'assemblage. Il y a tout simplement trop de détails. Il en est de même pour la programmation temporelle des activités d'une compagnie aérienne. Mais pas pour la chirurgie à cœur ouvert, ou même pour le développement d'un produit innovateur. Ainsi, alors que les premières de ces activités exigent de la planification de l'action, les secondes peuvent être fortement gênées par une telle planification (bien qu'une quantité limitée de programmation temporelle des activités, etc. puisse être appropriée, concernant le lieu et le moment des activités plutôt que les méthodes à suivre)[7].

En ce qui concerne cette question, Normann et Rhenman citent la loi de la « variété requise » d'Ashby : un système ne peut contrôler un autre système que si les degrés de complexité et de sophistication du système contrôlé sont inférieurs à ceux du système contrôlant. Et pour ce qui concerne la planification, cela signifie des systèmes simples, selon ces auteurs :

> L'application du modèle [de la planification] dépend généralement de la possibilité qu'il y a d'obtenir une définition exacte d'un problème... C'est-à-dire que nous devons être capables de voir clairement quels facteurs nous devons prendre en compte pour résoudre le problème, et quels facteurs nous pouvons ignorer... Il est probable que [cette] approche est utile dans la planification d'opérations simples dans des systèmes dont les entrées et les sorties sont raisonnablement claires. (1975:44)

Ceci peut expliquer la différence entre ce que pensent Huff – qui décrit la planification comme facilitant l'action – et Weick qui suggère qu'elle peut aussi paralyser l'action. Huff considérait que la résistance et l'expansion du modèle de la planification « peuvent être en partie liées à l'illusion de la simplification des structures qui rend notre monde divers plus compréhensible » pour reprendre les termes qu'elle utilisait et que nous avons cités plus haut. Ce qui rend les procédures de planification « attirantes », c'est leur nature « simpliste » : « Elles sont conceptuellement faciles à comprendre ; elles simplifient, elles structurent les besoins d'information ; elles définissent une série d'étapes consécutives. En bref, le système de croyance de la planification fondée sur les buts fournit un moyen pour ordonner (et parfois pour ignorer) les complexités qui autrement paralysent l'action »

7 Nous voudrions indiquer clairement ici que la complexité du travail est tout à fait indépendante de sa stabilité. Ici nous sommes en train de discuter du travail complexe, qu'il soit stable ou non. La chirurgie à cœur ouvert est une tâche complexe mais stable ; la conception créative est souvent complexe et dynamique (c'est-à-dire imprévisible). Pour une discussion de l'indépendance de ces deux dimensions, voir Mintzberg (1979a:273, 285-287).

(1980:33). Mais, alors que ceci peut être vrai dans un contexte simple, exactement le contraire peut se produire dans des contextes plus difficiles. Au lieu d'agir, l'organisation s'engage dans la planification, qui peut « se développer en spirales de plus en plus larges, devenant une fin plutôt qu'un moyen » (Weick, 1979:103)[8].

Le contrôle externe. Finalement, un autre facteur qui encourage la planification est la présence d'une source d'influence externe qui a le pouvoir et l'intention de contrôler une organisation de l'extérieur. Pour réussir, une telle source d'influence doit trouver un moyen efficace pour le contrôle. Et la planification est un candidat évident. C'est particulièrement le cas quand la source d'influence est une organisation qui utilise elle-même des systèmes de planification, comme dans le cas d'une entreprise mère contrôlant une filiale. Le contrôle de la performance est le moyen qui vient à l'esprit, mais la planification de l'action peut également être mobilisée, en particulier quand la source d'influence externe désire contrôler directement les opérations internes, soit parce que cela se justifie fonctionnellement, soit parce que cela offre l'illusion du contrôle (comme tel a probablement été le cas pour une bonne partie de la planification de l'action imposée par les gouvernements communistes, sans mentionner les sièges sociaux des groupes occidentaux).

La puissance de l'effet du contrôle externe sur la tendance à la planification est apparue clairement dans un certain nombre d'études. Par exemple, Denning et Lehr (1972) ont réparti les 300 entreprises de leur échantillon en six catégories de structures. Celles qui avaient le plus nettement un propriétaire externe (les filiales de multinationales étrangères) avait de loin la proportion la plus forte de planification (64,7 %), alors que celles qui étaient le moins marquées par un propriétaire externe (les organisations fonctionnelles avec plusieurs usines) étaient proche du taux d'utilisation le plus bas (11,1 %). De la même façon, Al-Bazzaz et Grinyer (1983) ont trouvé que « la dépendance vis-à-vis d'organisations parentes » aussi bien que « vis-à-vis de clients très importants » était un facteur expliquant l'activité de planification. Dans une autre recherche, ils ont trouvé « significativement plus de plans écrits » dans les quatre entreprises nationalisées de

[8] Mais, comme nous l'avons noté plus haut, quand il n'y a aucune base pour l'action, formelle ou informelle, Gimpl et Dakin ont soutenu dans leur article sur « Gestion et magie », comme l'a fait Weick dans son histoire sur les soldats qui découvraient une carte dans les Alpes suisses, que la planification, ou les plans, à tout le moins induisent les individus à faire quelque chose ! (1984:133). Mais nous pouvons nous demander : dans quel but ?

leur échantillon que dans les autres entreprises qu'ils ont étudiées (1981:163), et un peu plus de planification dans les filiales que dans les organisations parentes, « peut-être [parce que] les organisations situées à un niveau plus élevé imposent au niveau inférieur un degré de formalisme qu'elles ne sont pas prêtes à adopter » (165).

Grouper ces conditions. Que pouvons-nous faire de cet ensemble de conditions ? On peut d'abord considérer l'importance de chacune d'entre elles de façon indépendante. La stabilité paraît être une condition nécessaire (si ce n'est suffisante), parce que sans un degré raisonnable de stabilité il ne peut pas y avoir de programmation stratégique. Sur le plan interne, des opérations simples paraissent de la même façon être une condition nécessaire, dans la mesure où la planification de l'action ne peut pas traiter des actions complexes. Si nous y ajoutons une structure élaborée et des opérations étroitement couplées, nous paraissons avoir un ensemble de conditions qui conduisent à la programmation stratégique, comme illustré dans la Figure 6-2. Une grande taille, l'intensité en capital, la maturité de l'industrie, et le contrôle externe, plutôt que d'être des conditions nécessaires, paraissent encourager ou faciliter l'utilisation d'un tel type de planification, comme le montre la Figure 6-2 également.

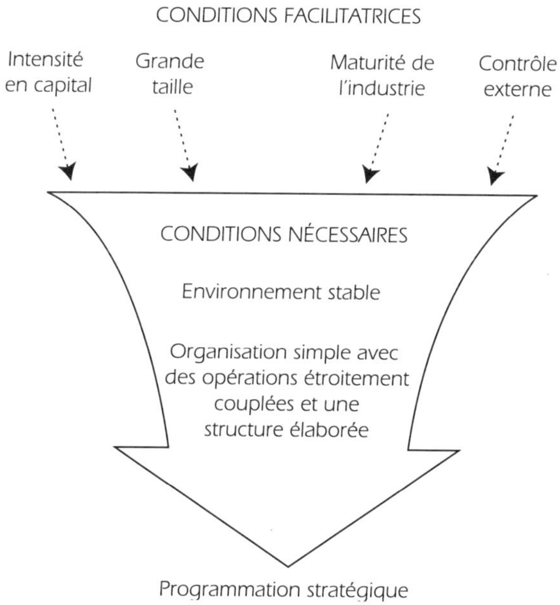

FIGURE 6-2
Les conditions de la programmation stratégique

Bien entendu, ces conditions ne sont pas indépendantes. Par exemple l'intensité en capital a tendance à être liée à une grande taille, alors qu'une structure élaborée paraîtrait exiger des opérations relativement simples (comme dans le cas de la chaîne d'assemblage automobile). Les conditions associées à la programmation stratégique paraissent donc se regrouper. Vers la fin de ce chapitre, nous décrirons différents types d'organisations, et nous verrons que l'un de ces types correspond à ce groupe de conditions. Nous l'appelons l'*organisation mécaniste*, et nous croyons que c'est dans ce type d'organisation que la programmation stratégique est le plus communément rencontrée.

Le premier rôle des plans : moyens de communication

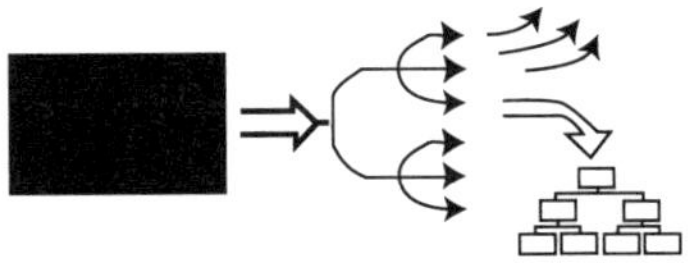

Si la planification est de la programmation, alors les plans ont clairement deux usages ou rôles. Ils sont un moyen de communication et des mécanismes de contrôle. (Ces « rôles » pour les plans sont bien entendu des « raisons » de planifier.) Ces deux rôles proviennent du caractère analytique des plans, c'est-à-dire de leur représentation des stratégies sous une forme décomposée et articulée, souvent quantifiable, si ce n'est quantifiée.

Pourquoi programmer la stratégie ? La raison la plus évidente est pour la coordination, pour s'assurer que chacun dans l'organisation tire dans la même direction, ce qui est parfois facilité en spécifiant cette direction de façon aussi précise que possible. Les plans, comme ils émergent de la programmation stratégique sous la forme de programmes, de plannings, de budgets, etc., peuvent être des moyens primordiaux pour communiquer, non seulement des intentions stratégiques mais aussi ce que chaque individu dans l'organisation doit faire pour les réaliser (dans la mesure bien entendu où une direction commune est plus importante qu'une marge de manœuvre individuelle). Ainsi Quinn indique-t-il que les activités de planification formelle remplissent « certaines fonctions vitales en coordonnant les stratégies », ce qui comprend « la prise de conscience, la génération de consensus, et l'affirmation de l'engagement ». La planification « forçait les managers à communiquer de façon systématique sur des questions stratégiques » (1980:140).

« Des améliorations dans la communication et la coordination » ne sont pas, comme l'ont indiqué Hogarth et Makridakis (1981:128), juste « des effets annexes fonctionnels » de la planification, mais des raisons essentielles qui amènent à s'y engager. Comme Langley l'a décrit dans la recherche intensive qu'elle a effectué sur l'utilisation de l'analyse dans trois organisations, la communication est « l'un des rôles les plus importants de la planification stratégique, si ce n'est le plus important » (1986:324). La communication par l'intermédiaire de la planification fournit « un moyen par lequel l'ensemble des cadres [peut] parler de stratégie sur une base régulière » (Marks, 1977:2). C'est la « propreté conceptuelle » de la planification qui « peut fournir le meilleur vocabulaire pour la communication à l'intérieur des organisations » (Huff et Reger, 1987:216). De façon plus spécifique, la direction peut communiquer ses intentions, assurer la cohérence entre les activités, et rationaliser l'allocation des ressources (Barreyre, 1977/78:94).

Deux articles sur Air France ont mis l'accent sur ce rôle de communication dans les efforts intenses de planification qu'a accomplis l'entreprise au milieu des années quatre-vingt. Hafsi et Thomas ont remarqué qu'un résumé en quinze pages du plan avait été adressé à chacun des employés de la compagnie, 35 000 copies en tout ! (1985:27). À cela s'ajoutait « une série de documents audiovisuels, incluant une discussion vidéo avec le président », sans oublier plusieurs numéros du journal d'entreprise consacré au plan et les 800 réunions, en moyenne de trois heures chacune, impliquant en tout 18 000 salariés, qui ont précédé toute cette documentation (28). De fait, à lire le rapport de Hafsi et Thomas, on a l'impression que l'exercice était plus lié à la communication en soi (obtenir la motivation et la compréhension, le consensus d'ensemble) qu'il n'était une tentative pour programmer la stratégie à travers le système (bien que telle ne soit pas la position de Hafsi et Thomas[9]). En fait, dans le second article sur Air France, écrit par deux salariés de cette entreprise et intitulé : « Planification et

[9] Ces 800 réunions étaient ostensiblement conçues pour susciter des commentaires, du « feedback ». Mais la déclaration de Hafsi et Thomas selon laquelle « les commentaires qui justifiaient des modifications importantes à apporter au plan » étaient « *sûrement* évoqués » lors de ces réunions, mais « n'étaient pas pris en compte dans la version courante du plan, mais formellement notés puis inclus dans la version pour l'année suivante » laisse place au doute à propos du feedback (29, italique ajouté). Comme les auteurs l'ont noté plus loin, « en un sens le président est moins soucieux du plan produit par le processus (quelles décisions stratégiques il faut prendre), et plus soucieux du degré d'implication des employés clés dans la mise en œuvre de n'importe quelle décision stratégique qui devait être prise » (34).

communication : l'expérience d'Air France », Guiriek et Thyreau mettent l'accent sur la communication par-dessus tout. Ils font référence au plan comme « un outil de communication interne et externe » (1984:135).

Pour en revenir à l'article de Hafsi et Thomas, le plan « force [les salariés] à reconnaître la situation de l'entreprise par rapport à celle de ses concurrents... le processus de planification leur permet de mieux comprendre qui ils sont et comment ils sont situés par rapport à des salariés comparables dans d'autres entreprises » (33).

Mais la communication peut être externe aussi bien qu'interne, avec des plans qui sont utilisés pour rechercher un soutien tangible aussi bien que moral de la part de sources d'influence externes (par exemple Langley, 1989:625). Nous ne faisons pas référence ici à ce que nous avons appelé plus haut la planification comme un exercice de relations publiques (« la planification comme un spectacle ») parce que cela « fait bien » de planifier plutôt que parce que la planification est bonne. Au lieu de cela, nous pensons à la planification comme informant des personnes externes sur la substance des plans de façon à ce qu'ils puissent aider l'organisation à les réaliser. Ainsi, en plus des 35 000 résumés distribués en interne, la compagnie aérienne nationale a aussi distribué 10 000 copies du document complet de 180 pages, entre autres à « tous les personnels clés des administrations concernées par les activités d'Air France » (Hafsi et Thomas, 1985:27). Le plan imposait « aux décideurs gouvernementaux les réalités de l'entreprise et même sa rationalité... » (32).

Le second rôle des plans : mécanismes de contrôle

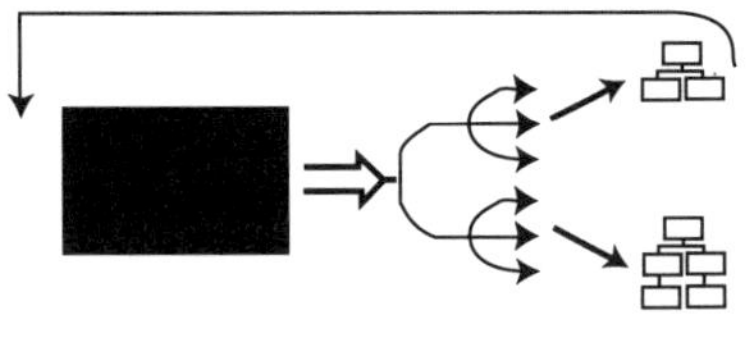

La dernière citation sur Air France se termine par ces mots : « Leur laissant peu de place pour être en désaccord avec les décisions de la direction » (32). Ceci illustre le fait que la communication peut parfois approcher d'assez près le contrôle ; à la limite, les deux émergent comme les deux faces de la même pièce.

L'objectif substantiel de la programmation stratégique est l'exercice du contrôle délibéré : prédéterminer le comportement, en dictant ce que les individus doivent faire pour réaliser une stratégie intentionnelle donnée. Hafsi et Thomas se placent dans cette perspective (après Herbert Simon) quand ils écrivent que la planification « établit... les prémisses de la décision » (1985:32), et de même Devons lorsqu'il dit qu'elle « contrôle... l'utilisation des ressources en termes réels » (1950:1).

Les plans comme moyen de communication informent les individus de la stratégie intentionnelle et de ses conséquences. Mais comme mécanisme de contrôle ils vont plus loin : ils spécifient quels comportements sont attendus d'unités et d'individus particuliers de façon à réaliser la stratégie, et ils sont ensuite disponibles pour réinjecter dans le processus d'élaboration de la stratégie des comparaisons entre ces attentes et les performances réelles. C'est peut-être ce rôle de contrôle qui a incité le responsable de la planification de la General Electric dans les années quatre-vingt à caractériser le département de la planification des années précédentes comme « le policier du groupe » (Carpenter cité dans Potts, 1984)[10]. Même dans le contexte de l'activité cognitive individuelle, les psychologues Miller, Galanter, et Pribram ont utilisé le terme « plan » pour « faire référence à une hiérarchie d'instructions », et plus spécifiquement à « un processus hiérarchique situé dans l'organisme, qui peut contrôler l'ordre dans lequel une séquence d'opérations sera accomplie », équivalent à « un programme pour un ordinateur » (1960:16)[11].

Dans une discussion brève et haute en couleur, Cyert et March « font quatre observations sur les plans à l'intérieur d'une organisation » :

1. *Un plan est un but...* une prédiction de la planification fonctionne à la fois comme une prédiction des ventes, des coûts, du niveau de profit, etc., et aussi comme un but pour de tels facteurs. Sous certaines circonstances [et dans certaines limites], une organisation peut induire un comportement conçu pour confirmer sa prédiction [son but].

[10] À moins bien entendu qu'il n'ait fait référence au rôle que joue le processus de planification dans le processus de politique générale lui-même – s'assurer que tout le monde planifie de la façon qui est réputée être désirable par le département de la planification.

[11] De fait, ils ont même prétendu être « raisonnablement confiants dans le fait que le mot "programme" pouvait être substitué partout au mot "Plan" dans les pages [de leur propre ouvrage] » (16).

2. *Un plan est un programme.* Il spécifie des étapes intermédiaires pour amener l'entreprise à un résultat qui est prédit... Celle-ci est forcée par son plan [si ce n'est pour d'autres raisons] à spécifier des niveaux de réussite acceptables pour ses sous-unités aussi bien que pour l'organisation dans son ensemble...

3. *Un plan est une théorie.* Par exemple, le budget spécifie une relation entre des facteurs comme d'un côté les ventes et les coûts et de l'autre les profits, et il permet ainsi d'utiliser les données concernant les ventes et les coûts comme lignes directrices pour la réalisation d'un niveau de profits satisfaisant...

4. *Un plan est un précédent.* Il définit les décisions d'une année, et par conséquent il constitue un premier argumentaire pour poursuivre des décisions existantes. (1963:111-112)

En dehors du troisième point (qui suggère un autre rôle dont nous discuterons plus loin : l'utilisation des simulations pour l'analyse), les autres spécifient nettement le rôle des plans comme mécanismes pour le contrôle.

Les plans comme contrôle servent non seulement à la direction générale quand elle désire surveiller les personnes situées au-dessous d'elle dans la hiérarchie, mais ils servent également à toutes sortes de sources d'influence à se contrôler mutuellement. De la façon dont Galbraith a décrit le « nouvel État industriel », les grandes entreprises utilisent aussi les plans pour contrôler leur environnement externe : les marchés, les concurrents, les fournisseurs, les gouvernements, et même les consommateurs. (La distribution de ces 10 000 copies du plan d'Air France au personnel des administrations en était précisément un cas). Une grande partie de la planification existe pour créer l'environnement, pour imposer les stratégies à l'environnement.

De façon similaire, des sources d'influence externes peuvent imposer des plans à une organisation comme moyen de contrôle externe. Les plans de performance sont très courants, comme lorsqu'un siège social définit des objectifs de profit et de croissance pour chacune de ses divisions. Mais ces plans peuvent aussi être stratégiques, et imposer des trajectoires d'action spécifiques. De fait il devint courant dans les années soixante-dix pour les sièges sociaux d'imposer aux divisions des stratégies de drainage des profits ou d'accélération de la croissance en suivant la matrice « taux de croissance/parts de marché » du Boston Consulting Group (1973). De façon similaire, les gouvernements peuvent imposer des intentions spécifiques à leurs administrations par l'intermédiaire de plans d'action. Des entreprises qui ont un pouvoir de marché sur leurs fournisseurs peuvent faire la même chose, lorsqu'elles spécifient quelles quantités devront être produites à quelles dates, ce qui a pour effet de coupler leurs propres plans d'action à ceux de leurs fournisseurs (ceci se rencontre couramment dans la relation entre les distributeurs et les entreprises qui produisent sous leur label).

De plus, comme nous en avons discuté précédemment, il existe tout un ensemble de jeux interprétés autour de l'exercice de la planification elle-même comme mécanisme pour le contrôle : les investisseurs qui attendent que les entreprises qui s'adressent aux marchés financiers planifient, les gouvernements qui l'exigent de la part des hôpitaux qu'ils financent, etc. Ici ce sont moins les résultats de la planification que l'engagement même de l'organisation dans le processus qui devient la forme de contrôle, ou au moins de l'illusion du contrôle, et le processus risque donc d'être réduit à un mécanisme de relations publiques, ou simplement à un « jeu » administratif de plus :

> Dans une organisation dont les buts et la technologie sont peu clairs, les plans et l'insistance sur les plans deviennent un test administratif de volonté. Si un département désire un nouveau programme avec assez de force, il consacrera des efforts suffisamment substantiels à « justifier » la dépense en la faisant rentrer dans un « plan ». Si un administrateur veut éviter de dire « oui » à tout, mais qu'il n'a aucune base pour dire « non » à quoi que ce soit, il teste l'engagement du département en demandant un plan. (Cohen et March, 1976:195-196)

Le contrôle stratégique

En ce qui concerne la stratégie, les plans peuvent aider à effectuer le contrôle d'un certain nombre de façons. La plus évidente est le contrôle de la stratégie elle-même. De fait, ce qui a longtemps porté l'appellation de planification stratégique a probablement été plus lié au contrôle stratégique. Dans la vision traditionnelle, le contrôle stratégique était rataché au fait de maintenir des organisations sur leurs trajectoires stratégiques : assurer la réalisation des stratégies intentionnelles ainsi que leur mise en œuvre comme prévu, avec des ressources attribuées de façon appropriée. Le contrôle stratégique est supposé faire cela en assujettissant la stratégie intentionnelle et ses conséquences à la programmation stratégique, qui peut ensuite être utilisée comme le standard par rapport auquel les résultats sont mesurés. Les plans, en tant que forme la plus opérationnelle de la stratégie, se prêtent naturellement à ce type de contrôle. Ajoutez une boucle de rétroaction à la fin du cycle de planification pour évaluer les résultats des plans, et la programmation stratégique devient contrôle stratégique.

Mais il doit y avoir plus que cela dans le contrôle stratégique. Le concept de contrôle stratégique a posé un problème dans le domaine de la gestion stratégique – souvent discuté mais jamais réellement précisé. Nous croyons que la raison en est que la plupart des auteurs n'ont pas pensé ce concept de façon approfondie et dans ses propres termes. Au lieu de cela, ils ont extrapolé le concept de contrôle à partir de ses applications traditionnelles venant des niveaux opérationnels et administratifs. Au pire, ils lui ont permis de demeurer sur le côté gauche de notre diagramme des quatre hiérarchies, dans le domaine du processus budgétaire routinier et de la définition routinière des objectifs, en considérant simplement ces éléments à un niveau plus élevé et plus global. C'est sans doute ce qui a encouragé Quinn à déclarer que « la planification formelle n'a souvent été qu'un autre aspect du contrôle de gestion » (1980:iix) ; c'est en bonne part ce que nous avons vu dans notre discussion de la planification comme un jeu des nombres.

Faisant un peu mieux, d'autres auteurs se sont focalisés sur l'efficacité des stratégies de l'organisation en regardant la dernière ligne du bilan – dans quelle mesure elles ont bien fonctionné dans les marchés de l'organisation. Rondinelli qualifie les planificateurs qui accomplissent cette activité d'« évaluatifs » : « Les planificateurs évaluatifs analysent les décisions qui ont été prises pour déterminer leurs résultats. L'évaluation inclut l'audit des performances qui entraîne des recommandations pour la reformulation des programmes, leur arrêt ou leur poursuite » (1976:81). Ce que Simons appelle la « vision cybernétique » : « Un système pour maintenir les stratégies sur leur trajectoire » (1989:2). Il « identifie la formation de la stratégie à la planification, et la mise en œuvre de la stratégie avec le contrôle », procédant d'après l'hypothèse selon laquelle « tout comme la formation de la stratégie doit précéder la mise en œuvre de la stratégie, de même la planification doit précéder le contrôle » (3).

Nous pensons que le concept de formation de la stratégie a toujours été mal construit, forçant le contrôle stratégique à passer outre un aspect d'importance critique : la possible existence de stratégies émergentes. Comme indiqué dans la Figure 6-3, le besoin existe

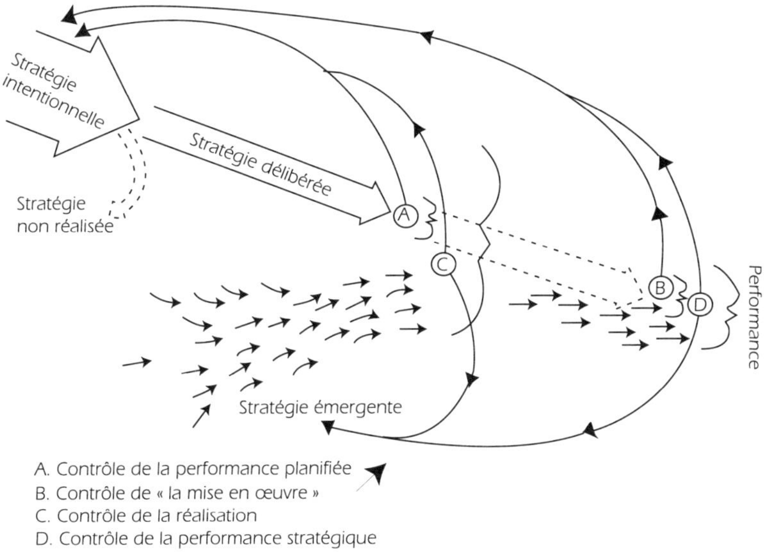

FIGURE 6-3
Le contrôle stratégique : traditionnel (A et B) ; élargi (C et D)

certainement d'évaluer la performance des stratégies délibérées (montrées en B sur la figure) et le degré de réalisation des stratégies qui ont dans un premier temps fait l'objet d'intentions formelles (pour reprendre les termes de l'ouvrage de Schendel et Hofer sur la gestion stratégique, « Que l'on soit dans l'un ou l'autre des deux cas suivants : 1. la stratégie a été mise en œuvre comme il était planifié ; 2. les résultats produits par la stratégie sont ceux qu'on avait l'intention d'obtenir » [1979:18]). Mais avant de faire cela, il doit y avoir une autre activité (C) : l'évaluation de toutes les stratégies qui, dans les faits, ont été réalisées, qu'elles aient été initialement des intentions ou non. Et la dernière activité doit être élargie (D) pour inclure l'évaluation de la performance de toutes ces stratégies. En d'autres termes, le contrôle stratégique doit évaluer le comportement aussi bien que la performance. Une fois de plus, on doit apprécier le fait qu'il y a plus dans la formation de la stratégie que la seule planification.

Ainsi nous caractérisons le contrôle stratégique comme un processus à deux étapes. La première requiert le dépistage des stratégies réalisées, comme structures dans les flux d'actions, en considérant la réalisation délibérée des stratégies intentionnelles aussi bien que l'émergence de stratégies non intentionnelles. La seconde étape considère ensuite, dans une vision qui est plus traditionnellement celle du contrôle, le degré d'efficacité pour l'organisation des stratégies qui ont effectivement été réalisées.

Gardons à l'esprit un point évident à côté duquel on passe souvent. Les stratégies n'ont pas besoin d'être délibérées pour être efficaces (et vice et versa) ! Pour s'exprimer d'une autre façon, les stratégies peuvent échouer, non seulement dans leur mise en œuvre, mais aussi lorsque celle-ci réussit et que la stratégie s'avère alors inadéquate. De façon similaire, des stratégies peuvent réussir même si elles n'avaient pas fait initialement l'objet d'intentions déclarées. Les planificateurs peuvent difficilement écarter les stratégies qui réussissent juste parce qu'elles n'étaient pas délibérées. Et, ce qui est plus en relation avec la question considérée ici, le contrôle stratégique doit s'occuper de la performance de l'organisation, pas de la performance de la planification !

La stratégie intentionnelle est-elle réalisée ?

		OUI	NON
La stratégie réalisée a-t-elle réussie ?	OUI	Succès délibéré (Hourra pour la rationalité)	Succès émergent (Hourra pour l'apprentissage)
	NON	Échec d'une stratégie délibérée (efficiente, mais pas efficace)	Échec complet (Essayez encore une fois)

Ainsi, la personne qui fait du contrôle stratégique se trouve face à une matrice à deux lignes et deux colonnes : la stratégie délibérée a-t-elle été réalisée avec succès, et la stratégie qui a en fait été réalisée a-t-elle réussi ? Comme notre matrice le montre, chacune des quatre combinaisons oui-non est possible. Deux oui signifient que la gestion délibérée a réussi : la direction générale a décidé de faire quelque chose, elle l'a fait, et ça a marché. La rationalité a régné de façon suprême. Un oui-non nous indique que la direction a réussi dans la mise en œuvre d'une stratégie qui s'est révélée être un échec. Efficient mais pas efficace. Un non-oui signifie que les intentions n'ont pas été réalisées, mais que ce qui a été réalisé a en fait marché. L'apprentissage stratégique a sauvé la situation. La direction générale a-t-elle eu de la chance, ou a-t-elle été habile ? Quel que soit le cas, ils peuvent ne pas avoir été efficients, mais ce qu'ils ont fait s'est avéré efficace. Et deux non, bien entendu, signifient que rien n'a marché et que personne n'a été habile, efficace ou efficient (à l'exception des contrôleurs stratégiques, s'ils peuvent résoudre le problème !).

Le premier rôle des planificateurs : découvreurs de stratégie

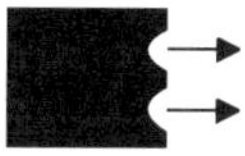

Les planificateurs, bien entendu, jouent des rôles clés dans le processus de planification (c'est-à-dire la programmation stratégique) et dans l'utilisation des plans qui en résultent pour la communication et le contrôle. Ici cependant nous voulons nous focaliser sur ceux des rôles des planificateurs qui sont plutôt indépendants de la planification et des plans par eux-mêmes. Lorange soutient que le rôle central du planificateur est le suivant : « Assurer la conception et la mise en œuvre du système de planification stratégique, et administrer ou gérer le processus de planification » (1980:265). Pourtant Javidan a trouvé dans une enquête que les fonctions de la planification se répartissaient en deux groupes : un groupe qui avait un « impact relatif positif » et l'autre un « impact relatif négatif » sur l'efficacité perçue des personnels du département de la planification (1987:307). Dans le second groupe on trouvait « l'encouragement à penser le futur » et « la coordination du processus de planification ». C'est-à-dire que, prêter attention au rôle central de Lorange – la planification elle-même – peut parfois gêner le travail des planificateurs !

Nous soutenons la thèse selon laquelle beaucoup des rôles les plus importants joués par les planificateurs n'ont rien à voir avec la planification ou même les plans par eux-mêmes. Nous discutons ici de trois de ces rôles des planificateurs non liés à la planification : comme découvreurs de stratégies, comme analystes ainsi que comme catalyseurs, et, à la fin de notre discussion, nous en considérerons aussi un quatrième, celui de stratège.

Le premier de ces rôles est peut-être le plus nouveau (au moins quand on le compare aux conceptions conventionnelles du travail de planificateur[12]) et peut-être le plus intéressant. Comme la programmation stratégique, ce rôle est situé après la boîte noire de l'élaboration de la stratégie, bien qu'il fasse des tentatives d'incursion dans cette boîte (comme on le voit sur la petite figure), et il a tendance à être par nature *ad hoc* aussi bien qu'interprétatif. Ce rôle est déjà apparu deux fois dans le présent chapitre, dans le commentaire disant que découvrir des stratégies peut être une première étape dans la programmation stratégique, et dans le commentaire indiquant que la découverte des structures réalisées est un moyen pour effectuer le contrôle stratégique d'une façon plus large. Ces deux commentaires en reviennent au même rôle pour les planificateurs, que nous caractérisons comme les *découvreurs de la stratégie*, même si des expressions comme « interpréteurs de l'action » ou simplement « reconnaisseurs de formes » peuvent le décrire tout aussi bien.

La logique dans l'action

L'expression « interpréteur de l'action » est inspirée par Karl Weick qui, comme nous l'avons noté plus haut, a poursuivi dans ses écrits un thème majeur : nous fabriquons le sens qu'a pour nous notre monde en interprétant nos propres actions. De façon similaire à la notion de stratégie comme reconnaissance de formes dans l'action, Weick suggère que, « Les plans paraissent exister dans un contexte de justification plus que dans un contexte d'anticipation. Ils se réfèrent plus à ce qui a été accompli qu'à ce qui reste à accomplir » (1969:102). Selon lui, les actions en elles-mêmes et par elles-mêmes n'ont aucun sens : « C'est seulement lorsqu'on les isole par la réflexion qu'elles deviennent significatives, cohérentes et identifiables » (102). Pour citer un planificateur d'entreprise : « Vous planifiez pour découvrir la nature ce que vous êtes en train de faire »[13]. Ce qui suggère qu'un rôle pour les planificateurs (et en fin de compte peut-être également un but de la planification) est de

[12]Bien que ce rôle soit effectivement inclu dans la liste de Javidan de façon positive, comme « identification des stratégies divisionnelles ». Curieusement, Javidan, dans son texte, associe ce rôle à la « consolidation des plans des divisions », sous le qualificatif « fournir une assistance importante aux responsables des divisions dans le cadre de la planification stratégique de leur division » (1987:307).

[13]Communication personnelle de Robert Burgelman sur un commentaire effectué par l'un de ses étudiants à la *Stanford Business School.*

fournir cette logique dans l'action dont Weick a parlé de façon si éloquente, d'interpréter le comportement pour comprendre la stratégie. Comme l'exprime March :

> La planification dans les organisations a de nombreuses vertus, mais un plan est souvent plus efficace en tant qu'interprétation des décisions passées que comme programme pour de futures décisions. Il peut être utilisé dans le cadre des efforts que fait l'organisation pour développer une nouvelle théorie cohérente d'elle-même qui incorpore la variété des actions récentes en une structure de buts modérément globale... Un manager doit être relativement tolérant vis-à-vis de l'idée selon laquelle il découvrira le sens de l'action d'hier dans les expériences et les interprétations d'aujourd'hui. (1976:80, voir aussi Burgelman, 1984b:21)

Dans nos propres termes, pour les besoins de la gestion stratégique, cela signifie pister les structures de l'action dans l'organisation de façon à identifier les stratégies, qu'elles soient émergentes ou délibérées. Ce qui peut servir pour accomplir deux objectifs. D'abord, cela peut être utilisé pour découvrir des stratégies encore fragiles dans des endroits inattendus de l'organisation, de telle sorte qu'on puisse considérer la possibilité de les rendre plus largement et délibérément organisationnelles (peut-être par le moyen de la programmation stratégique). En second lieu, cela peut être utilisé pour effectuer le contrôle stratégique en identifiant les stratégies réalisées de l'organisation (les structures réelles dans l'action) qui peuvent alors être comparées à ses stratégies intentionnelles (telles qu'elles sont exprimées dans les plans formels de l'organisation, ou dans les déclarations moins formelles des intentions managériales). En fait, ce que nous disons ici, c'est que les planificateurs devraient faire dans leurs organisations ce que nous avons fait dans notre recherche à l'université McGill (voir plus haut pp. 123-128) : pister les stratégies réalisées à travers le temps, mais dans le cas des planificateurs pour mieux comprendre les comportements de leurs organisations de façon à identifier, programmer, et contrôler la stratégie.

Nous incluons cette activité dans les rôles des planificateurs, plutôt que dans les rôles de la planification, simplement parce que nous ne la voyons pas comme une partie d'un processus systématique et régulier pour la programmation de la stratégie. Cette activité fournit plutôt des données d'entrée *ad hoc* aux processus de programmation et de contrôle. De plus, compte tenu de sa nature ***jugementale*** et interprétative, ce rôle n'est pas cohérent avec une définition de la planification comme procédure formalisée. Bien qu'une telle activité puisse, bien entendu, devenir routinière et régulière, nous soupçonnons que la transformer ainsi en routine peut décourager l'orientation créative et ***jugementale*** qui lui est si évidemment nécessaire.

Rechercher désespérément des stratégies

La première étape que nous avons notée dans la programmation stratégique n'est pas la création de la stratégie, mais consiste à prendre la stratégie produite par le processus de formation de la stratégie et à commencer son opérationnalisation par la codification. La vision répandue en gestion stratégique (tout particulièrement dans l'école de la conception) est que de telles stratégies émanent directement de la direction générale, qui les offre aux planificateurs comme des ensembles d'intentions complètement développées toutes prêtes pour la programmation. Les données venant de toutes les recherches empiriques soigneuses montrent par contre que les stratégies n'arrivent pas toujours sur des plateaux d'argent, prêtes à être opérationnalisées. Il y a pas mal d'époques au cours desquelles la direction générale ne présente que de vagues intentions, et quelquefois pas d'intention du tout. La direction générale peut agir ainsi de façon délibérée, quand les conditions sont instables, pour éviter les camisoles de la stratégie explicite et de la programmation stratégique (Wrapp, 1967). Mais une direction générale peut aussi être incapable de produire la stratégie intentionnelle dont son organisation a besoin.

Nous nous soucions ici d'une situation différente car dans le premier cas l'organisation n'a pas besoin de programmation stratégique, et dans le second l'analyse faite par les fonctionnels ne peut pas se substituer aux inadéquations de la direction opérationnelle. Ce qui nous intéresse ici, c'est le cas – qui n'est pas rare – où l'organisation complexe, décentralisée, « en apprentissage », doit faire surgir beaucoup de ses stratégies comme des bulles remontant des niveaux inférieurs : par exemple les entreprises des secteurs à haute technologie, les organisations de services professionnels, les laboratoires de recherche. Ici les formes qui peuvent s'avérer stratégiques ont tendance à se former et à se reformer continuellement, de toutes sortes de façons curieuses, par exemple quand des individus dans des coins obscurs travaillent à des grands problèmes sur une petite échelle. Le problème est qu'une hiérarchie dense peut ne pas réussir à capter cette sorte d'apprentissage stratégique de façon systématique.

Il est clair que le rôle consistant à trouver les stratégies émergentes est une responsabilité importante des managers, et pas seulement des managers qui sont au sommet de la hiérarchie, mais tout particulièrement de ceux qui, aux niveaux intermédiaires, sont situés entre les idées qui remontent comme des bulles et les conceptions plus larges qui descendent (Nonaka, 1988). Les managers opérationnels, après tout, ont tendance à être des reconnaisseurs de formes intuitifs, et ce sont eux qui sont le centre nerveux du système d'information et qui ont par leur autorité accès aux activités opérationnelles. Mais ils le font nécessairement de façon informelle et idiosyncratique, et les planificateurs peuvent donc les aider à rendre le processus un peu plus formel et systématique. Même quand ils n'ont pas d'autorité hiérarchique, ils ont du temps et, de façon idéale, certains d'entre eux ont l'étincelle créative leur permettant de sonder l'organisation à la recherche de structures émergentes intéressantes. Ceci peut être accompli partiellement par l'intermédiaire de données quantitatives, par exemple en découvrant le développement de nouveaux types de consommateurs par une analyse des données sur la segmentation marketing des produits de l'entreprise. Mais beaucoup de ce travail devra probablement être accompli de façon beaucoup plus flexible et non conventionnelle.

Par exemple, lors de discussions avec les planificateurs d'une grande multinationale du secteur de l'énergie qui désiraient trouver des idées de diversification, nous avons suggéré que des indices d'un succès futur pourraient être découverts enfouis dans l'entreprise elle-même. Peut-être la filiale malaisienne était-elle tombée sur un nouveau marché qui lui convenait, et qui pourrait servir de modèle pour des filiales dans d'autres pays.

Les planificateurs, bien entendu, pourraient aussi appliquer quelques-uns de ces talents au dépistage de structures émergentes chez les concurrents et les autres organisations qui servent de cadres de référence, en cherchant à inférer leurs stratégies non annoncées (qu'elles soient délibérées ou émergentes) aussi tôt que possible. Ceci doit être une tâche au moins aussi importante que l'analyse formelle de la concurrence dont Porter a assuré une promotion si vigoureuse (par exemple 1980 : chapitre 3), bien qu'il s'agisse clairement d'une tâche plus délicate.

Les planificateurs non conventionnels

Nos références au fait d'être systématique, global, et quelque peu plus formel ne doivent pas être interprétées comme signifiant que ce rôle de découvreurs de stratégies s'insère dans le mode de travail conventionnel des planificateurs. Tout au contraire, l'approche doit être ici tout à fait différente.

Les planificateurs conventionnels ont eu tendance à faire ce qui vient le plus naturellement dans ce domaine : s'arrêter prématurément sur les stratégies les plus facilement accessibles. Ils ont souvent extrapolé l'orientation stratégique existante de l'organisation, ou bien copié de façon générique les stratégies des organisations de référence ayant les succès les plus évidents (les concurrents ou les confrères). Certains planificateurs conventionnels se sont aussi réfugiés dans l'aspect le plus futile du rôle de catalyseur (nous en discuterons plus loin), c'est-à-dire en demandant à des dirigeants stériles de leur donner les stratégies manquantes. D'autres ont pris sur eux de produire les stratégies manquantes, ce qui a en général à notre avis été un exercice tout aussi futile.

Trouver des stratégies dans l'ensemble apparemment erratique des comportements réels de l'organisation (ou de celui des organisations de référence) est une sorte de travail de détective qui exige de la part des planificateurs qu'ils mettent le nez dans toutes sortes d'endroits qu'ils ne visiteraient pas normalement, qu'ils identifient des formes reconnaissables au milieu du « bruit » des expériences qui ont échoué, au sein des activités apparemment aléatoires et de l'apprentissage confus. Puis les conséquences probables de ces structures doivent être évaluées, ce qui requiert une bonne dose d'interprétation. La reconnaissance de formes est un exercice de synthèse plutôt que d'analyse (bien que la composante analytique du dépistage réel des flux d'action puisse se développer, ce qui n'est pas nécessairement une bonne chose). De façon similaire, toute conclusion sur le fait de rendre formellement délibérée une stratégie émergente doit être mûrie de façon subtile, en prenant en compte toutes sortes de facteurs qualitatifs. Pour revenir à notre modèle jardinier d'élaboration de la stratégie, les planificateurs doivent chercher des pousses qui, bien que ressemblant à des mauvaises herbes, sont capables de porter des fruits. Ces pousses doivent être observées avec soin, parfois sans perturber leur nature émergente jusqu'à ce que leur valeur soit devenue nette. C'est alors seulement qu'elles peuvent être disséminées si elles sont des plantes valables, ou coupées si elles sont sans intérêt.

Ainsi la fermeture prématurée, qui est si courante dans le travail analytique, est la dernière chose que l'on puisse espérer de la part de celui qui joue ce rôle. Les planificateurs qui croient que les stratégies (et même les stratégies émergentes qui ont été découvertes) doivent être rendues explicites et codifiées pour une programmation immédiate, ou être rapidement écartées, peuvent faire aux organisations ce que font aux pépinières les jardiniers enclins à arracher les jeunes pousses pour inspecter leurs racines : les mettre hors d'activité dès que leurs récoltes de stratégies en cours s'épuisent. Pour s'exprimer d'une autre façon, il s'agit d'un rôle qui est le mieux joué par des planificateurs qui ont cette « mineure » en pensée intuitive dont nous avons discuté plus haut, ceux qui sont capables de combiner leurs talents analytiques avec une bonne dose d'intuition aiguisée par l'expérience. À mesure que nous passons des rôles les plus conventionnels aux rôles les moins conventionnels des planificateurs, nous trouverons un besoin croissant pour cet équilibre entre les deux orientations de base du cerveau.

Le rôle de découvreur de stratégies peut paraître un rôle étrange à promouvoir pour les planificateurs, dans la mesure où il est si éloigné des idées conventionnelles concernant la planification. Mais nous considérons qu'il est crucial parce que la planification conventionnelle elle-même a été très éloignée de la formation de la stratégie. Les planificateurs qui veulent se qualifier eux-mêmes de « stratégiques » ont besoin de jouer des rôles autres que celui de la programmation stratégique conventionnelle. Compte tenu du fait qu'il s'agit d'une activité importante dans le processus réel de formation de la stratégie, et compte tenu du fait que les planificateurs (au moins ceux qui sont non conventionnels) disposent du temps et des compétences nécessaires pour apporter une aide dans ce processus, il devient logique qu'ils le fassent. Ce qui compte, c'est l'importance de ce rôle dans le processus stratégique, et le fait que beaucoup de planificateurs ont le temps et les compétences qui leur permettent d'apporter une contribution dans ce domaine. Les planificateurs qui restreignent leur travail aux stratégies délibérées formulées de façon systématique s'empêchent eux-mêmes de contribuer au processus stratégique tel qu'il doit souvent exister. La formation de la stratégie ne peut pas être aidée par des personnes qui sont aveugles à la richesse de sa réalité.

Le second rôle des planificateurs : analystes

Toutes les études approfondies sans exception sur ce que les planificateurs font dans la réalité suggèrent que ceux qui sont efficaces consacrent beaucoup de temps, moins à faire ou à encourager la planification qu'à réaliser sur des questions spécifiques des analyses qui pourront être injectées dans le processus d'élaboration de la stratégie sur une base *ad hoc*. Nous appellerons cela l'*analyse stratégique*. Quinn, par exemple, note que « les planificateurs professionnels qui réussissent le mieux parmi ceux que j'ai connus délèguent pour l'essentiel le fonctionnement du processus annuel de planification à quelqu'un d'autre. À la place, ils se concentrent sur une série d'interventions presque *ad hoc*... » (1980:196). À partir de son étude plus approfondie, il détaille les choses comme suit :

> Dans les entreprises observées, la planification formelle contribuait le plus directement aux changements significatifs quand elle était organisée comme « étude spéciale » sur quelque aspect important de la stratégie d'entreprise... De telles études stratégiques spéciales... représentaient un sous-système de la formulation de la stratégie distincte des... activités annuelles de planification. (36)

L'analyse stratégique pour les managers

Il s'agit d'un rôle fonctionnel classique : l'analyse des données pour une large part quantitatives que les managers doivent prendre en considération alors qu'ils ne sont pas eux-mêmes enclins à les envisager de façon systématique.

Les managers efficaces, comme nous l'avons noté plus haut, ont leurs doigts sur le pouls de leur organisation et de son contexte par l'intermédiaire de leur accès privilégié aux données qualitatives. Mais, comme nous l'avons dit à propos du dilemme de la planification, ils manquent du temps et de l'inclination nécessaires pour procéder à l'étude des données quantitatives. La nature de leur travail favorise l'action par rapport à la réflexion, la réponse rapide par rapport à la considération du long terme, l'oral par rapport à l'écrit, l'obtention rapide d'informations par rapport à l'obtention d'informations exactes. Quelqu'un doit prendre le temps d'étudier les ***faits solides*** (les évolutions dans les habitudes des consommateurs, le réalignement des positions concurrentielles, les changements dans les portefeuilles de produits, etc.), et de s'assurer que leurs conséquences sont intégrées dans le processus d'élaboration de la stratégie (Quinn, 1980:20).

Les planificateurs sont des candidats tout trouvés pour ce travail : ils sont enclins à l'analyse, ils disposent du temps qu'elle exige, et ils ont une prédisposition pour considérer les faits « durs ». Ils peuvent donc analyser ces données en utilisant toute technique quantitative qui leur paraît appropriée (voir par exemple Millett et Leppänen, 1991 ; Rutenberg, 1976 ; Steiner, 1979, chapitre 15) pour nourrir les notes d'information et les conclusions qu'ils transmettent aux managers dans le cadre de l'élaboration de la stratégie.

Nous insistons sur la nature *ad hoc* de ces études stratégiques parce qu'elles sont intégrées dans un processus d'élaboration de la stratégie qui est lui-même irrégulier, qui n'est pas effectué selon un planning, et qui ne suit aucune séquence standard d'étapes. Pour nous appuyer sur des conclusions que nous avons formulées plus haut, la régularité dans le processus de planification peut interférer avec la pensée stratégique, et susciter l'apparition d'une léthargie qui peut amener les managers à passer à côté de discontinuités importantes. Par contraste, des apports d'informations *ad hoc* de type analytique peuvent stimuler la réflexion et donc nourrir la capacité de réponse. De fait, dans son article sur la planification à long terme, Loasby a même suggéré de façon provoquante que les planificateurs pourraient parfois bien faire en utilisant l'analyse *ad hoc* pour *saper* la planification formelle, et pour demander ce qui pourrait être fait « pour éviter d'avoir besoin de décider tellement en avance »(1967:307).

De plus, selon nous, les résultats de l'analyse stratégique ne devraient pas typiquement prendre la forme de recommandations définitives, tout simplement parce qu'il faut aussi considérer tout un ensemble de facteurs « qualitatifs » qui peuvent être connus seulement des managers : des facteurs liés à la personnalité et à la culture, des questions de « timing », etc. De plus, l'analyse, comme nous en avons discuté plus haut, est nécessairement focalisée, et elle a tendance à isoler une question à la fois, alors que les managers doivent généralement prendre en compte les interactions de réseaux de questions. Ainsi, ces études analytiques doivent probablement avoir pour conclusion « remarquez ceci » ou « considérez cela », plutôt que « faites ceci » ou « faites cela ».

En fait, il est parfois meilleur pour l'analyse stratégique de fournir une perspective que de proposer une solution, parce que le diagnostic approfondi d'un problème peut s'avérer plus important que la présentation d'une solution. Comme la technique est souvent orientée vers la présentation de solutions et vers l'évaluation d'alternatives (Mintzberg, Raisinghani et Théorêt, 1976), les planificateurs doivent avoir soin d'éviter la « règle de l'outil » selon laquelle les questions de gestion ressemblent à des clous juste parce que les planificateurs ont un marteau.

De plus, les analyses stratégiques *ad hoc* doivent parvenir aux managers en respectant leurs conditions, c'est-à-dire au bon moment et sur le sujet qui leur convient. Ce qui a généralement été reconnu comme la première étude de recherche opérationnelle a été « une analyse tout à fait élémentaire [effectuée pour l'armée de l'air britannique] de pertes en avions de combat au-dessus de la France en mai 1940. Cette analyse a contribué à la décision importante consistant à ne plus envoyer aucun avion de combat britannique au-dessus de la France » (Morse, 1970:23). Cette analyse était d'après son responsable « une étude impromptue effectuée en deux heures » (Larder, cité dans de Montigny, 1972:5). Des années plus tard, une enquête a montré que les études de recherche opérationnelle, discipline alors bien établie, étaient effectuées en une moyenne de 10,1 mois ! (Turban, 1972). Mais même pour l'institution militaire en temps de paix ou pour l'entreprise quelle que soit l'époque, les managers ne peuvent en général pas attendre aussi longtemps, et de loin. Peut-être est-ce une des raisons pour lesquelles les analystes en recherche opérationnelle ont eu un impact si faible sur l'élaboration de la stratégie (Mintzberg, 1979b).

Les planificateurs n'ont pas besoin de tomber dans le même piège. Ceux qui veulent servir les managers (des individus qui, comme nous l'avons noté plus haut, doivent souvent sauter à travers des « fenêtres d'opportunités stratégiques » pour saisir des occasions, sans parler de faire face à des menaces de crise) feront nécessairement beaucoup de leur analyse stratégique « en temps réel », en d'autres termes quand le manager en a besoin.

Le manager qui fait face à une situation de crise ou à une opportunité passagère a généralement le choix entre pas d'analyse et une analyse « rapide et mal faite » ; l'analyse approfondie est souvent impossible. S'il existe une équipe de planificateurs en contact étroit avec le manager et qui ont donc une connaissance approfondie de ses préoccupations, elle devrait être capable d'avancer rapidement pour analyser des données quantitatives disponibles et évaluer certaines conséquences des actions proposées. À condition bien entendu que l'équipe soit préparée à abandonner les techniques élégantes qui ont des délais de démarrage longs et qui requièrent des données qui ne sont pas immédiatement disponibles. L'analyse « rapide et mal faite » peut parfois conduire à des décisions plus nettes, plus réfléchies.

On peut considérer que la prise de décision comporte trois étapes : le diagnostic, la conception, et la décision (ce que Simon [1960:2] a initialement appelé « intelligence, conception, choix »). L'argument que nous avons développé dans le chapitre précédent est que la conception dans son ensemble (la création des stratégies elles-mêmes) dépasse le cadre de la planification, bien que des propositions pour des sous-conceptions de composantes particulières puissent parfois faire partie de l'analyse stratégique. Mais cette analyse stratégique peut avoir des rôles clés à jouer dans le diagnostic qui précède la conception et dans la décision qui le suit.

En ce qui concerne le diagnostic, l'analyse stratégique *ad hoc* pourrait servir aux managers de deux façons différentes. D'abord elle peut soulever des questions dont ils devraient être conscients mais qu'ils n'ont pas notées. Les planificateurs peuvent exposer les managers à des données brutes – une chute des ventes dans un segment de marché clé –, ou les analyser de façon à suggérer ce que peuvent être leurs conséquences – comment une redistribution des efforts de marketing pourrait répondre à la chute des ventes. En second lieu, de façon plus ambitieuse, elle peut essayer de changer les perspectives des managers sur des questions importantes, de faire évoluer leurs « modèles mentaux », leurs « idées arrêtées », leurs « visions du monde », en leur permettant de devenir « plus explicites à propos de leurs hypothèses clés » (Marsh *et alii*, 1988:28 ; voir Lindberg et Zachrisson [1991:272-274] pour ce qui concerne l'utilisation de la prévision dans ce domaine). L'analyse de scénarios conduite dans l'entreprise Shell informait la direction d'une évolution majeure dont il était probable qu'elle se produise dans l'activité pétrolière. Mais, de façon plus présomptueuse, comme la relation qu'en fait Wack l'établit clairement, elle cherchait à redéfinir la façon même dont les managers de la Shell percevaient leurs activités.

Ainsi, interviewé sur la vision qu'il a des études sur le futur comme « des histoires que l'on raconte » (dans Allio, 1986), Donald Michael indique que puisque, de fait, « nous ne pouvons pas connaître le futur », puisqu'« il n'existe pas de forme » que l'on puisse appeler « un futur qui est le plus probable » (6), la prévision devrait dresser le portrait d'une variété de futurs alternatifs de façon à élargir les points de vue des organisations et à accroître la conscience qu'elles ont d'elles-mêmes (11). « La meilleure vision que l'on puisse avoir d'un planificateur est celle d'un éducateur, particulièrement dans l'organisation qui essaie d'apprendre ». L'un de ses « rôles principaux consiste à raconter des histoires à propos de questions à long terme de façon telle qu'elles deviennent les questions stratégiques d'aujourd'hui » (10).

Dans un article intitulé « Les plans ludiques », Rutenberg a poussé ce thème encore plus avant. Il a suggéré de quelles façons les plans peuvent être traités comme des « jouets » permettant aux managers, lorsqu'ils s'amusent avec eux, de mieux comprendre les situations auxquelles ils font face.

En général nous pouvons distinguer trois types d'analyses stratégiques : les études sur l'environnement (études externes), les études organisationnelles (études internes), et les études qui consistent à scruter la stratégie (ces dernières sont liées au choix décisionnel qui vient après que les stratégies intentionnelles ont été conçues).

L'analyse stratégique externe

Le monde laisse derrière lui toutes sortes de traces de son activité, beaucoup d'entre elles tout à fait tangibles et quelques-unes révélatrices de choses à venir, au moins pour l'observateur averti. Dans l'expérience de planification de scénarios de Shell, Wack nous en livre une riche illustration. Il existe une littérature substantielle sur l'analyse stratégique de l'environnement (nous en avons mentionné une partie dans la discussion effectuée au chapitre 2 sur « le stade d'audit externe »). L'expression répandue (mais peut-être malheureuse) est celle de « passage au scanner de l'environnement », bien que l'influence des travaux de Porter (1980, 1985) ait amené de nombreuses personnes à concevoir cette activité, d'une façon plus restreinte, comme des domaines de l'analyse industrielle et de l'analyse concurrentielle. De fait, l'ensemble de l'école de la position, dont Porter est le plus important des porte-parole, dépend à un tel degré de cette analyse stratégique externe – qui sert à délimiter les contextes dans lesquels ses stratégies génériques peuvent être utilisées – qu'elle remplace virtuellement l'ensemble de la planification comme activité principale.

Dans un article récent intitulé : « Organiser des systèmes d'analyse concurrentielle », Ghoshal et Westney (1991) présentent les résultats d'une « étude détaillée » des systèmes de ce type dans trois grandes entreprises. Ils ont trouvé trois groupes d'activité : le « traitement de l'information », ou « gestion des données », qui est une activité concernant « l'acquisition, la classification, le stockage, la localisation et la récupération, la mise en forme, la vérification, l'agrégation, et la distribution d'informations » ; « l'analyse », qui a pour but d'interpréter la signification « d'ordre supérieur » de l'information, de « comprendre ou prédire le comportement des concurrents » ; et « la conclusion », qui

« s'intéresse à la façon dont l'entreprise pourrait ou devrait répondre » (21). Les problèmes rencontrés par les entreprises concernaient particulièrement les conséquences des activités : « le manque de pertinence » de l'ensemble du processus aussi bien que « le manque de crédibilité des analystes... et de l'analyse ». Un autre problème rencontré était « une tendance à découpler [les données quantitatives et les données qualitatives], et ce faisant à utiliser les données "dures" [les nombres] hors contexte, créant ainsi de sérieux problèmes dans l'interprétation » (22).

Ghoshal et Westney continuent en identifiant six fonctions différentes remplies par l'analyse concurrentielle dans les organisations, qui, prises toutes ensemble, fournissent une bonne liste des utilisations que l'analyse stratégique peut avoir en général :

- La *sensibilisation*, de façon à « secouer les troupes » en remettant en cause « les hypothèses existantes de l'organisation à propos de concurrents particuliers » ; elle comprend « dans certains cas le changement de la définition du concurrent le plus important, ou des dimensions les plus cruciales de la concurrence » (24,25).

- L'*établissement de références externes* qui « fournit un ensemble de mesures spécifiques pour comparer l'entreprise à ses concurrents... »

- La *légitimation*, qui signifie « justifier certaines propositions et persuader les membres de l'organisation du caractère faisable et désirable d'une trajectoire choisie pour l'action ».

- L'*inspiration*, qui donne « aux individus de nouvelles idées sur la façon de résoudre les problèmes », « en identifiant ce que d'autres entreprises avaient fait dans des circonstances similaires... » (25).

- La *planification*, c'est-à-dire « l'utilisation de l'analyse concurrentielle pour aider le processus formel de planification » ; de façon intéressante, les auteurs estiment que cet usage de l'analyse concurrentielle comme planification est « beaucoup plus dépendant vis-à-vis de l'information venant de la fonction formelle [de l'analyse concurrentielle] que chacun des autres usages ».

- La *décision*, c'est-à-dire « la contribution... à la décision opérationnelle et tactique des managers opérationnels » ; cet usage vient en seconde position après la planification pour le nombre des exemples cités. (26)

À côté de celles qui sont liées à l'analyse industrielle et à l'analyse concurrentielle, un grand nombre d'autres techniques ont été proposées pour l'analyse de l'environnement, particulièrement dans le domaine de la prévision. Compte tenu de la difficulté qu'il y a à coupler prévision et processus régulier de planification, nous soupçonnons que la prévision est en fait plus souvent de l'analyse *ad hoc* qu'une première étape systématique dans un processus de planification formel. Bien que nous n'ayons pas été optimistes à propos des techniques les plus « dures » de la planification, nous croyons fermement que certaines des techniques les plus qualitatives, comme la construction de scénarios, peuvent être utilisées, particulièrement quand elles sont conduites par des analystes astucieux de façon descriptive – ce qui pour nous ne signifie pas prédire, mais seulement interpréter et préciser ce qui paraît se produire ici et maintenant à l'intention des managers. Nous avons vu que les planificateurs peuvent étudier et interpréter les structures qui existent dans le propre comportement de l'organisation pour identifier ses stratégies émergentes. D'une façon semblable, ils peuvent aussi étudier et interpréter les structures qui existent dans l'environnement externe, pour identifier des opportunités et des menaces stratégiques possibles. Cela inclut, comme nous l'avons déjà noté, l'identification des structures dans les actions des concurrents afin d'identifier leurs stratégies.

L'analyse stratégique interne et le rôle de la simulation

Une organisation peut aussi avoir ses propres tendances, et celles-ci ne sont pas toujours évidentes pour ses propres managers. Il y a donc un autre rôle pour l'analyse stratégique : regarder à l'intérieur de l'organisation. Une telle analyse aide parfois à découvrir des structures émergentes dans les comportements et les compétences.

Pour ce faire, bon nombre de technologies formelles et analytiques ont été proposées, en particulier des modèles informatiques formels de simulation de l'entreprise. Les modèles, sous quelque forme que ce soit, sont la clé de tout ce que font les planificateurs, dans la mesure où ils décrivent la façon dont les phénomènes fonctionnent, et dans la mesure où toute planification, toute prévision, et toute analyse, dépend de telles descriptions. Les simulations informatiques sont simplement les plus formels de ces modèles (voir Mockler, 1991, pour une étude récente des logiciels), car toutes les relations doivent être spécifiées de façon précise dans des variables pleinement opérationnelles. Mais comme nous le verrons, les théories sont aussi des modèles, tout comme les budgets, et les managers ont aussi des modèles dans leurs têtes, certains d'entre eux subconscients, sur lesquels de la même manière tout ce qu'ils font repose.

Au chapitre précédent, dans notre discussion sur la notion de « comportement contre-intuitif des systèmes sociaux » de Forrester (1975), nous avons suggéré que les managers peuvent avoir des difficultés avec certains types de boucles de rétroaction compliquées ; dans certaines circonstances, leurs modèles informels peuvent ne pas être très performants. Cela pourrait en fait suggérer une extension importante du dilemme de la planification : au-delà du temps, de la technique, et de l'information, ce dilemme s'étend aux capacités spécifiques de traitement de l'information des managers et des planificateurs. Ainsi, alors que les organisations doivent s'appuyer sur l'esprit intuitif pour la synthèse, certaines sortes d'analyses peuvent être mieux réalisées, ou au moins aidées, par les efforts systématiques de personnes qui ne sont pas des managers. Comme Yavitz et Newman l'ont exprimé dans leur discussion sur les dangers qu'il y a à « s'appuyer complètement sur un "grand leader" pour formuler la stratégie » :

> Il est rare qu'une seule personne puisse comprendre les perturbations qui se produisent dans les domaines sociaux, politiques, technologiques, aussi bien qu'économiques. De plus, une évolution dans la stratégie exige d'habitude que des ajustements soient effectués par plusieurs départements d'une entreprise, et prévoir les impacts probables de ces ajustements requiert des jugements spécialisés de nature technique. (1982:91)

Comme nous l'avons conclu dans notre discussion de l'article de Forrester, quand les données ont tendance à avoir été « durcies » et que le savoir tacite du manager n'est pas critique pour la compréhension, alors les modèles informatiques formels peuvent constituer une alternative favorable. On ne devrait donc pas être surpris de voir que beaucoup des premiers modèles de Forrester, dans *Industrial Dynamics* (1961), cherchaient à simuler les flux de trésorerie et données similaires dans les entreprises. Il est clair qu'un modèle qui simule le système budgétaire d'une organisation peut aider un manager à suivre à la trace les conséquences financières de changements proposés.

On devrait noter cependant que les modèles de dynamique des systèmes existent depuis longtemps, et que pourtant ils n'ont pas pris de l'importance. Ils sont peut-être difficiles à construire, ou il y a peut-être des erreurs dans leurs hypothèses qui sapent beaucoup de leurs tentatives d'application. Mais la littérature s'est fait l'écho de quelques applications intéressantes. La plus fameuse est l'étude controversée du Club de Rome, *Limits to Growth* (Meadows *et alii*, 1972), qui établissait à l'horizon du prochain siècle des projections concernant, entre autres, l'utilisation de plusieurs ressources naturelles. Cette étude conduisait à prédire l'épuisement catastrophique de certaines ressources. Plus proche de ce qui nous concerne ici, on trouve une étude fascinante effectuée par Roger Hall (1976) qui montrait comment une telle simulation aurait pu être utilisée par les managers du vieux *Saturday Evening Post* pour changer les idées arrêtées qu'ils avaient concernant le secteur des magazines, et ainsi aider à sauver cette publication de la faillite. Dans un autre article, Hall a fait équipe avec Menzies (1983) pour simuler les activités d'un petit club de sport à Winnipeg, ce qui d'après son étude a permis à ce club d'adopter des stratégies d'adhésion plus efficaces.

Pour revenir à l'exemple du budget (qui est une forme de plan), il faut noter que le système budgétaire est un modèle de certains aspects de l'organisation, c'est en soi une simulation. C'est ce que voulaient dire Cyert et March quand ils écrivaient à propos des « plans comme théories » :

> Les plans, comme les autres procédures opératoires standard, réduisent un monde complexe en un monde quelque peu plus simple. Dans certaines limites assez larges, l'organisation substitue le plan au monde... en partie en faisant en sorte que le monde se conforme au plan, en partie en prétendant qu'il le fait. (1963:112)

Les plans, en particulier sous la forme opérationnelle des budgets, peuvent être utilisés pour étudier l'impact de changements possibles sur les opérations courantes de l'organisation, donc, pour tester les nouvelles stratégies également (voir, par exemple, Channon, 1979:125). En d'autres termes, les plans peuvent rétroagir sur le processus d'élaboration de la stratégie et ainsi se trouver pour eux-mêmes un troisième rôle dans l'organisation, celui de simulations (bien que ce rôle paraît être moins courant que les rôles de communication et de contrôle).

On doit cependant mettre l'accent sur le fait que les modèles n'ont pas besoin d'être aussi formels pour être utiles. Quelques-uns des meilleurs modèles que les planificateurs peuvent offrir aux managers sont de simples interprétations conceptuelles alternatives de leur monde, par exemple une nouvelle façon de considérer le système de marketing de l'entreprise ou le comportement de ses concurrents. En d'autres termes, les théories descriptives sont aussi des simulations et les planificateurs peuvent jouer le rôle qui consiste à surveiller ce que sont les derniers développements théoriques dans diverses zones d'intérêt, et à transmettre les perspectives pertinentes aux managers pour que ces derniers les prennent en considération. Ainsi Rutenberg a suggéré que les planificateurs peuvent « aider... les managers à comprendre leurs "cartes" mentales » (1990:4), et de Geus a décrit « le but réel de la planification efficace » comme « ne consistant pas à faire des plans mais à changer les modèles mentaux » des décideurs (1988:61). Nous reviendrons bientôt sur ce point.

Comme Forrester l'a suggéré et comme nous en avons discuté ailleurs (Mintzberg, 1973), chaque manager modélise dans sa tête toutes sortes de phénomènes qu'il doit traiter (par exemple la réponse de l'usine à des pressions des consommateurs, ou le flux des décisions à travers la structure de l'organisation). Nous estimons (à la différence de Forrester) que certains d'entre eux peuvent être articulés de façon claire et facile alors que d'autres demeurent verrouillés dans les profondeurs du subconscient. Les planificateurs qui souhaitent proposer aux managers des modèles alternatifs plus formels ou des théories conceptuelles doivent être conscients de l'existence de ces modèles informels, et considérer leurs forces (comme leur capacité à tirer parti d'un savoir tacite qu'ils sont les seuls à posséder) aux côtés de leurs faiblesses (comme la possibilité qu'ils soient fondés sur une variété étroite d'expériences). Pour répéter ce que nous croyons être un point important, les systèmes peuvent certainement être « contre-intuitifs », mais ils peuvent aussi être « contre-analytiques ».

Scruter les stratégies

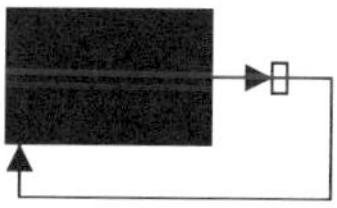

Un troisième aspect de l'analyse stratégique est relatif à l'investigation et à l'évaluation des stratégies (intentionnelles) proposées. À la différence des deux premiers, cet aspect prend place *après* le processus d'élaboration de la stratégie, par exemple pour confirmer les résultats de l'intuition du manager ou au moins pour en diminuer les risques.

Gimpl et Dakin conçoivent cela comme un processus de rationalisation, conduit « pour légitimer des décisions qui ont déjà été prises sur une base intuitive » (1984:129). Aussi vrai que cela puisse être, scruter les stratégies peut également être utilisé pour trier les stratégies qui paraissent bonnes de celles qui paraissent mauvaises. Après tout, la rationalité conventionnelle n'est pas toujours une mauvaise chose ! Mais Majone n'écarte pas aussi rapidement même des tentatives de rationalisation de cette nature, car il les trouve fonctionnelles. Il présente un argument intéressant selon lequel « on a besoin » d'une telle analyse « *après* que la décision a été prise, pour fournir une base conceptuelle à la décision, pour montrer qu'elle est cohérente avec le cadre de la politique générale existante, pour découvrir de nouvelles conséquences, et anticiper la critique où y répondre ». Majone considérait « les arguments postérieurs à la décision » comme « indispensables dans l'élaboration de la politique générale... un moyen pour accroître la force de persuasion d'une décision et pour exercer un contrôle rationnel sur des conclusions qui peuvent être suggérées par des considérations extra-légales » (1989:31,30).

Le terme habituellement employé pour cette forme d'analyse stratégique est « évaluation », et elle est généralement considérée comme une étape dans le processus de formation de la stratégie, après que les stratégies aient été codifiées et avant qu'elles ne soient mises en œuvre (c'est-à-dire programmées). Nous ne la considérons pas de la même façon, et nous préférons appeler cette activité l'*examen attentif*[14], de façon à bien représenter l'idée selon laquelle elle va au-delà de l'analyse quantitative pour apprécier la viabilité des stratégies. Comme le dit Quinn :

> C'est seulement après qu'une opportunité avait fait l'objet d'une investigation approfondie et avait été approuvée à un niveau conceptuel – en utilisant quelques chiffres globaux – qu'elle était analysée de façon approfondie en termes financiers et soumise à un processus séparé et plus détaillé aboutissant éventuellement à son approbation réelle. (1980:202)

Il y a plusieurs bonnes raisons pour considérer l'examen attentif comme un processus d'analyse *ad hoc* plutôt que comme une étape dans le cycle de planification (c'est de cette façon qu'il est en fait traité, même si c'est implicitement, dans la littérature de l'école du positionnement, qui accorde beaucoup plus d'attention à l'évaluation des stratégies individuelles qu'à leur intégration dans un processus de planification d'ensemble). Dans le processus d'élaboration de la stratégie tel que nous l'avons décrit, les stratégies peuvent apparaître à toutes sortes de

[14] Le terme anglais est « scrutinization », que l'on pourrait littéralement traduire par « l'action de scruter ».

moments non choisis, de toutes sortes de façons bizarres, dans toutes sortes d'endroits étranges. L'examen attentif de la stratégie doit répondre à ceci de façon correspondante sur une base *ad hoc*. Certaines stratégies peuvent être développées par les managers sur une base spéculative, d'autres peuvent être empruntées à des concurrents, d'autres encore peuvent être découvertes comme structures émergentes lorsqu'on piste les courants d'actions de l'organisation elle-même. Chaque stratégie doit être considérée d'après ses propres mérites et dans sa propre dimension temps, aussi bien que comparée aux autres. Les planificateurs doivent par conséquent chercher partout des stratégies possibles, et y répondre interactivement de façon à les confronter les unes aux autres pour stimuler, dans la mesure du possible, le débat concernant leur viabilité.

Mais même les stratégies acceptables évoluent rarement vers une sorte d'étape automatique de programmation. Au lieu de cela, par des examens attentifs de diverses sortes, elles s'intègrent au processus de négociation donnant-donnant qu'est la formation de la stratégie, avec la formalisation et l'évaluation qui se développent de façon interactive. (Cela est contenu même dans le commentaire de Majone sur la rationalisation, par exemple quand il mentionne la possibilité de « découvrir de nouvelles conséquences » dans de telles analyses.) L'examen attentif de la stratégie prend donc place *le long* de l'élaboration de la stratégie, en parallèle avec cette dernière, en un certain sens en établissant un bouclage autour du processus (comme nous l'avons montré dans la petite figure p. 317).

L'examen attentif de la stratégie, comme d'autres formes d'analyses stratégiques, peut en fait aller jusqu'à remettre en question la planification elle-même[15]. En d'autres termes, les planificateurs devraient parfois remettre en question des stratégies formulées de façon conventionnelle, autant que promouvoir des stratégies formées de façon non conventionnelle. On ne devrait pas plus accepter automatiquement comme bonne une stratégie intentionnelle claire émanant de la direction générale à la date prévue par le planning que considérer *a priori* comme mauvaise et donc écarter automatiquement une stratégie

[15] Schmidt (1988) présente le concept de ce qu'il appelle « la revue stratégique », qu'il décrit comme « un examen *ad hoc* dans une entreprise des stratégies et des investissements en capital qui y sont liés ». Schmidt considère que cette activité « remplace des systèmes formels de planification d'entreprise » (14).

vague et émergente qui s'est développée de façon périphérique dans les profondeurs de l'organisation.

Le troisième rôle des planificateurs : catalyseurs

La littérature sur la planification a depuis longtemps mis en avant le rôle du planificateur comme catalyseur. « Le rôle d'un planificateur d'entreprise... est plus celui d'un "catalyseur" et moins celui d'un "stratège" », écrivait Chakravarthy (1982:22), citant Lorange (1980), qui, dans une autre publication, a aussi fait référence au planificateur comme « un "catalyseur" de système, et non un analyste de plans » (1979:233).

Ici cependant, nous obtenons sur le rôle de catalyseur un point de vue qui diffère de celui de la planification conventionnelle, qui voit le planificateur comme un « pourvoyeur de méthodes de planification auprès des décideurs de l'entreprise », pour citer un planificateur de l'entreprise Gulf Oil (dans Schendel et Hofer, 1979:501) ; ou comme la personne qui « gère le système de planification à long terme fait en sorte que les plans soient globaux, et assure la promotion des idées et des techniques de planification » (Ackerman, 1972:140). Selon notre vision des choses, ce n'est pas tant la « planification » ou les « plans » que les planificateurs devraient vigoureusement promouvoir dans les organisations que l'inclination « à planifier » – ils devraient moins promouvoir une procédure formalisée pour produire un résultat articulé qu'une pensée orientée vers le futur au sens le plus large du terme.

Ouvrir la pensée stratégique

Encourager la planification stratégique, comme nous l'avons vu, c'est réellement encourager la programmation stratégique et par là même peut-être décourager la pensée stratégique. Bien entendu, ceci est parfois approprié. Par exemple, des firmes entrepreneuriales qui sont devenues des entreprises de grande taille souffrent parfois de la mauvaise volonté de leurs dirigeants à articuler et à programmer les stratégies viables qu'ils ont déjà. Les planificateurs peuvent alors de façon appropriée promouvoir la programmation stratégique afin que ces stratégies puissent être poursuivies de façon plus systématique et plus extensive. Mais une telle programmation stratégique n'est pas toujours désirable, particulièrement quand l'apprentissage stratégique critique demeure incomplet, quand un environnement externe demeure non stabilisé, ou quand une organisation a besoin de maintenir sa stratégie sous la forme d'une vision personnalisée riche et flexible. Dans ces circonstances, il est primordial d'éviter une fermeture prématurée de la stratégie, et les planificateurs peuvent desservir leurs organisations s'ils réussissent à convaincre les managers de s'engager dans une planification stratégique formelle.

Revenons en arrière de quelques étapes. Ce que nous voulons tous, ce sont des organisations plus efficaces. De même, nous croyons tous que de meilleures stratégies aideront à produire de telles organisations (ce qui est peut-être une tautologie, car comment pouvons-nous savoir qu'une stratégie est meilleure sauf si elle rend une organisation réellement plus efficace ?). Et nous partageons probablement tous la croyance selon laquelle une meilleure pensée stratégique (en conjonction avec une meilleure action stratégique) produit de meilleures stratégies. Mais nous ne partageons pas tous la croyance selon laquelle une planification stratégique meilleure (ou plus intense) produit une meilleure pensée stratégique. Ainsi, il est à notre avis plus approprié de concentrer le rôle de catalyseur sur la pensée stratégique et sur l'action stratégique, plutôt que sur la planification stratégique. Parfois, bien entendu, une telle pensée doit être délibérée, qu'elle soit visionnaire ou un peu plus ordonnée. Mais à d'autres périodes elle doit être émergente, et le planificateur comme catalyseur doit alors agir d'une façon qui n'est pas du tout cohérente avec la planification conventionnelle. Arie de Geus, quand il était le responsable de la planification dans l'entreprise Royal Dutch/Shell, a bien décrit ceci dans son article sur « La planification comme apprentissage » : « Nous concevons la planification comme un apprentissage et la planification d'entreprise comme un apprentissage institutionnel » (1988:70).

Ainsi nous devons conclure que ce qu'il y a de meilleur pour les planificateurs c'est d'encourager le comportement stratégique informel, tel qu'il apparaît naturellement, d'une façon qui est proche de la notion de jeu développée par Rutenberg. Dans le rôle de catalyseur interprété de cette façon, le planificateur entre moins dans la boîte noire de l'élaboration de la stratégie qu'il ne s'assure que cette boîte est occupée par des managers opérationnels actifs. En d'autres termes, il encourage les autres à penser à propos du futur d'une façon créative. Comme l'a exprimé un PDG d'entreprise, « le rôle du planificateur n'est pas d'élaborer la politique générale. Il s'agit presque d'un rôle de psychiatre... Il est supposé être un miroir, disant : "Qu'est-ce que tu veux faire quand tu seras grand, David ? Dans quelle direction voulez-vous faire bouger l'entreprise ?" » (cité dans Blass, 1983:6-17).

En fait, ce rôle de catalyseur est situé à la limite des autres rôles dont nous avons déjà discuté. Il suffit de faire évoluer l'un quelconque d'entre eux d'une focalisation sur le *contenu* de ce que le planificateur produit vers une orientation sur le soutien au *processus* de travail du manager, pour commencer d'entrer dans le rôle de catalyseur. (Le contenu du travail du *planificateur* devient une source d'influence sur le processus de travail du *manager*.) Par exemple, ce que Rutenberg a appelé le rôle du planificateur comme « thérapeute ludique » paraît être situé à l'interface entre les rôles d'analyste et de catalyseur :

> La tâche du groupe de planification n'est pas d'entrer directement en confrontation avec les dirigeants, mais de créer une relation triangulaire entre les planificateurs, les dirigeants, et le futur. Parfois le planificateur interagira avec le futur, de façon telle que le dirigeant verra ce futur de façon différente. Parfois le planificateur interagira avec les dirigeants pour les aider à dénouer des relations de pouvoir qui les inhibent. Mais le mandat à long terme des planificateurs est d'améliorer l'interaction entre les dirigeants et le futur. (1990:23)

D'après notre expérience, dans quelques-uns des départements de planification les plus intéressants, les planificateurs sont naturellement devenus les penseurs conceptuels de l'organisation en ce qui concerne la formation de la stratégie. Ce sont eux qui apportent dans l'entreprise la pensée la plus actuelle sur la façon dont le processus stratégique fonctionne et devrait fonctionner.

Un rôle pour la formalisation

Jusqu'ici nous avons décrit le rôle de catalyseur comme ayant pour but d'ouvrir la pensée stratégique, ou, selon les termes de Rutenberg, de devenir plus « joueur ». Mais il y a aussi un *yang* correspondant au *yin* de ce rôle, et c'est celui qui consiste à apporter un peu d'ordre aux éléments flous de la formation de la stratégie. Comme Langley l'a bien écrit, même si ce sont les individus et non les systèmes qui créent la stratégie, les systèmes servent parfois « comme une discipline dans le cadre de laquelle effectuer ce travail » (1988:48). Et ainsi, au risque d'être accusé de contradiction, nous voulons ici réintroduire la notion de formalisation.

Dans le monde désordonné de la gestion, on peut oublier des questions sur l'agenda, ne pas respecter certains délais, passer à côté de données quantitatives. Considérons une fois encore la « Loi de Gresham de la planification » de March et Simon : « La routine quotidienne élimine la planification » (1958:185) ou, de façon plus précise et encore une fois selon leurs propres termes, les tâches programmées ont tendance à prendre le pas sur les tâches non programmées. Une partie du rôle de catalyseur peut, par conséquent, consister à introduire un certain degré de formalisation pour éviter ces problèmes, mais seulement la quantité nécessaire pour éviter de gêner le flux naturel du processus lui-même.

La formalisation peut s'appliquer au temps, à la localisation, à la participation, à l'agenda, à l'information, aussi bien qu'au processus lui-même, mais pour se qui concerne ce dernier avec le soin le plus extrême. Elle peut aider à focaliser l'attention, à stimuler le débat, à garder une trace des questions, à promouvoir l'interaction, et à faciliter le consensus. Pour citer l'un des managers interviewés par Langley :

> Les idées ne viennent pas de la planification... les idées sont dans l'air. Mais le plan nous forcera à faire un effort pour grouper les choses et pour définir ces orientations de façon plus claire. Je ne pense pas que le plan sera une surprise. Pour la plupart des individus, il s'agit juste d'une opportunité pour articuler leurs idées. J'ai fait du travail de recherche et je pense qu'il y a ici une analogie. À un certain moment, vous avez beaucoup travaillé et collecté beaucoup de données. Mais vient celui où vous devez présenter votre travail... vous ne faites rien de nouveau, mais cela vous force à mettre les données ensemble, à les synthétiser... à discuter des choses en vous fondant sur la synthèse. De plus, le simple fait de considérer les données dans leur ensemble vous fournit souvent de nouvelles idées... (1988:48)

Considérez par exemple la méthode qui consiste à réunir plusieurs acteurs stratégiques pendant quelques jours en un lieu isolé, pour qu'ils puissent réfléchir aux questions les plus globales, ou peut-être traiter de quelques questions spécifiques. Nous avons indiqué clairement que la stratégie n'est pas quelque chose qui est élaboré sur demande au cours d'une réunion que l'on appelle « réunion de stratégie ». Mais les organisations qui sont mûres pour le changement trouvent parfois que de telles retraites ont une importance critique pour la cristallisation du consensus. Ces retraites formalisent le moment de la discussion et l'identité de ceux qui participent au processus. En 1986, Jack Welch a créé dans l'entreprise General Electric « un conseil de direction du groupe qui réunit chaque trimestre les quatorze directeurs d'activités, les responsables des départements fonctionnels et le PDG. On y examine les plans d'activités à la loupe, on y échange des idées, on y fait des suggestions, on y recherche des moyens pratiques pour obtenir des synergies, et on les met en œuvre » (Allaire et Firsirotu, 1990:112)[16].

À un niveau moins élaboré, on trouve l'effort qui consiste simplement pour les planificateurs à garder une trace des questions qui sont actives sur l'agenda stratégique, de façon à rappeler aux dirigeants quels progrès ont été accomplis dans la résolution de ces questions. Comme le dit un dirigeant : « Les planificateurs sont les gardiens de l'orthodoxie du cycle de travail : quelque chose doit commencer à tel moment, et finir à tel autre moment... ». De plus, « nous identifions les lignes directrices, et ils en prennent note » (Langley, 1988:49).

Un système, par ailleurs, peut « structurer la discussion », et agir comme « un outil pour faciliter l'apprentissage organisationnel » (Allaire et Firsirotu, 1988:38). Ainsi, au meilleur de son fonctionnement, le système OST de l'entreprise Texas Instruments aidait à focaliser l'attention des managers sur le besoin d'innovation. De même, dans le cas de l'élaboration des budgets d'investissement, Marsh *et alii* notent :

> Les systèmes formels, au travers du cycle budgétaire et des dates préprogrammées pour les réunions des divers comités et du conseil d'administration... aident aussi à définir des délais, et donc rythment le projet. Ils facilitent la remontée, la diffusion vers le bas et l'échange latéral d'information dans l'organisation, et suscitent une prise de conscience et une motivation pour le projet. Ils fournissent aussi un ensemble structuré d'occasions de communication directe entre différents niveaux de la hiérarchie. (1988:28)

[16] Il faut noter qu'une telle idée n'est pas nouvelle. Voici comment Henri Fayol décrivait il y a presque un siècle une idée très similaire : « Lors de ces réunions, chaque chef de département explique à son tour les résultats obtenus par son département et les difficultés rencontrées. Une discussion suit, et les décisions sont prises par le chef. À la fin de la réunion, chacun sait qu'il a l'information la plus actuelle, et la coordination est assurée » (1949:xi-xii).

Les systèmes peuvent également aider à créer le consensus. De fait, « pour les politiciens de la Grèce antique, l'oracle de Delphes était l'un des principaux moyens d'obtenir le consensus » (Makridakis, 1990:56). Les systèmes contribuent parfois à communiquer une vision et à engendrer la participation, un rôle que Langley a appelé « thérapie de groupe » (1988:42) : en tant que « thérapeute », le planificateur structure l'expérience ; en tant qu'analyste ou « philosophe », il structure le savoir.

Le double tranchant de la formalisation

La formalisation peut être nécessaire pour aiguiser certaines lames émoussées, mais elle a des limites, que les planificateurs ne doivent pas dépasser. En d'autres termes la formalisation est une lame à double tranchant, et l'on arrive très vite au stade où elle est plus un inconvénient qu'un avantage.

Comme nous l'avons indiqué dans le chapitre précédent, il y a dans la formalisation quelque chose d'étrange qui peut amener le simple fait d'expliquer une activité à faire perdre ce qui est sa véritable essence. Tous les aspects de la formalisation n'ont pas cet effet : comme nous venons de le noter, il peut être productif de formaliser le moment auquel a lieu une activité du processus stratégique et l'identité des personnes qui y participent. Mais les planificateurs qui agissent comme catalyseurs doivent être très attentifs à ne pas franchir la limite au-delà de laquelle leur travail « n'est plus en phase avec les besoins des managers ». Par exemple : « Les planificateurs étaient encore en train de réunir des informations, alors que les dirigeants, eux, étaient prêts à présenter leurs visions » (Langley, 1988:49).

Dans les « réunions de stratégie », le simple fait d'organiser le travail de façon telle que, par exemple, l'on discute des buts le matin et des forces et des faiblesses l'après-midi, étouffe parfois la créativité. Au risque de nous répéter, l'objectif de l'exercice n'est pas l'analyse mais la synthèse, et l'on cherche moins l'évaluation que la conception. L'injection de données formalisées peut aider, tout comme l'utilisation d'un schéma conceptuel à l'intérieur duquel on considère les questions clés. Mais forcer un processus flou à suivre une séquence d'étapes peut tuer celui-ci. Il est fréquemment inapproprié de pousser la formalisation des activités liées à la stratégie au-delà de ce qui concerne la spécification du moment, du lieu, et de l'identité des participants.

On peut peut-être identifier les deux tranchants de cette lame de la façon suivante : l'un est celui des « systèmes qui facilitent la pensée », l'autre celui des « systèmes qui pensent (ou qui essaient de penser) » ; pour ce dernier type de système, l'expression de Zan est : « qui constituent, ou remplacent, la pensée » (1987:91), et celle de Carrance est : « qui définissent la pensée » (1986:281). La différence entre les deux peut être subtile, mais elle est souvent facile à identifier. L'un est au service du système qui est déjà en place, il y répond dans ses propres termes ; l'autre par contre cherche à imposer ses propres impératifs, et finit par se transformer en contrôle. Pour citer un dirigeant de l'entreprise Texas Instruments à propos des systèmes utilisés dans cette entreprise : « Nous les avons rendus bureaucratiques. Nous avons utilisé le système comme un outil de contrôle plutôt que comme un outil de facilitation. C'est là qu'est la différence » (dans Jelinek et Schoonhoven, 1990:411). Le processus de planification formelle devrait être « un catalyseur, et non une cause » (Hurst, 1986:23). Ainsi, quand Steiner et d'autres auteurs de l'école de la planification soutiennent que « c'est le processus qui compte », ils ont raison ; mais leur processus a tort !

La Figure 6-4 essaie de décrire les deux tranchants de la planification ; le côté ascendant comporte différents types de formalisation, puis on atteint un sommet avant de redescendre dans les abysses quand le soutien se transforme en contrôle.

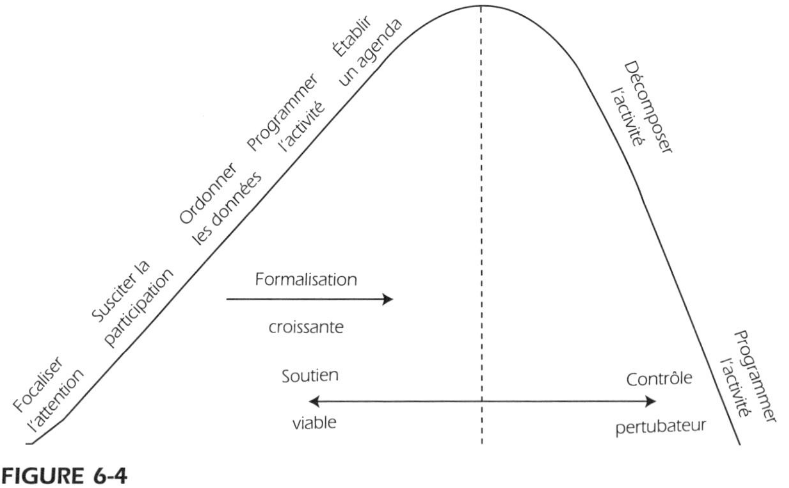

FIGURE 6-4
Les deux côtés de la formalisation

Le contrôle interactif selon Simons

Langley a trouvé que l'approche formalisée des planificateurs est « tout autant un processus social qu'un processus rationnel analytique » (1988:49). Ce thème a été étudié par Robert Simons dans une série d'articles qui saisissent bien l'essence de ce qu'est le « bon côté » de la formalisation.

Simons établit un contraste entre ce qu'il appelle « le contrôle interactif » et « le contrôle diagnostic » (1987, 1988, 1990, 1991). Selon lui les dirigeants choisissent un système, ou un petit nombre de systèmes, sur lesquels ils s'appuient. Ces systèmes « sont d'ordinaire relativement simples et techniquement peu sophistiqués ». Les dirigeants accordent « beaucoup d'attention, chaque jour,... à ces systèmes », et interprètent les données qu'ils produisent « dans des réunions de *face à face* » avec les responsables opérationnels concernés (1988:8,6). Ces systèmes sont en fait inséparables de leurs propres façons de gérer, ils apportent cette dose de formalisation qui est nécessaire pour faire tourner une organisation complexe de grande taille. Ils « guident les membres de l'organisation » et « stimulent l'apprentissage dans toute l'organisation ».

> Les dirigeants, en choisissant d'utiliser certains systèmes de contrôle de façon interactive (et d'utiliser les autres de façon programmée), donnent aux membres de l'organisation des signaux sur les questions qui doivent faire l'objet d'un suivi, et sur les endroits où les nouvelles idées doivent être proposées et testées. Ce signal active l'apprentissage organisationnel et, par le débat et le dialogue qui entourent le processus de contrôle de gestion interactif, de nouvelles stratégies et de nouvelles tactiques émergent au fil du temps. (1990:137)

Dans une correspondance personnelle avec l'auteur concernant une première version de ce livre, Simons soutient que « ces systèmes ne prennent pas place "le long" de l'élaboration de la stratégie ; les systèmes interactifs conduisent l'élaboration de la stratégie ; ils sont la boîte à l'intérieur de laquelle la stratégie est développée ». (Souvenons qu'il s'agit là des systèmes des managers, et non de ceux des planificateurs.)

Un exemple de système apprécié dans le cadre du contrôle interactif est celui des budgets, quand ils sont « utilisés, non comme de purs documents financiers, mais plutôt comme des agendas permettant de discuter dans toute l'organisation de tactiques, de nouvelles idées marketing, et de plans de développement des produits » (1990:134).

D'autres entreprises utilisent de cette façon des systèmes de gestion de programmes, des systèmes globaux de budgétisation des revenus, des systèmes de veille (en particulier les entreprises pharmaceutiques), et des systèmes de développement des ressources humaines (1991). L'entreprise Johnson & Johnson, dans laquelle « il n'y a aucun département de planification »

> utilise deux techniques pour rendre la planification à long terme interactive au lieu de rituelle. D'abord, l'horizon de la planification est fixé de façon à ce que, au fil du temps, les managers soient tenus pour responsables des estimations et des plans initiaux. Ensuite, les plans à long terme sont soumis à un débat et sont intensément discutés... Dans l'entreprise Johnson & Johnson... comme partie du processus de planification à long terme et du processus de planification financière, tous les managers doivent évaluer, réviser et présenter de nouveaux engagements d'action de façon continuelle, ce qui rend ces systèmes hautement interactifs. (1987:346,348)

Jouer le rôle de catalyseur

Servir de « gourou de l'entreprise », ce que Litschert et Nicholson (1974:66) ont décrit comme rôle de catalyseur dans son sens le plus large, exige des capacités tout à fait différentes de celles requises des planificateurs dans les rôles plus conventionnels. Comme l'a noté Wack, changer les perceptions et les modèles mentaux des managers « était une tâche différente et beaucoup plus délicate que produire un scénario pertinent » (1985a:84).

De tels planificateurs considèrent que leur rôle consiste à obtenir des autres qu'ils remettent en question les idées reçues, et particulièrement qu'ils aident les individus à se sortir des ornières conceptuelles. Les managers qui ont une longue expérience de stratégies stables sont susceptibles de creuser de telles ornières et de s'y enliser. Des planificateurs de type non conventionnel essaient parfois d'utiliser la provocation pour y parvenir (on peut parler à ce propos de tactiques de choc) en posant des questions difficiles et en remettant en question les hypothèses conventionnelles. Dans cette veine, Huff (1980) a développé un certain nombre de « cadres métaphoriques pour la planification ». L'un d'entre eux est celui de la planification comme conseil : « Donner aux individus des occasions de "voir ce qu'ils disent" ». Une autre des métaphores de Huff est celle de la planification comme « test de la vision », une sorte « d'opticien » de l'entreprise :

« un planificateur-opticien pourrait fournir un examen périodique de la "lentille" à travers laquelle les membres d'une organisation établissent le sens de leurs activités ».

Le planificateur comme stratège

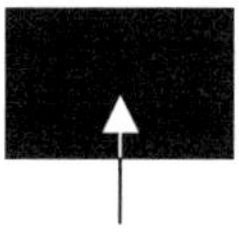

Être les gardiens du savoir conceptuel concernant le processus d'élaboration de la stratégie peut prédisposer les planificateurs à réfléchir sur la stratégie. Mais le seul fait d'être prédisposé à réfléchir sur la stratégie ne transforme personne en un penseur stratégique. Ce sont l'information, l'implication et l'imagination qui jouent ce rôle : avoir un cerveau et disposer des bases qui permettent la synthèse. Et rien de ce que nous avons vu dans les autres prédispositions des planificateurs ne suggère qu'ils ont un avantage quelconque par rapport aux managers dans ces domaines. C'est peut-être même tout à fait l'opposé : leurs fonctions limitent l'accès par les planificateurs à l'information indispensable, les empêchent d'avoir l'implication nécessaire, et les encouragent à l'analyse au détriment de la synthèse.

Néanmoins, porter le titre de « planificateur » n'empêche pas pour autant d'avoir de l'imagination. De fait, certains planificateurs (qui ne sont pas enfermés dans la technologie de la planification) sont parmi les individus les plus créatifs que nous ayons rencontrés dans les organisations. Porter ce titre n'empêche pas non plus automatiquement d'obtenir des informations, bien que ceci rende plus difficile l'accès à l'information qualitative. Certains planificateurs réussissent à avoir l'oreille de managers informés, tandis que d'autres ont récemment occupé des positions de managers opérationnels et ont donc apporté avec eux le savoir requis (pour un temps). Et puis il y a les planificateurs chanceux qui travaillent dans des organisations dans lesquelles les données quantitatives sont d'importance primordiale pour l'élaboration de la stratégie (comme c'est peut-être le cas dans le département du trésor du gouvernement, dont les nombres sont les produits). Chacun de ces planificateurs peut aussi être un stratège (le champion de stratégies spécifiques si ce n'est aussi le créateur de visions stratégiques) bien que ceci n'ait rien à voir en soi avec la planification, les plans, ou même le fait d'être des planificateurs. Ils peuvent ne pas être des planificateurs traditionnels, mais ils sont ceux qui ont surmonté les désavantages comparatifs dont souffrent les planificateurs en ce qui concerne l'élaboration de la stratégie. C'est pourquoi nous mentionnons « le planificateur comme stratège » ici, mais sans le mettre dans la liste comme un quatrième rôle pour les planificateurs.

Nous sommes maintenant prêt à rassembler tous les éléments de notre discussion sur les rôles de la planification, des plans et des planificateurs. Nous le ferons d'abord en montrant comment les rôles s'articulent dans un cadre d'ensemble, puis en présentant de façon plus formelle nos planificateurs conventionnels et non conventionnels, et enfin en spécifiant les contextes dans lesquels les différents rôles et les deux sortes de planificateurs paraissent devoir être utilisés de la façon la plus appropriée.

Un plan pour les planificateurs

Nous avons discuté d'une variété de rôles pour la planification, les plans et les planificateurs. Ceux-ci sont résumés dans la Figure 6-5 autour de la boîte noire de la formation de la stratégie. Cette figure prend pour point de départ celle numérotée 6-1 et y ajoute toutes les petites figures que nous avons présentées tout au long de notre discussion à côté des titres pour chacun des rôles. Ce diagramme a pour objectif de rassembler tous les éléments de notre discussion de ce chapitre, et représente un cadre d'ensemble pour la fonction de planification, disons un plan pour les planificateurs.

Dans ce diagramme, la programmation stratégique (à notre avis, le seul rôle pour la planification) se trouve située après la sortie de la boîte noire. Elle commence avec les stratégies qui ont été formulées ou trouvées, et elle les opérationnalise au travers des trois étapes de codification, d'élaboration, et de conversion. Les résultats finaux sont constitués par les plans détaillés, qui eux-mêmes servent aux rôles de communication et de contrôle dans trois directions : vers l'extérieur de l'organisation, vers le bas dans l'organisation, et en retour vers le point d'entrée du processus de formation de la stratégie dans le cadre d'une boucle de rétroaction. Un autre rôle des plans – les plans comme simulations – est aussi indiqué comme boucle de rétroaction dirigée vers l'analyse stratégique.

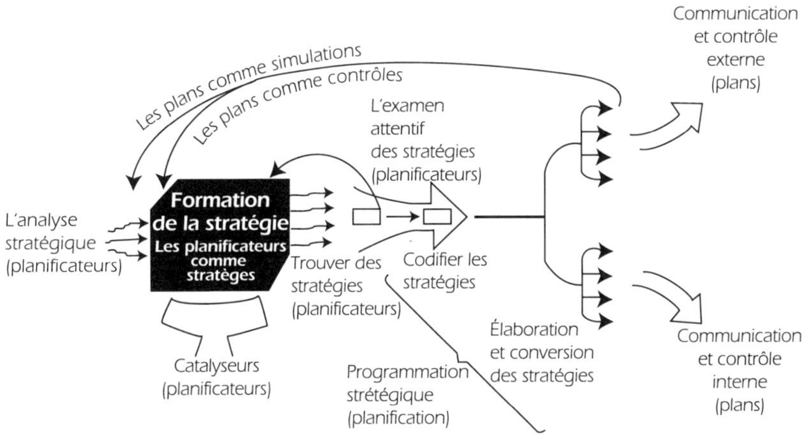

FIGURE 6-5
Un cadre d'ensemble pour la planification, les plans et les planificateurs

Sur le diagramme, on voit aussi l'analyse stratégique (qui est probablement le plus courant des rôles des planificateurs) représentée comme une série d'entrées pour la boîte noire de la formation de la stratégie. On voit également, à la sortie de cette boîte noire et rétroagissant sur elle, l'examen attentif des stratégies, qui est un autre aspect de ce rôle. Juste avant cela, on voit le rôle du planificateur dans l'identification des stratégies, indiqué par des essais d'incursions dans la boîte noire du côté de sa sortie. Enfin, le rôle de catalyseur apparaît sur le diagramme comme un soutien à la boîte noire pour encourager la pensée stratégique, tandis que le planificateur comme stratège est placé à titre d'essai à l'intérieur de cette même boîte pour ceux des planificateurs qui parviendraient à y pénétrer.

Notre réponse à la question de savoir pourquoi les organisations s'engagent dans la planification par rapport à la stratégie est donc 1. pour programmer les stratégies, c'est-à-dire les opérationnaliser dans leurs comportements. Et ils programment les stratégies de cette façon 2. pour des besoins de communication et 3. pour des besoins de contrôle (aussi bien que de coordination), qui sont les rôles des plans. Quant à savoir pourquoi les organisations engagent les planificateurs dans la stratégie, en dehors de l'accomplissement des activités ci-dessus, les raisons en sont les suivantes : 4. pour les aider à trouver des stratégies (comme logiques dans l'action), 5. pour injecter des données et des analyses dans le processus de formation de la stratégie, 6. pour procéder à un examen attentif des stratégies qui sont les produits de ce processus, et 7. pour stimuler les autres membres de l'organisation et les inciter à penser de façon stratégique, et à avoir plus de connaissances sur le processus de formation de la stratégie en général.

Un planificateur pour chacun des côtés du cerveau

Notre discussion suggère que les planificateurs peuvent jouer des types de rôles très divers, exigeant parfois deux orientations assez différentes. D'un côté le planificateur doit être un type de penseur plutôt analytique et convergent, qui se consacre à apporter de l'ordre à l'organisation. Par-dessus tout, ce planificateur programme les stratégies intentionnelles et veille à ce qu'elles soient communiquées de façon claire et utilisées pour les besoins du contrôle. Il conduit également des études pour s'assurer que les managers préoccupés par la formation de la stratégie prennent en compte les données quantitatives nécessaires qu'ils risquent parfois d'oublier. Puis ce planificateur veille à ce que les stratégies que les managers formulent soient soigneusement et systématiquement évaluées avant d'être mises en œuvre. Cette sorte de planificateurs conçoit son rôle comme consistant à « formaliser l'intuition », de fait, souvent en la remplaçant par l'analyse (Langley, 1982:26). Il s'agit du planificateur « conventionnel » auquel nous avons fait référence dans une grande partie de cet ouvrage, qui favorise les processus analytiques de l'hémisphère gauche du cerveau humain. Nous pourrions dire qu'il s'engage dans une *planification droitière.*

De l'autre côté, il existe un autre type de planificateur, dont le minimum que l'on puisse dire est qu'il n'est pas conventionnel, au moins par comparaison avec la plus grande partie de la littérature sur la planification. Cependant ce type de planificateur est présent dans un bon nombre d'organisations. Ces planificateurs sont plutôt des penseurs créatifs, plus divergents, qui cherchent à ouvrir le processus d'élaboration de la stratégie. En tant qu'« analystes qualitatifs », ils sont prêts à conduire des études qui sont plus du type « rapides et mal faites ». Ils aiment à découvrir des stratégies dans des endroits étranges et à scruter les stratégies plutôt que les évaluer seulement de façon formelle. Ils encouragent les autres à penser de façon stratégique au sens ludique de Rutenberg plutôt qu'au sens de « procédure » développé par d'autres auteurs. Et ils sont parfois impliqués eux-mêmes dans l'activité complexe et désordonnée de formation de la stratégie. À la différence de l'autre type de planificateurs, il est probable de trouver celui-ci faisant partie d'un groupe « d'oiseaux sauvages », comme Quinn les a caractérisés, créé « pour patrouiller à travers toute l'organisation en stimulant des approches situées hors des sentiers battus » (1980:106). Ce planificateur est un peu plus orienté vers les processus intuitifs identifiés avec l'hémisphère droit du cerveau. Nous pouvons l'appeler un *planificateur gaucher.*

Il est clair que ces deux groupes doivent être différenciés, un pour chacune des mains du manager pour ainsi dire. Ceux qui sont adeptes de l'utilisation de procédures pour programmer la stratégie, et de la conduite d'analyses techniques de données quantitatives, seront peu susceptibles de promouvoir la créativité et l'esprit de jeu. Les planificateurs qui « sont continuellement en train de poser les questions les plus profondes, les plus radicales, et les plus ridicules », qui ont « des esprits non raisonnables », pour citer Churchman (dans Mitroff *et alii*, 1977:44) sont peu susceptibles de faire le travail minutieux requis pour les budgets et les analyses industrielles. De plus, les planificateurs qui sont complètement ludiques et créativement divergents ne sont pas du tout ceux qui s'assureront de ce que les stratégies soient opérationnalisées de façon correcte quand c'est nécessaire, ou que les données quantitatives soient systématiquement prises en considération dans le processus d'élaboration de la stratégie.

En fait, c'est peut être un abus que de partager l'appellation de « planificateur », dans la mesure où tout ce qu'ils ont en commun est d'être préoccupés par ce qui se passe autour de la boîte noire de la formation de la stratégie. Leurs objectifs sont différents, aussi bien que leurs approches, et même les positions qu'ils occupent autour de cette boîte (l'un pour une large part avant et en-dessous du processus, l'autre pour une large part après lui). Peut-être devrions-nous utiliser des adjectifs pour les distinguer, comme « planificateur analytique » ou « programmeur stratégique » d'un côté, « planificateur synthétique » ou « gourou stratégique » de l'autre. Ce commentaire devrait probablement s'appliquer à l'école de la planification en général, ce qui pourrait éviter une bonne dose de confusion en insistant sur le fait que le terme planification doit seulement être utilisé avec un adjectif (autre que « stratégique » !).

Le fait que les deux groupes se rencontrent dans les départements de planification, même si le premier prédomine, est confirmé dans l'enquête de Litschert et Nicholson sur 115 groupes de planification. La plupart d'entre eux se conformaient à la « norme », qu'ils considéraient être la suivante : « Assister la direction [pour] développer une stratégie et des plans à long terme » (1974:63). Mais vingt-quatre d'entre eux déviaient « considérablement... de la norme » (62), dix d'entre eux étant focalisés sur les procédures d'élaboration des budgets d'investissement et d'autres formes de contrôle du capital, et onze d'entre eux sur le développement de projets, incluant la réalisation d'études de faisabilité des projets, plus proche de notre rôle de planificateur comme analyste mais pas nécessairement du type gaucher. Mais les trois groupes de planification restant paraissaient être des gauchers ; ils sont décrits comme « des réservoirs de cerveaux » qui « réfléchissent longuement aux perspectives à long terme de l'entreprise » et encouragent « la direction opérationnelle à penser et à percevoir de façon moins orthodoxe et à poser des questions plus subtiles » (65).

Qui devrait occuper les postes dans le domaine de la planification ? Quelques observateurs ont développé des arguments à l'encontre de la notion de planificateurs professionnels, croyant que des managers opérationnels devraient faire des rotations à des postes de planification de façon à se ménager des périodes de temps limitées pour réfléchir. Dans ce cas, la planification serait conduite par des personnes qui sont reliées de façon intime avec les opérations de l'organisation (et qui apprécient les exigences du processus de gestion). Dimma, PDG d'une grande entreprise, déclarait :

> N'embauchez ou n'employez jamais de planificateurs professionnels, des individus dont toute la carrière s'est déroulée dans la planification. Le syndrome de la tour d'ivoire est au mieux mauvais, et au pire désastreux. Utilisez dans la planification des personnes qui ont eu une bonne expérience opérationnelle, c'est-à-dire qui ont réussi, et qui après deux ou trois années passées à se développer désireront revenir à une position opérationnelle. Ne mettez jamais, au grand jamais, des dirigeants fatigués à des postes de planification comme une transition vers la retraite. (1985:24)

Nous avons de la sympathie pour cette vision, en particulier pour les individus qui doivent assurer la responsabilité de groupes de planification et ainsi les relier avec les activités opérationnelles de l'organisation. À côté de cela, un général américain bien connu a un jour remarqué : « Il n'y a pas pire punition pour un planificateur que de savoir qu'il devra mettre en œuvre le plan » (James Gavin, dans *King*, 1983:263). Nous voudrions cependant ajouter une condition, au moins pour certains des fonctionnels spécialisés de la planification : le travail exige aussi une orientation qui est différente de celle typique de la gestion opérationnelle. Comme l'ont remarqué Ramanujam et Venkatraman : « C'est une simplification grossière que de définir la planification comme une fonction opérationnelle » (1985:25). Ces auteurs soutiennent qu'il y a des bénéfices à retirer d'une « perspective détachée... pour contrebalancer la myopie et l'inertie » (16) :

> Certains aspects de la planification d'entreprise exigent des spécialistes et des individus qui ont une connaissance intime d'une activité ou d'une fonction. Cependant, d'autres aspects exigent une perspective détachée et réfléchie, et une volonté et une capacité à remettre en cause les hypothèses et les prémisses existantes de l'activité. Dans ce cas on a besoin d'un planificateur fonctionnel plutôt que d'un manager opérationnel, dont le point de vue spécialisé peut souvent être un inconvénient. (25)

D'une façon intéressante, et évidente dans les commentaires ci-dessus, ces planificateurs spécialisés peuvent être aussi bien de type gaucher que de type droitier. On a besoin d'individus qui puissent réfléchir et remettre en question les choses en ayant recours à des méthodes dont les managers ont besoin mais qu'ils ne peuvent pas utiliser eux-mêmes. On peut difficilement qualifier des planificateurs de ce type de « professionnels », mais ils ne sont pas non plus typiquement de type organisationnel. Et on a aussi besoin d'individus spécialisés qui peuvent assumer les rôles plus formalisés de la fonction de planification, des analystes aptes à s'occuper des budgets, à réaliser des analyses industrielles, à effectuer des analyses quantitatives élaborées, etc. Encore une fois, les managers opérationnels ont tendance à ne pas être si systématiquement analytiques. Bien que nous ne soyons pas sûrs de ce que peut signifier pour un planificateur le fait d'être « professionnel » (nous ne connaissons aucun ensemble standardisé de critères de recrutement pour de tels postes, ni aucune école efficace pour la formation à de tels postes)[17] ces planificateurs droitiers paraissent être plus proches en un certain sens du professionnalisme formalisé.

Les planificateurs et leurs contextes

Quel type de planificateur faudrait-il favoriser dans différentes organisations ? Toute organisation a-t-elle besoin des deux types de planificateurs ? Y en a-t-il qui n'aient besoin que d'un seul type de

[17] Cependant, on pourrait raisonnablement soutenir que les programmes de MBA préparent mieux leurs étudiants à des postes de planificateurs fonctionnels droitiers qu'à des positions équilibrées de managers opérationnels (voir « Former des managers, pas des MBAs », dans Mintzberg, 1989 : chapitre 5).

planificateurs, ou même d'aucun ? Lorange a suggéré la création de « deux dirigeants ou services différents [pour la planification] », l'un d'entre eux pour gérer les processus de planification, l'autre pour conseiller « le PDG dans des questions importantes d'ordre stratégique » (1980:269). La vision de Quinn est celle de deux groupes qui sont en relation hiérarchique : « Les planificateurs qui avaient le mieux réussi avaient appris à déléguer la mécanique du processus annuel de planification à des "juniors" et participaient activement au cœur même des processus stratégiques » (1980:203). Nous croyons cependant que les besoins des organisations diffèrent (en ce qui concerne les rôles de la planification, du plan, et du planificateur qui sont pour elles les plus appropriés) et donc que les organisations ont besoin de différentes combinaisons des deux types de planificateurs. C'est à cette dernière question (le contexte de la planification) que nous nous intéressons maintenant pour compléter notre discussion.

Les formes d'organisations

Tout au long de cet ouvrage, nous avons critiqué la pensée de type « la meilleure façon de faire » qui a été si prédominante dans la littérature consacrée à la gestion en général et à la planification en particulier. Les organisations diffèrent, tout comme les animaux ; il n'est pas plus sensé de prescrire une sorte de planification pour toutes les organisations qu'il ne l'est de décrire un type d'habitat pour tous les mammifères (les ours aussi bien que les castors ?). Une partie du problème est venue de l'absence d'un cadre de référence largement accepté à l'intérieur duquel on puisse discuter de différentes formes d'organisations. En termes simples, le domaine de la gestion n'a pas moins besoin de catégories d'espèces que le domaine de la biologie.

Dans des travaux précédents (Mintzberg, 1979, 1983, 1989), nous avons proposé un cadre de référence pour cinq formes fondamentales d'organisations, décrites ci-dessous (en utilisant les appellations de Mintzberg, 1989). Nous reprendrons ici ce cadre pour considérer les configurations variées que la planification, les plans, et les planificateurs peuvent avoir dans différentes circonstances.

L'organisation mécaniste. Bureaucratie classique, hautement formalisée, spécialisée, centralisée et reposant pour une large part sur la formalisation des procédés de travail pour sa coordination ; commune dans des industries stables et matures avec pour l'essentiel un travail opérationnel rationalisé et répétitif (comme dans les compagnies aériennes, les entreprises automobiles, les banques).

L'organisation entrepreneuriale. Structure non élaborée, flexible, contrôlée de façon étroite et personnelle par le PDG, qui coordonne par supervision directe ; commune dans des situations de démarrage et de réorientation aussi bien que dans les petites entreprises.

L'organisation professionnelle. Organisée pour accomplir un travail d'expert dans des cadres relativement stables, et par là même mettant l'accent sur la standardisation des compétences et la répartition en services spécialisés dans lesquels le travail est accompli par des spécialistes plutôt autonomes et influents, avec des administrateurs qui servent de soutien plus qu'ils n'exercent de contrôle ; commune dans les hôpitaux, les universités, et autres entreprises de services professionnels et artisanaux.

L'organisation adhocratique. Organisée pour accomplir un travail d'expert dans un cadre hautement dynamique, où les experts doivent coopérer dans le cadre d'équipes de projets, coordonnant leurs activités par ajustement mutuel dans des formes flexibles de structures, d'habitude matricielles ; on la rencontre dans des secteurs de « haute technologie » telles que l'industrie aérospatiale et dans les travaux qui ont la nature d'un projet comme la réalisation d'un film, aussi bien que dans les entreprises qui doivent amputer leurs opérations les plus répétitives qui ont atteint un stade de maturité de façon à se concentrer sur le développement de produits.

L'organisation diversifiée. Toute organisation scindée en divisions semi-autonomes pour servir une diversité de marchés, avec le « quartier général » s'appuyant sur des systèmes de contrôle financier pour standardiser les résultats des divisions, ces dernières ayant tendance à prendre la forme d'une organisation mécaniste (pour des raisons exposées dans Mintzberg, 1979a:384-386).

La programmation stratégique dans l'organisation mécaniste

Une bonne partie de notre discussion a été focalisée sur la planification « conventionnelle » et les « planificateurs » conventionnels. Ici, nous voulons soutenir que la planification conventionnelle (que nous avons identifiée à la programmation stratégique) et les planificateurs conventionnels sont les mieux adaptés à la forme mécaniste, qui est en fait elle-même une organisation conventionnelle. Il ne serait probablement pas exagéré de prétendre que la vaste majorité de tout ce qui a été écrit sur la gestion et l'organisation au cours de ce siècle, de Fayol et Taylor à Ansoff et Porter, a eu la forme mécaniste d'organisation comme modèle, habituellement de façon implicite. Avec une hiérarchie verticale dominante, une division marquée du travail, une concentration sur la standardisation, son obsession du contrôle, et bien entendu une appréciation pour les positions fonctionnelles en général et celles de la planification en particulier, le type mécaniste a toujours constitué la « meilleure façon de faire » de la littérature de gestion, bien que sa présence n'ait en général pas été plus évidente pour ses partisans que l'eau pour le poisson.

Telle que nous l'avons décrite dans notre ouvrage de 1979 (chapitre 18), la forme mécaniste est une organisation hautement structurée, généralement avec des opérations étroitement couplées qui divisent son travail opérationnel en tâches très spécialisées qui peuvent être facilement comprises et simplement exécutées, sans beaucoup d'expertise (comme dans le cas typique de la chaîne d'assemblage en production de masse). Son environnement est généralement stable et son secteur en état de maturité, de telle sorte qu'il y a peu d'incertitude. Les organisations mécanistes sont également souvent de grande taille et à haute intensité en capital. Quand nous considérons les organisations qui ont eu le plus tendance à planifier, comme nous en avons discuté plus haut au chapitre 3, celles de type Air Canada et de nombreuses divisions de General Electric, l'organisation militaire conventionnelle (en particulier en temps de paix), le gouvernement français et ses administrations, etc., nous trouvons qu'elles ont tendance à se conformer à toutes ces conditions, qui sont aussi celles décrites pour la programmation stratégique plus haut dans le présent chapitre. En d'autres termes, la forme mécaniste est la configuration à laquelle nous avons fait allusion plus haut, le contexte dans lequel les caractéristiques associées à la planification se regroupent de la façon la plus naturelle.

Même dans leur fonctionnement, ces organisations sont adaptées au modèle classique de la planification. Elles ont tendance à avoir des « technostructures » bien développées, c'est-à-dire des groupes fonctionnels incluant un complément important de planificateurs. Ces groupes sont chargés du développement des systèmes de planification et de contrôle formels qui structurent et coordonnent le travail de tous les autres membres de l'organisation. De plus, les organisations mécanistes favorisent le contrôle centralisé, avec un pouvoir formel situé au sommet de la hiérarchie, où des dirigeants sont supposés formuler les stratégies que tous les autres membres de l'organisation mettent en œuvre. Ces stratégies doivent habituellement être programmées de façon précise, leurs errements supprimés par la décomposition et la spécification soigneuses d'étapes précises que chaque employé devra exécuter. Ainsi ces organisations favorisent des objectifs clairs et cohérents ainsi que des stratégies explicites, et elles s'appuient pour la prise de décision sur des données quantitatives qui, dans tous les cas, ont tendance à être nombreuses dans des organisations d'une certaine taille, avec des opérations structurées, qui fonctionnent dans des industries stables en état de maturité.

Par-dessus tout, l'organisation mécaniste, comme nous l'avons décrite dans notre livre de 1979, est obsédée par le contrôle au moyen des règles et règlements, d'abord par le contrôle des ouvriers et des employés, mais ensuite par celui de tous les autres membres de l'organisation. On ne s'étonne pas de voir prédominer une attitude du type « le système fait le travail ». Tout ceci est conçu pour assurer la stabilité des opérations et le fonctionnement en souplesse de la machine bureaucratique. De fait, dans leur livre intitulé *The Neurotic Organization*, Miller et Kets de Vries l'ont qualifiée d'organisation « compulsive », avec la planification comme manifestation première de cette compulsion :

> La façon dont l'entreprise compulsive élabore la stratégie montre [une] préoccupation pour le détail et les procédures établies. D'abord, chaque mouvement est très soigneusement planifié. Il y a généralement un grand nombre de plans d'actions, de budgets, et de plans pour les dépenses en capital. Chaque projet est conçu avec beaucoup de soin, avec de nombreux points de contrôle, des procédures exhaustives d'évaluation de la performance, et des plannings extrêmement détaillés. Il y a souvent un important département de planification qui comporte des représentants de nombreuses zones d'expertise fonctionnelle. (1984:29-30)

Considérons maintenant cette description du processus de planification par George Steiner :

> Le système formel de planification est organisé et développé sur la base d'un ensemble de procédures. Il est explicite en ce sens que les individus savent ce qui se passe. Fréquemment, des manuels d'instruction sont préparés pour expliquer qui fera quoi et quand, et ce qu'il adviendra de l'information. Le soutien à la prise de décision au cours du processus est fréquemment

documenté et le résultat de l'ensemble de l'entreprise est un ensemble écrit de plans. (1979:9)

De quelle autre sorte d'organisation s'agit-il sinon de l'organisation mécaniste traditionnelle ?

La configuration implique le système en un sens très intégré. Il n'y a pas dans un système de variables dépendantes et de variables indépendantes ; tout est influencé par tout, et influence tout. Par exemple, l'organisation mécaniste a besoin de stabilité pour fonctionner, mais elle agit aussi pour assurer cette stabilité. De fait, la planification la sert de deux façons, dans la mesure où elle travaille activement pour imposer la stabilité aux opérations (et parfois aussi à l'environnement), tandis qu'elle décourage passivement le changement radical qui perturbe la stabilité établie. Ainsi la planification n'est pas une composante arbitraire de cette configuration ; elle en est une partie intégrante. La forme mécaniste non seulement requiert la planification (tout comme la planification requiert la forme mécaniste), mais la planification renforce sa nature même, en formalisant ses processus de décision, en encourageant la décomposition de ses activités, et en renforçant sa centralisation du pouvoir.

Planificateurs droitiers et gauchers dans l'organisation mécaniste

Compte tenu du rôle de la planification (et par conséquent des plans) comme moyen de communication et de contrôle dans l'organisation mécaniste, qu'en est-il des rôles des planificateurs ? Il existe certainement une place importante pour les planificateurs droitiers dans ce contexte, non seulement pour réaliser une bonne partie de la programmation stratégique, mais aussi pour conduire différentes sortes d'analyses stratégiques, particulièrement en ce qui concerne les ajustements à la marge des positions stratégiques de l'organisation (dans la mesure où les organisations mécanistes ont plus tendance à rester dans le cadre d'une perspective stratégique donnée qu'à promouvoir une révolution stratégique). Comme Langley l'a remarqué à propos de l'organisation mécaniste qu'elle a étudiée : « Ici le PDG était très connu pour définir en des termes très clairs exactement ce qui était requis dans l'analyse » (1989:619). De plus, la disponibilité de données quantitatives dans ce contexte et la tendance de l'organisation à répondre à ce type d'analyse représentent une incitation supplémentaire. Des examens périodiques du secteur et la réalisation d'analyses concurrentielles paraissent bien adaptés à l'organisation mécaniste.

Mais y a-t-il ici la moindre place pour les planificateurs gauchers, ceux qui font de l'analyse plus créative et plus radicale, et qui recherchent également les stratégies émergentes et servent de catalyseur pour la pensée stratégique nouvelle ? D'un côté, ces rôles peuvent être perturbateurs. La planification conventionnelle est à l'organisation mécaniste ce que les œillères sont à un cheval : elle la maintient orientée dans la direction désirée. La vision périphérique peut distraire. Les planificateurs créatifs peuvent amener le chaos dans les organisations qui savent ce qu'elles doivent faire et dont la seule préoccupation est de s'assurer qu'elles le font de la façon la plus efficiente possible.

D'un autre côté, on a intérêt à ce que quelqu'un se préoccupe du changement, des forces qui peuvent modifier la direction donnée : les nouvelles technologies, l'évolution des goûts des consommateurs, une concurrence imprévue et le besoin de réponses stratégiques créatives à ces perturbations. Les cadres dirigeants peuvent ne pas avoir cette inclination. Après tout, ils ont du jouer le rôle de gardiens de la direction stratégique qui (jusqu'ici) réussissait, et ils en ont même parfois été les créateurs. Et donc ce type d'activité doit souvent être réalisé par des planificateurs gauchers, dans leur rôle de catalyseur.

Mais ce n'est pas un rôle facile à jouer ici, parce qu'il remet nécessairement en question le *statu quo*. Il requiert une bonne dose de délicatesse : les planificateurs gauchers doivent travailler derrière la scène, encourageant un élargissement des perspectives tout en injectant leurs idées et les résultats de leurs analyses de façon douce et subtile (comme il est suggéré dans les citations de l'article de Wack que nous avons faites plus haut). Bien entendu, quand les menaces deviennent pressantes, et donc que des changements radicaux doivent intervenir rapidement, mais que la direction générale reste sourde, alors les planificateurs gauchers peuvent devoir devenir plus agressifs, élargissant leur rôle de catalyseur, peut-être même en incluant un comportement de nature politique (comme celui qui consiste à exposer directement le problème à de puissantes sources d'influence externe).

Gardons à l'esprit, cependant, que les planificateurs gauchers ont tendance à voir de telles menaces, non seulement avant les managers, mais souvent avant qu'il ne soit nécessaire d'y répondre (ou même avant qu'elles n'existent !). Les organisations mécanistes peuvent exploiter avec bonheur des stratégies données et des conditions stables pendant des années (notre propre recherche suggère que ceci peut durer pendant plusieurs décennies), longtemps après que les planificateurs gauchers se soient inquiétés. Il ne sert à personne d'avoir une poignée de planificateurs créatifs qui errent sans but dans une organisation qui, elle, se contente de poursuivre une stratégie viable. Les organisations mécanistes, après tout, existent pour produire de façon efficiente des biens et des services, pas pour entreprendre le changement pour le changement. Les planificateurs gauchers peuvent jouer un rôle clé pour signaler le besoin d'un changement majeur lorsqu'il devient nécessaire ; dans les autres cas, la meilleure solution paraît être de les garder dans un coin de l'organisation, peut-être en leur demandant de développer des scénarios et des plans de contingence pour son futur.

La programmation stratégique dans d'autres conditions

Nous avons vu comment l'ensemble des conditions qui favorisent la planification se groupent pour produire une configuration organisationnelle d'un type particulier. Avant de considérer les autres formes d'organisations, examinons les conditions opposées à celles dont nous avons discuté plus haut.

L'opposé d'un environnement stable est un environnement dynamique, un environnement qui change fréquemment, sinon constamment, de façon imprévisible (et donc incontrôlable). Nous n'avons pas besoin de nous étendre sur un point déjà largement développé dans ce qui précède : la planification formalisée n'a aucun sens dans un environnement de ce type. L'analyse stratégique peut ici être sensée, au moins lorsqu'elle est conduite de façon flexible et créative (par des planificateurs gauchers), mais pas la forme plus rigide de planification. Programmer des stratégies quand on ne peut pas faire de prévisions fiables a pour seul effet d'empêcher l'organisation d'être capable de réagir aux événements à mesure qu'ils se déroulent.

Ceci peut expliquer pourquoi le système OST a fini par rencontrer des difficultés dans l'entreprise Texas Instruments, pourquoi Jack Welch à la General Electric s'est retourné de façon aussi forte contre la planification, et pourquoi une organisation comme la NASA, malgré le besoin qu'elle a de réaliser un couplage complexe de nombreuses activités au cours du projet Apollo, a eu tendance à planifier de façon beaucoup moins formelle et étroite que l'on aurait pu s'y attendre (d'après l'étude de Chandler et Sayles (1971:30-31,33) dont nous discuterons plus loin). Des planificateurs gauchers peuvent être utiles dans ces circonstances. Comme le dit Forrester : « Dans des situations organisationnelles turbulentes, de nature politique, bruyantes, les analystes-planificateurs doivent poser et créer des problèmes aussi bien que les analyser » (1980-81:597). Mais la planification droitière n'a pas d'utilité dans ces circonstances.

De façon similaire, une industrie émergente ou même une industrie en déclin comporte des entreprises qui voient sans cesse leurs positions acquises, défaites, et remises en question, avec des secousses périodiques, avec des évolutions du taux de croissance du marché qui peuvent être sauvages et imprévisibles. Une telle industrie est donc beaucoup moins stable qu'une industrie en état de maturité, et ainsi, pour toutes les raisons exposées ci-dessus, il peut y être difficile de s'appuyer sur la planification formelle. De façon similaire, l'absence de structures élaborées rend la planification difficile, dans la mesure où elle dépend de l'existence d'un système établi de tâches décomposées sur lequel elle puisse asseoir ses résultats. Et l'absence d'opérations étroitement couplées peut de la même manière enlever une raison première de s'engager dans la planification formelle.

Quand les opérations d'une organisation sont complexes au lieu d'être simples, c'est-à-dire quand elles exigent le recours à des experts compétents, la planification rencontre aussi des difficultés. Comme nous l'avons noté plus haut, en particulier en ce qui concerne la loi de la variété requise d'Ashby, la planification n'a tout simplement pas la sophistication lui permettant de programmer un tel travail. En premier lieu, beaucoup de l'information critique ne peut être comprise que par les experts qui ont la formation nécessaire. Parce qu'ils manquent de moyens pour internaliser une telles information, les systèmes de planification et souvent les planificateurs eux-mêmes risquent de « trivialiser » le travail, par exemple en comptant les publications des membres du corps professoral d'une université, pour mesurer leur production de recherche au lieu de juger de la qualité de la recherche, ou en imposant sur les ressources d'une installation de recherche et développement des contrôles (heure de travail, catégories de budget, procédures opératoires, etc.) qui en fait diminuent la qualité des résultats.

En ce qui concerne les petites organisations, nous avons déjà discuté des coûts relativement élevés de la planification et de l'absence d'un besoin de planification si la coordination nécessaire peut être effectuée de façon informelle, par ajustement mutuel entre les salariés ou par supervision directe par le chef. Bien entendu, il peut y avoir des cas dans lesquels d'autres forces prennent plus d'importance que la taille et incitent une organisation relativement petite à s'engager dans la planification formelle. Il existe en fait des organisations mécanistes plutôt petites. Mais pour l'essentiel, la petite taille décourage de s'appuyer sur la planification formelle. Enfin, l'intensité en capital et le contrôle externe sont tous deux des conditions facilitatrices dont la présence peut encourager la planification mais dont l'absence ne la décourage pas. L'incidence de la planification dépendra d'autres facteurs.

En ayant ces conclusions à l'esprit, considérons maintenant la planification, les plans et les planificateurs dans d'autres formes d'organisations.

L'analyse stratégique dans l'organisation professionnelle

Comme nous l'avons noté plus haut, pour ce qui concerne la planification, tant dans la littérature sur le sujet que dans la pratique, la forme mécaniste est généralement considérée comme une donnée, et la planification formelle comme « la meilleure façon de faire » pour toutes les organisations. Cette façon de penser a donc débordé du cadre de l'organisation mécaniste pour s'étendre aux organisations professionnelles, et souvent avec des conséquences très malheureuses. Ainsi, il existe des livres et des articles sur les besoins de planification stratégique formelle dans les universités (par exemple Dubé et Brown, 1983 ; Doyle et Lynch, 1979 ; Hosmer, 1978) ; dans les écoles (Kaufman et Herman, 1991) ; et dans les hôpitaux (Peters, 1979, American Hospital Association, 1981). Presque tous s'appuient sur les hypothèses conventionnelles de la planification : les stratégies devraient émaner du sommet de l'organisation complètement développées, les buts devraient être clairement établis, la formulation centrale des stratégies doit être suivie par leur mise en œuvre à travers toute l'organisation, les salariés (dans ce cas les professeurs, les médecins, etc.) vont (ou doivent) répondre à ces stratégies imposées de façon centrale, etc. C'est presque comme si l'ensemble de la structure était supposée évoluer pour répondre aux besoins de la planification (comme les gouvernements essaient parfois de le faire avec les institutions publiques professionnelles).

En réalité, ces hypothèses sont fausses. Elles proviennent d'une mauvaise compréhension de la façon dont les organisations non mécanistes doivent fonctionner, ou de la mauvaise volonté à la comprendre. Il en a résulté pas mal de gâchis, un essai pour faire rentrer les bâtons carrés de la planification dans les trous ronds de l'organisation. Au mieux, les bâtons ont été endommagés : les planificateurs ont échoué, ils ont simplement perdu leur temps. Ceci paraît avoir été le résultat le plus courant dans les universités, qui ont généralement résisté à la planification intensive de l'action (sauf bien entendu dans certains de leurs services de support logistique de type mécaniste, où une dose de programmation de l'action peut être appropriée). Mais au pire, les trous ont été endommagés : les planificateurs ont réussi, et l'organisation a perdu son temps, peut-être en devenant dysfonctionnelle dans le processus. Pour citer un doyen d'université qui parlait probablement pour beaucoup de ses collègues ayant des responsabilités dans des systèmes d'éducation, sans parler des hôpitaux, etc. : « Je vois la planification comme une bureaucratie en expansion, qui m'aide peu mais qui est capable de créer plusieurs structures de m... dont je dois m'occuper » (dans Hardy, 1987:72).

La cause de ces problèmes n'est pas difficile à comprendre, tant qu'on demeure ouvert aux formes d'organisations autres que la structure mécaniste traditionnelle. Les universités, les hôpitaux, les sociétés d'ingénierie, etc., ont une configuration qui ressemble plus à celle de ce que l'on appelle l'organisation professionnelle, structure pilotée par un travail opérationnel qui est hautement complexe même s'il est plutôt stable dans son exécution. Comme résultat de cette unique différence essentielle, beaucoup des éléments de base de l'organisation mécaniste et de la planification droitière s'effondrent, notamment ceux du contrôle de la base par le sommet et de l'élaboration centralisée de la stratégie. De plus, les organisations professionnelles sont notoirement couplées de façon lâche dans leurs centres opérationnels : les professeurs enseignent et font de la recherche en étant presque complètement isolés les uns des autres, particulièrement entre départements différents, et il en est de même pour une bonne partie de la pratique médicale dans les hôpitaux.

Le résultat est un processus d'élaboration de la stratégie qui est presque diamétralement opposé à celui de l'organisation mécaniste, et aux idées reçues. Nous pouvons résumer ici les propositions d'un modèle que nous avons développé dans un article sur « La formation de la stratégie dans le cadre de l'université » (Hardy *et alii*, 1984). De nombreux acteurs interviennent dans le processus, y compris des professionnels qui, dans leur travail même, créent individuellement la plupart des stratégies produit-marché importantes en décidant de quelle façon ils vont servir leurs propres clients. L'influence directe des administrateurs est souvent limitée aux stratégies de soutien logistique, et, de concert avec les professionnels qui effectuent le travail opérationnel, ils ont tendance à entrer dans les processus complexes et interactifs de choix collectifs qui prennent une tournure collégiale aussi bien que politique. Le résultat en est un processus de formation de la stratégie plutôt fragmenté, dans lequel les stratégies de l'organisation sont typiquement l'agrégation de toutes sortes de stratégies individuelles et collectives. March et ses collègues (par exemple March et Olsen, 1970) ont été enclins à voir ces processus comme des « anarchies organisées » prenant place dans une sorte de « poubelle » chaotique. Mais nous croyons qu'il y a plus d'ordre que cela dans ces processus. Il est amusant de constater que l'orientation stratégique des organisations professionnelles paraît demeurer remarquablement stable alors que les stratégies individuelles semblent être dans un état de changement presque continuel.

La stabilité de la stratégie d'ensemble peut suggérer un rôle pour la planification de l'action, mais la complexité du travail professionnel et sa décentralisation entre les mains des opérateurs professionnels empêchent pour l'essentiel que ce rôle existe, ou au moins en restreignent l'application au travail non professionnel des fonctionnels de soutien ou à des zones très larges ou périphériques de l'activité organisationnelle (comme la construction de nouvelles installations, ou le planning de l'utilisation de l'espace).

Mais comme Langley l'a établi clairement dans sa propre recherche (1986, 1988, 1989), aussi bien que dans sa contribution à l'article de Hardy *et alii*, l'analyse stratégique a un rôle majeur à jouer dans l'organisation professionnelle, mais pas de la façon habituelle. Ceci parce qu'une grande partie de l'analyse est conduite, non par les planificateurs fonctionnels, mais par les professionnels eux-mêmes, et parce qu'elle est moins utilisée pour le contrôle central et la coordination centrale que pour le débat et l'interaction qui constituent le processus collectif de décision. En d'autres termes, les « analystes » ont tendance à être aussi bien gauchers que droitiers.

Un tel usage de l'analyse est en fait cohérent avec les propositions de Mitroff (1972) sur l'analyse « partisane », dans laquelle les analystes prennent parti et se défient les uns les autres, articulant ainsi les arguments clés. Rondinelli a fait référence à ce phénomène sous le vocable de « planification avocate », une planification qui « n'a aucune prétention à l'objectivité », mais qui au lieu de cela représente « une position de politique générale ou les perceptions d'un "public intéressé" particulier » (1976:80). Une analyse de ce type peut aider à faire ressortir les biais et les incohérences, et à « désenfumer » les idéologies (Schlesinger, 1968:298).

Comme March et Simon l'ont exprimé : « La négociation (quand elle se produit), sera fréquemment dissimulée dans un cadre de référence analytique » (1958:131).

> Pour résumer, l'analyse dans les universités sert plus que de moyen pour exercer de l'influence dans les interactions et moins à résoudre les questions. Elle peut être utilisée pour aider la compréhension personnelle d'individus ou de groupes, mais elle sert aussi de moyen de communication et de focalisation de l'attention, de moyen pour légitimer les décisions, pour obtenir le consensus, et peut-être de façon plus importante de moyen de persuasion. De cette façon, l'analyse aide à assurer que ce qui est réellement décidé a en principe quelque justification. (Hardy *et alii*, 192)

Dans sa thèse de doctorat, Langley (1986) a examiné soigneusement les rôles de la planification et de l'analyse dans trois organisations : une organisation professionnelle (un hôpital), une organisation mécaniste, et une adhocratie. Dans l'organisation professionnelle, elle a décrit ce qu'elle appelait la planification comme une activité hautement participative conduite pour bonne part par les professionnels eux-mêmes. Cette activité servait trois buts. Le premier était celui de « relations publiques » (en contraste marqué avec l'organisation mécaniste, qui gardait ses plans hautement confidentiels). Le second était informationnel, et avait pour but « la connaissance de l'organisation par elle-même et l'apport d'éléments entrant dans le développement des visions stratégiques » (298), en d'autres termes une forme d'analyse stratégique. Et le troisième était « la thérapie de groupe : la construction du consensus, la communication, et la légitimation de la vision stratégique » (300), apparemment avec à la fois des éléments du rôle de catalyseur des planificateurs et du rôle de communication des plans.

Langley note que, d'après son expérience, les plans stratégiques de l'hôpital se résumaient à « la concaténation de listes de souhaits d'acquisitions venant de différents services », et que cette mise bout à bout « n'éliminait aucune possibilité, ne faisait aucun choix difficile, ou n'établissait aucune structure cohérente ». Ceci « ne fournissait pas un guide très clair pour l'action future » (301). Dans l'hôpital qu'elle a étudié de façon approfondie, elle observait que, bien que ce phénomène fût présent, l'effort de persuasion et de négociation effectué par la direction générale donnait plus de légitimité au plan. Le plan « créait » réellement « une certaine forme de focalisation », en particulier à propos des zones définies au sens large qui seraient favorisées dans l'attribution de financements (en d'autres termes, il servait comme une sorte de contrôle de la performance). « Les initiatives devaient tout de même venir des professionnels, mais les plans étaient une sorte de filtre pour déterminer quelles initiatives seraient favorisées et quelles initiatives seraient découragées » (1988:48). Mais malgré ce succès limité, la planification s'avérait être « ici un instrument très faible de contrôle comparé à la bureaucratie mécaniste » (303 ; voir aussi Denis, Langley et Lozeau, 1991).

La planification et l'analyse dans l'adhocratie

L'adhocratie est une structure de projet, qui combine les compétences complexes de différents experts pour faire face à un environnement différent : complexe et dynamique. La planification paraît donc perdre sur tous les tableaux. Pourtant, quelques adhocraties ont vraiment besoin du couplage complexe d'une myriade de tâches, comme dans le cas de la course qu'a entrepris la NASA pour envoyer un homme sur la lune avant 1970. La conséquence paraît être une forme très lâche de programmation stratégique, qui définit des cibles larges et un ensemble de bornes, tout en laissant une flexibilité considérable pour s'adapter aux impasses et aux découvertes créatives le long de ce qui doit rester pour une large part une route non tracée sur une carte. En un sens, ces plans ressemblent plus à des contrôles de performance généraux qu'à des programmes d'actions spécifiques, ou peut-être de façon plus équitable, à quelque chose qui est situé entre les deux. Pour citer Chandler et Sayles, la planification dans le cadre du projet Apollo de la NASA s'est avérée être :

> Une fonction assez différente dans ces systèmes de développement de grande taille où les incertitudes prédominent. Traditionnellement, on apprend aux managers à identifier leurs buts et finalités ultimes, à définir des objectifs qui les aideront à atteindre ces buts, puis à développer des plans opérationnels. Malheureusement, cette séquence logique et réconfortante est perturbée dans le monde réel des grands systèmes. Des objectifs clairs dissimulent souvent des finalités conflictuelles qui reflètent les divergences entre les groupes temporairement alliés dans la fédération... La planification s'avère être un processus dynamique et itératif. Ce qui disperse inévitablement l'autorité, dans la mesure où un petit groupe d'experts, « de planificateurs » de haut niveau ne peut pas définir la stratégie. (1971:7)

Ainsi, quand Loasby écrit que pour maintenir la flexibilité « le meilleur pour les entreprises, c'est peut-être de considérer la planification à long terme comme quelque chose qu'elles devraient essayer d'éviter », il peut avoir parlé par-dessus tout de l'adhocratie. « Cela ne signifie pas » que les entreprises doivent la considérer « comme quelque chose dont elles devraient essayer de détourner totalement : cela signifie arranger la façon dont elles font les choses de manière telle qu'aussi peu que possible ait besoin d'être décidé en avance » (1967:307).

D'un autre côté les planificateurs gauchers peuvent ici avoir à jouer des rôles plus importants. La formation de la stratégie est dans l'adhocratie un processus très complexe et très peu traditionnel, qui a l'allure du modèle « jardinier » dont nous avons discuté plus haut. Il y a donc un grand besoin de faire en sorte que les participants le comprennent, ce qui accroît l'importance du rôle de catalyseur dont nous avons discuté plus haut. Et parce que les stratégies des adhocraties ont tendance à être émergentes, le rôle qui consiste à trouver les stratégies devient également crucial, ce qui fournit encore des opportunités pour les planificateurs gauchers. De plus, les conditions dans l'adhocratie peuvent être si complexes et peuvent changer si rapidement qu'il y existe une tendance au développement d'un appétit insatiable pour l'analyse stratégique, d'après Langley (1986), qui résume comme suit ses découvertes sur les trois formes d'organisations :

> L'étude paraît indiquer que différents types d'organisations peuvent utiliser l'analyse formelle de façons qui sont à la fois différentes les unes des autres et cohérentes avec la nature des configurations structurelles. Les bureaucraties mécanistes, avec leur style décisionnel descendant (« top-down »), peuvent utiliser l'analyse essentiellement dans des buts d'information, de direction et de contrôle, pour déterminer la substance des décisions, et pour s'assurer que les décisions prises aux niveaux supérieurs sont détaillées et mises en œuvre. Les bureaucraties professionnelles, dans lesquelles les initiatives stratégiques viennent souvent du bas pour remonter ensuite, peuvent exiger l'analyse essentiellement pour la communication (persuasion directe) et l'information (vérification réactive) à mesure que les propositions évoluent vers le stade où elles sont approuvées. Finalement, dans une adhocratie, la participation de nombreux individus dans les décisions et l'ambiguïté qui entoure l'autorité formelle peuvent engendrer des usages encore plus importants de l'analyse formelle pour des objectifs de communication (en particulier pour le positionnement et la persuasion directe). (1989:622)

Les planificateurs créatifs ne se trouveront pas à court de travail dans les adhocraties. De fait, nous soupçonnons que les planificateurs gauchers réellement créatifs sont plus susceptibles de trouver un accueil empreint d'hospitalité ici que dans toute autre forme d'organisation.

Les rôles minimaux dans l'organisation entrepreneuriale

Il est probable que la planification, les plans, et les planificateurs rencontrent une résistance considérable dans la forme entrepreneuriale d'organisation, qui s'appuie sur des moyens très différents pour la coordination et le contrôle. Ici, au moins dans la version idéalisée, tout tourne autour du PDG ; cette personne contrôle personnellement les activités par supervision directe. Une planification sérieuse peut gérer le dirigeant, entraver sa liberté de mouvement, comme nous l'avons vu à propos de la chaîne de supermarchés Steinberg et comme cela semblait évident dans le traitement que l'école de la planification fait de l'intuition managériale. Par contre, les planificateurs plus intéressés par l'analyse stratégique que par la planification formelle peuvent être capables de se construire une niche dans une organisation de ce type, s'ils peuvent capter l'attention du PDG. De fait, les planificateurs droitiers peuvent ici avoir l'avantage, dans la mesure où le leader a typiquement besoin de voir son intuition tempérée par une considération plus systématique des questions. Mais faire cette analyse peut ne pas être facile, compte tenu de la concentration d'une telle quantité d'informations critiques dans la tête du leader, et de sa tendance à agir de façon opportuniste.

En ce qui concerne les autres rôles du planificateur, les dirigeants des organisations les plus entrepreneuriales n'apprécient pas que quelqu'un leur dise comment faire la stratégie ; dans tous les cas, le processus a tendance à être verrouillé dans leur propre esprit (de façon subconsciente). Et ils n'ont pas beaucoup besoin de quelqu'un qui les aide à trouver les stratégies, dans la mesure où elles sont peu susceptibles de se développer en dehors de leur propre contrôle personnel. Dans tous les cas, les bons dirigeants intuitifs font généralement ce travail mieux que des fonctionnels, en particulier dans ces organisations typiquement petites, simples et flexibles. Bien entendu, à mesure que l'organisation entrepreneuriale grandit, se stabilise, et commence à prendre la forme mécaniste, la stratégie visionnaire du leader peut devoir être précisée par la programmation stratégique, et ainsi l'influence des planificateurs peut en même temps devoir s'accroître.

Le contrôle de la performance dans l'organisation diversifiée

Finalement, nous en arrivons à l'organisation diversifiée. Telle que nous l'avons décrite dans nos publications précédentes, elle a tendance à être une version élaborée de la forme mécaniste. À mesure que cette dernière s'agrandit, sature ses marchés traditionnels et regarde ailleurs pour son expansion, il est typique qu'elle diversifie ses stratégies produit-marché puis se scinde en unités individuelles, chacune d'entre elles dédiée à l'une de ces stratégies. Ainsi, bien que le couplage puisse être étroit à l'intérieur des divisions (comme dans les structures mécanistes), il a tendance à être lâche entre les divisions.

La clé de l'organisation diversifiée, c'est la relation entre le quartier général et les divisions. Le premier doit exercer un certain type de contrôle, le plus souvent sur le financement et la performance, mais de façon suffisamment lâche pour permettre aux divisions de gérer leurs propres activités. La solution évidente consiste à imposer des objectifs et des budgets, c'est-à-dire à utiliser des systèmes de contrôle de la performance. Ainsi le quartier général a-t-il ici tendance à s'appuyer sur la planification non pas tant pour programmer la stratégie en elle-même que pour effectuer un contrôle financier, bien que des techniques comme l'élaboration des budgets d'investissements et la matrice taux de croissance-part de marché du Boston Consulting Group introduisent certainement aussi une dose de programmation stratégique. Bien entendu, comme nous en avons discuté plus haut, de tels contrôles peuvent avoir pour effet d'encourager la programmation stratégique à l'intérieur des divisions. Ce n'est donc sans doute pas une coïncidence qu'une grande partie de la popularité de la « planification stratégique » dans les entreprises américaines se soit précisément développée dans ces entreprises à structure diversifiée.

Mais, un peu de connaissance peut être dangereux. Plus un siège distant de la gestion d'une activité particulière essaie de programmer la stratégie de cette activité, plus il tente d'encourager les responsables de cette activité à faire la même chose pour les mauvaises raisons, plus il peut saper l'efficacité même de la division. On obtient le même effet dysfonctionnel si le siège essaie d'utiliser lui-même les autres rôles des planificateurs (et particulièrement l'analyse stratégique). Des phénomènes de cette nature paraissent s'être produits avec la matrice taux de croissance-part de marché, qui est apparemment aujourd'hui pour une large part un outil du passé. Notre conclusion sur l'organisation diversifiée est donc la suivante : les planificateurs du siège peuvent avoir un petit rôle de catalyseur et transmettre leur savoir sur le processus stratégique, mais pour le reste il paraît logique de laisser les rôles à des planificateurs situés à l'intérieur des divisions elles-mêmes.

La planification dans différentes cultures

Comme point final, considérons l'effet des cultures nationales sur la tendance à s'engager dans la planification, dans la mesure où il existe des données empiriques qui montrent que certaines nations y ont plus tendance que d'autres, peut-être à cause d'une prédisposition envers certaines formes d'organisations qui y sont liées.

Hayashi a trouvé que la plupart des entreprises japonaises qu'il a étudiées « avaient seulement des objectifs stratégiques mais pas de programmes d'action explicites » ; « Il y avait un manque de technologie de planification et de prévision » ; et elles « n'avaient pas confiance dans la planification d'entreprise en général » (1978:221,222). « Un cadre de haut niveau dans le domaine de la planification disait que dans son entreprise la planification consistait à identifier les problèmes majeurs et à créer une atmosphère suscitant des idées créatives et du travail intensif à l'intérieur de l'entreprise » (217).

Écrivant initialement en japonais pour un public japonais, Ohmae conclut que « la plupart des grandes entreprises américaines sont gérées comme l'économie soviétique », avec leur insistance sur des plans centraux et sur les détails avec lesquels ces plans spécifient les attentes concernant les actions des managers. Pour lui, c'est « une façon remarquablement efficace pour tuer la créativité et l'esprit d'entreprise aux extrémités de l'organisation » (1982:224). Par contraste, il décrivait l'entreprise japonaise comme « moins planifiée, moins rigide, mais plus pilotée par la vision et par la mission que les organisations occidentales » (225), tous ces éléments indiquant son orientation idéologique.

Nous venons juste de discuter de l'exemple des entreprises japonaises qui, en favorisant une culture interne forte, paraissent dans une certaine mesure décourager la planification de l'action. Il est intéressant de voir qu'Ohmae, dans le passage cité plus haut, tout en associant les entreprises japonaises à une moindre planification de l'action, associe également le gouvernement soviétique ainsi que les entreprises américaines à une plus grande planification de l'action. Nous aurions pu nous y attendre venant des défunts régimes communistes, dont le système politique reposait sur une telle planification. Nous aurions même pu nous y attendre de la part des Français, qui sont depuis longtemps épris de la forme de pensée cartésienne, ou des Allemands et des Suisses, compte tenu de leur préférence pour la structure ordonnée. Mais pourquoi faudrait-il que ce soit le cas pour les Américains pragmatiques, qui ont une idéologie politique si ostensiblement opposée à la planification centrale ?

Le fait que la relation existe peut difficilement être mis en question : notre discussion l'a établi de façon tout à fait claire. Les États-Unis sont le pays dans lequel l'école de la planification a le premier pris racine et s'est développé : c'est là où les entreprises telles General Electric et Texas Instruments ont joué le rôle de pionnier avec la planification de l'action, où ITT a joué le rôle de pionnier avec le contrôle de la performance, où le gouvernement fédéral a joué le rôle de pionnier avec le PPBS. C'est des États-Unis que vient la majorité de la vaste littérature sur la planification, et ce sont eux qui ont donné naissance à de grandes associations professionnelles de planification, et qui ont fait éclore la plupart des boutiques de conseil en stratégie.

Dans une étude internationale, Steiner et Schollhammer (1975) ont trouvé que la planification était la plus courante et la plus formalisée aux États-Unis, et que ce pays était suivi de près par la Grande-Bretagne, le Canada et l'Australie, avec le Japon et l'Italie à l'autre extrémité de l'échelle (l'Italie étant peut-être découragée par l'omniprésence de l'activité de nature politique aussi bien que par le nombre très important d'entreprises ayant une structure entrepreneuriale). Ainsi la tendance paraît ne pas être seulement américaine, mais anglo-saxonne, bien que les Américains en aient certainement été les leaders[18].

Comment expliquer cela ? Peut-être est-ce le reflet de l'histoire d'amour qu'ont les Américains (et en général les Anglo-Saxons) avec le « management professionnel », qui lui-même reflète peut-être une obsession du contrôle : tout d'abord des choses physiques, ensuite des choses sociales, et finalement le contrôle des individus les uns par les autres. Ou peut-être l'attention pour la planification reflète-t-elle sim-

[18] Al-Bazzaz et Grinyer (1981:163) ont aussi trouvé que les Suisses étaient au niveau des Américains, devant les Britanniques. Rieger (1986) a aussi discuté du « fatalisme » comme facteur qui décourage la planification dans certaines cultures, comme les cultures hindoue et islamique.

plement la quête de méthodes qui permettent de gérer les organisations géantes que les États-Unis ont engendrées par d'autres moyens (c'est-à-dire l'initiative entrepreneuriale). En d'autres termes, la planification peut représenter l'effort pour exploiter la taille par l'intermédiaire de la programmation systématique de la stratégie (une conclusion cohérente avec l'analyse faite par Chandler [1962 et 1977] de l'évolution de la grande entreprise américaine). Si tel est le cas, nous croyons (et nous avons développé des arguments en ce sens dans tout cet ouvrage) que cet effort s'est soldé par un échec, et un échec terriblement coûteux (dont les effets complets, selon nous doivent encore se faire sentir).

Pour conclure ce livre, notre discussion a établi clairement que la « planification stratégique » n'a pas marché, que la forme (la « rationalité » de la planification) ne s'est pas conformée à la fonction (les besoins de l'élaboration de la stratégie). La planification n'a jamais été une quelconque « one best way ». Mais reconçue comme programmation stratégique, elle peut parfois être une bonne façon de faire. Elle a un rôle important à jouer dans les organisations, tout comme les plans et les planificateurs, lorsqu'elle est associée aux contextes appropriés. Trop de planification peut nous conduire au chaos, mais trop peu de planification nous y conduirait aussi, et plus directement.

Nous avons appris beaucoup de choses dans cette ample discussion. Plusieurs décennies d'expérience de la planification stratégique nous ont montré le besoin qu'il y a d'assouplir le processus de formation de la stratégie plutôt que d'essayer de rigidifier ce processus par une formalisation arbitraire. À travers tous les faux départs et tous les excès de rhétorique, nous avons certainement appris ce que la planification n'est pas et ce qu'elle ne peut pas faire. Mais nous avons également compris ce que la planification est et ce qu'elle peut faire, et, ce qui est peut-être plus utile, ce que les planificateurs eux-mêmes peuvent faire au-delà de la planification. Nous avons également appris que nous avons besoin de développer une compréhension descriptive plus solide de phénomènes complexes, et de faire face à l'ignorance que nous en avons, avant de passer à une approche prescriptive. C'est seulement quand nous reconnaissons nos propres fantaisies que nous pouvons commencer à apprécier les merveilles de la réalité. Et, paradoxalement, nos expériences avec la planification stratégique nous ont aidé à développer un peu de cette compréhension, même si c'est par inadvertance. Ce qui revient à conclure que ce long exercice a produit ses bénéfices, à la fois planifiés et non planifiés.

Bibliographie

D. F. Abell « Strategic Windows » *Journal of Marketing* juillet 1978, p. 21-26.

D. F. Abell et J. S. Hammond *Strategic Market Planning* Englewood Cliffs, NJ, Prentice-Hall, 1979.

W. J. Abernathy et J. M. Utterback « Innovation Over Time: Patterns of Industrial Innovation » *Technology Review* juin-juillet 1978.

R. W. Ackerman, Role of the Corporate Planning Executive. Document de travail, Graduate School of Business Administration, université Harvard, 1972.

———. *The Social Challenge to Business* Cambridge, MA, Harvard University Press, 1975.

R. L. Ackoff *A Concept of Corporate Planning* New York, Wiley, 1970.

———. « Science in the Systems Age: Beyond IE, OR, and MS » *Operations Research* XXI, 1973, p. 661-671.

———. « Beyond Prediction and Preparation » *Journal of Management Studies* XX, 1, 1983, p. 59-69.

S. J. Al-Bazzaz et P. H. Grinyer « Corporate Planning in the U.K.: The State of the Art in the 70s » *Strategic Management Journal* II, 1981, p. 155-168.

———. « How Planning Works in Pratice: A Survey of 48 U.K. Companies » *in* D. E. Hussey, éd., *The Truth About Corporate Planning* Oxford, Pergamon Press, 1983, p. 211-236.

Y. Allaire et M. Firsirotu « Theories of Organizational Culture » *Organizational Studies* V, 3, 1984, p. 193-226.

———. Shaping the Firm's Destiny: Strategic Thinking and Planning for the Modern Corporation. Document de travail, université du Québec à Montréal, janvier 1988.

———. « Coping with Strategic Uncertainty » *Sloan Management Review* XXX, 3, printemps 1989, p. 7-16.

———. « Strategic Plans as Contracts » *Long Range Planning* 23, 1, 1990, p. 102-115.

M. G. Allen « Diagramming GE's Planning for What's Watt » *Planning Review* V, 5, 1977, p. 3-9.

———. « Strategic Management Hits Its Stride » *Planning Review* septembre 1985, p. 6-9, 45.

R. J. Allio « GE = Giant Entrepreneur ? » Entretien avec M. A. Carpenter, planificateur chez GE *Planning Review* janvier 1985, p. 18-21, 46.

———. « Forecasting: The Myth of Control » *Planning Review* mai 1986, p. 6-11.

G. T. Allison *Essence of Decision: Explaining the Cuban Missile Crisis* Boston, MA, Little, Brown, 1971.

American Hospital Association, Department of Hospital Planning and Society for Hospital Planning *Compendium of Resources for Strategic Planning in Hospitals* Chicago, IL, 1981.

F. Andrews « Management: How A Boss Works in Calculated Chaos » *The New York Times* 29 octobre, 1976.

K. R. Andrews *The Concept of Corporate Strategy* Homewood, IL, Irwin, éditions de 1971, 1980, 1987.

H. I. Ansoff « A Quasi-Analytical Approach of the Business Strategy Problem » *Management Technology* IV, 1, 1964, p. 67-77.

———. *Corporate Strategy* New York, McGraw-Hill, 1965.

———. The Evolution of Corporate Planning. Document de travail, réimpression n° 342, Graduate School of Industrial Administration, université Carnegie-Mellon, 1967.

———. « Managing Strategic Surprise by Response to Weak Signals » *California Management Review* XVIII, 2, hiver 1975a, p. 21-33.

———. An Applied Managerial Theory of Strategy Behavior. Document de travail, European Institute for Advanced Studies in Management, Bruxelles 1975b.

———. « The State of Practice in Planning Systems » *Sloan Management Review* hiver 1977, p. 1-24.

———. *Strategic Management* Londres, Macmillan, 1979a.

———. The Changing Shape of the Strategic Problem. Document de travail, European Institute for Advanced Studies in Management, Bruxelles 1979b.

———. *Implanting Strategic Management* Englewood Cliffs, NJ, Prentice-Hall, 1984.

———. « The Emerging Paradigm of Strategic Behavior » *Strategic Management Journal* VIII, 1987, p. 501-515.

———. *The New Corporate Strategy* New York, Wiley, 1988. Traduction française: *Stratégie du développement de l'entreprise,* Paris, Les Éditions d'Organisation, 1989.

H. I. Ansoff et R. C. Brandenburg « A Program of Research in Business Planning » *Management Science* XIII, 6, 1967, p. B219-B239.

H. I. Ansoff et R. L. Hayes, From Strategic Planning to Strategic Management, Management Under Discontinuity. Compte rendu d'une conférence à l'INSEAD, Fontainebleau, 1975.

H. I. Ansoff *et alii.* « Does Planning Pay ? The Effect of Planning on Success of Acquisitions in American Firms » *Long Range Planning* III, 2, 1970, p. 2-7.

H. I. Ansoff, J. Eppink et H. Gomer, Management of Strategic Surprise and Discontinuity: Problem of Managerial Decisiveness. Document de travail, European Institute for Advanced Studies in Management, Bruxelles, 1975.

R. N. Anthony *Planning and Control Systems: A Framework for Analysis* Département de Recherche, Graduate School of Business Administration, université Harvard, 1965.

J. S. Armstrong « The Value of Formal Planning for Strategic Decisions: Review of Empirical Research » *Strategic Management Journal* III, 1982, p. 197-211.

C. I. Barnard *Organization and Management: Selected Papers* Cambridge, MA, Harvard University Press, 1948.

P. Y. Barreyre « The Management of Innovation in Small and Medium-Sized Industries » *International Studies of Management and Organization* fin 1977- début 1978, p. 76-98.

F. C. Bartlett *Remembering* Cambridge, The University Press, 1932.

B. M. Bass « When Planning for Others » *Journal of Applied Behavioral Science* VI, 2, 1970, p. 151-171.

J. P. Baughman, Problems and Performance of the Role of Chief Executive in the General Electric Company, 1882-1974. Document de travail, Graduate School of Business Administration, université Harvard, 1974.

H. S. Baum *Planners and Public Expectations* Cambridge, MA, Schenkman, 1983.

F. Bello « The Magic that Made Polaroid » *Fortune* avril 1959, p. 124-164.

R. C. Bennett et R. G. Cooper « The Misuse of Marketing: An American Tragedy » *Business Horizons* novembre-décembre 1981, p. 51-61.

L. A. Benningson et H. M. Schwartz *Implementing Strategy: The CEO's Change Agenda* Boston, The MAC Group, 1985.

A. Benveniste *The Politics of Expertise* Berkeley, CA, Glendessary Press, 1972, p. 105-118.

N. Berg « Strategic Planning in Conglomerate Companies » *Harvard Business Review* mai-juin 1965, p. 79-92.

A. A. Berle et G. C. Means *The Modern Corporation and Private Property* New York, Harcourt, Brace, nouvelle édition 1968.

W. P. Blass « Optimizing the Corporate Planning Function » *in* K. J. Albert, éd., *The Strategic Management Handbook* New York, McGraw-Hill, 1983, chapitre 6.

R. S. Bolan « Mapping the Planning Theory Terrain » *in* O. R. Godschalk, éd., *Planning in America: Learning from Turbulence* American Institute of Planners, 1974, p. 13-34.

Boston Consulting Group, Inc. (The) *The Experience Curve Reviewed: IV, The Growth Share Matrix or the Product Portfolio* brochure, 1973.

L. J. Bourgeois « Strategy and Environment: A Conceptual Integration » *Academy of Management Review* V, 1, 1980a, p. 25-39.

———. « Performance and Consensus » *Strategic Management Journal* I, 1980b, p. 227-248.

L. J. Bourgeois et D. R. Brodwin « Strategic Implementation: Five Approaches to an Elusive Phenomenon » *Strategic Management Journal* 5, 1984, p. 241-264.

J. L. Bower *Managing the Resource Allocation Process: A Study of Planning and Investment* Boston, Graduate School of Business Administration, université Harvard, 1970a.

———. « Planning Within the Firm » *The American Economic Review, Papers and Proceedings* 1970b, p. 186-194.

B. K. Boyd « Strategic Planning and Financial Performance: A Meta-Analytical Review » *Journal of Management Studies* XXVIII, 4, 1991, p. 353-374.

D. Braybrooke et C. E. Lindblom *A Strategy of Decision* New York, The Free Press, 1963.

R. K. Bresser et R. C. Bishop « Dysfunctional Effects of Formal Planning: Two Theoretical Explanations » *Academy of Management Review* VIII, 4, 1983, p. 588-599.

H. Broms et H. Gahmberg *Semiotics of Management* Helsinki School of Economics, 1987.

N. Brunsson *Propensity To Change: An Empirical Study of Decisions on Reorientations* Goteborg, BAS, 1976.

———. « The Irrationality of Action and the Action Rationality: Decisions, Ideologies, and Organizational Actions » *Journal of Management Studies* 1, 1982, p. 29-44.

———. J. M. Bryson *Strategic Planning for Public and Nonprofit Organizations* San Francisco, Jossey-Bass, 1988.

J. M. Bryson et R. C. Einsweiler « Introduction » *Journal of the American Planning Association* LIII, 1, 1987, p. 6-8.

J. M. Bryson et W. D. Roering « Applying Private-Sector Strategic Planning in the Public Sector » *Journal of the American Planning Association* LIII, 1, 1987, p. 9-22.

M. Brunge *Intuition and Science* Westport, CT, Greenwood Press, 1975, © 1972.

R. A. Burgelman « A Process Model of Internal Corporate Venturing in the Diversified Major Firm » *Administrative Science Quarterly* XXVIII, 1983a, p. 223-244.

———. « A Model of the Interaction of Strategic Behavior, Corporate Context, and the Concept of Strategy » *Academy of Management Review* VIII, 1, 1983b, p. 61-70.

———. « Corporate Entrepreneurship and Strategic Management: Insights from a Process Study » *Management Science* XXIX, 12, 1983c, p. 1349-1364.

———. Action and Cognition in Strategy-Making: Findings on the Interplay of Process and Content in Internal Corporate Ventures. Document de travail n° 703, Graduate School of Business, université de Stanford, 1984a.

———. Managing the Internal Corporate Venturing Process: Some Recommendations for Practice. Document de travail, Graduate School of Business, université de Stanford, 1984b.

———. « Strategy Making as a Social Learning Process: The Case of Internal Corporate Venturing » *Interfaces* 18 : 3, mai-juin 1988, p. 74-85.

Business Week Texas Instruments Cleans up its Act, 19 septembre 1983, p. 56-64.

———. The New Breed of Strategic Planner, 17 septembre 1984a, p. 62-66, 68.

———. TI: Shot Full of Holes and Trying to Recover, 5 novembre 1984b, p. 82-83.

J. C. Camillus « Corporate Strategy and Executive Action: Transition Stages and Linkage Dimensions » *Academy of Management Review* VI, 2, 1981, p. 253-259.

N. Capon et J. R. Spogli « Strategic Marketing Planning: A Comparison and Critical Examination of Two Contemporary Approaches » *in* A.

J. Rowe *et alii,* éds., *Strategic Management and Business Policy: A Methodological Approach* Reading, MA, Addison-Wesley, 1982, p. 165-171.

F. Caropreso, éd., Getting Value from Strategic Planning: Highlights of a Conference. New York, The Conference Board, 1988.

F. Carrance, Les outils de planification stratégique au concret. Thèse de doctorat, Centre de recherche en gestion, École polytechnique, 1986.

S. Chakraborty S. et G. S. David « Why Managers Avoid Planning » *Planning Review* mai 1979, p. 17-35.

B. S. Chakravarthy « Adaptation: A Promising Metaphor for Strategic Management » *Academy of Management Review* VII, 1, 1982, p. 35-44.

———. « On Tailoring a Strategic Planning System to its Context: Some Empirical Evidence » *Strategic Management Journal* 8, 1987, p. 517-534.

N. W. Chamberlain *Enterprise and Environment* New York, McGraw-Hill, 1968.

A. D. Chandler *Strategy and Structure: Chapter in the History of the Industrial Enterprise* Cambridge, MA, MIT Press, 1962. Traduction française : *Stratégies et structures de l'entreprise,* Paris, Les Éditions d'Organisation, 1989.

———. *The Visible Hand* Cambridge, MA, The Belknap Press of Harvard University Press, 1977. Traduction française : *La Main visible des managers : une analyse historique* Paris, Économica, 1989.

A. D. Chandler et L. R. Sayles *Managing Large Systems* New York, Harper & Row, 1971.

D. F. Channon *Business Strategy and Policy* New York, Harcourt, Brace and World, 1968.

———. « Prediction and Practice in Multinational Strategic Planning » *Long Range Planning* IX, 2, 1976, p. 50-57.

———. « Commentary » *in* D. E. Schendel et C. W. Hofer, éds, *Strategic Management* Boston, Little, Brown, 1979, p. 122-133.

R. B. Chapman et R. J. Gabrielli « Army Planning, Programming and Budgeting » *in* R. L. Cook, éd., *Army Command and Management: Theory and Practice, Volume II* Carlisle Barracks, PA, US Army War College, 1976-1977, chapitre 12.

C. R. Christensen *et alii, Business Policy: Text and Cases* Homewood, IL, Irwin, 5e édition 1982.

C. W. Churchman *The Systems Approach* New York, Delacorte Press, 1968.

D. L. Clark « In Consideration of Goal-Free Planning: The Failure of Traditional Planning Systems in Education » *in* D. L. Clark *et alii,* éds, *New Perspectives on Planning in Educational Organizations* Far West Laboratory, 1980.

K. von Clausewitz *De la guerre,* Paris, Éditions de Minuit, 1955.

W. Coffey *303 of the World's Worst Predictions* New York, Tribeca, 1983.

M. D. Cohen et J. G. March « Decisions, Presidents, and Status » *in* J. G. March et J. P. Olsen, éds., *Ambiguity and Choice in Organizations* Bergen, Norvège, Universitetsforlaget, 1976.

S. M. Cohen « For GE Planning Crowned with Success » Entretien avec W. E. Rothschild planificateur chez GE *Planning Review* mars 1982, p. 8-11.

S. S. Cohen *Modern Capitalist Planning: The French Model* Berkeley, CA, University of California Press, 1977.

D. Collier « How to Implement Strategic Plans » *Journal of Business Strategy* hiver 1984, p. 92-96.

J. R. Collier *Effective Long Range Business Planning* Englewood Cliffs, NJ, Prentice-Hall, 1968.

C. L. Cooper « Policy Planning–National and Foreign » in *Commission on the Organization of the Government for the Conduct of Foreign Policy, Volume 2, Appendix F* United States Government Printing Office, juin 1975, p. 228-233.

D. Corpio *et alii* « A Student Appraisal of the Proposed Guidelines for Operations Research » *Management Science* 18, 1972, p. B618-B625.

C. P. Curtis et F. Greenslet *The Practical Cogitator* Boston, MA, Houghton Mifflin, 1945.

R. M. Cyert et J. G. March *A Behavioral Theory of the Firm* Englewood Cliffs, NJ, Prentice-Hall, 1963.

J.-L. Denis, A. Langley et D. Lozeau « Formal Strategy in Hospitals » *Long Range Planning* XXIV, 1, 1991, p. 71-82.

B. W. Denning « Strategic Environmental Appraisal » *Long Range Planning* 6, 1, mars 1973, p. 22-27.

B. W. Denning et M. E. Lehr « The Extent and Nature of Corporate Long-Range Planning in the United Kingdom II » *The Journal of Management Studies* IX, 1, 1972, p. 1-18.

Devons, E. *Papers on Planning and Economics Management*, Sir Alec Cairncross, éd., Manchester, Manchester University Press, 1970.

———. *Planning in Practice, Essays in Aircraft Planning in War-Time* Cambridge, The University Press, 1950.

W. A. Dimma « Competitive Strategic Planning » *Business Quarterly* 50, 1, 1985, p. 22-26.

J. Dionne « Creativity, Planning, and Running a Business » *in* F. Caropreso, *Getting Value from Strategic Planning: Highlights of a Conference* New York, The Conference Board, 1988.

M. W. Dirsmith, S. F. Jablonsky et A. D. Luzi « Planning and Control in the U.S. Federal Government: A Critical Analysis of PPB, MBO, and ZBB » *Strategic Management Journal*, I, 1980, p. 303-329.

R. H. Doktor « Problem Solving Styles of Executives and Management Scientists » *TIMS Studies in the Management Sciences* VIII, 1978, p. 123-134.

R. H. Doktor et D. M. Bloom « Selective Lateralization of Cognitive Style Related to Occupation as Determined by EEG Alpha Asymmetry » *Psychophysiology* 1977, p. 385-387.

R. H. Doktor et W. F. Hamilton « Cognitive Style and the Acceptance of Management Science Recommendations » *Management Science* XIX, 8, 1973, p. 884-894.

J. H. Donnelly, J. L. Gibson et J. M. Ivancevich *Fundamentals of Management, Functions-Behavior-Models* Plano, TX, BPI, 4e édition 1981.

P. Doyle et J. E. Lynch « A Strategic Model for University Planning » *Journal of Operational Research* XXX, 1979, p. 603-609.

Y. Dror *Ventures in Policy Sciences* New York, American Elsevier, 1971.

P. F. Drucker « Long-Range Planning » *Management Science* avril 1959, p. 238-249.

———. *Management: Tasks, Responsabilities, and Practices* New York, Harper & Row, 1973. Traduction française : *La Nouvelle Pratique de la direction des entreprises*, Paris, Les Éditions d'Organisation, 1975.

C. Dubé, The Department of National Defence and the Defence Strategies from 1945 to 1970. Thèse de MBA, université McGill, Montréal, 1973.

C. S. Dube et A. W. Brown « Strategic Assessment: A Rational Response to University Cutbacks » *Long-Range Planning* XVI, 1983, p. 105-113.

M. F. Duffy « ZBB, MBO, PPB and Their Effectiveness Within the Planning/Marketing Process » *Strategic Management Journal* X, 1989, p. 163-173.

T. Durand, La planification stratégique dans l'industrie française. Document de travail, École centrale de Paris, 1984.

K. H. F. Dyson « Improving Policy-making in Bonn: Why the Central Planers Failed » *The Journal of Management Studies* mai 1975, p. 157-174.

F. Edelman « Four Ways to Oblivion–A Short Course in Survival » *Interfaces* II, 4, 1972, p. 14-17.

M. R. Eigerman « Who Should Be Responsible for Business Strategy? » *The Journal of Business Strategy* novembre-décembre 1988, p. 40-44.

B. Ekman « The Impact of the Environment of Planning Technology » *in* E. Shlefer, éd., *Proceedings of the XX*[th] *International Meeting* The Institute of Management Sciences, Tel Aviv, Israël, Jerusalem Academic Press, 1972.

F. E. Emery et E. L. Trist « The Causal Texture of Organizational Environments » *Human Relations* XVIII, 1965, p. 21-32.

J. R. Emshoff « Planning the Process of Improving the Planning Process: A Case Study in Meta-Planning » *Management Science* XXIV, 11, 1978, p. 1095-1108.

J. R. Emshoff et R. E. Freeman, « Who's Butting Into Your Business? » *Wharton Magazine* IV, fin 1979, p. 44-59.

J. L. Engledow et R. T. Lenz, The Evolution of Environmental Analysis Units in Ten Leading Edge Firms. Document de travail, Strategy Research Center, Graduate School of Business, université de Columbia, New York, 1984.

———. « Whatever Happened to Environmental Analysis ? » *Long Range Planning* XVIII, 2, 1985, p. 93-106.

A. C. Enthoven, Annex A *in* D. Novick « Long-Range Planning Through Program Budgeting » *in* E. Jantsch, éd., *Perspectives of Planning* Paris, OCDE, 1969a, p. 271-284.

———. « Analysis, Judgment and Computers: Their Use in Complex Problems » *Business Horizons* XII, 4, 1969b, p. 29-36.

H. Fayol « Administration industrielle et générale » *Bulletin de la Société de l'Industrie Minérale,* 1916, puis Paris, Dunod, 1918. Traduction anglaise : *General and Industrial Management* Londres Pitman, 1949, p. 43-53.

M. D. Feld « Information and Authority: The Structure of Military Organization » *American Sociological Review* XXIV, 1, 1959, p. 15-22.

J. Fincher *Human Intelligence* New York, Putnam's, 1976.

Forbes, Edwin Land « People Should Want More out of Life... » juin 1975, p. 50.

J. W. Forrester *Industrial Dynamics* Cambridge, MA, MIT Press, 1961.

———. « Reflections on the Bellagio Conference » *in* E. Jantsch, éd., *Perspectives of Planning* Paris, OCDE, 1969a, p. 503-510.

———. « Planning Under the Dynamic Influences of Complex Social Systems » *in* E. Jantsch, éd., *Perspectives of Planning* Paris, OCDE, 1969b, p. 237-254.

———. *Urban Dynamics* Cambridge, MA, MIT Press, 1969c. Traduction française : *Dynamique urbaine,* Paris, Économica, 1987.

———. *World Dynamics* Wright-Allen Press, 1973. Traduction française : *Dynamique mondiale,* Lyon, Presses universitaires de Lyon, 1983.

———. « The Counter-Intuitive Behavior of Social Systems » in *Collective Papers of J. W. Forrester* Cambridge, MA, Wright-Allen Press, 1975.

———. « What Do Planning Analysts Do ? Planning and Policy Analysis as Organizing » *Policy Studies Journal* numéro spécial 2, 1980-1981, p. 595-604.

M. J. Foster « The Value of Formal Planning for Strategic Decisions: A Comment » *Strategic Management Journal* VII, 1986, p. 179-182.

S. G. Franklin *et alii* « A Grass Root Looks at Corporate Long-Range Planning Practices » *Managerial Planning* mai-juin 1981, p. 13-18.

J. W. Fredrickson « The Comprehensiveness of Strategic Decision Processes: Extension, Observations, Future Directions » *Academy of Management Journal* septembre 1984, p. 445-466.

J. W. Fredrickson et T. R. Mitchell « Strategic Decision Processes: Comprehensiveness and Performance in an Industry within an Unstable Environment » *Academy of Management Journal* XXVII, 1984, p. 399-423.

R. E. Freeman *Strategic Management: A Stakeholder Approach* Londres, Pitman, 1984.

R. French *How Ottawa Decides: Planning and Industrial Policy-Making 1968-1980* Toronto, J. Lorimer, 1980.

J. Friedman « A Conceptual Model for the Analysis of Planning Behavior » *Administration Science Quarterly* XII, 1967-1968, p. 225-252.

J. K. Galbraith *The New Industrial State* Boston, MA, Houghton Mifflin, 1967. Traduction française : *Le Nouvel État industriel : Essai sur le système économique américain,* Paris, Gallimard, 1979.

J. R. Galbraith et D. A. Nathanson *Strategy Implementation: The Role of Structure and Process* St. Paul, MN, West, 1978.

C. George *The History of Management Thought* Englewood Cliffs, NJ, Prentice-Hall, 1972.

G. W. Gershefski « Corporate Planning Models–The State of the Art » *Managerial Planning* 1969, p. 31-35.

A. P. de Geus « Planning as Learning » *Harvard Business Review* mars-avril 1988, p. 70-74.

S. Ghoshal et D. E. Westney « Organizing Competitor Analysis Systems » *Strategic Management Journal* 12, 1991, p. 17-31.

F. F. Gilmore *Formulation and Advocacy of Business Policy* Ithaca, NY, Cornell University, 1970, 1re édition 1968.

F. F. Gilmore et R. G. Brandenburg « Anatomy of Corporate Planning » *Harvard Business Review* novembre-décembre 1962, p. 61-69.

M. L. Gimpl et S. R. Dakin « Management and Magic » *California Management Review* 1984, p. 125-136.

F. W. Gluck, S. P. Haufman et A. S. Walleck « Strategic Management for Competitive Advantage » *Harvard Business Review* juillet-août 1980, p. 154-161.

W. F. Glueck *Business Policy: Strategy Formation and Management Action* New York, McGraw-Hill, 1976.

P. Gluntz, The Introduction of Corporate Planning as a Cultural Change. Document de travail, CFSM, août 1971.

M. Godet *Scenarios and Strategic Management* London, Butterworths, 1987.

H. Gomer, La planification d'entreprise en action. Institut d'administration des entreprises, université de Grenoble, 1973.

———. L'utilization des systèmes formels de planification d'entreprise face à la « crise pétrolière ». Thèse de doctorat troisième cycle, Institut d'administration des entreprises, université de Grenoble, 1974.

———. The Functions of Formal Planning Systems in Response to Sudden Change in the Environment. Ph.D. paper, Graduate School of Business Administration, université Harvard, 1976.

M. Goold, Strategic Control Processes. Document de travail, Strategic Management Center, Londres, 1990.

M. Goold et J. Quinn « The Paradox of Strategic Controls » *Strategic Management Journal* 11, 1990, p. 43-57.

D. H. Gray « Uses and Misuses of Strategic Planning » *Harvard Business Review* janvier-février 1986, p. 89-97.

P. H. Grinyer et D. Norburn « Strategic Planning in 21 U.K. Companies » *Long Range Planning* août 1974, p. 80-88.

———. « Planning for Existing Markets » *International Studies of Management and Organization* fin 1977- début 1978, p. 99-122.

P. H. Grinyer et J.-C. Spender « Recipes, Crises, and Adaptation in Mature Business » *International Studies of Management and Organization* IX, 3, 1979, p. 113-133.

S. D. Grossman et R. Lindhe « The Relationship Between Long-Term Strategy ans Capital Budgeting » *The Journal of Business Strategy* 1984, p. 103-105.

J. C. Guiriek et A. Thyreau « Planification et Communication : L'expérience d'Air France » *Revue Française de Gestion* novembre-décembre 1984, p. 135-139.

A. Gupta *The Process of Strategy Formation: A Descriptive Analysis* Boston, MA, Graduate School of Business Administration, université Harvard, 1980.

T. Hafsi et H. Thomas, Planning Under Uncertain and Ambiguous Conditions: The Case of Air France. Document de travail, Graduate School of Business, université de l'Illinois, 1985.

D. Halberstam *The Best and The Brightest* New York, Random House, 1972.

R. I. Hall « A System Pathology of an Organization: The Rise and Fall of the Old Saturday Evening Post » *Administration Science Quarterly* XXI, juin 1976, p. 185-211.

R. I. Hall et W. Menzies « A Corporate System Model of a Sports Club: Using Simulation as an Aid to Policy Making in a Crisis » *Management Science* XXIX, 1983, p. 52-64.

W. K. Hall « Strategic Planning Models: Are Top Managers Really Finding Them Useful ? » *Journal of Business Policy* III, 2, 1972-1973, p. 33-42.

R. G. Hamermesh *Making Strategy Work* New York, Wiley, 1986.

C. Hardy *Organizational Closure: A Political Perspective* School of Industrial and Business Studies, université de Warwick, 1982.

———. « Using Content, Context, and Process to Manage University Cutbacks » *Canadian Journal of Higher Education* XVII, 1, 1987, p. 65-82.

C. Hardy, A. Langley, H. Mintzberg et J. Rose « Stategy Formation in the University Setting » *in* J. Bess, éd., *College and University Organization: Insights for the Behavioral Sciences* New York, New York University Press, 1984, p. 169-210.

A. C. Hax et N. S. Majluf *Strategic Management: An Integrative Approach* Englewood Cliffs, NJ, Prentice-Hall, 1984.

K. Hayaski « Corporate Planning Practices in Japanese Multinationals » *Academy of Management Journal* XXI, 2, 1978, p. 211-226.

F. A. Hayek *The Road to Serfdom* Chicago, IL, The University of Chicago Press, 1944. Traduction française : *la Route de la servitude*, Paris, PUF, 1993.

R. H. Hayes « Strategic Planning–Forward in Reverse ? » *Harvard Business Review* novembre-décembre 1985, p. 111-119.

R. H. Hayes, S. C. Wheelwright et K. B. Clark *Dynamic Manufacturing* New York, The Free Press, 1988.

B. L. T. Hedberg et S. A. Jonsson « Strategy Formation as a Discontinuous Process » *International Studies of Management and Organization* VII, 2, été 1977, p. 88-109.

B. Heirs et G. Pehrson *The Mind of the Organization* New York, Harper & Row, 1982.

D. J. Hekhuis « Commentary » *in* D. E. Schendel et C. W. Hofer, éds., *Strategic Management: A New View of Business Policy and Planning* Boston, MA, Little, Brown, 1979.

J. A. Hekimian et H. Mintzberg « The Planning Dilemma » *Management Review* mai 1968, p. 4-17.

D. B. Hertz et H. Thomas « Risk Analysis: Important New Tool for Business Planning » *in* R. B. Lamb, éd., *Competitive Strategic Management* Englewood Cliffs, NJ, Prentice-Hall, 1984, p. 597-610.

R. B. Higgins « Reunite Management and Planning » *Long Range Planning* août 1976, p. 40-45.

R. B. Higgins et J. Diffenbach « The Impact of Strategic Planning on Stock Prices » *Journal of Business Strategy* 6, 2, fin 1985, p. 64-72.

R. Hilsman « Policy-Making Is Politics » *in* J. N. Rosenau, éd., *International Politics and Foreign Policy* New York, The Free Press, 1969, p. 232-238.

T. Hines « Left Brain-Right Brain Mythology and Implications for Management and Training » *Academy of Management Review* 12, 4 1987, p. 600-606.

C. J. Hitch *Decision-Making for Defence* Berkeley, CA, University of California Press, 1965.

C. W. Hofer et D. Schendel *Strategy Formulation: Analytical Concepts* St. Paul, MN, West, 1978.

G. H. Hofstede *Culture's Consequences, International Differences in Work-Relatd Values* Beverly Hills, CA, Sage Publications, 1980.

R. M. Hogarth et S. Makridakis « Forecasting and Planning: An Evaluation » *Management Science* XXVII, 2, 1981, p. 115-138.

B. Hopwood *What Ever Happened to the British Motorcycle Industry ?* San Leandro, CA, Haynes Publishing Co., 1981.

J. Horowitz « Allemagne, Grande-Bretagne, France : Trois styles de management » *Revue Française de Gestion* novembre-décembre 1978, p. 45-53.

L. T. Hosmer *Academic Strategy* Graduate School of Business Administration, Ann Arbor, MI, University of Michigan Press, 1978.

A. S. Huff « Strategic Intelligence Systems » *Information & Management* II, 1979, p. 187-196.

———. « Planning to Plan » *in* D. L. Clark, S. Mckibbin et M. Malkas, éds., *New Perspectives on Planning in Educational Organizations* Far West Laboratory, 1980.

A. S. Huff et R. K. Reger « A Review of Strategic Process Research » *Journal of Management* XIII, 2, 1987, p. 211-236.

D. K. Hurst « Why Strategic Management Is Bankrupt » *Organizational Dynamics* XV, automne 1986, p. 4-27.

D. Hussey, éd., *The Truth About Corporate Planning* Oxford, Pergamon Press, 1983.

Y. Ijiri, R. K. Jaedicke et K. E. Knight « The Effect of Accounting Alternatives on Management Decisions » *in* A. Rappaport, éd., *Information for Decision-Making* Englewood Cliffs, NJ, Prentice-Hall, 1970, p. 421-435.

B. Ives et M. H. Olson « Manager or Technician? The Nature of the Information System's Manager's Job » *MIS Quarterly* 5, décembre 1981, p. 49-63.

E. Jantsch, éd., *Perspectives of Planning* Paris, OCDE, 1969.

M. Javidan « Where Planning Fails–An Executive Survey » *Long Range Planning* XVIII, 5, 1985, p. 89-96.

———. « Perceived Attributes of Planning Staff Effectiveness » *Journal of Management Studies* XXIV, 3, 1987, p. 295-312.

M. Jelinek *Institutionalizing Innovation* New York, Praeger, 1979.

M. Jelinek et D. Amar, Implementing Corporate Strategy: Theory and Reality. Article présenté à la Third Annual Conference of the Strategic Management Society, Paris, 1983.

M. Jelinek et C. B. Schonhaven *The Innovation Marathon: Lessons for High-Technology Firms* Oxford, Basil Blackwell, 1990.

R. H. Jones « The Evolution of Management Strategy at General Electric » *in* M. Zimet et R. G. Greenwood, éds., *The Evolving Science of Management* New York, AMACOM, 1979, p. 313-326.

F. E. Kast et J. E. Rosenweig *Organization and Management: A Systems Approach* New York, McGraw-Hill, 1970.

D. Katz et R. L. Kahn *The Social Psychology of Organizations* New York, Wiley, 2e édition 1978.

R. L. Katz *Cases and Concepts in Corporate Strategy* Englewood Cliffs, NJ, Prentice-Hall, 1970.

J. L. Kaufman et H. M. Jacobs « A Public Planning Perspective on Strategic Planning » *Journal of the American Planning Association* LIII, 1, 1987, p. 23-33.

R. Kaufman et J. Herman *Strategic Planning in Education* Lancaster, PA, Technomic, 1991.

J. G. Keane « The Strategic Planning External Facilitator: Rationales and Roles » *in* R. B. Lamb et P. Shrivastrava, éds., *Advances in Strategic Management, Volume 3* Greenwich, CT, JAI Press, 1985, p. 151-162.

C. Kennedy « Planning Global Strategies for 3M » *Long Range Planning* XXI/I, 107, 1988, p. 9-17.

C. H. Kepner et B. B. Tregoe *The New Rational Manager* Londres, John Martin, 1980.

M. F. R. Kets de Vries et D. Miller *The Neurotic Organization* San Francisco, Jossey-Bass, 1984.

P. N. Khandwalla *The Design of Organizations* New York, Harcourt, Brace, 1977.

W. Kiechel « Sniping at Strategic Planning » *Planning Review* mai 1984, p. 8-11.

C. A. Kiesler *The Psychology of Commitment: Experiments Linking Behavior to Belief* New York, Academic Press, 1971.

W. R. King « Evaluating Strategic Planning Systems » *Strategic Management Journal* IV, 1983, p. 263-277.

H. A. Kissinger « Domestic Structure and Foreign Policy » *in* J. N. Rosenau, éd., *International Politics and Foreign Policy* New York, The Free Press, nouvelle édition 1969.

T. P. Klammer et M. C. Walker « The Continuing Increase in the Use of Sophisticated Capital Budgeting Techniques » *California Management Review* XXVII, 1, 1984, p. 137-148.

S. J. Koch « Nondemocratic Nonplanning: The French Experience » *Policy Sciences 7*, 1976, p. 371-385.

H. Koontz « A Preliminary Statement of Principles of Planning and Control » *Journal of the Academy of Management* I, 1958, p. 45-61.

A. Kotov *Think Like a Grandmaster* Trafalgar, UK, Batsford, 1971.

P. Kotler et R. Singh « Marketing Warfare in the 1980s » *Journal of Business Strategy* hiver 1981, p. 30-41.

G. Kress, G. Koehler et J. F. Springer « Policy Drift: An Evaluation of the California Business Program » *Police Sciences Journal* III, numéro spécial, 1980, p. 1101-1108.

S. Kukalis « Strategic Planning in Large US Corporations–A Survey » *OMEGA* XVI, 5, 1988, p. 393-404.

———. « The Relationship Among Firm Characteristics and Design of Strategic Planning Systems in Large Organizations » *Journal of Management* XV, 4, 1989, p. 565-579.

———. « Determinants of Strategic Planning Systems in Large Organizations: A Contingency Approach » *Journal of Management Studies* XXVIII, 2, 1991, p. 143-160.

M. Kundera *L'Insoutenable légèreté de l'Être*, Paris, Gallimard, 1989.

A. Langley « The Role of Rational Analysis in Organizations » Ph. D. Theory Paper, École des hautes écoles commerciales de Montréal, décembre 1982.

———. *The Role of Formal Analysis in Organizations* Thèse de doctorat, École des hautes études commerciales de Montréal, 1986.

———. « The Roles of Formal Strategic Planning » *Long Range Planning* 21, 3, 1988, p. 40-50.

———. « In Search of Rationality: The Purposes behind the Use of Formal Analysis in Organizations » *Administrative Science Quarterly* XXXIV, décembre 1989, p. 598-631.

M. Lauenstein « The Strategy Audit » *Journal of Business Strategy* IV, 3, 1984, p. 87-91.

H. J. Laski « The Limitations of the Expert » *Harper's Magazine* 162, p. 102-106.

E. P. Learned *et alii, Business Policy: Text and Cases* Homewood, IL, Irwin, 1965.

E. P. Learned et A. T. Sproat *Organization Theory and Policy: Notes for Analysis* Homewood, IL, Irwin, 1966.

H. J. Leavitt « Beyond the Analytic Manager » *California Management Review* 17, 3, 1975a, p. 5-12.

———. « Beyond the Analytic Manager: Part II » *California Management Review* 17, 4, 1975b, p. 11-21.

N. H. Leff « Strategic Planning in an Uncertain World » *The Journal of Business Strategy* IV, 1984, p. 78-80.

R. T. Lenz « Strategic Capability: A Concept and Framework for Analysis » *Academy of Management Review* V, 2, 1980, p. 225-234.

———. « Environment, Strategy, Organization Structure and Performance: Patterns in One Industry » *Strategic Management Journal* I, 1980b, p. 209-226.

R. T. Lenz et J. L. Engledow « Environmental Analysis Units and Strategic Decision Making: A Field Study of Selected "Leading-Edge" Corporations » *Strategic Management Journal* XIX, 1986, p. 69-89.

R. T. Lenz et M. A. Lyles « Paralysis by Analysis: Is Your Planning System Becoming Too Rational ? » *Long Range Planning* XVIII, 4, 1985, p. 64-72.

M. Leontiades « A Diagnostic Framework for Planning » *Strategic Management Journal* IV, 1983, p. 11-26.

———. « Strategic Theory and Management Practice » *Journal of General Management* hiver 1979-1980, p. 22-32.

M. Leontiades et A. Tezel « Planning Perceptions and Planning Results » *Strategic Management Journal* I, 1980, p. 65-75.

T. Levitt « Marketing Myopia » *Harvard Business Review* juillet-août 1960, p. 45-56.

W. A. Lewis *The Principles of Economic Planning* Londres, Allen & Unwin, 1969.

W. W. Lewis « The CEO and Corporate Strategy: Back to Basics » *in* A. C. Hax, éd., *Readings on Strategic Management* Cambridge, MA, Ballinger, 1984, p. 1-7.

E. Lindberg et U. Zackrisson « Deciding About the Uncertain: The Use of Forecasts as an Aid to Decision-Making » *Scandinavian Journal of Management* 7, 4, 1991, p. 271-283.

C. E. Lindblom *The Intelligence of Democracy* New York, The Free Press, 1965.

———. *The Policy-Making Process* Englewood Cliffs, NJ, Prentice-Hall, 1968.

———. « Policy Making and Planning » in *Politics and Markets: The World's Political-Economic Systems* New York, Basic Books, 1977.

R. E. Linneman et J. D. Kennell « Shirt-Sleeve Approach to Long-Range Plans » *Harvard Business Review* mars-avril, 1977, p. 141-150.

M. Lipsky « Standing the Study of Public Policy Implementation on Its Head » *in* W. D. Burnham et M. W. Weinberg, éds., *American Politics and Public Policy* Cambridge, MA, MIT Press, 1978, p. 391-402.

R. J. Litschert et E. A. Nicholson « Corporate Long-Range Planning Groups–Some Different Approaches » *Long Range Planning* 1974, p. 62-66.

B. J. Loasby « Long-Range Formal Planning in Perspective » *The Journal of Management Studies* IV, 1967, p. 300-308.

P. Lorange « Formal Planning Systems: Their Role in Strategy Formulation and Implementation » *in* D. E. Schendel et C. W. Hofer, éds., *Strategic Management: A New View of Business Policy and Planning* Boston, MA, Little, Brown, 1979.

———. *Corporate Planning: An Executive Viewpoint* Englewood Cliffs, NJ, Prentice-Hall, 1980a.

———. Roles of the CEO in Strategic Planning and Control Processes. Présenté au cours du séminaire The Role of General Management in Strategy Formulation and Evaluation parrainé par l'ESSEC, l'EIASM et l'IAE, Cergy, France, 28-30 avril 1980b.

P. Lorange et R. F. Vancil *Strategic Planning Systems* Englewood Cliffs, NJ, Prentice-Hall, 1977.

P. Lorange, I. S. Gordon et R. Smith « The Management of Adaption and Integration » *Journal of General Management* été 1979, p. 31-41.

P. Lorange et D. C. Murphy « Strategy and Human Resources: Concepts and Practive » *Human Resource Management* XXII, 1/2, 1983, p. 111-133.

J. E. McCann et J. Selsky « Hyperturbulence and the Emergence of Type 5 Environments » *Academy of Management Review* IX, 3, 1984, p. 460-470.

J. D. McConnell « Strategic Planning: One Workable Approach » *Long Range Planning* IV, 2, 1971, p. 2-6.

L. McGinley « Forecasters Overhaul "Models" of Economy in Wake of 1982 Errors » *The Wall Street Journal* 17 février 1983, p. 1.

J. L. McKenney et P. G. W. Keen « How Managers' Minds Work » *Harvard Business Review* X, 4, 1974, p. 79-90.

R. Mainer, The Impact of Strategic Planning on Executive Behavior. Management Consulting Division, Boston Safe Deposit and Trust Co., 1965.

G. Majone « The Uses of Policy Analysis » in *The Future and the Past: Essays on Progress* Rapport annuel de la Russell Sage Foundation 1976-1977, p. 201-220.

———. *Evidence, Argument and Persuasion in the Policy Process* New Haven, CT, Yale University Press, 1989.

G. Majone et A. Wildavsky « Implementation as Evolution » *Policy Studies Annual Review* II, 1978, p. 103-117.

S. Makridakis *Forecasting, Planning, and Strategy for the 21st Century* New York, The Free Press, 1990.

S. Makridakis et M. Hibon « Accuracy of Forecasting: An Empirical Investigation » *Journal of the Royal Statistical Society* CXLII, part. 2, sér. A, 1979, p. 97-145.

S. Makridakis et S. C. Wheelwright « Forecasting an Organization's Futures » *Handbook of Organizational Design* 1981, p. 122-138.

———. *Forecasting Methods for Management* New York, Wiley, 1989. Traduction française : Méthodes de prévision pour la gestion, Paris, Les Éditions d'Organisation, 1989.

S. Makridakis, S. C. Wheelwright et V. McGee *Forecasting, Methods and Applications* New York, Wiley, 1983.

S. Makridakis, C. Faucheux et D. Heau, What is Strategy? Article présenté à l'INSEAD, Fontainebleau, France, 1982.

E. G. Malmlow « Corporate Strategic Planning in Practice » *Long Range Planning* V, 3, 1972, p. 2-9.

J. G. March « The Technology of Foolishness » *in* J. G. March et J. P. Olsen, éds., *Ambiguity and Choice in Organizations* Bergen, Norvège, Universitetsforlaget, 1976.

J. G. March « Footnotes to Organizational Change » *Administration Science Quarterly* XXVI, 1981, p. 563-577.

J. G. March et J. P. Olsen, éds., *Ambiguity and Choice in Organizations* Bergen, Norvège, Universitetsforlaget, 1976.

J. G. March et H. A. Simon *Organizations* New York, Wiley, 1958. Traduction française: Les Organisations: problèmes psychosociologiques, Paris, Dunod, 1991.

M. Marks « Organizational Adjustment to Uncertainty » *The Journal of Management Studies* février 1977, p. 1-7.

I. A. Marquardt « Strategists Confront Planning Challenges » *The Journal of Business Strategy* mai-juin 1990, p. 4-8.

P. Marsh *et alii*, « Managing Strategic Investment Decisions in Large Diversified Companies » Centre for Business Strategy Report Series, London Business School, 1988.

A. Martinet « Les discours sur la stratégie d'entreprise » *Revue Française de Gestion* janvier-février 1988, p. 49-60.

D. H. Meadows *et alii, The Limits to Growth* New York, Universe Books, 1972. Traduction française : *Dynamique de la croissance dans un monde fini,* Paris, Économica, 1977.

L. Meek « Organizational Culture: Origins and Weaknesses » *Organizational Studies* 9, 4, 1988, p. 453-473.

M. Meyerson et E. C. Banfield *Politics, Planning and the Public Interest: The Case of Public Housing in Chicago* Glencoe, IL, The Free Press, 1955.

R. H. Miles *Coffin Nails and Corporate Strategies* Englewood Cliffs, NJ, Prentice-Hall, 1982.

D. Miller et P. H. Friesen *Organizations: A Quantum View* Englewood Cliffs, NJ, Prentice-Hall, 1984.

D. Miller et H. Mintzberg « The Case for Configuration » *in* D. Miller et P. H. Friesen, éds., *Organizations: A Quantum View* Englewood Cliffs, NJ, Prentice-Hall, 1984.

G. A. Miller « The Magic Number Seven Plus or Minus Two: Some Limits on Our Capacity for Processing Information » *Psychology Review* mars 1956, p. 81-97.

G. A. Miller, E. Galanter et K. H. Pribram *Plans and the Structure of Behavior* New York, Henry Holt, 1960.

S. M. Millett et R. Leppänen « The Business Information and Analysis Function: A New Approach to Strategic Thinking and Planning » *Planning Review* mai-juin 1991, p. 10-15.

H. Mintzberg *The Nature of Managerial Work* New York, Harper & Row, 1973. Traduction française : *Le manager au quotidien : Les dix rôles du cadre,* Paris, Les Éditions d'Organisation, 1984.

———. « Impediments to the Use of Management Information » Society of Industrial Accountants, 1975a.

———. « The Manager's Job: Folklore and Fact » *Harvard Business Review* juillet-août 1975b.

———. « Planning on the Left Side and Managing on the Right » *Harvard Business Review* juillet-août 1976, p. 49-58.

———. Étude de « New Science of Management Decision » par Herbert Simon *Administrative Science Quarterly* juin 1977.

———. « Patterns in Strategy Formation » *Management Science* XXIV, 9, 1978, p. 934-948.

———. *The Structuring of Organizations: A Synthesis of the Research* Englewood Cliffs, NJ, Prentice-Hall, 1979a. Traduction française : *Structure et Dynamique des organisations* Paris, Les Éditions d'Organisation, 1982.

———. « Beyond Implementation: An Analysis of the Resistance to Policy Analysis » *in* K. B. Haley, éd., *OR'78* Amsterdam, North Holland Publishing Company, 1979b, p. 106-162.

———. « What Is Planning Anyway ? » *Strategic Management Journal* II, 1981, p. 319-324.

———. *Power In and Around Organizations* Englewood Cliffs, NJ, Prentice-Hall, 1983. Traduction française : *Le pouvoir dans les organisations,* Paris, Les Éditions d'Organisation, 1986.

———. « Crafting Strategy » *Harvard Business Review* juillet-août 1987, p. 66-75.

———. *Mintzberg on Management: Inside Our Strange World of Organizations* New York, The Free Press, 1989. Traduction française : *Le Management : Voyage au centre des organisations,* Paris, Les Éditions d'Organisation, 1990.

———. « The Design School: Reconsidering the Basic Premises of Strategic Management » *Strategic Management Journal* XI, 1990a, p. 171-195.

———. « Strategy Formation: Schools of Thought » *in* J. Frederickson, éd., *Perspectives on Strategic Management* Boston, Ballinger, 1990b.

———. « Learning 1, Planning 0: Reply to Igor Ansoff » *Strategic Management Journal* 12, 1991, p. 463-466.

H. Mintzberg, D. Raisinghani et A. Théorêt « The Structure of "Unstructured" Decision Processes » *Administration Science Quarterly* XXI, juin 1976, p. 246-275.

H. Mintzberg et J. A. Waters « Tracking Strategy in an Entrepreneurial Firm » *Academy of Management Journal* XXV, 3, 1982, p. 465-499.

H. Mintzberg et A. McHugh « Strategy Formation in an Adhocracy » *Administrative Science Quarterly* XXX, 1985, p. 160-197.

H. Mintzberg, J. P. Brunet et J. A. Waters « Does Planning Impede Strategic Thinking ? Tracking the Strategies of Air Canada From 1937 to 1976 » in *Advances in Strategic Management,* 4, p. 3-41, JAI Press, 1986.

I. I. Mitroff « The Myth of Objectivity, or Why Science Needs a New Psychology of Science » *Management Science* 1972, p. B613-B618.

I. I. Mitroff, V. P. Barabha et R. H. Kilmann « The Application of Behavioral and Philosophical Technologies to Strategic Planning–A Case Study of a Large Federal Agency » *Management Science* XXIV, 1, 1977, p. 44-58.

R. J. Mockler « A Catalog of Commercially Available Software for Strategic Planning » *Planning Review* mai-juin 1991, p. 28-35.

P. G. de Monthoux « Modernism and the Dominating Firm » article rédigé pour un séminaire de Young & Rubicam, Convergences et divergences culturelles en Europe, Paris, 1989.

J. de Montigny « Organizations and Misdirections » Compte rendu d'un discours de Harold Lardner *Bulletin of the Canadian Operational Research Society* 1972, p. 5.

P. M. Morse « The History and Development of Operations Research » *in* G. J. Kelleher, éd., *The Challenge to Systems Analysis: Public Policy and Social Change* New York, Wiley, 1970, p. 21-28.

E. A. Murray « Strategic Choice as a Negotiated Outcome » *Management Science* XXIV, 9, 1978, p. 960-972.

A. Newell et H. A. Simon *Human Problem Solving* Englewood Cliffs, NJ, Prentice-Hall, 1972.

———. « Computer Science as Empirical Inquiry: Symbols and Search » *Communication of the ACM* 19, 3, mars 1976, p. 113-126.

W. H. Newman *Administrative Action: The Techniques of Organization & Management* Englewood Cliffs, NJ, Prentice-Hall, 1951, 2e édition 1963.

W. H. Newman, C. E. Summer et E. K. Warren *The Process of Management* Englewood Cliffs, NJ, Prentice-Hall, 2e édition 1967, 3e édition 1972.

W. H. Newman et J. P. Logan *Strategy, Policy, and Central Management* South-Western, 1971.

W. H. Newman, E. K. Warren et J. E. Schnee *The Process of Management: Strategy, Action, Results* Englewood Cliffs, NJ, Prentice-Hall, 5e édition 1982.

I. Nonaka « Toward Middle-Up-Down Management » *Sloan Management Review* 29, 3, printemps 1988, p. 9-18.

D. Norburn et P. Grinyer « Directors Without Direction » *Journal of General Management* I, 2, 1973-1974, p. 37-48.

R. Normann *Management for Growth* New York, Wiley, 1977. Traduction française: *Gérer pour croître,* Paris, Économica, 1981.

R. Normann et E. Rhenman *Formulation of Goals and Measurement of Effectiveness in the Public Administration* Stockholm, SIAR, 1975.

D. Novick « Long-Range Planning Through Program Budgeting » *in* E. Jantsch, éd., *Perspectives of Planning* Paris, OCDE, 1969, p. 257-284.

P. C. Nutt « Implementation Approaches for Project Planning » *Academy of Management Review* 8, 4, 1983a, p. 600-611.

———. « A Strategic Planning Network for Non-Profit Organizations » *Strategic Management Journal* 5, 1, janvier-mars 1984a, p. 57-75.

———. « Planning Process Archetypes and Their Effectiveness » *Decision Sciences* 15, 1984b, p. 221-238.

P. C. Nutt et Backoff, A Contingency Framework for Strategic Planning. Projet, Graduate Program in Hospital and Health Services Administration, Ohio State University, 1983b.

H. Nystrom *Creativity and Innovation* New York, Willey, 1979.

K. Ohmae *The Mind of the Strategist* New York, McGraw-Hill, 1982.Traduction française : *Le Génie du stratège,* Paris, Dunod, 1991.

S. L. Oliver « Management by Concept » *Forbes* 26 novembre 1990, p. 37-38.

H. Orlans « Neutrality and Advocacy in Policy Research » *Policy Science* 6, 1975, p. 107-119.

R. F. Ornstein *The Psychology of Consciousness* New York, Viking, 1972.

H. Ozbekhan « Toward a General Theory of Planning » *in* E. Jantsch, éd., *Perspectives of Planning* Paris, OCDE, 1969, p. 47-155.

P. N. Pant et W. H. Starbuck « Review of Forecasting and Research Methods » *Journal of Management* 16, 2, juin 1990, p. 443-460.

R. T. Pascale « Our Curious Addiction to Corporate Grand Strategy » *Fortune* 105, 2, 25 janvier 1982, p. 115-116.

———. « Perspectives on Strategy: The Real Story Behind Honda's Success » *California Management Review* printemps 1984, p. 47-72.

J. A. Pearce, E. B. Freeman et R. B. Robinson « The Tenuous Link Between Formal Strategic Planning and Financial Performance » *Academy of Management Review* XII, 4, 1987, p. 658-675.

M. W. Pennington « Why Has Planning Failed ? » *Long Range Planning* V, 1, 1972, p.2-9.

P. Perutz, Five Obstacles to Overcome in Order to Regain Initiative in the 1980s. Présenté au 6e Ticimese Marketing Congress, Genève, 1980.

J. P. Peters, A Guide to Strategic Planning for Hospitals. Chicago, IL, American Hospital Association, 1979.

J. T. Peters, K. R. Hammond et D. A. Summers « A Note on Intuitive vs. Analytic Thinking » *Organizational Behavior and Human Performance* 12, 1974, p. 125-131.

T. H. Peters et R. H. Waterman *In Search of Excellence* New York, Harper & Row, 1982. Traduction française : *Le Prix de l'excellence*, Paris, InterÉditions, 1983.

N. Piercy et M. Thomas « Corporate Planning: Budgeting and Integration » *Journal of General Management* XX, 2, 1984, p. 51-66.

M. Pines « We Are Left-Brained or Right-Brained » *The New York Times Magazine* 9 septembre 1973

M. Polanyi *The Tacit Dimension* Garden City, NY, Doubleday, 1966.

M. E. Porter *Competitive Strategy: Techniques for Analyzing Industries and Competitors* New York, The Free Press, 1980. Traduction française : *Choix stratégiques et concurrence : Techniques d'analyse des secteurs et de la concurrence dans l'industrie,* Paris, Économica, 1987.

———. *Competitive Advantage: Creating and Sustaining Superior Performance* New York, The Free Press, 1985. Traduction française : *L'Avantage concurrentiel : Comment devancer ses concurrents et maintenir son avance,* Paris, InterÉditions, 1986.

———. « Corporate Strategy: The State of Strategic Thinking » *The Economist* 303, 7499, p. 17-22.

M. Potts « New Planning System Aims to Boost Speed, Flexibility » *The Washington Post* 30 septembre 1984.

T. C. Powell « Strategic Planning as Competititve Advantage » *Strategic Management Journal* XIII, 1992, p. 551-558.

C. K. Prahalad et G. Hamel « The Core Competence of the Corporation » *Harvard Business Review* mai-juin 1990, p. 79-91.

J. B. Quinn *Strategies for Change: Logical Incrementalism* Homewood, IL, Irwin, 1980a.

———. « Managing Strategic Change » *Sloan Management Review* été 1980b, p. 3-20.

J. B. Quinn, H. Mintzberg et R. M. James *The Strategy Process* Englewood Cliffs, NJ, Prentice-Hall, 1988.

R. Radosevich, A Critique of « Comprehensive Managerial Planning » *in* J. W. McLuin, éd., *Contemporary Management* Englewood Cliffs, NJ, Prentice-Hall, 1974, p. 356-361.

V. Ramanujam et N. Venkatraman « Planning System Characteristics and Planning Effectiveness » *Strategic Management Journal* XIII, 1987, p. 453-468.

———. The Assessment of Strategic Planning Effectiveness: A Canonical Correlation Approach. Article présenté au TIMS/ORSA Joint National Meeting, Boston, 1985.

D. M. Reid « Operationalizing Strategic Planning » *Strategic Management Journal* X, 1989, p. 553-567.

B. C. Reimann « Getting Value from Strategic Planning » *Planning Review* mai-juin 1988, p. 42-48.

M. Rein et F. F. Rabinovitz « Implementation: A Theoretical Perspective » *in* W. D. Burnham et M. W. Weinberg, éds., *American Politics and Public Policy* Cambridge, MA, MIT Press, 1979, p. 307-333.

R. Restak « The Hemispheres of the Brain Have Minds of their Own » *The New York Times* 25 janvier 1976.

E. Rhenman *Organization Theory for Long-Range Planning* New York, Wiley, 1973.

G. H. Rice « Strategic Decision-Making in Small Business » *Journal of General Management* IX, 1, 1983, p. 58-65.

F. Rieger, Cultural Influences on Organization and Management in International Airlines, université McGill, Montréal, 1986.

K. A. Ringbakk « Organized Corporate Planning Systems: An Empirical Study of Planning Practices and Experiences in American Big Business » *Academy of Management Journal* 1968, p. 354-355.

———. « Why Planning Fails » *European Business* XXIX, printemps 1971, p. 15-27.

———. « The Corporate Planning Life Cycle–An International Point of View » *Long Range Planning* septembre 1972, p. 10-20.

J. D. C. Roach et M. G. Allen « Strengthening the Strategic Planning Process » *in* K. J. Albert, éd., *The Strategic Management Handbook* New York, McGraw-Hill, 1983, chapitre 7.

D. C. D. Rogers *Essentials of Business Policy* New York, Harper & Row, 1975.

D. A. Rondinelli « Public Planning and Political Strategy » *Long Range Planning* IX, 2, 1976, p. 75-82.

C. O. Rossotti *Two Concepts of Long-Range Planning* The Boston Consulting Group, Boston, MA, circa 1965.

W. E. Rothschild « Putting It All Together: A Guide to Strategic Thinking » New York, AMACOM, 1976.

———. *Strategic Alternatives: Selection, Development and Implementation* New York, AMACOM, 1979.

———. « How to Ensure the Continued Growth of Strategic Planning » *Journal of Business Strategy* I, été 1980, p. 11-18.

R. P. Rumelt « Evaluation of Strategy: Theory and Models » *in* D. E. Schendel et C. W. Hofer, éds., *Strategic Management* Boston, MA, Little, Brown, 1979a, p. 196-212.

———. Strategic Fit and the Organization-Environment Debate. Article présenté à l'Annual Meeting of the Western Region, Academy of Management, Portland, OR, 1976b.

D. P. Rutenberg, What Strategic Planning Expects from Management Science. Document de travail, université Carnegie-Mellon, Pittsburgh, 1976.

———. Playful Plans. Document de travail 90-15, Queen's University, Kingston, Ontario, juillet 1990.

A. de Saint-Exupéry *Le Petit Prince,* Paris, Gallimard, 1943.

W. Sandy « Link Your Business Plan to a Performance Plan » *The Journal of Business Strategy* novembre-décembre 1990, p. 4-8.

R. W. Sapp « Banks Look Ahead: A Survey of Bank Planning » *The Magazine of Bank Administration* juillet 1980, p. 33-40.

J. Sarrazin, Le rôle des processus de planification dans les grandes entreprises françaises : Un essai d'interprétation. Thèse 3e cycle, université de droit, d'économie et des sciences d'Aix-Marseille, 1975.

———. « Decentralized Planning in a Large French Company: An Interpretive Study » *International Studies of Management and Organization* fin 1977-hiver 1978, p. 37-59.

———. « Top Management's Role in Strategy Formulation: A Tentative Analytical Framework » *International Studies of Management and Organization* XI, 2, 1981, p. 9-23.

C. B. Saunders et F. D. Tuggle « Why Planners Don't » *Long Range Planning* X, 3, 1977, p. 19-24.

G. C. Sawyer *Corporate Planning as a Creative Process* Oxford, OH, Planning Executives Institute, 1983.

L. Sayles *Managerial Behavior: Administration in Complex Organizations* New York, McGraw-Hill, 1964.

———. « Whatever Happened to Management – Or Why the Dull Stepchild » *Business Horizons* XIII, 2, avril 1970, p. 25-34.

W. B. Schaffir « Introduction » *in* F. Caropreso, éd., *Getting Value from Strategic Planning* New York, The Conference Board, 1988.

T. C. Schelling *The Strategy of Conflict* Cambridge, MA, Harvard University Press, 2e édition 1980. Traduction française : *Stratégie du conflit*, Paris, PUF, 1986.

D. E. Schendel et C. H. Hofer, éds., *Strategic Management: A New View of Business Policy and Planning* Boston, MA, Little, Brown, 1979.

A. M. Schlesinger *Un héritage amer: Le Viêtnam*, Paris, Denoël, 1967. Version anglaise : *The Bitter Heritage: Vietnam and the American Democracy, 1941-1968* Greenwich, CT, Fawcett Publications, 1968.

J. R. Schlesinger « Systems Analysis and the Political Process » *The Journal of Law and Economics* 1968.

J. A. Schmidt « Case Study: The Strategic Review » *Planning Review* juillet-août 1988, p. 14-19.

D. A. Schon et T. E. Nutt *Endemic Turbulence: The Future for Planning Education* Chicago, American Institute of Planners, 1974, p. 181-205.

H. Schwartz et S. M. Davis « Matching Corporate Culture and Business Strategy » *Organizational Dynamics* été 1981, p. 30-48.

J. S. Schwendiman *Strategic and Long-Range Planning for the Multi-National Corporation* New York, Praeger, 1973.

P. Selznick *Leadership in Administration: A Sociological Interpretation* Evanston, IL, Row, Peterson, 1957.

J. K. Shank, E. G. Niblock et W. T. Sandall « Balance "Creativity" and "Practicality" in Formal Planning » *Harvard Business Review* Vol. 51, 1, 1973, p. 87-95.

J. A. Sharp « Systems Dynamics Applications to Industrial and Other Systems » *Operational Research Quarterly* XXVIII, 1977, p. 489-504.

G. A. Sheenan, Long-Range Strategic Planning and Its Relationship to Firm Size, Firm Growth, and Firm Growth Variability. Ph. D. Thesis, University of Western Ontario, 1975.

T. Shelling *The Strategy of Conflict* Cambridge, MA, Harvard University Press, 2e édition 1980.

J. K. Shim et R. McGlade « The Use of Corporate Policy Models: Past, Present and Future » *Journal of the Operational Society* XXXV, 10, 1984, p. 885-893.

C. B. Shrader, L. Taylor et D. R. Dalton « Strategic Planning and Organizational Performance: A Critical Appraisal » *Journal of Management* 10:2, 1984, p. 149-171.

D. Siegel « Goverment Budgeting and Models of the Policy-Making Process » *Optimum* VIII, 1, 1977, p. 44-56.

H. A. Simon *The Shape of Automation: for Men and Management* New York, Harper & Row, 1965.

———. Strategic Planning. Non publié, Groningen, Pays-Bas, 11 septembre 1973.

———. *The New Science of Management Decision* Englewood Cliffs, NJ, Prentice-Hall, 1960 et nouvelle édition 1977. Traduction française : *Le Nouveau Management : La décision par les ordinateurs*, Paris, Économica, 1980.

———. « The Information Processing Explanation of Gestalt Phenomena » *Computers in Human Behavior* II, 1986, 4, p. 241-255.

———. « Making Management Decisions: The Role of Intuition and Emotion » *Academy of Management Executive* I, février 1987, p. 57-64.

H. A. Simon *et alii* « Decision Making and Problem Solving » *Interfaces* XVII, 5, 1987, p. 11-31.

R. Simons « Planning, Control, and Uncertainty: A Process View » *in* W. J. Bruns et R. S. Kaplan, éds., *Accounting and Management: Field Study Perspectives* Cambridge, MA, Harvard Business School Press, 1987, chapitre 13.

———. « The Role of Management Control Systems in Creating Competitive Advantage: New Perspectives » *Accounting, Organizations and Society* XV, 1990, p. 127-143.

———. « Strategic Orientation and Top Management Attention to Control Systems » *Strategic Management Journal* XII, 1991, p. 49-62.

———. Rethinking the Role of Systems in Controlling Strategy. Présenté à l'Annual Meeting of the Strategic Management Society, Amsterdam, octobre 1988 ; publié en 1991 par Publishing Division, Harvard Business School, n° 9-191-091.

D. J. Smalter et R. L. Ruggles « Six Business Lessons from the Pentagon » *Harvard Business Review* mars-avril 1966, p. 64-75.

N. Snyder et W. F. Glueck « How Managers Plan–The Analysis of Managerial Activities » *Long Range Planning* XIII, février 1980, p. 70-76.

J.-C. Spender *Industry Recipes* Oxford, Basil Blackwell, 1989.

R. Sperry « Messages from the Laboratory » *Engineering and Science* 1974, p. 29-32.

W. H. Starbuck « Acting First and Thinking Later: Theory versus Reality in Strategic Change » *in* J. M. Pennings and Associates, *Organizational Strategy and Change* San Francisco, Jossey-Bass, 1985, p. 336-372.

W. H. Starbuck, A. Greve et B. L. T. Hedberg « Responding to Crises » *Journal of Business Administration* 1978, p. 111-137.

M. K. Starr *Management: A Modern Approach* New York, Harcourt, Brace, Jovanovich, 1971.

G. A. Steiner *Top Management Planning* New York, Macmillan, 1969.

———. *Strategic Planning: What Every Manager Must Know* New York, The Free Press, 1979.

G. A. Steiner et H. E. Kunin « Formal Strategic Planning in the United States Today » *Long Range Planning* XVI, 3, 1983, p. 12-17.

G. A. Steiner et H. Schollhammer « Pitfalls in Multi-National Long-Range Planning » *Long Range Planning* avril 1975, p. 2-12.

H. H. Stevenson « Defining Corporate Strengths and Weaknesses »*Sloan Management Review* printemps 1976, p. 51-68.

R. Stewart *A Framework for Business Planning* Stanford, CA, Stanford Research Institute, 1963.

R. Stewart *Managers and Their Jobs* Londres, Macmillan, 1967.

H. Stieglitz *The Chief Executive–And His Job* New York, The Conference Board, Personnel Policy Study n° 214, 1969.

J. L. Stokesbury *A Short History of World War I* New York, Morrow, 1981.

Strategic Planning Associates « Strategy and Shareholder Value: The Value Curve » *in* R. B. Lamb, éd., *Competitive Strategic Management* Englewood Cliffs, NJ, Prentice-Hall, 1984, p. 571-596.

H. G. Summers *On Strategy: The Vietnam War in Context* Strategic Studies Institute, U.S. Army College, 1981.

Sun Tsu *L'Art de la guerre*, Paris, Flammarion, 1978. Version anglaise : *The Art of War* New York, Oxford University Press, 1971.

F. W. Taylor « *Shop Management* » in *Scientific Management* New York, Harper and Brothers, 1947, réimpression d'un livre de 1911.

———. *The Principles of Scientific Management* New York, Harper & Row, 1913.Traduction française : *Principes généraux de l'organisation systématique des machines et de l'industrie*, Paris, 1918.

R. N. Taylor « Psychological Aspects of Planning » *Long Range Planning* IX, 2, 1976, p. 66-74.

W. D. Taylor, Strategic Adaptation in Low-Growth Environments. Ph. D. Thesis, École des hautes études commerciales, Montréal, 1982.

S. Terreberry « The Evolution of Organizational Environments » *Administration Science Quarterly* XII, 1968, p. 590-613.

V. A. Thompson « How Scientific Managment Thwarts Innovation » *Transaction* juin 1968, p. 51-55.

A. A. Thompson et A. J. Strickland *Strategy Formulation and Implementation: Tasks of the General Manager* Dallas, TX, Business Publications Inc., 1980.

H. B. Thorelli, éd. *Strategy + Structure = Performance, The Strategic Planning Imperative* Bloomington, IN, Indiana University Press, 1977.

S. Tilles « How to Evaluate Corporate Strategy » *Harvard Business Review* juillet-août 1963, p. 111-121.

———. « Corporate Strategic Planning–The American Experience » *in* B. Taylor et K. Hawkins, éds., *A Handbook of Strategic Planning* London, Longman, 1972, p. 65-74.

Time « The Most Basic Form of Creativity » 26 juin 1972, p. 84.

M. A. Tita et R. J. Allio « 3M's Strategy System–Planning in an Innovative Corporation » *Planning Review* XII, 5, septembre 1984, p. 10-15.

A. Toffler *Future Shock* New York, Random House, 1970. Traduction française : *Le Choc du futur* ; Paris, Denoël, 1974.

———. The Planning Forum Conference, Montréal, 5 mai, 1986, p. 1 de la circulaire.

B. B. Tregoe et J. W. Zimmerman *Top Management Survey* New York, Simon & Schuster, 1980.

E. Turban « A Sample Survey of Operation Branch Activities at the Corporate Level » *Operational Research* 1972, p. 708-721.

I. Unterman « American Finance: Three Views of Strategy » *Journal of General Management* I, 3, 1974, p. 39-47.

H. E. R. Uyterhoeven, R. W. Ackerman et J. W. Rosenblum *Strategy and Organization: Text and Cases in General Management* Homewood, IL, Irwin, 1977.

R. F. Vancil « The Accuracy of Long Range Planning » *in* D. E. Hussey, éd., *The Truth About Corporate Planning* Oxford, Pergamon Press, 1983.

H. R. Van Gunsteren *The Quest of Control: A Critique of the Rational Control Rule Approach in Public Affairs* New York, Wiley, 1976.

N. Venkatraman et V. Ramanujam « Planning System Success: A Conceptualization and an Operational Model » *Management Science* XXXIII, 6, 1987, p. 687-705.

J. de Villafranca, Patterns in Strategic Change: The Evolutionary Model Versus the Revolutionary Model. Ph. D. Management Policy course paper, université McGill, Montréal, 1983a.

———. Review and Comparison: Corporate Planning: An Executive Viewpoint de P. Lorange et Challenging Strategic Planning Assumptions de R. O. Mason et J. J. Mitroff, Ph. D. Management Policy course paper, université McGill, Montréal, 1983b.

P. Wack « Scenarios: Uncharted Waters Ahead » *Harvard Business Review* septembre-octobre 1985a, p. 73-89.

———. « Scenarios: Shooting the Rapids » *Harvard Business Review* novembre-décembre 1985b, p. 139-150.

P. F. Wade *The Manager/Management Scientist Interface* université McGill, Montréal, 1975.

K. E. Weick *The Social Psychology of Organizing* Reading, MA, Addison-Wesley, 1re édition 1969, 2e édition 1979.

———. « Managerial Thought in the Context of Action » *in* S. Srivastra and Associates, éd., *The Executive Mind* San Francisco, Jossey-Bass, 1983, p. 221-242.

———. « Cartographic Myths in Organizations » *in* A. S. Huff, éd., *Mapping Strategic Thought* New York, Wiley, 1990, p. 1-10.

J. Weizenbaum *Computer Power and Human Reason* San Francisco, CA, W. H. Freeman, 1976.

J. B. Welch « Strategic Planning Could Improve Your Share Price » *Long Range Planning* XVII, 2, 1984, p. 144-147.

F. R. Westley, Harnessing a Vision: The Role of Images in Strategy-Making. Document de travail, université McGill, Montréal, 1983.

S. C. Wheelwright « Strategy, Management, and Strategic Planning Approaches » *Interfaces* XIV, 1, 1984, p. 19-33.

T. C. Whitehead, Uses and Limitations of Systems Analysis. Thèse de doctorat, Sloan School of Management, MIT, 1967.

A. Wildavsky « The Political Essay of Efficiency: Environmental Benefit Analysis, Systems Analysis, and Program Budgeting » *Public Administration Review* 1966, p. 292-310.

———. « Does Planning Work? » *The Public Interest* été 1971, p. 95-104.

———. « If Planning Is Everything Maybe It's Nothing » *Policy Sciences* 4 1973, p. 127-153.

———. The Politics of the Budgetary Process, Boston, MA, Little, Brown, 2e édition 1974.

———. *Speaking Truth to Power: The Art and Craft of Policy Analysis* Toronto, Little, Brown & Co., 1979.

H. L. Wilensky *Organizational Intelligence: Knowledge and Policy in Government and Industry* New York, Basic Books, 1967.

J. R. Williams « Competitive Strategy Valuation » *The Journal of Business Strategy* 1984, p. 36-46.

J. H. Wilson « Reforming the Strategic Planning Process: Integration of Social Responsability and Business Needs » *Long Range Planning* XVII, 5, 1974, p. 2-6.

T. A. Wise « IBM's $5 Billion Gamble » *Fortune* septembre 1966, p. 118-123.

———. « The Rocky Road to the Marketplace » *Fortune* octobre 1966, p. 138-143.

D. R. Wood et R. L. La Forge « The Impact of Comprehensive Planning on Financial Performance » *Academy of Management Journal* XXII, 3, 1979, p. 516-526.

J. Woodward *Industrial Organization: Theory and Practice* Oxford, Oxford University Press, 1965.

B. Wootton *Freedom Under Planning* Chapel Hill, NC, The University of North Carolina Press, 1945.

J. C. Worthy *Big Business and Free Men* New York, Harper & Row, 1959.

H. E. Wrapp « Business Planners: Organization Dilemma » *in* D. M. Bowman et F. M. Fillerup, *Management: Organization and Planning* New York, McGraw-Hill, 1963.

———. « Good Managers Don't Make Policy Decisions » *Harvard Business Review* septembre-octobre 1967, p. 91-99.

R. V. L. Wright « The State of the Art and Shortcomings in Planning Technology » *in* E. Schlefer, éd. *Proceedings of the IXth International Meeting* The Institute of Management Sciences, Tel Aviv, Israël, Jerusalem Academic Press, 1973, p. 615-619.

B. Yavitz et W. H. Newman *Strategy in Action: The Execution, Politics, and Payoff of Business Planning* New York, The Free Press, 1982.

L. Zan « What's Left for Formal Planning? » *Economia Aziendale* VI, 2, 1987, p. 187-204.

Remerciements

Je suis toujours irrité quand les auteurs finissent leurs remerciements par une phrase du type : Malgré toute cette aide et ces conseils merveilleux, tout ce qui est faux est réellement de ma responsabilité. J'espère bien ! Car il n'y a dans la société presque aucun produit fabriqué en masse qui soit aussi personnel qu'un livre. Bien entendu, le contenu dépend d'une façon critique du travail et de la volonté d'autres personnes : les auteurs qui sont venus avant, aussi bien que les conseillers qui sont apparus pendant. Dans la fabrication, cependant, l'auteur est complètement dépendant des autres (et il peut en fait les blâmer, bien qu'heureusement je n'aie pas eu à le faire).

Je dois remercier quelques personnes très spéciales qui ont vraiment tenté de m'aider à faire en sorte que le contenu de ce livre tienne debout. Ils ont vraiment essayé, je vous assure, même si parfois je n'étais pas d'accord ou si je faisais preuve de mauvaise volonté. Ann Langley a lu la totalité du manuscrit avec beaucoup de soin et m'a donné de nombreux conseils sensés, quelques-uns trop pour que je les apprécie. Mais si vous trouvez dans la discussion qui suit que certaines parties ont un ton un peu strident, essayez d'imaginer à quoi le texte ressemblait avant qu'Ann ne fasse ses commentaires ! Des remarques qui m'ont aussi aidé ont été celles de Bob Simons, qui comme Ann, même pendant ses études doctorales, a toujours été un collègue merveilleusement sympathique et stimulant.

George Sawyer m'a non seulement fait part de commentaires utiles, mais s'est fait depuis le début le défenseur de ce livre d'une façon que j'ai trouvée des plus encourageantes, tout particulièrement compte tenu du rôle actif qu'il a joué dans le domaine de la planification en général et dans le *Planning Forum* en particulier. Nous le regretterons tous.

J'ai tenu compte de chacun des moindres conseils (je n'aurais pas osé ne pas le faire) de Kate Maguire-Devlin, qui gère ma vie professionnelle et qui a également géré la préparation de ce manuscrit, aussi bien que de Jody Bessner et David Myles, qui se sont occupés de tous les détails, qui à certains moments sont devenus de petits cauchemars. Je sais que ce n'était qu'un prétexte pour aller se détendre dans le « bureau extérieur », gang, mais j'en suis néanmoins reconnaissant : j'adore le faire aussi !

Chez l'éditeur *The Free Press* à New York, l'un des rares qui fassent encore les choses à l'ancienne (c'est-à-dire avec implication et avec soin) il semblait souvent que c'était moi qui donnais les conseils. Mais j'ai réussi à obtenir ce que je souhaitais pour la maquette de la couverture.

Bien sûr j'avais Cathy Peck de mon côté, qui avait une activité d'édition similaire chez *Prentice Hall International*, qui s'occupe du livre en Europe. Je les remercie, elle et Bob Wallace aussi bien que Celia Knight et Lisa Cuff chez *The Free Press* pour leur soutien.

McGill continue à m'accorder un merveilleux soutien, et j'écris ceci alors que je suis à l'INSEAD qui a la grande gentillesse de m'accueillir quand le besoin pressant de revenir en France me submerge une fois de plus.

Finalement, j'ai dédié mon premier livre à Susie et Lisa « qui me gèrent » et « qui savent bien que [leur père] écrit des livres dans le sous-sol et qu'il ne faut pas le déranger. Chhh... » Et bien, elles ne se doutaient pas qu'exactement vingt ans après, c'était moi qui les dérangerait depuis la France, en les envoyant de façon répétée dans le sous-sol pour exhumer toutes sortes de références et de citations obscures, ce qu'elles ont fait avec beaucoup de bonne volonté. Croyez moi les enfants, ça n'était pas le plan.

Fontainebleau, France
Mai 1993

Autorisations de reproduction

L'auteur et les éditeurs de cet ouvrage tiennent à remercier les sources dont la liste suit :

Tiré de H. I. Ansoff, *Corporate Strategy* McGraw-Hill, 1965. Avec l'accord de l'auteur.

Tiré de H. I. Ansoff, *Implanting Strategic Management* © 1984. Avec l'accord de Prentice Hall, Englewood Cliffs, New Jersey.

Reproduit de *The Politics of Expertise* par A. Benveniste, Glendessary Press, 1972. Avec l'accord de South-Western Publishing Co. © 1972 par South-Western Publishing Co. Tous droits réservés.

Tiré de Joseph L. Bower, *Managing the Resource Allocation Process: A Study of Corporate Planning and Investment.* Boston, Division of Research, Harvard Business School, 1970.

Tiré de *A Behavioral Theory of the Firm* par R. M. Cyert et J. G. March, Prentice Hall, 1963, nouvelle édition 1992. Avec l'accord de R. M. Cyert.

Tiré de *Planning in Practice: Essays in Aircraft Planning in War-Time* par E. Devons, Cambridge University Press, 1950. Avec l'accord de Cambridge University Press.

Tiré de *Strategic Management: A Stakeholder Approach* par R. E. Freeman, Pitman Publishing, 1984. Avec l'accord de l'auteur.

Tiré de « Organizing Competitor Analysis Systems » par S. Ghoshal et D. E. Westney *Strategic Management Journal* 1991, 12, p. 17-31. Reproduction autorisée.

Tiré de *Institutionalizing Innovation* par M. Jelinek, p. 136-141. © 1979 par Marian Jelinek. Publié en 1979 par Praeger Publishers, Greenwood Publishing Group, Inc., Westport, CT. Reproduction autorisée.

Reproduit de *Long Range Planning* vol. 21, n° 3. A. Langley, « The Roles of Formal Strategic Planning », p. 40-50. © 1988. Avec l'accord de Pergamon Press Ltd., Headington Hill Hall, Oxford OX3 0BW, UK.

Citations reproduites avec l'accord de The Free Press, a Division of Macmillan, Inc. tirées de *Forecasting, Planning, and Strategy for the 21st Century* par Spyros G. Makridakis. © 1990 par Spyros G. Makridakis.

Figure tirée de « A Note on Intuitive vs. Analytic Thinking » par J. T. Peters, K. R. Hammond, et D. A. Summers. *Organizational Behavior and Human Performance* 1974, 12, p. 125-131. Reproduit avec l'autorisation de l'Academic Press.

Tiré de « We are Left-Brained or Right-Brained » par Maya Pines. *The New York Times* 9 septembre 1973. © 1973 par The New York Times Company. Reproduction autorisée.

Figure reproduite avec l'accord de The Free Press, a Division of Macmillan, Inc. tiré de *Competitive Strategy: Techniques for Analyzing Industries and Competitors* tiré de Michael E. Porter. © 1980 par The Free Press.

Tiré de *Strategies for Change: Logical Incrementalism* par J. B. Quin, Irwin, 1980. Reproduit avec l'accord de l'auteur.

Tiré de « Strengthening the Strategic Planning Process » par J. D. C. Roach et M.G. Allen. *In* K.J. Albert, éd., *The Strategic Management Handbook* McGraw-Hill, 1983, chapitre 7. Reproduit avec l'accord de McGraw-Hill.

Figure tirée de « How to Ensure the Continued Growth of Strategic Planning », par W.E. Rothschild. © 1980 *Journal of Business Strategy* Faulkner & Gray Publishers, New York. Reproduction autorisée.

Figure reproduite avec l'accord de The Free Press, a Division of Macmillan, Inc. tirée de *Top Management Planning* par George A. Steiner. © 1969 par Trustees of Columbia University in the City of New York. Également reproduite avec l'accord de Kaiser Aluminum.

Figure reproduite avec l'accord de The Free Press, a Division of Macmillan, Inc. tirée de *Strategic Planning: What Every Manager Must Know* par George A. Steiner. © 1979 par The Free Press.

Figure tirée de *A Framework for Business Planning* par R.F. Stewart, Stanford Research Institute, 1963. Reproduit avec l'accord de SRI International.

Tiré de « If Planning Is Everything Maybe It's Nothing » par A. Wildavsky. *Policy Sciences 4*, Kluwer Academic Publishers, 1973. Reproduit avec l'accord de l'auteur.

Tiré de *Speaking Truth to Power: The Art and Craft of Policy Analysis* par Aaron Wildavsky, Little, Brown & Co., 1979. Reproduction autorisée.

Index

A

D

H

I

J

K

L

M

N

O

P

Q

R

S

T

48261 - (I) - (1) - OSB 80° - RET - JME

Achevé d'imprimer sur les presses de
SNEL Grafics sa
rue Saint-Vincent 12 – B-4020 Liège
Tél +32(0)4 344 65 60 - Fax +32(0)4 341 48 41
août 2004 - 32300

Dépôt légal : août 2004
Dépôt légal de la 1re édition : 3e trimestre 1994
Imprimé en Belgique